ENGLISH PC
PORTUGUESE ENGLISH

WORD TO WORD DICTIONARY

Féquière Vilsaint
Louise Canuto

EDUCA VISION

**English Portuguese, Portuguese English
Word to Word Dictionary**

Authors: Féquière Vilsaint, Louise Canuto
Cover design: Vanessa Adam and Anne-Valérie Dorsainvil
© Copyright, Educa Vision Inc., July 24, 2007, Coconut
Creek, FL.

For information, please contact:

Educa Vision Inc.,
7550 NW 47th Avenue
Coconut Creek, FL 33073
E-mail: educa@aol.com
Web: www.educavision.com

ISBN: 1-58432-417-1

PREFACE

The *English Portuguese, Portuguese English Word to Word Dictionary* is a practical instrument to help both English and Portuguese learners of the other language to improve their language skills and clarify issues of orthography. It contains 28,000 entries and expressions, many with multiple meanings, in both directions.

To generate the entries, we the first use a word frequency list of the English language to select frequent entries in common English communication. Afterward we added special vocabulary from secondary-school content fields such as social sciences, physical sciences, biological sciences, mathematics, language arts etc. The result is a comprehensive list of English entries with Portuguese equivalents in all areas covered in school curricula. The Portuguese entries are based also on word frequency list of of Portuguese and Brazilian words.

Several people helped in the development of this Word to Word dictionary. Some by making useful comments or corrections, others by doing pioneering works that guide our own efforts. We wish to thank especially Lydia Kutz, Soraya Canuto, and Andrea Costa for revision. We also thank Maria Helena Da Silva for useful reference materials she provided in Portuguese literature. We acknowledge critical energies and direction brought about by several school teachers from Miami-Dade, Broward and Palm Beach Counties to make this book relevant to the students' experience with FCAT, MCAS and REGENT exams.

Féquière Vilsaint
Educa Vision

List of Abbreviations
Lista de Abbreviação

	English	Portuguese
a.	adjective	adjetivo
adv.	adverb	advérbio
art.	article	artigo
conj.	conjunction	conjunção
n.	noun	substantive
prep.	preposition	preposição
pron.	pronoun	pronome
v.	verb	verbo
interj.	interjection	interjeição

SECTION ONE

ENGLISH PORTUGUESE

WORD TO WORD DICTIONARY

EDUCA VISION

A, a

A, a: n. primeira letra do alfabeto, vogal

a, an: indef. art. um, uma

aback: adv. para trás, atrás

abandon: v. abandonar, desamparar

abandonment: n. abandono

abase: v. abater, rebaixar

abash: v. desconcertar, envergonhar

abate: v. diminuir, deduzir

abbey: n. mosteiro, abadia

abbot: n. abade

abbreviate: v. abreviar

abbreviation: n. abreviatura, abreviação

abdicate: v. abdicar, renunciar

abdomen: n. abdômen, barriga

abdominal: adj. abdominal

abdominal cramps: n. cólicas abdominais

abdominal pain: n. dores abdominais

abduct: v. raptar, seqüestrar

abductor: adj. abdutor

aberrance: n. aberração, anomalia

abet: v. amparar, favorecer

abettor: n. cúmplice,instigador

abhor: v. odiar, detestar

abide: v. aguardar, esperar

ability: n. habilidade, aptidão

abiotic: adj. abiótico

abject: adj. abjeto, miserável

abjuration: n. abjuração

ablation: n. ablação, desgaste

ablaze: adj. flamejante, brilhante

able: adj. capaz, apto, hábil

able-bodied: adj. saudável

abnegation: n. abnegação, renúncia

abnormal: adj. anormal, irregular

aboard: adv. a bordo

abolish: v. abolir, anular

abolishment: n. ato de abolir

abolition: n. abolição, anulação

abolitionist: n. abolicionista

abominable: adj. abominável, repugnante

aboriginal: adj. aborígine, indígena

abort: v. abortar

abortion: n. aborto

abound: v. abundar

about: adv. quase, prestes a

above: n. o alto. adv. acima. prep. sobre

above zero: adj. acima de zero

above-average: expr. acima da média

abradant: adj. abrasivo

abrade: v. desgastar, esfolar
abrasion: n. abrasão, desgaste
abrasive: n, adj. abrasivo
abreast: adv. lado a lado
abridge: v. abreviar, resumir
abridged: adj. abreviado, resumido
abroad: adv. fora, no exterior
abrogate: v. abrogar, anular
abrupt: adj. abrupto, repentino
abscess: n. abscesso
abscond: v. evadir
absence: n. ausência, afastamento
absent-minded: adj. distraído, desatento
absinthe: n. absinto
absolute: n, adj. absoluto
absolute value: n. valor absoluto
absolute zero: n. zero absoluto
absolutely: adv. exatamente, sem dúvida
absolution: n. absolvição
absolutism: n. absolutismo
absolve: v. absolver, perdoar
absorb: v. absorver, assimilar
absorbed: adj. absorvido
absorption: n. absorção, amortecimento
abstain: v. abster
abstinence: n. abstinência

abstract: n, adj. abstrato
abstraction: n. abstração, distração
absurd: adj. absurdo, ridículo
abundance: n. abundância
abundant: adj. abundante, copioso
abuse: n. abuso. v. abusar, prejudicar
abyss: n. abismo
abyssal plain: n. planície abissal
academic: n, adj. acadêmico
academic achievement: realização acadêmica
accede: v. anuir,concordar
accelerate: v. acelerar, apressar
acceleration: n. aceleração
accelerator: n. acelerador
accent: n. acento, sotaque. v. acentuar
accept: v. aceitar, receber
acceptable: adj. aceitável
acceptance: n. aceitação, aprovação
access: n. acesso, admissão
access time: n. período de acesso
accessible: adj. acessível
accessory: n, adj. acessório, suplemento
accident: n. acidente
accidental: adj. acidental
accolade: n. elogio, honra

accommodate: v. acomodar, hospedar
accommodation: n. acomodação, alojamento
accompaniment: n. acompanhamento
accompany: v. acompanhar, seguir
accomplice: n. cúmplice.
accomplish: v. realizar, concluir
accomplishment: n. realização, talento
accord: n. acordo. v. concordar
accordance: n. acordo. conforme
according to: prep de acordo com, conforme.
accordion: n. acordeão, gaita
accost: v. abordar
account: n. conta, relato. v. considerar
account for: v. constituir, estabelecer
account number: n. conta bancária
accountability: n. responsabilidade
accountable: adj. responsável
accountant: n. contabilista, contador
accounting: n. contabilidade
accredited: adj. acreditado, credenciado

accrue: v. acumular, crescer
acculturation: n. aculturação
accumulate: v. acumular, empilhar
accumulation: n. acúmulo, amontoamento
accuracy: n. exatidão
accurate: adj. exato, certo
accusation: n. acusação, denúncia
accuse: v. acusar, culpar
accustom: v. costumar, ter o costume de
accustomed: adj. acostumado, habitual.
ace: n. ás
acetone: n. acetona
acetylcholine: n. acetilcolina
ache: n. dor. v. sentir dores.
achieve: v. concluir, com êxito
achievement: n. realização, conquista
acid rain: n. chuva ácida
acid: n. ácido
acidic taste: n. gosto ácido
acidic: adj. acidífero
acidity: n. acidez
acknowledge: v. admitir, reconhecer
acknowledgment: n. confissão, reconhecimento
acne: n. acne
acolyte (mass): n. acólito
acoustics: n. acústica

acquaint: v. informar, familiarizar
acquaintance: n. conhecimento, familiaridade
acquiesce: v. aquiescer
acquire: v. adquirir, obter
acquired: adj. adquirido, obtido
acquisition: n. aquisição
acquit: v. absolver, inocentar
acquittal: n. absolvição, isenção
acre: n. acre
acrid: adj. acrimonioso, cáustico
acrobatics: n. acrobacia
acromion: n. acrômio
across: adj. cruzado, do outro lado
across from: adv. no outro lado de
across the country: do outro lado do país.
act: n. ato, ação. v. agir, fingir
acting: n. ação, encenação. adj. ativo
action: n. ação
action and reaction: ação e reação
activation energy: n. energia de ativação
active: adj. ativo, rápido
active immunity: n. imunidade ativa

active transport: n. transporte ativo
activist: n. ativista
activity: n. atividade
actor: n. ator
actress: n. atriz
actual: adj. verdadeiro, real
actually: adv. na realidade, verdadeiramente
actuate: v. acionar, atuar
acuity: n. acuidade
acupuncture: n. acupuntura
acute: adj. agudo, forte
acute angle: n. ângulo agudo
acute triangle: n. triângulo agudo
acutely: adv. agudamente, intensamente
adapt: vi+vt adaptar, ajustar
adaptable: adj. adaptável, ajustável
adaptation level: n. nível de adaptação
adaptation: n. adaptação
adaptive behavior: n. comportamento adaptável
adaptive: adj. adaptável
add: v. somar, adicionar
addend: v. adendo
addict: n. viciado
addicted: v. viciado
addiction: n. hábito, vício
addictive: adj. que causa vício
additional: adj. adicional, suplementar

additive: adj. aditivo, conectivo
address: n. endereço. v. endereçar
addressee: n. destinatário
adenoid: n. adenóide
adept: n. perito. adj. habilitado
adequate: adj. adequado, apropriado
adherence: n. aderência, fidelidade
adhesion: n. aderência, concordância
adhesive: n. adesivo. adj. adesivo, pegajoso
adjacent: adj. adjacente, próximo
adjacent angles: n. ângulo adjacente
adjective: n. adjetivo
adjourn: v. adiar, procrastinar
adjudge: v. julgar, sentenciar
adjudicate: v. adjudicar
adjudication: n. adjudicação
adjuration: n. adjuração
adjust: v. acomodar, ajustar
adjustable: adj. ajustável, regulável
adjusted: v. ajustado
administer: v. administrar
administration: n. administração
administrative: adj. administrativo

administrator: n. administrador
admirable: adj. admirável, excelente
admiral: n. almirante.
admiration: n. admiração, reverência
admire: v. admirar
admirer: n. admirador
admission criteria: n. critério de admissão
admission free: n. entrada gratuita
admission: n. admissão
admit: v. admitir, tolerar
admittance: n. admissão, entrada
admittedly: adv. admitidamente, reconhecidamente
admonish: v. advertir, repreender
admonition: n. admoestação
adolescence: n. adolescência
adolescent: n, adj. adolescente, juvenil
adopt: v. adotar
adoption: n. adoção
adoptive: adj. adotivo
adorable: adj. adorável, lindo
adoration: n. adoração
adore: v. adorar, idolatrar
adorn: v. adornar, decorar
adrenal gland: n. glândula adrenal

adrenal: adj. adrenal
adrenaline: n. adrenalina
adult: n, adj. adulto
adulterate: v. adulterar,
falsificar
adultery: n. adultério
adulthood: n. idade adulta
advance payment:
pagamento antecipado
advance: n.
avanço, progresso
advanced notification:
notificação prévia
advancement: n. avanço,
progresso
advantage: n. vantagem. v.
oferecer vantagens
advantageous: adj.
vantajoso, favorável
Adventist: n, adj. adventista
adventure: n. aventura. v.
aventurar-se
adversary: n. adversário,
inimigo
adverse effect: n. efeito
colateral
advert: v. advertir
advertise: v. publicar,
anunciar
advertisement: n. anúncio,
publicidade
advertising: n. publicidade,
propaganda
advice: n. conselho,
recomendação, opinião
advice and consent: n.
conselho e permissão

advisable: adj. aconselhável
advise: v. aconselhar,
recomendar
adviser, advisor: n.
conselheiro
advisory: adj. consultivo
advocacy: n. advocacia
advocate: v. advogar, n.
advogado
aerial: adj. aéreo
aerobics: n. ginástica
aeróbica
aerodynamic shape: forma
aerodinâmica
aeronautics: n. aeronáutica
aesthetic: adj. estético,
harmonioso
affable: adj. afável
affair: n. afazeres, negócios,
caso
affect: v. afetar, abalar
affected: adj. influenciado,
abalado
affectedly: adv.
afetadamente
affection: n. afeição,
amizade
affectionate: adj. afetuoso,
carinhoso
affidavit: n. garantia
affiliate: n. pessoa afiliada.
v. afiliar
affiliation: n. afiliação
affirm: v. afirmar, assegurar
affirmative: n. afirmativa.
adj. afirmativo
affix: n. anexo, afixo

afflict: v. afligir, sofrer de
afflicted: adj. aflito, angustiado
affliction: n. aflição, angústia
affluent: n, adj. afluente
afford: v. poder gastar, ter recursos.
affordable: adj. propiciável.
affray: n. desordem, tumulto
affront: n. afronta
Afghanistan: n. Afeganistão
afloat: adj. flutuante. adv. à tona
afoot: adv. a pé
aforethought: adj. premeditado
afraid: adj. receoso
afresh: adv. novamente
Africa: n. África
African civilization: civilização africana
African: adj. africano
African-American: n. negro americano
afro: n. afro
after: adj. seguinte. adv. atrás, após. conj. depois que
afternoon: n. tarde. adj. de tarde
afterthought: n. reflexão, explicação posterior
afterwards: adv. posteriormente, mais tarde
again: adv. novamente, mais uma vez
against: prep contra, diante

age: n. era, idade. v. envelhecer
aged: adj. envelhecido
agency: n. agência
agenda: n. pauta, ordem do dia
agent: n. agente, causa
aggravate: v. agravar
aggravated (assault): adj. agravado
aggravating: adj. agravante, desagradável
aggravating circumstances: n. circunstâncias agravantes
aggravation: n. agravação, irritação
aggregate: n. agregação, agregado
aggression: n. agressão
aggressive: adj. agressivo, dinâmico
aggressiveness: n. agressividade
aggressor: n. agressor
aggrieved: adj. magoado
agile: adj. ágil, ativo, esperto
agility, tactic: n. agilidade, tática
agitate: v. agitar, estimular, excitar
agitated: adj. agitado, inquieto
agitation: n. agitação
agitator: n. agitador
ago: adj. passado. adv. há tempo atrás
agonizing: adj. agonizante

agony: n. agonia, angústia
agoraphobia: n. agorafobia
agrarian: adj. agrário
agree: v. concordar
agreeable: adj. agradável, encantador
agreement: n. concordância, acordo
agricultural areas: área agrícola
agricultural engineer: engenheiro agrícola
agricultural: adj. agrícola
agriculturalist: n. agricultor
agriculture: n. agricultura
agronomist: n. agrônomo
agronomy: n. agronomia
ahead: adv. à frente, adiante
aid: n. ajuda, auxiliar v. ajudar
AIDS (acquired immune deficiency syndrome): n. síndrome de deficiência imunológica adquirida
AIDS virus: n. vírus da AIDS
ail: v. afligir, atormentar
ailing: adj. enfermo
aim: n. alvo, objetivo. v. almejar, ansiar
aimless: adj. sem pontaria, incerto
aimlessly: adv. desnorteadamente
air: n. ar, atmosfera
air conditioner: n. aparelho de ar condicionado

air conditioning: n. ar condicionado
air field: n. aeródromo, campo de aviação
air force: n. força aérea
air horn: n. corneta
air mass: n. massa de ar
air pressure: n. pressão aérea
air sac: n. vesícula aérea, bexiga natatória
air terminal: n. terminal aéreo
air traffic: n. tráfego aéreo
airbag: n. bolsa de ar
airbag: n. airbag
air-hostess: n. aeromoça, comissária de bordo
airless: adj. mal ventilado, abafado
airlift: expr. transportar por ponte aérea
airline: n. linha aérea
airplane: n. avião
airport: n. aeroporto
air-raid: n. ataque aéreo
airsick: adj. nauseado devido a viagem aérea
air-tight: adj. hermético, à prova de ar
air-trap: n. sifão
airway: n. rota ou linha aérea
airworthy: adj. aeronavegável
aisle: n. corredor, passagem
ajar: adj. entreaberta (porta)

akin: adj. semelhante, parecido
alarm: n. alarme. v. alarmar
alarm clock: n. despertador
alarming: adj. alarmante, inquietante
Albania: n. Albânia
albino: n. albino
album: n. álbum
alcohol drink: n. bebida alcoólica
alcohol: n. álcool
alcoholic: n, adj, alcoólico
alcoholism: n. alcoolismo
ale: n. espécie de cerveja
alert: n. alerta. v. alertar. adj. alerta
algae: n. algas
algebra: n. álgebra
algebraic expression: n. expressão algébrica
alias: n. pseudônimo. adv. aliás, anteriormente
alibi: n. álibi
alien: n. adj. alienígena (o)
alienate: v. alienar
alienation: n. alienação
allegation: n. alegação, pretexto
align: v. alinhar, enfileirar
alignment: n. alinhamento
alike: adj. semelhante. adv. da mesma maneira
aliment: n. alimento
alimony: n. pensão alimentícia
alive: adj. vivo, ativo

alkaline: adj. alcalino
all: n. tudo. adj. todo, tudo
all around: expr. em volta
all day long: expr. o dia todo
all right: expr. tudo bem.
All Saints' Day: n. dia de todos os santos
all the others: expr. todos os outros
all the time: expr. o tempo todo
allay: v. apaziguar
allegation: n. alegação
allege: v. alegar
alleged: adj. alegado
allegedly: adv. alegadamente, supostamente
allegiance: n. fidelidade, lealdade
alleles: n. alelos
allergic: adj. alérgico
allergies: n. alergias
allergy: n. alergia
alleviation: n. alívio
alley: n. aléia, beco
alliance: n. aliança, pacto
allied: adj. aliado, associado
allies: n. aliados
alligator: n. jacaré
allocate: v. alocar, distribuir
allot: v. dividir, repartir
allotment: n. distribuição, parte
allow: v. permitir, tolerar
allowance: n. mesada, permissão

alloy: n. liga (metálica). v. ligar
allspice: n. pimenta da Jamaica
allude: v. aludir, reportar
allure: n. fascínio, v. fascinar
allusion: n. alusão, insinuação
ally: n. aliado. v. aliar(-se), associar(-se)
almond: n. amêndoa
almost, nearly: adv. quase, perto
aloe: n. áloe
alone: adj. sozinho
along with: prep. ao lado de. adv. em companhia de
alongside: adv. ao lado. prep ao longo de
aloof: adj. altivo, distante
aloud: adv. alto, em voz alta
alpha particle: n. partícula alfa
alphabet: n. alfabeto
already: adv. já
also, too: adv. também
altar: n. altar
alter: v. alterar, modificar
alteration: n. alteração, modificação
altercation: n. altercação
alternate: adj. alternativo, alternado
alternative: n, adj. alternativa (o)

alternative schools: n. escolas alternativas
alternator: n. alternador
although: conj. embora, conquanto
altitude: n. altitude.
altogether: n. o conjunto. adv. completamente
altruistic: adj. altruístico
aluminum foil: papel alumínio
aluminum: n. alumínio
alveoli: n. alvéolos
always: adv. sempre
AM: n. ante meridian (de manhã)
amass: v. acumular, amontoar
amateur: n, adj. amador
amaze: n. pasmo v. pasmar, surpreender
amazing: adj. surpreendente, maravilhoso
ambassador: n. embaixador
amber: n. âmbar
ambience: n. ambiência
ambiguity: n. ambigüidade
ambiguous: adj. ambíguo
ambition: n. ambição
ambitious: adj. ambicioso
ambivalence: n. ambivalência
ambulance: n. ambulância
ambush: n. emboscada, v. emboscar
amen: n. amém
amend: v. retificar

amended: adj. retificado
amendment: n. emenda, correção
amends: n. reparação, compensação
amenity: n. amenidade, conforto
America: n. América
American Revolution: n. Revolução Americana
American System: n. Sistema Americano
American: adj. americano
amiable: adj. amável, afável
amicable settlement: n. estabelecimento amigável
amino acid: n. aminoácido
ammeter: n. amperímetro
ammunition: n. munição. v. municiar
amnesia: n. amnésia
amnesty: n. anistia. v. conceder uma anistia
amniocentesis: n.amniocêntese
amoeba: n. ameba
among: prep entre, no meio de
amount: n. quantia. v. equivaler
ampere (A): n. Ampère
amphetamine: n. anfetamina
amphibian: n. anfíbio
ample: adj. amplo, grande
amplifier: n. amplificador
amplify: v. amplificar

amplitude: n. amplitude
amputate: v. amputar, cortar
amputation: n. amputação
amputee: n. amputado
amulet: n. amuleto
amuse: v. divertir, entreter
amusement: n. divertimento, distração
amusing: adj. divertido
anagram: n. anagrama
anal itching: n. coceira anal
anal sex: n. sexo anal
anal stage: n. estágio anal
anal: adj. anal
analogy: n. analogia
analysis: n. análise
analyze: v. analizar
anarchist: n. anarquista
anarchy: n. anarquia
anatomy: n. anatomia
ancestors: n. antepassados
ancestry: n. linhagem
anchor: n. âncora, v. ancorar
anchovy: n. anchova
ancient: adj. antigo
and: conj. e
androgen: n. androgênio
androgyny: n. androginia
anecdote: n. anedota
anemia: n. anemia
anemic: adj. anêmico
anemometer: n. anemômetro
aneroid barometer: n. barômetro aneróide
anesthesia: n. anestesia
anesthetic: n. anestésico

anesthetize: v. anestesiar
anew: adv. novamente
angel: n. anjo
angelus: n. ângelus
anger: n. raiva. v. irritar(-se)
angina: n. angina
angioplasty: n. angioplastia
angiosperm: n. angiosperma
angle: n. ângulo. v. dispor em ângulo
angle of rotation: n. ângulo de rotação
Angola: n. Angola
angry: adj. irritado, indignado
anguished: adj. angustiado, aflito
animal: n, adj. animal
animal kingdom: n. reino animal
animate: v. animar. adj. animado
animated: adj. animado, alegre
animism: n. animismo
anion: n. anion.
anise: n. anisado
ankle: n. tornozelo
annex: n. anexo
annexation: n. anexação
annihilate: v. aniquilar
anniversary: n. aniversário
annotation: n. anotação
announce: v. anunciar, notificar
announcement: n. proclamação, anúncio

announcer: n. anunciante
annoy: v. aborrecer, irritar
annoyance: n. aborrecimento
annoying: adj. incômodo, irritante
annual: adj. anual
annually: adv. anualmente
annul: v. anular
anode: n. ânodo
anomalous: adj. anômalo
anonymity: n. anonimato
anonymous: adj. anônimo
anorexia nervosa: n. anorexia nervosa
anosmia: n. anosmia
another: adj. outro. pron. qualquer um
answer: n. resposta. v. responder
answering machine: n. secretária eletrônica
ant: n. formiga
antacid: n. adj. antiácido
antagonist: n. antagonista
antagonistic: adj. antagonístico
antagonize: v. antagonizar
anteater: n. tamanduá
antecedents: adj. antecedentes
antenna: n. antena
anterior arch: n. arco anterior
anthem: n. hino
anthill: n. formigueiro
anthology: n. antologia

anthropology: n. antropologia
antibiotics: n. antibiótico
antibody: n. anticorpo
anticipate: v. prever
anticipation: n. antecipação
anticyclone: n. anticiclone
antifreeze: n. anticongelante
antigen: n. antígeno
antiquated: adj. antiquado, obsoleto
antique: n. antiguidade. adj. antigo
antiseptic: adj. anti-séptico
antisocial personality: personalidade anti-social
anus: n. ânus
anvil: n. bigorna
anxiety: n. ansiedade, angústia
anxious: adj. ansioso, aflito
any: adj. qualquer. adv. de qualquer modo. pron. qualquer um
anybody home?: alguém em casa?
anybody, nobody: pron. alguém, ninguém
anyhow: adv. de qualquer maneira, de todo jeito
anyone: pron. qualquer pessoa, alguém
anything: n. qualquer coisa. pron. algo
anytime: adv. a qualquer hora

anyway: adv. de qualquer forma
anywhere: adv. em qualquer lugar
aorta: n. aorta
apart: adj. separado. adv. separadamente
apartheid: n. separação
apartment: n. apartamento
apathy: n. apatia, indiferença
ape: n. macaco. v. macaquear
aphid: n. afidídeo
aplomb: n. firmeza, desembaraço
apogee: n. apogeu
apolitical: adj. apolítico, neutro
apologize: v. apresentar desculpas
apology: n. apologia
apostle: n. apóstolo
appall: v. assustar
appalling: adj. amedrontador
apparatus: n. aparelho, utensílio
apparent: adj. aparente, perceptível
apparition: n. fantasma, aparição
appeal: n. apelo. v. apelar, recorrer
appealing: adj. atraente
appear: v. aparecer, apresentar(-se)

appearance: n.
comparecimento, aparência
appease: v. apaziguar
appeasement: n.
apaziguamento
appellant: adj. apelante
append: v. acrescentar, fixar
appendicitis: n. apendicite
appendix: n. apêndice
appetite: n. apetite
appetizing: adj. apetitoso
applaud: v. aplaudir, elogiar
applause: n. aplauso
apple: n. maçã.
appliance: n. aplicação,
instrumento
applicable: adj. aplicável,
utilizável
applicant: n. candidato,
pretendente
application: aplicação,
proposta
applicators: n. aplicadores
apply: v. aplicar, dedicar
appoint: v. apontar, nomear
appointment: n.
compromisso, entrevista
appraisal: n. avaliação,
estimativa
appraise: v. ajuizar, apreciar
appreciate: v. apreciar,
agradecer
appreciation: n. estimativa,
consideração
apprehend: v. deter
apprehension: n. apreensão

apprehensive: adj.
apreensivo, preocupado
apprentice: n. aprendiz
apprenticeship program: n.
programa de aprendizado
apprenticeship: n.
aprendizado
approach: n. aproximação,
semelhança. v. aproximar-se
appropriate: adj.
apropriado, adequado
approval: n. aprovação
approve: v. aprovar,
favorecer
approvingly: adv.
aprovativamente,
aprovatoriamente
approximate: v.
aproximar(-se). adj.
aproximado
approximately: adv.
aproximadamente
approximation: n.
aproximação
apricot: n. damasco
April: n. abril
apron: n. avental
apt: adj. adequado, apto
aptitude: n. aptidão
aquaculture: n. aquicultura
aquarium: n. aquário
Aquarius: n. aquário (
Zodíaco)
aquatic: adj. aquático
aqueduct: n. aqueduto
aquifer: n. aqüífero
aquiferous: adj. aqüífero

Arab League: liga árabe
Arab: adj. árabe
arable: adj. arável
arachnid: n. aracnídeo
arbiter: n. árbitro
arbitrary: n. árbitro, adj. arbitrário
arbitrate: v. arbitrar
arbitration: n. arbitragem
arc: n. arco. v. arquear
arcade: n. arcada, fliperama
arch: n. arco. v. arquear. adj. malicioso
archaeological: adj. arqueológico
Archaeologist: n. arqueólogo
Archbishop: n. arcebispo
arched: adj. arqueado
archeology: n. arqueologia
archer: n. arqueiro
Archimedes' principle: n. princípio de Arquimedes
archipelago: n. arquipélago
architect: n. arquiteto
architecture: n. arquitetura
archive: n. arquivo. v. arquivar
archives: n. documentação
arctic: n, adj. ártico
arduous: adj. árduo, difícil
area: n. área
arena: n. arena, estádio
areola: n. aréola
Argentina: n. Argentina
argon (Ar): n. argônio

arguable: adj. discutível, sustentável
argue: v. discutir, argumentar
argument: n. argumento
argumentative: adj. argumentativo, lógico
arid: adj. árido, seco
Aries: n. Áries
arise: v. ascender, levantar
aristocracy: n. aristocracia, nobreza
aristocrat: n. aristocrata, nobre
arithmetic: n. aritmética
ark: n. arca
arm: n. braço, arma
armadillo: n. tatu
armband: n. braçadeira
armchair: n. poltrona, cadeira de braços
armed forces: n. forças armadas
armed robbery: n. assalto armado
armistice: n. armistício
armor: n. armadura, blindagem. v. blindar
armored car: carro blindado
armpit: n. axila
army: n. exército
aroma: n. aroma
aromatic oil: n. óleo aromático
around: adv. ao redor, por toda parte
arouse: v. provocar, incitar

arraignment: n. acusação, denúncia
arrange: v. arranjar, organizar
arrangement: n. arranjo, organização
array: n. coleção, formação
arrest: n. apreensão. v. deter, aprisionar
arrival: n. chegada, advento
arrive: v. chegar, vir
arrogance: n. arrogância, orgulho
arrogant: adj. arrogante
arrow: n. flecha, seta
arrowroot: n. araruta
arson: n. incêndio premeditado
arsonist: n. incendiário
art: n. arte
art gallery: n. galeria de arte
art work: n. obra de arte.
arteriosclerosis: n. arteriosclerose
artery: n. artéria
artesian wells: n. poços artesianos
artful: adj. astuto
arthritis: n. artrite
arthropod: n. artrópode
arthroscopy: n. artroscopia
artichoke: n. alcachofra
article: n. artigo
articulate: v. articular. adj. articulado
artifact: n. artefato produto artificial

artificial insemination: n. inseminação artificial
artificial intelligence: n. inteligência artificial
artificial respiration: n. respiração artificial
artificial sweetener: n. adoçante artificial
artificial: adj. artificial
artillery: n. artilharia
artisan: n. artesão, artífice
artist: n. artista
artistic: adj. artístico
artwork: n. ilustrações
Aruba: n. Aruba
as: adv. tão, tanto quanto. conj. como
as if, as though: expr. como que, se
as long as: expr. contanto que
as much as: adv. tanto quanto
as soon as: expr. assim que
as soon as possible (ASAP): expr. o mais rápido possível
as: adv. como
asbestos: n. amianto
ascaris: n. ascáris
ascend: v. alterar, ascender
ascendancy: n. ascendência
ascent: n. ascensão, escalada
ascertain: v. achar, verificar
ascorbic acid: n. ácido ascórbico
asexual reproduction: n. reprodução assexual

ash: n. cinza
ashamed: adj. envergonhado
ashore: adv. na praia
ashtray: n. cinzeiro
Asia: n. Ásia
Asian: n, adj. asiático
aside: adv. à distância, de lado
ask: v. perguntar, pedir
askew: adv. obliquamente
asleep: adj. adormecido
asparagus: n. aspargo
aspect: n. aspecto
asphalt: n. asfalto. v. asfaltar
asphyxiate: v. asfixiar
asphyxiation: n. sufocamento
aspiration: n. aspiração
aspirin: n. aspirina
ass (buttocks): n. nádega
assail: v. assaltar, enfrentar
assailant: n. assaltante, agressor
assassin: n. assassino
assassinate: v. assassinar
assassination: n. assassinato
assault: n. ataque. v. atacar
assemble: v. reunir(-se), montar
assembly: n. assembléia, construção
assembly line: n. linha de montagem
assent: n. consentimento. v. concordar
assert: v. afirmar, garantir

assess: v. avaliar, taxar
assessment: n. taxação, imposto
asset: n. trunfo, vantagem
assets: n. recursos
assiduity: n. assiduidade, perseverança
assign: v. designar, determinar
assignment: n. designação, tarefa
assimilate: v. absorver, assimilar
assimilation: n. assimilação
assist: v. assistir, auxiliar
assistance: n. assistência, auxílio
assistant: n, adj. assistente
associate: n. sócio associado. v. associar
associate with: v. associar, unir
association: n. associação, sociedade
associative: adj. associativo
assort: v. agrupar, sortir
assorted: adj. sortido, variado
assortment: n. variedade
assume: v. assumir, supor
assumption: n. suposição, hipótese
assurance: n. garantia, afirmação
assure: v. assegurar(-se)
asterisk: n. asterisco
asteroid: n. asteróide

asthenosphere: n. astenosfera
asthma: n. asma
astigmatism: n. astigmatismo
astonish: v. assombrar, surpreender
astonishing: adj. surpreendente
astonishment: n. assombro, surpresa
astound: v. pasmar
astray: adj. desviado, perdido
astrolabe: n. astrolábio
astrology: n. astrologia
astronaut: n. astronauta
astronomer: n. astrônomo
astronomy: n. astronomia
asylum: n. asilo, refúgio
at all: adv. absolutamente
at ease: expr. à vontade, adv. descansadamente
at least: expr. ao menos, no mínimo
at once: adv. diretamente, imediatamente
at times: expr. às vezes
at: prep em, a
atheist: n. ateísta, ateu
atherosclerosis: n. aterosclerose
athlete foot: n. pé-de-atleta
athlete: n. atleta
athletic: adj. atlético
atlas: n. atlas
atmosphere: n. atmosfera

atoll: n. atol
atom: n. átomo
atomic bomb: n. bomba atômica
atomic mass: n. massa atômica
atomic number: n. número atômica
atomic: adj. atômico
atrium: n. átrio
atrocious: adj. atroz
atrocity: n. atrocidade
attach: fixar, prender
attachment: n. acessório, anexo
attack: n. ataque. v. atacar
attain: v. alcançar, atingir
attainable: adj. atingível, alcançável
attainment: n. consecução
attempt: n. tentativa. v. tentar
attend: v. visitar, comparecer
attendance: n. freqüência, comparecimento
attendant: n. atendente. adj. acompanhante
attention: n. atenção, cuidado
attentive: adj. atencioso
attest: v. atestar, certificar
attic, loft: n. sótão
attitude: n. atitude
attorney at law: n. advogado, procurador

attorney general: n. procurador-geral
attorney: n. procurador, advogado
attract: v. atrair, seduzir
attraction: n. atração
attractive: adj. atrativo, belo
attribute: n. atributo. v. atribuir
auction: n. leilão. v. leiloar
audacity: n. audácia, arrogância
audible: adj. audível
audience: espectadores, público
audio: adj. áudio
audiogram: n. audiograma
audiovisual: adj. audiovisual
audit: n. auditoria. v. examinar
audition: n. audição. v. fazer um teste de audição
August: n. agosto
aunt: n. tia
auricle: n. aurícula
aurora: n. aurora
auscultate: v. duscultar
auspicious: adj. afortunado
Aussie: n, adj. australiano
austere: adj. austero, rigoroso
austerity: n. austeridade, rigor
Australia: n. Austrália
Austrian: n, adj. austríaco

authentic: adj. autêntico, genuíno
authenticate: v. autenticar, validar
authenticity: n. autenticidade
author: n. autor
authoritarian parents: n. pais autoritários
authoritarian personality: n. personalidade autoritária
authoritarian: adj. autoritário
authoritative: adj. confiável, oficial
authorities: n. autoridades
authority: n. autoridade
authorization: n. autorização
authorize: v. autorizar, permitir
authorized: autorizado
autobiography: n. autobiografia
autoclave: n. autoclave
autocracy: n. autocracia
autograph: n. autógrafo v. autografar
automatic: n, adj. automático
automation: n. automatização
automobile: n, adj. automóvel
autonomous: adj. autônomo, independente
autonomy: n. autonomia

autopsy: n. autópsia, necropsia
autumn: n. outono
avail: n. proveito. v. ajudar
availability: n. disponibilidade
available: adj. disponível
avalanche: n. avalanche. v. deslizar
avaricious: adj. avarento, mesquinho
avenge: v. desforrar, vingar
avenue: n. avenida
average speed: n. velocidade média
average: n. comum, médio
averse: adj. adverso, avesso
aversion: n. aversão, repugnância
avert: v. afastar, desviar
aviation: n. aviação
aviator: n. aviador
avocado: n. abacate
avoid: v. evitar, esquivar-se
avoidable: adj. evitável
await: v. esperar, aguardar
awake: v. acordar, despertar
award: n. prêmio. v. premiar
aware: adj. atento, cônscio
awareness: n. estado de ser ciente, atento
away: adj. ausente, fora. adv. para longe
awesome: adj. impressionante
awful: adj. horrível, terrível

awfully: adv. horrivelmente, terrivelmente
awfulness: n. solenidade, terribilidade
awhile: adv. pouco tempo, por algum tempo
awhirl: adv. em rotação
awkward: adj. desajeitado, desagradável
awkward age: n. início da adolescência
awkward customer: n. pessoa difícil de lidar
awkwardly: adv. desajeitadamente, embaraçosamente
awkwardness: n. inabilidade, embaraço
awn: n. aresta
awning: n. tenda, barraca
awning drill: n. tecido forte de lona para toldos
awning window: n. janela com toldo
awry: adj. torto, oblíquo. v. demitir
ax: n. machado, corte de despesas
axe: n. machado
axial: adj. axial
axilla: n. axila
axiom: n. axioma
axiomatic: adj. axiomático, manifesto
axiomatical: adj. axiomático
axiomatically: adv. axiomaticamente

axis: n. eixo
axis of rotation: n. eixo de
rotação
axis of symmetry: n. eixo de
simetria
axle: n. eixo de rodas, árvore
axon: n. axônio
azure: n. a cor azul-celeste
firmamento

B, b

B, b: n. segunda letra do alfabeto, consoante
B cell: n. célula B
B.C.: Antes de Cristo
babble: n. balbucio. v. falar demasiadamente
baby: n. bebê
baby bottle: n. mamadeira
baby car seat: n. cadeira de bebê
baby oil: n. óleo para bebês
baby-sit: v. cuidar de bebês ou crianças
baby-sitter: n. babá
bachelor: n. solteiro, bacharel
back: n. costas, parte de trás. v. ajudar. adj. traseiro. adv. no passado
back ache: n. dor nas costas
back pain: n. dor na coluna
back seat: n. assento traseiro
back up: v. copiar, recuar
backbite: v. caluniar , falar mal pelas costas
backbone: n. coluna vertebral, suporte principal
backbreaking: adj. árduo, exaustivo
back-door: n. porta dos fundos . adj. clandestino
backfire: n. tiro pela culatra. v. ter efeito contrário

background - processing: n. comp. processamento secundário
background (social): n. educação, formação
background: n. segundo plano, acontecimento do passado
backlash: n. revolta, reação
backlog: n. acúmulo (trabalho)
backpack: n. mochila
Backseat: n. assento traseiro
backstage: adj. nos bastidores
backtrack: v. desandar, retroceder
backup: n. assistência, cópia. v. dar suporte, apoiar
backward: adj, adv. para trás, em ordem inversa
bacon: n. toucinho defumado
bacteria: n. bactéria
bacteriology: n. bacteriologia
bacteriophage: n. bacteriófago
bad: n. o que é ruim. adj. ruim, mau
bad luck: n. má sorte
bad mood: n. mau humor
bad taste: n. mau gosto
baddy: n. pessoa má, bandido
badge: n. distintivo, crachá

badly: adv. mal, muitíssimo
badness: n. maldade, deficiência
bad-tempered: adj. de mau gênio
baffle: v. confundir, obstruir
bag: n. saco, bolsa. v. inchar
baggage: n. bagagem
baggy: adj. largo, folgado
Bahamas: n. Bahamas
bail: n. fiança, garantia
bailiff: n. almoxarife, mordomo
bait: n. isca, tentação
bake: v. assar
baked: adj. assado
baker: n. padeiro, forno portátil
bakery: n. padaria
baking powder: n. fermento em pó
balance: n. equilíbrio. v. pesar, equilibrar
balanced diet: n. dieta balanceada
balanced forces: n. forças equilibradas
balanced: adj. balanceado, equilibrado
balcony: n. balcão
bald: adj. careca
balding: adj. que está ficando careca
bale: n. bala, fardo
ball bearing: n. rolamento de esferas

ball: n. bola, esfera
ballad: n. balada
ballet: n. balé, corpo de baile
balloon: n. balão. v. inchar
ballot: n. cédula, votação
ballpoint pen: n. caneta esferográfica
balls: n. testículos, coragem
balustrade: n. corrimão, balaustrada
bamboo: n. bambu
ban: n. proibição, expulsão. v. banir
banal: adj. banal
banality: n. banalidade
banana: n. banana
band: n. fita, atadura, banda
bandage: n. bandagem. v. enfaixar
band-aid: n. band-aid
bandit: n. bandido
bandwagon: n. popularidade
bandy legged: adj. com pernas tortas
bang: n. pancada, golpe. v. bater, golpear
Bangladesh: n. Bangladesh
banish: v. banir, expulsar
banishment: n. banimento
banister: n. corrimão
banjo: n. banjo
bank: n. banco. v. ser banqueiro
bank statement: n. extrato de conta bancária

banker: n. banqueiro
bank loan: n. empréstimo bancário
bankrupt: adj. falido
bankruptcy: n. falência
banner: n. faixa com dizeres
banquet: n. banquete
banter: n. comércio de troca. v. permutar
banter: n. gracejo. v. gracejar
baptism: n. batismo
baptize: v. batizar
bar: n. barra, bar. v. trancar, bloquear
bar code: n. código de barra
bar graph: n. gráfico de barra
Barbados: n. Barbados
barbarian: n, adj, bárbaro
barbecue: n. churrasco, churrasqueira
barbed wire: n. arame farpado
barber shop: n. barbearia
barber: n. barbeiro
barbiturate: n. barbiturato
bare: v. desnudar, expor. adj. nu, simples
barefoot: adj. descalço
barely: adv. apenas, simplesmente
bargain: n. contrato, barganha. v. pechinchar
bargaining: n. barganha
barge: n. barca. v. cambalear

bark: n. córtex, quina v. latir
barley: n. cevada
barmaid: n. garçonete
barn: n. celeiro
barometer: n. barômetro
Baron: n. barão, magnata
baroque: n. barroco. adj. em estilo barroco
barrack: n. barraca
barracks: n. quartel
barrel: n. barril, cano de espingarda
barren: adj. estéril, improdutivo
barrette: n. grampo (de cabelo)
barricade: n. barricada v. barricar
barrier: n. barreira, obstáculo
barring: prep. excetuando
barrister: n. advogado que representa clientes nas Cortes Superiores
bartender: n. barman
barter: n. comércio de troca. v. permutar
basalt: n. basalto
base: n. base, raiz. adj. comum. v. basear
baseball: n. beisebol
baseless: adj. infundado
basement: n. porão
bash: n. golpe esmagador. v. criticar
bashfulness: n. timidez, acanhamento

bashing: n. críticas à pessoas
basic: adj. de base
basic needs: n. necessidades básicas
basics: n.pl elementos fundamentais
basil: n. manjericão
basin: n. bacia, enseada
basis: n. base, fundamento
bassist: n. baixista
basket: n. cesta
basketball: n. basquete
bass: n. contrabaixo
bastard: n. bastardo, ilegítimo
baste: v. alinhavar, espancar
bat: n. bastão, morcego
batch: fornada, grupo, turma
batch file: n. arquivo de lote
bath: n. banho. v. lavar
bath towel: n. toalha de banho
bathe: n. banho de mar. v. tomar banho, banhar
bathing suite: n. roupa de banho
bathing-costume: n. maiô
bathrobe: n. roupão
bathroom: n. banheiro
bathtub: n. banheira
baton: n. bastão, batuta
battalion: n. batalhão
batter: n. batedor, massa
battery (car): n. bateria
battery farm: n. granja
battery: n. bateria, pilha

battle: n. batalha, guerra. v. batalhar
battlefield: n. campo de batalha
battleship: n. navio de batalha
bauxite: n. bauxita
bawdy: adj. obsceno, libidinoso
bawl: v. berrar
bay window: n. janela construída para o lado de fora da casa
bay: n. baía, enseada
bayonet: n. baioneta
bazaar: n. loja, bazar
be: v. ser, estar
beach: n. praia
beacon: n. farol. v. iluminar, brilhar
bead: n. conta, gota
beak: n. bico, ponta
beaker: n. copo
beam: n. viga, raio de luz. v. emitir raios de luz
bean: n. feijão, grão
bear: v. transportar, agüentar
beard: n. barba v. desafiar
bearer: n. portador, viga mestra
bearing: n. parto, rumo, paciência
beast: n. besta, animal
beat: n. batida, ritmo. v. espancar. adj. exausto
beating: n. surra, derrota

beautification: n. embelezamento
beautiful: adj. bonito
beautify: v. embelezar
beauty: n. beleza
beauty mark: n. pinta
beauty parlor: n. salão de beleza
beaver: n. castor
because: conj. porque, desde que
become: v. tornar-se, ficar bem
bed: n. cama, base, leito
bed and breakfast: n. hotel pequeno e barato
bedbug: n. percevejo
bedclothes: n. roupas de cama
bedpan: n. urinol
bedridden: adj. acamado
bedroom: n. quarto
bed-sitter: n. quitinete
bedspread: n. colcha
bedspring: n. molas de cama
bedtime: n. hora de dormir
bee: n. abelha
beef: n. carne de boi
beef steak: n. bife
beef burger: n. hambúrguer
beehive: n. colméia
beekeeper: n. apicultor
beeline: n. linha reta
been: pp of be
beeper: n. bip
beer: n. cerveja

beeswax: n. cera de abelha
beet: n. beterraba
beetle: n. besouro
befall: v. acontecer
before: prep. anterior, antes que
beforehand: adv. anteriormente, antecipadamente
befriend: v. agir como amigo
beg: v. mendigar, implorar
beggar: n. pedinte, mendigo
begin: v. começar
begin again: v. começar outra vez
beginner: n. novato
beginning, start: n. início adj. iniciante
beguile: v. distrair, divertir
behalf: n. benefício, favor
behave: v. comportar-se, conduzir-se
behavior modification: n. modificação de comportamento
behavior: n. comportamento
behaviorism: n. behaviorismo
behead: v. decapitar, degolar
behind: prep. atrás, atrasado. adv. para trás
behold: v. contemplar, observar
beige: adj. bege

being: n. existência, ser. adj. existente
belch: n. arroto
Belgium: n. Bélgica
belie: v. caluniar, desmentir
belief: n. crença, fé
believe: v. acreditar, ter fé
believer: n. crente, fiel
belittle: v. depreciar, menosprezar
Belize: n. Belize
bell: n. sino, campainha
bellbottom: adj. boca-de-sino
bellhop: n. mensageiro
belligerent: adj. beligerante
bellow: n. berro, grito. v. berrar
belly button: n. umbigo
belly: n. barriga
belong: v. ser membro de, ser propriedade de
belonging: n. pertences
beloved: n, adj. amado, querido
below: prep. abaixo, inferior. adv. abaixo
below zero: adv. abaixo de zero
belt: n. cinto, correia
belt sander: n. lixa de correia
bench: n. banco
benchmark: n. referência comparativa
bend: n. curva, flexão v. abaixar, curvar-se

beneath: adv. abaixo, embaixo
benediction: n. ação de graças , bênção
beneficence: n. beneficência
beneficial: adj. benéfico, proveitoso
beneficiary: n. beneficiário
benefit: n. benefício. v. beneficiar
benevolent: adj. benevolente
bent: n. inclinação. v. adj. curvado, inclinado
bequeath: v. legar, transmitir
bereavement: n. perda, privação
beret: n. boina
Bermuda: n. Bermudas
berry: n. fruto do tipo morango, amora, semente seca
berserk: adj. frenético, furioso
beseech: v. implorar, suplicar
beset: v. assediar, envolver
beside: adv. ademais , além disso
besides: adv. ademais, também
besiege: v. assediar, atacar
best: n. o melhor
bet: n. aposta. v. apostar
beta particle: n. partícula beta
betray: v. trair

better: n. melhor. v. progredir. adj. melhor
betting: v. apostar
between: adv. no meio
beverage: n. bebida
beware: v. cuidado
bewilder: v. confundir, desnortear
bewildered: adj. confuso, desnorteado
bewitch: v. enfeitiçar, fascinar
beyond: n. prep. além de. adv. além, mais longe
Bhutan: n. Butão
biannual: adj. bienal
bias: n. tendência. v. inclinar, tender
biased: adj. preconcebido, tendencioso, parcial
bib: n. babador de bebê
Bible: n. bíblia
biblical: adj. bíblico
bicameral: adj. bicameral
bicker: n. briga. v. brigar
bicycle: n. bicicleta
bid: n. oferta, lance. v. fazer um lance
bidder: n. arrematante, licitante
bidding: n. lance, licitação ,ordem
biennial: n, adj. bienal
big: adj. grande, adulto
Big Apple: n. Nova York
Big Bang: n. Big Bang

big shot (VIP): n. mandachuva
big toe: n. dedão do pé
big: adj. grande
bigamist: n. bígamo
bigamous: adj. bígamo
bigoted: adj. intolerante, fanático
bigoted: n. fanático, intolerante
bike: n. bicicleta v. andar de bicicleta
biker: n. ciclista
bile: n. bílis
bilingual: adj. bilíngüe
bill: n. bico de ave
bill: n. conta, fatura , papel-moeda
billboard: n. mural (outdoor)
billiards: n. jogo de bilhar
billing: n. fatura, faturamento
billion: n, adj, bilhão
billions: n. bilhões
bin: n. caixa, lata. v. guardar
binary digit: n. dígito binário (bit)
binary star: estrela binária
binary system: n. sistema binário
bind: n. faixa, cinta. v. amarrar, colar
binder: n. fichário
binding: n. atadura, encadernação. adj. obrigatório

bingo: n. bingo
binoculars: n. binóculo
binomial: n. binômio
biochemistry: n. bioquímica
biodegradable: adj.
biodegradável
biodiversity: n.
biodiversidade
biofeedback: n. biofeedback
biogeography: n.
biogeografia
biographer: n. biógrafo
biological: adj. biológico
biological control: n.
controle biológico
biologist: n. biólogo
biology: n. biologia
biomass: n. biomassa
biome: n. bioma
bionic: n. biônico
biopsy: n. biópsia
biosphere: n. biosfera
biotic: adj. biótico
bipartisan: adj. bipartidário
bird: n. ave, pássaro
birds eyes view: n. vista
aérea, visão geral
Biro: n. tipo de caneta
esferográfica
birth: n. nascimento
birth certificate: n. certidão
de nascimento
birth place: n. lugar de
nascimento
birth rate: n. taxa de
natalidade

birth date: n. data de
nascimento
birthday: n. aniversário
birthmark: n. sinal de
nascença
birthrate: n. coeficiente de
natalidade
biscuit: n. biscoito, bolacha
bisect: v. dividir, secionar
bisexual: adj. bissexual
bishop: n. bispo
bison: n. bisão, auroque
bissextile: n. ano bissexto
adj. bissexto
bistro: n. bistrô
bit: n. freio. v. refrear
bit, piece: n. partícula,
pedacinho
bitch: n. cadela, meretriz
bite: n. mordida, pouquinho
biting: adj. cortante,
sarcástico
bitter: adj. amargo,
decepcionado
bitterness: n. rancor, mágoa
bizarre: adj. grotesco,
estranho
blabbermouth: adj.
tagarela, fofoqueiro
black: n. preto, negro. adj.
escuro
black coffee: n. café preto
black hole: n. buraco negro
black market: n. mercado
negro
black pepper: n. pimenta-
do-reino

black stool: n. fezes negras
blackboard: n. quadro-negro
blacken: v. enegrecer, escurecer
blacklist: n. lista negra. v. colocar na lista negra
blackmail: n. chantagem, extorsão
blackmailer: n. chantagista
black-out: n. apagão
blacksmith: n. ferreiro
bladder: n. bexiga
blade: n. espada, lâmina
blame: n. culpa, falha. v. acusar, repreender
bland: adj. afável, delicado
blandishment: n. palavras lisonjeiras
blank: n. espaço em branco. adj. sem expressão
blanket: n. cobertor
blare: n. som muito alto v. estar em volume muito alto
blasphemy: n. blasfêmia
blast: n. grande explosão. v. dinamitar, explodir
blatant: adj. barulhento
blaze: n. labareda, fogo. v. queimar
blazer: n. jaqueta
bleach: v. alvejar. n. água sanitária
bleak: adj. desabrigado, deserto, árido
bleakness: n. desabrigo, frio

bleary-eyed: adj. com os olhos lacrimejantes
bleed: n. sangria. v. sangrar
bleeding: n. hemorragia. adj. que está sangrando
blemish: n. marca, mancha. v. manchar, sujar
blend: n. mistura. v. misturar
blender: n. liquidificador
bless: v. abençoar
blessed: adj. abençoado
blessing: n. bênção, graça
blind: adj. cego
blindfold: n. venda. v. vendar. adj. com os olhos vendados
blindness: n. cegueira
blink: n. piscadela, piscada. v. piscar os olhos
bliss: n. felicidade, alegria
blissful: adj. alegre, feliz
blister: n. bolha
blitz: n. ataque repentino. v. atacar repentinamente
blizzard: n. nevasca
bloat: v. inchar, defumar
bloated stomach: n. estômago inchado
block: n. bloco. v. entupir, bloquear
blockade: n. bloqueio. v. bloquear
blockbuster: n. livro ou filme de enorme sucesso
blockhead: n. cabeça-dura, pessoa estúpida

bloke: n. homem, sujeito
blond: n. loiro adj. claro, loiro
blonde: n. loira
blood bank: n. banco de sangue
blood circulation: n. circulação sangüínea
blood clot: n. coágulo
blood pressure: n. pressão arterial
blood test: n. teste de sangue
blood transfusion: n. transfusão de sangue
blood type: n. tipo de sangue
blood: n. sangue
blood-streaked: adj. manchado de sangue
bloodstream: n. circulação sanguínea
bloodsucker: n. parasita, sanguessuga
bloodthirsty: adj. sanguinário, cruel
bloody: adj. sangrento, sanguinário
bloody stools: n. fezes ensangüentadas
bloom: n. flor, beleza, juventude. v. florir
blossom: n. flor. v. florescer, desenvolver-se
blot: n. borrão v. apagar, borrar
blotting paper: n. mata-borrão

blouse: n. blusa
blow: n. sopro. v. soprar, ventar
blow up: v. ampliar, dinamitar, explodir
blow-dry: v. secar o cabelo com secador
blue chip: n. empresa bem-sucedida e lucrativa
blue film: n. filme pornográfico
blue: adj. azul, triste
blueprint: n. planta, projeto, plano
blues: n. canção melancólica de origem negra
bluff: n. blefe
bluish color: n, adj. cor azulada
blunder: n. erro grave. v. errar, estragar
blunt: v. enfraquecer. adj. brusco, franco
blur: n. falta de clareza. v. perturbar a visão
blurred vision: n. visão embaçada
blurred: adj. embaçado
blush: v. corar, envergonhar-se. adj corado, rubro
boar: n. javali
board: n. tábua, quadro-negro. tabuleiro. v. dar pensão, embarcar
boarding house: n. hospedaria, pensão

boarding-card: n. cartão de embarque
board-meeting: n. reunião do conselho
boardwalk: n. passarela de madeira
boast: v. gabar-se
boastful: adj. fanfarrão, orgulhoso
boat: n. barco, navio
boathouse: n. hangar
bobbin: n. bobina
bobby: n. policial, tira
bobby pin: n. grampo de cabelo
bobsleigh: n. trenó duplo
bodily: adj. corporal, físico. adv. em conjunto
body: n. corpo
body language: n. linguagem corporal
bodyguard: n. guarda-costas
bog: n. pântano. v. atolar
bogeyman: n. bicho-papão
boggy: adj. pantanoso
bogus: adj. adulterado, falsificado
boil: n. fervura. v. ferver, ficar nervoso
boiled water: n. água fervida
boiled: adj. cozido, fervido
boiler: n. caldeira, aquecedor
boiling point: n. ponto de ebulição

boiling: n. fervura adj. fervente
boisterous: adj. vivaz, barulhento
bold: adj. corajoso, confiante
bolero: n. bolero
Bolivia: n. Bolívia
Bolivian: n, adj. boliviano
bollix: v. confundir, atrapalhar
boloney: n. bobagem, tolice
bolster: v. amparar , animar, encorajar
bolt: n. pino, parafuso. v. sair às pressas. adv. subitamente
bomb: n. bomba, fracasso. v. bombardear
bombardment: n. bombardeio
bomber: n. avião de bombardeio
bomber jacket: n. blusão, jaqueta
bombing: n. bombardeio, atentado por bomba
bombproof shelter: n. abrigo antiaéreo
bombshell: n. bomba, notícia inesperada
bonafide: adj. genuíno, legítimo. adv. de boa-fé
bonanza: n. mina, prosperidade
bond: n. vínculo, apólice. restrições. v. ligar, unir

bonder: n. borda, fronteira.
v. fazer fronteira com
bone: n. osso, espinha
bone density: n. densidade
dos ossos
bone marrow: n. medula
óssea
bonfire: n. fogueira
bonnet: n. touca
bonus: n. bonificação, bônus
bony: adj. esquelético, ósseo
boo: n. vaia. v. vaiar
book cover: n. capa do livro
book: n. livro, registro,
volume
bookcase: n. estante para
livros
bookkeeping: n.
contabilidade
bookend: n. bibliocanto
booking: n. reserva
bookkeeper: n. guarda-
livros
booklet: n. folheto
bookmaker: n. agenciador
de apostas
bookmark: n. marcador de
páginas
bookmobile: n. biblioteca
ambulante
bookshop: n. livraria
bookstore: n. livraria
boom: n. crescimento,
estrondo
boost: n. estímulo. v.
impulsionar, levantar

booster: n. incentivador,
regulador
boot: n. bota, porta-malas
booth: n. cabine
bootlegger: n.
contrabandista de bebidas
booty: n. despojo,
prisioneiro de guerra
booze: n. bebida alcoólica.
v. embriagar-se
border, trimming: n. beira,
borda
borderland: n. fronteira,
limite
borderline: adj. linha de
fronteira
bore: n. alma, calibre,
perfuração
bored: adj. entediado
boredom: n. enfado,
aborrecimento
boring: n. buraco,
sondagem. adj. tedioso
born (to be): adj. nascido
borough: n. divisões de uma
cidade grande
borrow: v. pedir emprestado
borrower: n. o que pede
emprestado
bosom: n. peito, seios. adj.
do peito, íntimo
boss: n. chefe, patrão. v.
controlar, mandar
bossy: adj. mandão
botanist: n. botânico
botany: n. botânica

botch: n. serviço malfeito. v. remendar grosseiramente
both: adj, pron. ambos, os dois. adv. igualmente
bother: n. preocupação. v. aborrecer, preocupar-se
bottle bank: n. recipiente para coleta seletiva de vidros
bottle opener: n. abridor de garrafa
bottle: n. garrafa, mamadeira, vidro v. engarrafar
bottleneck: n. gargalo de garrafa
bottom: n. fundo, traseiro, causa
bottom-line: n. o fator mais importante numa tomada de decisão
bouillon: n. caldo de carne
boulevard: n. bulevar
bounce: n. pulo, salto. v. saltar, devolver cheque, expulsar
bouncer: n. segurança de bar
bouncing: adj. vigoroso, cheio de saúde
bound: adj. com destino a
bound: n. limite, fronteira
boundary: n. divisa, limite
boundless: adj. ilimitado, vasto
bountiful: adj. abundante, liberal
bouquet: n. buquê

bourbon: n. uísque de malte
bourgeois: n, adj. burguês
bourgeoisie: n. burguesia
bout: n. luta livre, surto (doença)
bow: n. arco
bowel: n. interior, intestino
bowl: n. tigela, vasilha
bowlegged: adj. de pernas tortas, cambaio
bowling alley: n. pista de boliche
bow-tie: n. gravata-borboleta
box: n. caixa, camarote. v. encaixotar
Boxer: n. boxeador
boxing-day: n. de dezembro
box-office: n. bilheteria de teatro ou cinema
boy: n. menino, moço
boy scout: n. escoteiro
boycott: n. boicote. v. boicotar
boyfriend: n. amigo, namorado
bra: n. sutiã
brace: n. tira, braçadeira. v. suportar
bracelet: n. bracelete, pulseira
braces: n.pl aparelho dentário, suspensórios
bracing: n. amarração, suporte. adj. estimulante
brag: v. gabar-se

braggart, showoff: n. adj. fanfarrão
braid: n. trança, fita. v. trançar
brain: n. cérebro
brain wave: n. idéia brilhante, inspiração súbita
brainless: adj. desmiolado, desajuizado
brainstorming: n. debate, troca de idéias
brainwashing: n. lavagem cerebral
brake: n. freio. v. frear
brake light: n. luz de freio
bran: n. farelo de cereais
branch: n. ramo de árvore, filial
branching tree: n. árvore ramificada
brand: n. marca de fábrica. v. marcar
brand name: n. marca registrada
brand-new: adj. novo em folha
brandy: n. conhaque
brass: n. latão, metal
brass band: n. orquestra de instrumentos de sopro
brat: n. criança mal-educada, pirralho
brave: n. bravo. v. ter coragem adj. corajoso
brawl: n. alvoroço, clamor, rixa
bray: v. moer, triturar

bravery: n. coragem, bravura
Brazil: n. Brasil
Brazil-nut: n. castanha-do-pará
brazil wood: n. pau-brasil
breach: n. brecha, ruptura
bread: n. alimento, pão, sustento
breadfruit: n. fruta-pão
breadline: n. fila de mendigos para receber alimentos grátis
breadwinner: n. a pessoa que sustenta a família
break: n. quebra, intervalo. v. quebrar, falir
breakdown: n. colapso, análises
breakfast: n. café da manhã
break-in: n. assalto
breaking point: n. ponto de ruptura
break-out: n. fuga, surto, erupção
breakthrough: n. avanço notável
breast examination: n. exame de mama
breast: n. busto, mama, seio
breastbone: n. esterno
breast-feed: v. amamentar
breath: n. aragem, brisa, respiração
breathalyzer: n. bafômetro
breathe: v. respirar, estar vivo

breathing: n. palavra, pausa, voz
breathless: adj. esbaforido, aflito
breathtaking: adj. excitante, empolgante
breed: n. criação, classe. v. causar, procriar
breeding: n. educação, maneiras
breeze: n. alteração, brisa
brew: v. fazer cerveja
bribe: n. suborno. v. subornar
bribery: n. suborno
brick: n. tijolo. v. revestir com tijolos
bricklayer: n. pedreiro
brick wall: n. parede, obstáculo
bridal: adj. nupcial
bride: noiva, recém-casada
bridge: n. ponte
brief: adj. abrupto, breve
briefcase: n. pasta executiva
briefing: n. informe oficial à imprensa
brigade: n. brigada. v. formar em brigada
bright: adj. luminoso, brilhante, inteligente
brighten: v. tornar claro, iluminar, animar
brightness: n. brilho, inteligência
brilliant: adj. magnífico, inteligente

brim: n. borda, orla. v. encher
brine: n. salmoura
bring: v. trazer, persuadir
briskly: adv. depressa
Britain: n. Grã-Bretanha
British: adj. britânico
British Virgin Island: n. Ilhas Virgens Britânicas
brittle: adj. frágil, quebradiço
broach: v. abordar um assunto
broad shouldered: adj. de ombros largos
broadcast: n. programa de rádio
broadminded: adj. liberal, tolerante
broccoli: n. brócolos
brochure: n. brochura, folheto
broil: v. ferver, grelhar
broiled: adj. assado, grelhado
broiler: n. ave a ser grelhada
broke: adj. falido, quebrado
broken: adj. quebrado, falido, desanimado
broken down: adj. arruinado, esgotado
broken home: n. família com pais separados
broker: n. corretor, agente
brolly: n. guarda-chuva
bronchi: n. brônquios
bronchitis: n. bronquite

bronchoscopy: n. broncoscopia
bronchus: n. brônquio
bronze: n. bronze. v. bronzear-se
brood: n. ninhada, filhotes. v. preocupar-se com alguma coisa
brook: n. córrego, riacho
broom: n. vassoura. v. varrer
broth: n. caldo de carne
brothel: n. bordel
brother: n. irmão
brotherhood: n. parentesco de irmãos
brother-in-law: n. cunhado
brotherly: adj. fraternal
brow: n. testa. sobrancelha
brown bread: n. pão integral
brown: adj. bronzeado, marrom
brownie: n. bolo de chocolate, bandeirante (menina)
bruise: n. contusão, hematoma
bruised: adj. ferido, machucado
brunch: n. misto de café da manhã com almoço
brunette: n. adj, morena
brush: n. escova, pincel. v. escovar, limpar
brush-off: n. ato de ignorar alguém

brutal: adj. desumano, rude
brutality: n. brutalidade
brute: n. animal irracional. adj. brutal
bubble: n. bolha. v. fazer bolhas, borbulhar
bubble gum: n. chiclete de bola
buck: n. dólar
buck: n. macho
bucket: n. balde. v. baldear
buckle up: v. colocar o cinto de segurança
buckle: n. curvatura, fivela
buckling: n.empeno
buck-tooth: n. dente saliente
bud: n. borbulha, botão, broto
Buddhism: n. budismo
budding: n. germinação
buddy: n. amigo, camarada, companheiro
budge: v. mover-se, não ceder
budget: n. orçamento, verba. v. planejar gastos
budget deficit: n. déficit orçamentário
budget surplus: n. superávit orçamentário
buff: v. polir com couro
buffalo: n. búfalo. v. intimidar
buffer: n. área temporária de memória
buffet: n. lanchonete, restaurante com bufê

buffet: n. aparador, balcão (de bar)
buffoon: n. bobo, palhaço
bug: n. inseto, germes v. colocar escuta, amolar
buggy: n. carrinho de bebê
bugle: n. buzina, trompa de caça
build: n. constituição física. v. construir, edificar
builder: n. construtor, empreiteiro
building: n. edifício, construção
building: n. construção, edifício
building-site: n. canteiro de obras
built-up: adj. muito construído
bulb: n. bulbo
Bulgaria: n. Bulgária
bulge: n. protuberância, saliência
bulimia: n. aplestia, bulimia
bulky: adj. grande, volumoso
bull: n. touro
bulldozer: n. escavadora para terraplenagem
bullet: n. bala de arma
bulletin: n. boletim, comunicado. v. divulgar por boletim
bullet-proof: adj. à prova de bala

bullion: n. prata ou ouro maciço
bullring: n. praça de touros
bull's eye: n. alvo, tiro certeiro
bullshit: n. conversa mole, papo furado
bully: n. brigão. v. amedrontar, intimidar
bump: n. impacto, pancada, galo. v. colidir contra
bump into: dar de cara com alguém
bumper: n. pára-choque
bumper sticker: n. adesivo para o carro
bunch: n. cacho, grupo. v. juntar-se, enfaixar
bundle: n. pacote, rolo, trouxa v. empacotar, entrouxar
bungalow: n. bangalô
bungle: v. fazer trabalho mal feito, estragar
bunion: n. joanete
bunk: n. beliche. v. dormir em beliche
bunny: n. coelho
buoy: n. bóia
buoyant: adj. flutuante, animado
buoyant force: n. força de flutuação
burden: n. carga, peso. v. pôr carga em, sobrecarregar
bureau: n. escrivaninha, agência

bureaucracy: n. burocracia
bureaucrat: n. burocrata
burger: n. hambúrguer
burglar: n. assaltante,
arrombador
burglary: n. roubo
burial: n. enterro,
sepultamento
burn: n. queimadura. v.
queimar, incinerar
burner: n. combustor,
queimador
burning: adj. ardor,
queimadura
burning-point: n. ponto de
combustão
burp: n. arroto
burrow: n. abrigo, cova,
toca
burry: v. enterrar, sepultar
bursar: n. tesoureiro, bolsa
de estudos
burst: n. estouro. v. estourar
bury: v. enterrar
bus: n. ônibus
bush: n. arbusto, moita
bushy: adj. cerrado, espesso
busily: adv. ativamente
business: n. serviço,
negócio, empresa
businesslike: adj.
profissional eficiente
businessman: n. empresário
business-outlook: n.
situação comercial
bust: v. estourar, fracassar
busy: v. pôr(se) a trabalhar

busybody: n. pessoa
intrometida
but: n. mas, objeção,
restrição
butcher: n. açougueiro,
carniceiro
butcher's: n. açougue
butler: n. mordomo
butt: n. coronha, toco de
cigarro
butter: n. manteiga. v.
passar manteiga
butterfingered: adj.
desastrado
butterfly: n. borboleta
butterfly stroke: n. nado
borboleta
buttock: n. nádega
button: n. botão, broche. v.
abotoar(se)
buttonhole: n. casa de botão
buy: n. compra. v. comprar,
adquirir
buyer: n. comprador
buzz: n. murmúrio, zumbido
by: prep. ao lado de, através
de. adj. perto
by foot: expr. a pé
bygone: n. coisa do passado.
adj. passado
bylaw: n. lei interna de
cidade ou companhia
bypass: n. desvio v. desviar
byproduct: n. derivado,
subproduto
bystander: n. pessoa que
presencia algum

acontecimento mas que não
toma parte da ação
byte: n. byte
Byzantine: adj. Bizantino

C, c

C: n. terceira letra do alfabeto, consoante
C.V.A. (Certified Vocational Evaluator): n. Avaliador Vocacional Certificado
c/o: abr. (in care of) aos cuidados de
cab: n. táxi
cabbage: n. couve, repolho
cabby: n. cab-driver, taxista
cab-driver: n. taxista
cabin: n. pequena casa, camarote
cabinet: n. gabinete, ministério, armário
cable TV: n. TV a cabo
cable: n. cabo
cacao: n. cacau
cache: n. área de memória rápida, esconderijo
cacique: n. cacique
cackle: n. cacarejo, tagarelice. v. tagarelar, gargalhar
cactus: n. cacto
cad: n. grosseirão, malcriado
cadaver: n. cadáver
cadence: n. cadência, ritmo
cadet: n. cadete
cadge: v. mendigar, esmolar
cadre: n. estrutura, armação
caesarean: adj. cesareano, cesáreo

café: n. café, restaurante
cafeteria: n. cafeteria, cantina
caffeine: n. cafeína
cage: n. cabine, cárcere, gaiola
cagey: adj. cuidadoso, cauteloso
cajole: v. bajular, lisonjear
cake: bolo, torta
calabash bowl: n. tigela de cabaça
calabash: n. cabaceiro, calabaça
calamine: n. pó usado em medicamentos para tratamento de doenças da pele
calamitous: adj. calamitoso, desastroso
calamity: n. calamidade, desastre, desgraça
calcaneus: n. osso do calcanhar
calcium (Ca): n. cálcio
calculate: v. calcular, contar, estimar
calculating: adj. interesseiro, calculista
calculator: n. calculadora
calendar: n. calendário
calf: n. bezerro, filhote
calibration: n. calibração
California Gold Rush: Corrida do Ouro na Califórnia
California: n. Califórnia

caliper: n. compasso de calibre
caliph: n. califa
calisthenics: n. exercícios físicos para desenvolver a saúde
call: n. grito, chamada telefônica. v. nomear, visitar
caller: n. visitante, aquele que telefona
calligraphy: n. caligrafia
calling card: n. cartão de visita
calling: n. vocação
callous: adj. calejado, caloso
callus: n. calo, calosidade
calm down: v. acalmar-se
calm: n. calma, paz
calorie: n. caloria
calorimetry: n. calorimetria
calumniate: v. caluniar, difamar
Calvary: n. calvário
calypso: n. calipso
camaraderie: n. camaradagem, coleguismo
camber: n. arqueamento. v. curvar, arquear
Cambodia: n. Camboja
camel: n. camelo, cor bege
camellia: n. camélia
camera: n. câmera
cameraman: n. operador de câmara
camera-shy: adj. que fica nervoso quando é filmado ou fotografado

chamomile: n. camomila
camouflage: n. camuflagem
camp: n. acampamento. v. acampar
Camp David Accords: n. Tratado de Paz entre o Egito e Israel
campaign: n. campanha
campaign button: n. distintivo de campanha eleitoral
camper: n. indivíduo acampado
campfire: n. fogueira de acampamento
camphor: n. cânfora
camphorated: adj. canforado
campus: n. terreno ou prédios de uma universidade
can: n. lata, prisão. v. enlatar, poder, ser capaz
can opener: n. abridor de latas
Canada: n. Canadá
canal: n. canal
canaliculus: n. pequeno canal ou passagem
cancel: n. cancelamento. vt. cancelar
cancer: n. câncer
candelabra: n. candelabros
candid: adj. cândido, honesto, imparcial
candidacy: n. candidatura
candidate: n. candidato
candle: n. vela

candlelight: n. luz da vela
candlestick: n. castiçal
candor: n. sinceridade, franqueza
candy: n. doces, bombom
cane: n. bengala. v. chibatear
canine: n, adj. canino
cannabis sativa: n. maconha
canned: adj. enlatado, embriagado
cannibal: n. canibal, antropófago
cannon: n. canhão. v. canhonear
cannonball: n. bala de canhão
canny: adj. engenhoso, cauteloso
canoe: n. canoa v. transportar em canoa
canoeing: n.canoagem
canonize: v. canonizar
canopy: n. pálio, abóbada, abrigo
cant: n. calão, jargão
cantaloupe: n. espécie de melão
cantankerous: adj. intratável, mal-humorado
canteen: n. cantina, cantil
canton: n. distrito, divisão
canvas: n. tenda, barraca, quadro ou pintura a óleo
canvass: n. exame minucioso. v. + v. solicitar votos

cap: n. boné. v. coroar, tampar
capable: adj. capaz, competente
capacity: n. capacidade
cape: n. cabo, promontório
caper: n. salto, atividade ilegal. v. saltar
capillary: n. tubo capilar
capital: n. capital
capital goods: n. bens de capital
capital punishment: n. pena de morte
capitalism: n. capitalismo
capitalization: n. capitalização
capitalize: v. capitalizar
capricious: adj. caprichoso
Capricorn: n. Capricórnio
capsize: v. capotar
capsule: n. cápsula
captain: n. capitão, comandante. v. chefiar, comandar
caption: n. cabeçalho, legenda
captivating: adj. cativante, encantador
captive breeding: n. procriação em cativeiro
captive: adj. cativo
captivity: n. cativeiro
capture: n. captura
car park: n. estacionamento
car registration: n. registro do veículo

car seat: n. assento do carro
car: n. carro
caramel: n. caramelo
carapace: n. carapaça
Carat: n.(Karat) quilate
caravan: n. caravana
carbohydrate: n. hidrato de carbono
carbon dioxide: n. gás carbônico
carbon monoxide: n. monóxido de carbono
carbonate: n. carbonato
carbonic acid: n. ácido carbônico
carbonize: v. carbonizar
carbon: n. carbono
carburetor: n. carburador
carcass: n. carcaça
carcinogen: n. carcinógeno, carcinogênio
card: n. carta de baralho, cartão
card game: n. jogo de cartas
card punch: n. perfuradora de cartão
card swipe: n. leitora magnética de cartões informatizados
cardamom: n. cardamomo
cardboard: adj. feito de papelão
card-carrying: adj. associado
cardiac arrest: n. parada cardíaca

cardiac muscle: n. músculo cardíaco
cardiac: adj. cardíaco
cardigan: n. cardigã
cardinal point: n. ponto cardeal
cardinal sin: n. pecado capital
cardinal: adj. cardeal
cardiologist: n. cardiologista
cardiology: n. cardiologia
cardiovascular system: n. sistema cardiovascular
cardiovascular-respiratory systems: n. sistema respiratório-cardiovascular
care: n. cuidado, atenção. v. preocupar-se com
care for: v. importar-se com
career: n. carreira, profissão
career woman: n. mulher que segue uma carreira
carefree: adj. despreocupado
careful: adj. cuidadoso, atento
careless: adj. negligente, desleixado
caress: n. carícia
caressing: n. carinho
caretaker: n. zelador, vigia
cargo: n. carga
Caribbean: adj. caribenho
caribou: n. Caribu
caricature: n. caricatura. v. caricaturar

caring: adj. aquele que se importa
carnal knowledge: n. relações sexuais
carnation: n. cravo (flor)
carnival: n. carnaval, parque de diversões
carnivore: n. carnívoro
carnivorous: adj. carnívoro
carol: n. cântico, hino de Natal
carotene: n. caroteno
carousel: n. carrossel
carouser: n, adj. farrista, beberrão
carp: n. carpa v. censurar
car park: n. estacionamento
carpenter: n. carpinteiro
carpet: n. tapete. v. atapetar
carpet-bagger: n. aventureiro político
carpool: v. pegar carona
carport: n. abrigo de carro
carriage way: n. pista de rodovia
carriage: n. carruagem, carreta, carro
carrier: n. portador.
carrion: n. carniça
carrot: n. cenoura
carry: v. carregar
carrying capacity: n. capacidade de carga
car-sick: adj. enjoado pela viagem de carro
cart: n. carroça, carrinho de mão

cartel: n. cartel
cartilage: n. cartilagem
cartography: n. cartografia
carton: n. caixa de papelão
cartoon: n. desenho animado, história em quadrinhos
cartridge: n. cartucho
cartwheel: n. roda de carroça, virar estrela
carve: v. trinchar, esculpir, entalhar
carving: n. escultura, entalhe
carwash: n. posto de lavar carros
cascade: n. cascata
case: n. caso
case study: n. estudo de caso
caseworker: n. assistente social
cash: n. dinheiro. v. pagar a vista
cash a check: v. descontar um cheque
cash dispenser: n. caixa automático
cash on delivery (COD): entrega contra reembolso
cash register: n. máquina registradora
cash-and-carry: n. loja de atacado a preços menores
cashew nut: n. castanha de caju
cashier: n. encarregado do caixa

casing: n. embalagem
casino: n. cassino
casket: n. caixão, porta-jóias
cassava bread: n. pão de mandioca
cassava cake: n. bolo de mandioca
cassava: n. mandioca
casserole: n. caçarola
cassette: n. cassete
cassette player: n. toca-fitas
cassette recorder: n. gravador de fita cassete
cast: n. lance, gesso. v. lançar, moldar. adj. inflexível
cast a spell on: v. enfeitiçar
castaway: n. náufrago. adj. rejeitado
caste system: n. sistema de castas
castigate: v. castigar
casting-voice, casting-vote: n. voto decisivo em caso de empate
cast-iron: n. ferro fundido. adj. de ferro fundido
castle: n. castelo, fortaleza
cast-off: n. refugo. adj rejeitado
castor: n. castor
castrate: v. castrar, capar
castration: n. castração
cast-steel: n. aço fundido
casual: n. ocasional. adj. casual, acidental
casualties: n. mortes

casualty: n. acidente, desastre
casualty: n. pronto-socorro
CAT scan: n. tomografia computadorizada
cat: n. gato
catalog, catalogue: n. catalogo. v. catalogar
catalyser: n. catalisador
catalyst: n. catalisador
cataract: n. cataratas, dilúvio
catastrophe: n. catástrofe
catatonic episode: n. episódio catatônico
catatonic schizophrenia: n. esquizofrenia catatônica
catcall: n. vaia
catch: n. captura. v. pegar, contrair, adj. atraente
catch phrase: n. frase de propaganda, slogan
catch red-handed: v. pegar alguém "no ato"
catching: adj. contagioso, infeccioso
catchup: n. molho de tomate
catchy: adj. fácil de lembrar
catechism: n. catequismo, catecismo
cater: v. cuidar de
caterpillar: n. lagarta
cathedral: n. adj. catedral
catheter: n. cateter
catheterization, cardiac: n. cateterismo cardíaco
cathode: n. cátodo

cathodic ray: n. raio catódico
Catholic: n. católico. adj. católico
Catholicism: n. catolicismo
cation: n. cátion
cat's cradle: n. cama de gato
cat's-eye: n. olhos-de-gato
cattail: n. tábua
cattle: n.pl gado, rebanho
cattle-breeding: n. pecuária
catwalk: n. passarela em desfile de moda
Caucasian: n. caucasiano
caucus: n. convenção de partido político
caudillos: n. caudilhos
cauldron: n. caldeirão
cauliflower: n. couve-flor
cause: n. causa, origem. v. causar
causeway: n. calçada, estrada
caution: n. prudência, precaução. v. avisar
cautious: adj. cauteloso, precavido
cave: n. caverna. v. desabar, ceder
caveman: n. troglodita
caviar: n. caviar
cavity: n. cárie
Cayman: n. Caimão
CD (Compact Disc): n. CD
CD-Rom: n. Cd-rom (Informática)

CDV: abr. (compact video disc) fita de vídeo gravador a laser
cease: v. cessar
cedar: n. cedro
cede: v. ceder
ceiling: n. teto
celebrate: v. celebrar, festejar
celebrated: adj. célebre, admirado
celebration: n. celebração
celebrity: n. celebridade, pessoa célebre
celery: n. aipo
cell cycle: n. ciclo celular
cell division: n. divisão celular
cell membrane: n. membrana celular
cell phone (cellular phone): n. telefone celular
cell theory: n. teoria celular
cell wall: n. parede celular
cell: n. célula, cela de prisão
cellar: n. celeiro, adega
cellist, cellist: n. violoncelista
cellulose: n. celulose
Celsius: adj. Celsius
Celsius scale: n. escala Celsius
cement: n. cimento. v. cimentar, consolidar(-se)
cement mixer: n. máquina de fazer concreto

cemetery: n. cemitério
censor: n. censor oficial. v. censurar oficialmente
censorship: n. censura
censure: n. repreensão, crítica. v. censurar, criticar
census: n. censo
cent: n. centavo
center forward: n. centro-avante
center of a circle: n. centro do círculo
center of activity: n. centro de atividade
center of rotation: n. centro de rotação
center of symmetry: centro de simetria
center, centre: n. centro. v. centrar-se, centralizar
Centigrade: adj. Centígrado
centiliter: n. centilitro
centimeter, centimetre: n. centímetro
centipede: n. centopéia
central: n, adj. central
Central America: n. América Central
central government: n. governo central
central heating: n. aquecimento central
Central Intelligence Agency (CIA): n. Agência Central de Inteligência
central nervous system: n. sistema nervoso central

central pillar: n. coluna central
Central Powers: n. poderes centrais
central processing unit (CPU): n. unidade de processamento central
centralize: v. centralizar
centrifugal force: n. força centrífuga
centripetal force: n. força centrípeta
century: n. século
ceramic: adj. cerâmico
cereal: n. cereal
cerebellum: n. cerebelo
cerebral: adj. cerebral
cerebral cortex: n. córtex cerebral
cerebral hemispheres: n. hemisférios cerebrais
cerebral paralysis: n. paralisia cerebral
ceremony: n. cerimônia, solenidade
certain: adj. certo, seguro, algum
certainly: adv. certamente
certainty: n. certeza, convicção
certificate: n. certidão, certificado
certificate of completion: n. certificado de conclusão
certificates of deposit (CD): n. certificados de depósito
certification: n. certificação

certified copy: n. cópia autenticada
certify: v. certificar
Cesarean: adj. cesariana
cessation: n. cessação, suspensão
cession: n. cessão, renúncia
CGA: abr. (color graphics adapter) adaptador gráfico colorido
chadded: adj. picotado
chadless: adj. sem picote total
chafe: v. aquecer por atrito
chai : n. serviço ocasional. v. fazer serviço doméstico avulso
chain: n. corrente. v. acorrentar
chain smoker: n. fumante inveterado
chain store: n. loja pertencente a uma cadeia (de lojas)
chained: adj. acorrentado
chair: n. cadeira
chairlady (chairwoman): n. presidenta
chairman: n. presidente de uma organização
chairperson: n. presidente(a) de uma reunião ou organização
chairwoman: n. presidenta
chalet: n. chalé
chalk: n. giz

chalkboard: n. quadro-negro
challenge: n. desafio, objeção. v. desafiar, objetar
challengeable: adj. discutível
challenging: adj. desafiante, desafiador
chamber: n. câmara, compartimento
chamber pot: n. penico
chambermaid: n. camareira
chambers: n. câmaras, aposentos
chameleon: n. camaleão
chamomile: n. camomila
champ: n. campeão
champagne: n. champanhe
champion: n. campeão, vencedor
championship: n. campeonato
chance: n. chance. v. acontecer
chancellor: n. chanceler
chandelier: n. candelabro
change gears: v. mudar de marcha
change of fortune: n. virada da sorte
change of venue: n. mudança de local
change: v. mudar. n. mudança
change: n. mudança, troco. v. mudar, trocar

changeable: adj. mutável, instável, inconstante
channel: n. canal. v. transportar por canais, canalizar
channels of distribution: n. canais de distribuição
chant: v. cantar. n. canção
chaos: n. caos
chaotic: adj. caótico
chap (young man): n. camarada, homem
chap: n. rachadura na pele
chapel: n. capela
chapter: n. capítulo, seção
char: n. carvão. v. carbonizar, torrar
character: n. caráter, personalidade
characteristic: n. característica
characterization: n. caracterização
characterize: v. caracterizar
charade: n. charada
charcoal: n. carvão vegetal
charge: n. carga. v. carregar
chargeable: adj. taxável, cobrável
charger: n. carregador de baterias
chariot: n. carro de guerra, biga
charismatic: adj. carismático
charitable: adj. caridoso, generoso

charity: n. caridade
charlatan: n, adj. charlatão
Charles's law: n. Lei de Charles
charm: n. encanto, charme. v. enfeitiçar
charmer: n. encantador
charming: adj. charmoso, encantador
chart: n. mapa, gráfico. v. mapear
charter: n. título, licença. v. licenciar, fretar
chase: n. perseguição. v. perseguir
chassis: n. chassi
chaste: adj. casto
chasten: v. punir, disciplinar
chat line: n. reunião telefônica
chat show: n. programa de bate- papo
chat: bate-papo
chatter: n. conversa fiada. v. tagarelar
chatter box: n. tagarela
chauffeur: n. chofer, motorista
chauvinism: n. chauvinismo
chauvinist: n. chauvinista
chayote: n. chuchu
cheap: adj. barato. adv. a preço baixo
cheat: n. impostor, fraude. v. enganar, trapacear
check: n. controle, cheque, exame. v. conferir

check stub: n. canhoto de cheques
check: n. cheque, conta. v. verificar
checkbook: n. talão de cheques
checker: n. quadrado de xadrez
checkered: adj. quadriculado
checkers: n. jogo de damas
checking account: n. conta-corrente
checklist: n. lista de controle
checkout: n. caixa de supermercado ou loja
check-up: n. exame médico completo
cheek: n. bochecha
cheekbone: n. osso da face
cheer: v. alegrar, animar
cheerful: adj. alegre, agradável, animado
cheerio: interj. tchau!
cheerleader: n. líder da torcida
cheers: interj. saúde! à nossa! viva!
cheese: n. queijo
cheese cake: n. torta de queijo
chef: n. cozinheiro-chefe
chemical activity: n. atividade química
chemical bond: n. combinação química

chemical change: n. mudança química
chemical dependency: n. vício em álcool ou drogas
chemical digestion: n. digestão química
chemical element: n. elemento químico
chemical energy: n. energia química
chemical equation: n. equação química
chemical equivalent: n. equivalente químico
chemical formula: n. fórmula química
chemical product: n. produto químico
chemical property: n. propriedade química
chemical reaction: n. reação química
chemical symbol: n. símbolo químico
chemical weapons: n.pl armas químicas
chemical: adj. químico
chemicals: n. produtos químicos
chemist: n. químico, farmacêutico
chemistry: n. química
chemist's: n. farmácia, drogaria
chemotherapy: n. quimioterapia

cherish: v. estimar, lembrar com prazer
Cherokee: n. tribo indígena americana
cherry: n. cereja
cherub: n. querubim, anjo
chess: n. xadrez
chest: n. peito, tórax, baú
chest pain: n. dor no peito
chest x-ray: n. radiografia peitoral
chestnut: n. castanheiro, castanha
chew: v. mastigar
chewing gum: n. goma de mascar
chewing tobacco: n. tabaco
chic: adj. chique, de bom gosto
chick: n. pintinho, moça
chicken: n. frango, galinha
chicken coop: n. galinheiro
chicken pox: n. varicela, catapora
chicory: n. chicória
chief: n. chefe
Chief of State: n. chefe de Estado
Chihuahua: n. Chiuaua
child abuse: n. maus-tratos ou negligência
child care center: n. creche
child labor laws: n. leis sobre o trabalho infantil
child labor: n. trabalho infantil
child: n. criança

childbirth: n. parto
childhood: n. infância
childhood illnesses: n. doenças de infância
childish: adj. infantil, imaturo
childishness: n. infantilidade, imaturidade
children: n. crianças, filhos
Chile: n. Chile
chili: n. pimenta malagueta
chill: n. frio, resfriado. v. resfriar-se. adj. frio
chills and fever: n. febre e calafrios
chilly: adj. frio
chime: n. carrilhão. v. soar, bater (hora)
chimney: n. chaminé
chimp: n. chimpanzé
chimpanzee: n. chimpanzé
chin: n. queixo
china: n. porcelana. adj. de porcelana
china closet: n. armário de guardar louça
China: n. China
Chinese: adj. Chinês
chink: n. fenda, rachadura. v. tilintar, como de talheres
chipmunk: n. tâmia
chiropractic: n. quiroprática
chirp: n. gorjeio, pio,cricrido. v. gorjear, trinar, cricrilar
chirpy: adj. alegre, jovial

chisel: n. talhadeira. v. cinzelar, esculpir
chiseled: adj. cinzelado, bem delineado
chitchat: n. bate-papo
chivalry: n. cavalheirismo, cavalaria
chives: n. cebolinha (condimento)
chlorine (Cl): cloro
chlorophyll: n. clorofila
chloroplast: n. cloroplasto
chocolate: n. chocolate. adj. de chocolate
choice: n. escolha. adj. preferência
choir: n. coro
choke: n. asfixia. v. asfixiar, sufocar
cholera: n. cólera
cholesterol: n. colesterol
choose: v. escolher, decidir
choose teams: v. escolher times
chop: n. golpe cortante. v. cortar, picar
chopsticks: n. pauzinhos para comer
choral: n. coral, hino. adj. coral
chord: n. acorde
chore: n. tarefa do cotidiano, incumbência desagradável
choreography: n. coreografia
chorus: n. coro, refrão. v. cantar em coro

Christ: n. Cristo, Jesus Cristo
christen: v. batizar, dar nome
christening: n. batismo
Christian: n, adj. cristão
Christian name: n. nome de batismo
Christianity: n. cristandade, cristianismo
Christmas: n. Natal. adj. natalino
Christmas card: n. cartão de Natal
Christmas carol: n. cântico de Natal
Christmas wishes: n. votos de Bom Natal
chromatography: n. cromatografia
chrome: n. cromo. v. cromar
chromosome: n. cromossomo
chromosphere: n. cromosfera
chronic: adj. crônico
chronicle: n. crônica, narração cronológica. v. registrar
chronicler: n. cronista, historiador
chronogram: n. cronograma
chronologic: adj. cronológico
chronometer: n. cronômetro
chrysalis: n. crisálida

chrysanthemum: crisântemo
chubby: adj. gordo
chuck: n. demissão, despedida. v. atirar, jogar
chuckle: n. risada silenciosa. v. rir silenciosamente
chum: n. amigo íntimo
chump: adj. cabeçudo
chunk: n. pedaço grosso
chunky: adj. entroncado, grosso
church: n. igreja. adj. relativo à igreja
church-service: n. serviço religioso
churchyard: n. terreno em volta da igreja, cemitério
churn: n. batedeira para fazer manteiga. v. fazer manteiga
chute: n. calha de transporte, tobogã, rampa
chutney: n. molho picante
cicada: n. cigarra
cigar: n. charuto
cigarette: n. cigarro
cigarette butt: n. toco de cigarro
cigarette lighter: n. isqueiro
cinch: n. coisa fácil, canja
cinder: n. cinza. v. incinerar
cinema: n. cinema
cinnamon: n. canela
cipher: n. criptograma
circadian rhythm: n. ritmo circadiano

circle graph: n. gráfico circular
circle: n. círculo
circuit: n. circuito, perímetro. v. girar, circundar
circuit breaker: n. interruptor
circular: adj. circular
circulate: v. circular
circulation: n. circulação, ventilação
circulatory system: n. sistema circulatório
circumcise: v. circuncidar, purificar
circumcision: n. circuncisão
circumference: n. circunferência
circumnavigate: v. circunavegar
circumnavigation: n. circunavegação
circumstance: n. circunstância. v. pormenorizar
circumstantial evidence: n. prova circunstancial
circus: n. circo
cirrhosis: n. cirrose
cirrus cloud: n. cirro (nuvem)
cistern: n. cisterna, reservatório de água
citadel: n. fortaleza, cidadela
cite: v. citar, mencionar
citizen: n. cidadão
citizenship: n. cidadania

citronella: n. citronela
citrus: n. cítrico
city: n. cidade, município
city council: n. câmara de vereadores
city hall: n. prefeitura
civic values: n. valores cívicos
civic: adj. cívico
civil disobedience: n. desobediência civil
civil rights: n. direitos civis
civil servant: n. funcionário público
civil war: n. guerra civil
civilian: civil
civilian: n. indivíduo que não é militar
civility: n. cortesia, civilidade
civilization: n. civilização
civil-servant: n. funcionário público
clad: adj. vestido, revestido
claim: n. reivindicação. v. reivindicar, alegar
claimant: n. reivindicador
clairvoyance: n. clarividência
clairvoyant: n. vidente. adj. clarividente, vidente
clam: n. marisco, mexilhão
clamber: v. subir com dificuldade
clammy: adj. frio, úmido, pegajoso

clamorous: adj. clamoroso, barulhento
clamour: n. clamor. v. gritar, reclamar
clamp: n. braçadeira
clan: n. clã
clandestine: n, adj. clandestino
clang: n. tinido. v. tinir
clank: n. ruído de correntes. v. tinir de correntes
clap: n. aplauso. v. aplaudir
clarify: v. esclarecer
clarinet: n. clarinete
clarity: n. claridade, limpidez
class: n. classe. v. classificar. adj. relativo a classe
classic: n, adj. clássico
classical conditioning: n. condicionamento clássico
classical: adj. clássico
classicism: n. classicismo
classification: n. classificação
classified ad: n. anúncio classificado
classified: adj. secreto, confidencial
classify: v. classificar, agrupar
classmate: n. colega de classe
classroom: n. sala de aula
clatter: n. algazarra. v. mover, tagarelar
clause: n. cláusula

claustrophobia: n. claustrofobia
clavicle: n. clavícula
claw: n. unha afiada, garra. v. arranhar
clay: n. barro, argila
clay-colored stools: n. fezes cor-de-agila
clean: v. limpar. adj. limpo, simples
clean-cut: adj. claro, nítido
cleaner: n. produto de limpeza
cleaners: n. tinturaria
cleaning woman: n. faxineira
cleaning: adj. limpeza
cleanliness: n. limpeza
cleanse: v. limpar purificar
cleanser: Adj. limpador, purificador
clear: v. clarear, limpar. adj. claro. adv. claramente
clearance: n. desobstrução, autorização
clearance sale: n. liquidação total
clearing: n. clareira
clearly: adv. claramente
cleat: n. abraçadeira, grampo, trava
cleavage: n. fenda, separação, decote
clef: n. clave
clemency: n. clemência
clench: v. cerrar punho, dentes

clergy: n. clero
clergyman: n. clérigo
clerical: adj. clerical, eclesiástico
clerk: n. balconista, escrevente
clever: adj. inteligente, esperto
cliché: n. clichê
click: n. estalo, clique. v. dar estalidos
client: n. cliente, freguês
clientele: n. freguesia clientela
cliff: n. penhasco, precipício
climate: n. clima, ambiente
climatic: adj. climático
climax: n. clímax
climb: n. subida, escalada. v. subir
climber: n. alpinista
cling: v. agarrar
clinic: n. clínica
clip: n. corte, bofetada. v. tosquiar, aparar
clipping: n. recorte de jornal
clique: n. grupo exclusivo, panelinha
clitoris: n. clitóris
cloak: n. manto, pretexto. v. mascarar
cloakroom: n. chapelaria
clock: n. relógio. v. cronometrar
clockwise: adj. adv. no sentido horário
clockwork: n. mecanismo

clog: n. entupimento, tamanco, v. obstruir
cloister: n. claustro, convento
clone: n. clone. v. clonar
cloning: n. clonagem
close: n. término, conclusão. v. fechar, terminar
close: adj. junto, próximo, fechado. adv. de perto
closed system: n. sistema fechado
closet: n. armário
close-up: n. fotografia tirada de bem perto
clot: n. coágulo. adj. idiota
cloth: n. pano, tecido
clothe: v. vestir-se
clothes: n. roupa, vestuário
clothes hanger: n. cabide
clothing: n. roupa
cloud: n. nuvem
cloudy: adj. nublado
cloudy urine: n. urina turva
clout: n. remendo
clove: n. cravo-da-índia, dente (alho)
clover: n. trevo
clover leaf: n. trevo
clown: n. palhaço. v. fazer palhaçadas
clownish: adj. apalhaçado
club: n. cacete, clube, naipe de paus. v. golpear
cluck: n. cacarejo
clue: n. indício, dica

clump: n. bloco. v. plantar em moitas
clumsy: adj. desajeitado
cluster: n. conjunto, aglomerado. v. aglomerar
clustering: n, adj. aglomerado
clutch: n. embreagem
clutter: n. desordem. v. amontoar
coach: n. carruagem, ônibus, treinador. v. treinar
coaching: n. treinamento, instrução
coagulation: n. coagulação
coal: n. carvão
coal mine: n. mina de carvão
coalition: n. coalisão, aliança
coalition government: n. governo de alianças
coarse: adj. grosso, áspero
coast: n. beira-mar, litoral
coast guard: n. Guarda Costeira
coat: n. casaco, camada. v. pintar, revestir
coax: v. persuadir, influenciar
cob: n. sabugo
cobalt (Co): n. cobalto
cobweb: n. teia de aranha
cocaine: n. cocaína
cocoon: n. casulo
coccyx: n. cóccix
cochlea: n. cóclea

cock (a gun): v. engatilhar (arma)
cock: n. galo, frango
cock fight: n. briga de galo
cockcrow: n. madrugada
cockeyed: adj. vesgo, improvável
cockney: n. habitante da Zona Leste de Londres
cockpit: n. cabine do piloto (avião)
cockroach: n. barata
cocktail: n. coquetel
cocoa: n. cacau, chocolate em pó
coconut bread: n. pão de côco
coconut cookie: n. biscoito de côco
coconut tree: n. coqueiro
coconut: n.côco
cocoon: n. casulo
cod liver oil: n. óleo de fígado de bacalhau
cod: n. bacalhau
coddle: v. afagar
code: n. código
code name: n. codinome
codeine: n. codeína
coefficient: n. coeficiente
coerce: v. coagir, forçar
coercion: n. coerção, repressão
coercive power: n. poder de coerção
coffee: n. café, cor de café

coffee break: n. hora do cafezinho durante o expediente
coffee filter (cloth): n. filtro de café (de pano)
coffee maker: n. cafeteira elétrica
coffee plant: n. planta do café
coffee pot: n. bule
coffee shop: n. café (bar)
coffin: n. caixão, esquife
cog: n. dente de roda dentada
cogitate: v. cogitar, ponderar
cognac: n. conhaque
cognition: n. cognição, percepção
cognitive dissonance: n. dissonância cognitiva
cognitive learning: n. aprendizado cognitivo
cognitive map: n. mapa cognitivo
cognizance: n. conhecimento
cohabit: v. coabitar
cohabitation: n. coabitação
coherent: adj. coerente
cohesion: n. coesão
coin: n. moeda. v. cunhar
coin purse: n. bolsinha de moedas
coincide: v. coincidir
coincidence: n. coincidência
coke: n. cocaína. abr. Coca-Cola
cola: n. cola

colander: n. escorredor de macarrão
cold: n. frio, resfriado
cold blooded animals: n. animais de sangue frio
cold feet: n. timidez
cold front: n. frente fria
cold intolerance: n. intolerância ao frio
Cold War: n. Guerra Fria
colds: n. resfriado
colic: n. cólica
collaborate: v. colaborar
collaboration: n. colaboração
collapse: v. desmoronar
collapsible: adj. desmontável, articulado
collar: n. colarinho, coleira. v. segurar alguém
collar bone: n. clavícula
collateral: adj. colateral
colleague: n. colega
collect: v. colecionar, cobrar
collection: n. coleção, arrecadação
collective: adj. coletivo
collector: n. cobrador
college: n. universidade
collide: v. colidir
collision: n. colisão
colloquial: adj. coloquial
cologne: n. água-de-colônia
Colombia: n. Colômbia
colon: n. cólon
colonel: n. coronel
colonial era: época colonial

colonial times: época colonial
colonial: adj. colonial
colonialism: colonialismo
colonization: n. colonização
colonoscopy: n. colonoscopia
colony: n. colônia
color blindness: n. daltonismo
color: n. cor
colorful: adj. colorido
colostrum: n. colostro
color: n. cor, caráter. v. colorir. adj. em cores
colposcope: n. colposcópio
colposcopy: n. colposcopia
colt: n. potro
column: n. coluna
columnist: n. colunista de jornal
coma: n. coma
comb: n. pente, favo. v. pentear, vasculhar
combat: n. combate. adj. de combate. v. combater
combatant: n. combatente
combination: n. associação, combinação
combine: v. unir(-se) a, associar(-se) a
combustible: n. material que queima. adj. inflamável
combustion: n. combustão
come: v. vir, chegar, tornar-se
come back: v. voltar

comeback: n. retorno
comedian: n. comediante
comedy: n. comédia
comeliness: n. graça, beleza
comer: n. pessoa promissora, de futuro
comet: n. cometa
comfort: n. conforto. v. confortar
comfortable: adj. confortável
comic: n. comicidade. adj. cômico
comics: n. histórias em quadrinhos
comma: n. vírgula
command: n. comando, ordem. v. comandar
commandment: n. mandamento, preceito
commemorate: v. comemorar, celebrar
commemoration: n. comemoração
commence: v. começar, iniciar (-se)
commencement: n. início, cerimônia de formatura
commend: v. elogiar
commentary: n. comentário
commerce: n. comércio, negócio
commercialize: n. comercializar
commercial: n. comercial. adj. comercial

commercial agriculture: n. agricultura comercial
commercial bank: banco comercial
commercialism: n. comercialismo
commercialize: v. comercializar
commiserate: v. comiserar(-se)
commiseration: n. compaixão
commission: n. comissão. v. comissionar
commissioner: n. comissário
commit: v. cometer, comprometer(-se)
commitment: n. compromisso promessa
committed: adj. comprometido
committee: n. comitê
Committee of Civil Rights: n. Comitê dos Direitos Civis
commodity: n. mercadoria, bem consumível
common: adj. comum, popular
common abbreviations: n. abreviações comuns
common denominator: n. denominador comum
common factor: n. fator comum
common ground: n. interesse compartilhado

common multiple: n. múltiplo comum
common people: n. povo, massa
common place: n. lugar comum. adj. trivial
common sense: n. bom senso
commoner: n. cidadão, plebeu
commonwealth: n. estado, nação
commotion: n. agitação, comoção
communal: adj. comum, público
commune: n. comunhão, comunidade
communicable disease: n. doença contagiosa
communicate: v. comunicar (-se)
communicating: adj. comunicativo
communication: n. comunicação
communicative: adj. comunicativo
communion: n. comunhão, participação
communiqué: n. boletim, comunicado
communism: n. comunismo
communist: n. comunista
Communist Party: n. Partido Comunista

communitarian: adj. comunitário
community: n. comunidade
community action council: n. Conselho de Ação Comunitária
community center: n. centro comunitário
commutation: n. comutação, permuta
commutative: adj. comutativo
commute: v. viajar diariamente de casa para o trabalho e de volta para casa
commuter: n. pessoa que viaja diariamente entre a casa e o trabalho
compact: n. pó-compacto. v. comprimir. adj. compacto
compact bone: n. osso compacto
compact disc: n. CD, disco a laser
compact disk player: n. CD player
companion: n. companheiro
companionship: n. camaradagem, companheirismo
company: n. companhia. v. acompanhar
comparative advantage: n. vantagem comparativa
comparative psychology: n. psicologia comparativa
compare: v. comparar

comparison: n. comparação
compartment: n. compartimento
compartmentalize: v. compartimentar
compass: n. bússola, compasso
compassion: n. compaixão, piedade
compassionate: adj. compassivo
compatible: adj. compatível, conciliável
compel: v. compelir, forçar
compelling: adj. persuasivo, irresistível
compensate: v. compensar, indenizar
compensation: n. compensação
compete: v. competir, lutar
competence: n. competência
competency levels: n. níveis de competência
competency test: n. teste de competência
competent: adj. competente, capacitado
competition: n. competição
competitive advertising: n. propaganda competitiva
compile: v. colecionar, ajuntar
complacent: adj. complacente
complain: v. queixar-se, reclamar

complainant: adj. queixoso
complement: n. complemento. v. complementar
complementary angles: n. ângulos complementares
complementary colors: n. cores complementares
complementary events: n. eventos complementares
complementary: adj. complementar
complete metamorphosis: n. metamorfose completa
complete: v. completar. adj. completo
completely: adv. completamente
completion: n. acabamento, conclusão
complex: n. adj. complexo
complex machine: n. máquina complexa
complexion: n. caráter, natureza
complexity: n. complexidade
compliance: n. obediência à lei, aquiescência
compliance: complacência, obediência
compliant: adj. concordante, dócil
complicate: v. complicar(-se). adj. complicado
complicated: adj. complicado

complication: n. complicação
complicity: n. cumplicidade
compliment: n. elogio. v. felicitar, elogiar
complimentary: adj. cortês, gratuito
comply: v. concordar, estar de acordo
component: n, adj. componente
compose: v. compor
composite number: n. número composto
composite volcano: n. vulcão composto
composite: adj. composto
composition: n. composição
compost: n. composto, mistura
composure: n. compostura
compote: n. compota
compound: n, adj. composto. v. misturar
comprehend: v. compreender, entender
comprehensible: adj. compreensível, abrangível
comprehensible instruction: n. instrução abrangente
comprehension: n. compreensão
comprehensive: adj. inclusivo, abrangente
compress: n. compressa. v. comprimir, condensar

compressed: adj. comprimido
compression: n. compressão
compressive force: força de compressão
comprise: v. incluir, compreender
compromise: n. conciliação. v. comprometer
compromising: adj. comprometedor
compulsion: n. compulsão
compulsive: adj. compulsivo
compulsory: adj. compulsório, obrigatório
computation: n. cálculo, computação
computer graphics: n. computação gráfica
computer network: n. rede de computadores
computer program: n. programa de computador
computer programmer: n. programador de computadores
computer programming: n. programação de computadores
computer science: n. Ciência da Computação
computer: n. computador
computerized: adj. informatizado
computing: n. informática, computação

comrade: n. camarada, companheiro
comradeship: n. camaradagem
con: n. argumento contrário. v. pilotar, estudar
concave: n. côncavo
concave lens: n. lentes côncavas
concave mirror: n. espelho côncavo
concavity: n. concavidade
conceal: v. esconder, ocultar
concealment: n. encobrimento, segredo
concede: v. admitir, ceder
conceit: n. vaidade, presunção
conceited: adj. presunçoso, vaidoso
conceivable: adj. concebível
conceive: v. conceber
concentrate: n. concentrado. v. concentrar
concentrated solution: n. solução concentrada
concentration: n. concentração
concentration camp: n. campo de concentração
concentric circle: n. círculo concêntrico
concept: n. conceito
conception: n. concepção
conceptualize: v. conceituar

concern: n. interesse, preocupação. v. dizer respeito a
concert: n. concerto
concerted: adj. de comum acordo
concession: n. concessão
conch: n. concha, trombeta
condescend: v. condescender
conciliate: v. conciliar, pacificar
conciliation: n. conciliação
concise: adj. conciso
conclave: n. conclave, reunião
conclude: v. concluir, deduzir
conclusion: n. conclusão
concomitant: adj. simultâneo
concord: n. acordo
concrete: n, adj. concreto
concur: v. concordar
concurrence: n. acordo
concurrent: adj. simultâneo
concussion: n. concussão
concussion: n. contusão
condemn: v. condenar
condemnation: n. condenação, censura
condensation: n. condensação
condensation level: n. nível de condensação
condensation point: n. ponto de condensação

condense: v. condensar, comprimir
condescending: adj. condescendente
condiment: n. condimento, tempero
condition: n. condição. v. condicionar
conditioned aversion: n. aversão condicionada
conditioned emotional response: n. resposta emocional condicionada
conditioned response: n. resposta condicionada
conditioned: adj. condicionado
conditioner: n. condicionador, amaciante
conditioning: n. condicionamento
condolence: n. condolência
condom: n. preservativo, camisinha
condominium: n. condomínio
condone: v. perdoar
condor: n. condor
conduct: n. conduta. v. administrar, comportar-se
conducted tour: n. passeio conduzido por um guia
conduction: n. condução, transmissão, condutibilidade
conductivity: n. condutividade

conductor: n. condutor, líder
cone: n. cone, pinha
confectioner's shop: n. confeitaria
confederacy: n. confederação, aliança
Confederate States of America: n. Estados Confederados da América
confederation: n. confederação, federação
confer: v. deliberar, trocar idéias
conference: n. conferência
confess: v. confessar
confession (church): n. confissão
confidant: n. confidente
confide: v. confiar
confidence: n. confiança
confident: adj. confiante, seguro
confidential: adj. confidencial, secreto
confidential record: n. registro confidencial
confidentiality: n. confidencialidade
configuration: n. configuração
confine: n. limites
confinement: n. confinamento
confirm: v. confirmar, ratificar

confirmation: n. confirmação
confirmed: confirmado, incorrigível
confiscate: v. confiscar
conflict: n. conflito. v. lutar, discordar
conflict of interest: n. conflito de interesses
conflict resolution: n. resolução de conflitos
conflicting: adj. irreconciliável, conflitante
conform: v. obedecer, sujeitar-se. adj conforme
conformity: n. conformidade
confound: v. desconcertar, causar perplexidade
confront: v. confrontar
confrontation: n. confronto, comparação
Confucianism: n. Confucionismo
confuse: v. confundir, misturar
confused: adj. confuso, desorientado
confusing: adj. confuso
confusion: n. confusão, desordem
congeal: v. congelar(-se), solidificar(-se)
congenial: adj. congenial
congenital: adj. congênito, inato

congenital defects: n. defeitos congênitos
congenital illnesses: n. doenças congênitas
congest: v. congestionar, entupir
conglomerate: n. conglomerado, aglomerado
conglomeration: n. mistura heterogênea, amontoado
congratulate: v. congratular(-se), parabenizar
congratulation: n. congratulação, felicitação
congregate: v. congregar (-se). adj. congregado, reunido
congregation: n. congregação
Congress of Vienna: n. Congresso de Viena
Congress: n. congresso
congruence: n. coerência, congruência
congruent angles: n. ângulos congruentes
congruent figures: n. figuras congruentes
congruent sides: n. lados congruentes
coniferous tree: n. árvore conífera
conifers: adj. coníferas
complacence: n. complacência
conjecture: n. conjectura, hipótese

conjoin: v. conjugar, combinar
conjugation: n. conjugação
conjunction: n. conjunção
conjunctivitis: n conjuntivite
conjuncture: n. conjuntura
conjure: v. conjurar
conjurer: n. prestidigitador, mágico
conjuring trick: n. truque mágico
conman: n. vigarista
commandant: n. comandante
connect: v. unir(-se)
connect: conectar(-se), associar
connive: v. ser conivente, conspirar
connivent: adj. conivente
connotation: n. conotação, implicação
conquer: v. conquistar, vencer
conquering: adj. conquistador, vitorioso
conquest: n. conquista
conscience: n. consciência
conscientious: adj. consciencioso
conscious: adj. consciente, ciente
consciousness: n. consciência
conscript: n. recruta.v recrutar. adj. recrutado

consecrate: v. consagrar. adj. consagrado
consecutive: adj. consecutivo
consensual: adj. consensual
consensus: n. consenso
consent: n. consentimento. v. consentir
consequence: n. conseqüência, importância
conservation: n. conservação
conservation of charge: n. conservação da carga elétrica
conservation of mass: n. conservação de massa
conservation plowing: n. lavra de conservação
conservative: n, adj. conservador
conservatory: n. estufa, conservatório de música
conserve: n. conserva de frutas. v. conservar
consider: v. considerar
considerable: adj. considerável
considerate: adj. atencioso
consideration: n. consideração, importância
considering: prep. considerando que, em vista de
consign: v. consignar, enviar, entregar
consignation: n. consignação

consist: v. consistir, constar
consistency: n. consistência, concordância
consistent: adj. consistente, compatível
consolation: n. consolação, consolo
consolation prize: n. prêmio de consolação
console: v. consolar, confortar
consolidate: v. consolidar-se, incorporar
consolidated case: n. caso consolidado
consolidation: n. consolidação, combinação
consommé: n. consomê
consonant: n, adj. consoante
consortium: n. consórcio
conspicuous: adj. evidente
conspiracy: n. conspiração
conspire: v. conspirar
constable: n. policial, chefe de polícia
constancy: n. constância
constant: adj. constante
constant term: n. termo constante
constantly: adv. constantemente, freqüentemente
constellation: n. constelação
constipated: adj. com prisão de ventre
constipation: n. prisão de ventre

constituent: n. eleitor. adj. constituinte
constitute: v. constituir
constitution: n. constituição
constitutional amendment: n. emenda constitucional
constitutional: adj. constitucional
constrain: v. constranger, restringir
constraint: n. confinamento, restrição
constrict: v. comprimir, apertar
construct: n. constructo. v. construir
construction materials: n. materiais de construção
construction site: n. local de construção
construction: n. construção
constructive force: n. força construtiva
constructive interference: n. interferência construtiva
constructive: adj. construtivo, útil
construe: v. explicar, interpretar
consul: n. cônsul
consulate: n. consulado
consult: v. consultar
consultant: n. consultor
consultation room, office: n. consultório
consultation: n. consulta
consume: v. consumir

consumer: n. consumidor
consumer goods: n. bens de consumo
consumption: n. consumo
contact: n. contato v. entrar em contato
contact lens: n. lentes de contato
contact person: n. contato
contagious: adj. contagioso
contain: v. conter
contained: adj. contido, calmo
container: n. container, recipiente
contaminant: n. contaminante
contaminate: v. contaminar
contemplate: v. contemplar
contemplation: n. contemplação
contemporary: n, adj. contemporâneo
contemporary issues: n. problemas contemporâneos
contempt: n. desprezo, desdém
contemptible: adj. desprezível
contemptuous: adj. que despreza, desdenhoso
contend: v. contender, competir
contender: n. adversário
content: n. conteúdo, capacidade

content: n. conteúdo, volume
contention: n. disputa, controvérsia
contentious: adj. contencioso, litigioso
contentment: n. contentamento, satisfação
contest: n. torneio
contestation: n. contestação, disputa
context: n. contexto
contextualize: v. contextualizar
contiguous: adj. contíguo, adjacente
continence: n. moderação, abstinência
continent: n. continente
continental (air mass): n. massa de ar continental
continental climate: n. clima continental
continental glaciers: n. geleiras continentais
continental shelf: n. plataforma continental
contingence: n. contato
contingencies: n. contingências
contingency: n. incerteza, contingência
contingent: n. contingente, contingência. adj. acidental
continual: adj. contínuo
continually: adv. continuamente

continuation: n. continuação
continue: v. continuar, prosseguir
continued: adj. continuado
continuity: n. continuidade
continuous: adj. contínuo
contort: v. contorcer(-se)
contorted: adj. contorcido
contortionist: n. contorcionista
contour: n. contorno, curva de nível
contraband: n. contrabando
contraception: n. contracepção
contraceptive: n. contraceptivo, anticoncepcional
contract: n. contrato
contraction: n. contração
contractor: n. empreiteiro
contradict: v. contradizer, discordar
contradiction: n. contradição
contradictory: adj. contraditório
contraption: n. aparelho, dispositivo
contrary: n. contrário. adj. adverso
contrast: n. contraste. v. contrastar
contravene: v. contraditar, infringir

contravention: n. transgressão, violação
contribute: v. contribuir
contribution: n. contribuição, taxa
contrite: adj. contrito, arrependido
contriteness: n. contrição, arrependimento
contrivance: n. dispositivo, idéia
contrive: v. planejar, projetar
control: n. controle, supervisão. v. controlar
controlled experiment: n. experimento controlado
controversial: adj. controverso, polêmico
controversy: n. controvérsia, debate
convalesce: v. convalescer
convalescence: n.convalescência
convection: n. convecção, transmissão, transporte
convene: v. convocar, intimar
convenience store: n. loja de conveniência
convenience: n. conveniência, comodidade
convenient: adj. conveniente, acessível
convent: n. convento
convention: n. convenção

conventional: adj. convencional
converge: v. convergir
convergence: n. convergência
convergent: adj. convergente
conversation: n. conversação, conversa
conversational: adj. coloquial
converse: n. proposição inversa. adj. oposto. v. conversar
conversely: adv. de modo oposto, reciprocamente
conversion: n. conversão, câmbio
convert: n. convertido. v. converter
converter: n. conversor
convertible: n. carro conversível. adj. conversível
convex lens: n. lentes convexas
convex mirror: n. espelho convexo
convex: adj. convexo
convexity: n. convexidade
convey: v. conduzir, transmitir
conveyance: n. transporte, condução
convict: n. condenado, sentenciado
conviction: n. condenação, convicção

convince: v. convencer, persuadir
convincing: adj. convincente
convoy: n. ação de escoltar, escolta. v. comboiar
convulse: v. convulsionar,agitar
convulsion: n. convulsão, espasmo
cook: n. cozinheiro (a). v. cozinhar
cookbook: n. livro de receitas culinárias
cooked cereal: n. cereal cozido
cooker: n. fogão
cookery: n. arte culinária
cookie: n. biscoito
cooking butter: n. manteiga para cozinhar
cool herb drink: n. bebida fria de ervas
cool off: v. esfriar, refrescar
cool: n. frio, calmo, legal. v. esfriar
cool-headed: adj. de sangue-frio, calmo
cooling: adj. refrescante
cooling system: n. sistema de refrigeração
coop: n. galinheiro, cadeia. v. prender
co-operate: v. cooperar, colaborar
co-operation: n. cooperação
co-operative store: n. mercearia de cooperativa

co-opt: v. cooptar
coordinate: adj. coordenado.
n. coordenada
coordination: n.
coordenação
co-owner: n. co-proprietário
cop: n. tira, policial
co-partnership: n.
sociedade
cope with: v. lidar com
cope: v. agüentar, lidar
copiously: adv.
copiosamente
copper (Cu): n. cobre
copper-colored: adj. da cor
do cobre
copper-plate: n. gravura em
chapa de cobre
copse: n. capoeira
copulate: v. copular
copy: n. cópia, reprodução.
v. copiar
copybook: n. caderno,
copiador
copyright: n. direitos
autorais
coral: n. coral
coral reef: n. recife de coral
coralline: n. alga marinha.
adj. coralino
cord: n. corda. v. ligar com
corda
cordial: n, adj. cordial
cordillera: n. cordilheira
cordon: n. cordão de
isolamento. v. cercar

core: n. miolo, centro. v.
descaroçar
cork: n. cortiça. v. reter. adj.
de cortiça
corkscrew: n. saca-rolhas
corn meal: n. fubá
corn sugar: n. dextrose,
glicose
corn syrup: n. glucose de
milho
corn: n. milho, trigo, aveia
corncob: n. sabugo
cornea: n. córnea
corned beef: n. carne
enlatada
corner: n. canto, esquina.
adj. de canto, de esquina
corn-field: n. trigal,
milharal
cornflakes: n. flocos de
milho
corn-flour: n. amido de
milho, maisena
cornstarch: n. amido de
milho, maisena
corny: adj. sentimental,
brega, cafona
corollary: n. corolário,
resultado
corona: n. coroa
coronary: adj. coronário,
coronariano
coronary artery: n.
coronária
coronation: n. coroação de
soberano
coroner: n. médico legista

coronet: n. pequena coroa
competitive: adj. competitivo
corporal: n. cabo. adj. corporal, físico
corporal punishment: n. castigo corporal
corporation: n. corporação
Corps: n.pl corpo do exército
corpse: n. corpo, cadáver
correct: adj. correto. v. corrigir, castigar
correcting fluid: n. líquido corretivo
correction: n. correção
correctitude: n. retidão, decoro
correctly: adv. corretamente
correlation: n. correlação, analogia
correspond: v. corresponder
correspondence: n. correspondência
corresponding angles: n. ângulos correspondentes
corresponding parts: n. elementos correspondentes
corridor: n. corredor, passagem
corroborate: v. corroborar, certificar, confirmar
corroboration: n. corroboração, confirmação
corrode: v. corroer
corrosion: n. desgaste, corrosão

corrosive: n, adj. corrosivo
corrupt: v. corromper(-se), adj. corrupto
corruptible: adj. corruptível
corruption: n. corrupção
corset: n. corpete
cortège: n. cortejo funerário
cortisone: n. cortisona
cosine: n. cosseno
cosmetic surgery: n. cirurgia plástica
cosmetician: n. esteticista
cosmic: adj. cósmico
cosmonaut: n. cosmonauta, astronauta
cosmopolitan: adj. cosmopolita
Cossacks: n. cossacos
cosset: v. mimar, paparicar
cost: n. custo, preço. v. custar
Costa Rica: n. Costa Rica
co-star: n. TV coadjuvante
cost-benefit analysis: n. análise de custo-benefício
cost-free: adj. gratuito, grátis
costs of production: n. custos de produção
costume: n. roupa, traje
cozy: adj. confortável, aconchegante
cot: n. cama portátil de lona, berço
cottage cheese: n. queijo cottage

cottage: n. chalé, casa de campo
cotton: n. algodão. adj. de algodão
cotton-candy: n. algodão-doce
cotton-waste: n. estopa
cotyledon: n. cotilédone
couch: n. sofá
couch potato: n. pessoa inativa
cougar: n. puma
cough: n. tosse. v. tossir
cough blood: v. tossir expelindo sangue
cough drops: n. pastilhas para tosse
cough medicine: n. remédio para tosse
cough syrup: n. xarope para tosse
cough-mixture: n. xarope contra a tosse
council: n. conselho, assembléia
councilor: n. vereador
counsel: n. conselho. v. aconselhar
counseling: n. aconselhamento, terapia
counselor: n. conselheiro
count: n. contagem, conta. v. contar, estimar
count: n. conde
counter argument: n. contra-argumento

counter attack: n. contra-ataque. v. contra-atacar
counter statement: n. réplica, contestação
counter: n. balcão, contador, oposto. v. agir contra. adj. oposto
counter-attack: n. contra ataque. v. contra atacar
counterculture: n. contracultura
counterfeit: n. falsificação. v. falsificar. adj. falsificado
counterfeiting: n. falsificação
counterpane: n. colcha, coberta
counterpart: n. duplicata, cópia, sósia
counterpoint: n. contraponto
countess: n. condessa
counting principle: n. princípio de contagem
countless: adj. inúmero, incontável
country: n. país, nação, campo. adj. rural
country club: n. clube de campo
countryman: n. compatriota
countryside: n. zona rural
county: n. condado
county clerk: n. funcionário público municipal
county jail: n. cadeia municipal

county sheriff: n. corregedor municipal
coup: n. golpe, ardil, estratagema, rasgo
couple: n. par, casal. v. juntar, ligar
couplet: n. par de versos
coupon: n. cupom, bilhete
courage: n. coragem, bravura
courageous: adj. corajoso, valente
courgette: n. abobrinha
courier: n. mensageiro, guia
course of study: n. curso de estudo
course: n. curso, direção, caminho
court clerk: n. funcionário do tribunal
court interpreter: n. intérprete do tribunal
court martial: n. Corte Marcial
court of special appeals: n. Tribunal de Causas Especiais
court order: n. Ordem Judicial
court reporter: n. repórter de tribunal
court: n. tribunal
courteous: adj. cortês, gentil, educado
courtesy: n. cortesia, favor
courtesy: n. reverência. v. fazer reverência
courthouse: n. tribunal

courtroom: n. tribunal
courts of appeals: n. Tribunal de Apelações
couscous: n. cuscuz
cousin: n. primo, prima
cove: n. angra, abrigo
covenant: n.. pacto, convênio, concordata
cover: n. tampa, cobertor, capa. v. cobrir, tampar
coverage: n. cobertura, lastro
coverage: n. cobertura
covering: n. cobertura, vestuário, pretexto. adj. que cobre
covert behavior: n. comportamento dissimulado
covert operations: n. operações secretas
cover-up: n. disfarce
covet: v. desejar, cobiçar
cow: n. vaca
coward: n, adj. covarde
cowardice: n. covardia
cowboy: n. vaqueiro
co-worker: n. colega de trabalho
coyotes: n. coiotes
cozy: adj. aconchegante, confortável
crab: n. caranguejo, siri
crab, louse: n. piolho-das-virilhas
crabby: adj. rabugento

crack: n. fenda, estalo, cocaína. v. rachar, trincar, estourar
crackdown: n. medida severa ou enérgica
cracked: adj. quebrado, rachado, estridente, doido
cracker: n. biscoito de água e sal, bombinha
crackle: n. estalido. v. crepitar
cradle: n. berço, terra natal. v. embalar
craft: n. artesanato, destreza, profissão
craftsman: n. artesão
craftsmanship: n. artesanato, habilidade
crafty: adj. astuto, esperto
crag: n. rochedo, penhasco
craggy: adj. escarpado, íngreme
cram: v. abarrotar, encher, forçar
cramp: n.cãibra, cólicas. v. provocar cãibras, impedir
crane: n. guindaste, grua
cranial nerve: n. nervo cranial
cranium: n. crânio
crank: n. manivela, pessoa excêntrica
crank-case: n. cárter
crankshaft: n. eixo de manivela
cranky: adj. esquisito, irritável

crap: n. merda. v. cagar
crash: n. estrondo, batida, acidente. v. bater o carro
crash-helmet: n. capacete
crash-land: v. aterrissar forçosamente
crass: adj. grosseiro, estúpido
crate: n. engradado. v. engradar, encaixotar
crater: n. cratera
crave: v. almejar
craving: n. desejo, ânsia
crawl: n. rastejo, estilo de natação. v. rastejar
crayfish: n. lagostim
crayon: n. giz de cera, pastel
craze: n. moda, interesse passageiro
crazy: adj. louco, demente
creak: v. chiar, estalar
cream cheese: n. queijo cremoso
cream: n. creme
creamy: adj. cremoso
crease: n. prega, vinco. v. dobrar, vincar
create: v. criar, produzir, provocar, ocasionar
creation: n. criação
creative: adj. criativo, inventivo
creativity: n. criatividade
creator: n. criador, autor
creature: n. criatura, ser humano

creature comforts: n. necessidades básicas

crèche (nativity scene): n. presépio

crèche: n. creche

credentials: n. referências, credenciais

credibility: n. credibilidade

credible: adj. acreditável, de confiança

credit: n. crédito, empréstimo. v. acreditar, dar crédito

credit card: n. cartão de crédito

credit check: n. verificação de crédito

credit rating: n. avaliação de crédito

creditable: adj. honroso, respeitável

creditor: n. credor

credulity: n. credulidade, ingenuidade

credulous: adj. crédulo, ingênuo

creed: n. credo, confissão

creek: n. enseada estreita, riacho

creep: v. arrastar-se, sentir calafrios

creeper: n. planta rasteira ou trepadeira

creeping plant: n. planta rasteira

creepy: adj. arrepiado, medroso, arrepiador

cremate: v. cremar

cremation: n. cremação

crematorium: n. crematório

crème: n. creme

Creole: n, adj. crioulo, idioma falado no Haiti

crepe: n. crepe

crepuscule: n. crepúsculo

crescent: n. quarto crescente da lua

cress: n. agrião

crest: n. crista, topo, cume

crestfallen: adj. desanimado, abatido

cretin: n. cretino, idiota

crevice: n. fenda, fissura

crew: n. tripulação, grupo de trabalhadores

crew cut: n. corte de cabelo masculino

crib: n. berço. v. plagiar, colar

cricket: n. críquete, grilo

crime: n. crime

criminal cases: n. casos criminais

criminal justice system: n. Justiça Criminal

criminal negligence: n. negligência criminosa

criminal offense: n. ofensa criminal

criminal prosecution: n. acusação

criminal record: n. ficha criminal

criminal: n. criminal, adj. criminoso
cringe: v. encolher-se, morrer de vergonha
crinkle: n. dobra, amassadura. v. fazer dobras
crinkly: adj. enrugado, amassado
cripple: n. aleijado. v. mutilar, aleijar
crippled: adj. mutilado, aleijado
crisis: n. crise
crisp: n. batata frita. adj. crocante, refrescante
crispy: adj. crocante
crisscross: v. marcar, riscar
criteria: n. critérios, padrões
criterion: n. critério
critic: n. critico, difamador
critical: adj. critico
critical thinking: n. pensamento crítico
criticism: n. crítica
criticize: v. criticar, censurar
critique: n. comentário crítico
croak: n. coaxo. v. coaxar
Croatia: n. Croácia
crochet: n. crochê. v. fazer crochê
crock: n. pote, jarro de barro
crockery: n. louça de barro
crocodile: n. crocodilo
crocodile tears: lágrimas de crocodilo
crocus: n. açafrão

croissant: n. pãozinho em forma de meia-lua
crony: n. camarada
crook: n. pessoa desonesta, dobra, curva
crookback: n. corcunda
crooked: adj. torto, curvo, desonesto, trapaceiro
crookedly: adv. de modo desonesto
crop rotation: n. rotação de culturas
crop: n. safra, colheita, papo, chicote
croquet: n. croquet, jogo de campo
cross cultural: adj. que combina grupos culturais
cross fire: n. fogo cruzado
cross out: v. riscar
cross section: n. corte transversal, amostra representativa
cross: n.. cruz, cruzamento, mistura
cross-armed: adj. de braços cruzados
crossbar: n. barra, trave
cross-country: adj. através de bosques, trilhas
cross-examination: n. interrogatório cruzado, inquirição
cross-examine: v. interrogar, examinar novamente

cross-eyed: adj. vesgo, estrábico
crossing: n. cruzamento
cross-over: n. passagem, interseção
cross-purposes: n. inconsistência, mal-entendido
cross-reference: n. referência, citação
crossroads: n. interseção, rodovia transversal
crossword puzzle: n. palavras cruzadas
crotch: n. forquilha, entrepernas
crouch: v. curvar-se, agachar
crow: n. corvo, gralha, pé-de-cabra
crowd: n. multidão, grupo. v. amontoar(-se), povo
crowded: adj. abarrotado, cheio
crown: n. coroa, dente artificial. v. coroar
crucial: adj. crucial
crucifix: n. crucifixo
crucify: v. crucificar
crude: adj. bruto, cru, rude
cruel: adj. cruel
cruelness: n. crueldade
cruelty: n. crueldade
cruise: n. cruzeiro. v. fazer um cruzeiro
cruiser: n. transatlântico
crumb: n. migalha de pão

crumble: v. desfazer(-se), quebrar
crumbly: adj. friável, que se esfarela com facilidade
crumple: v. amarrotar, amassar
crunch: n. hora decisiva. v. mastigar ruidosamente
crunchy: adj. crocante
crusade: n. cruzada, campanha vigorosa
crusader: n. guerreiro, combatente
crushing: adj. esmagador
crust: n. crosta
crustaceans: n. crustáceos
crusty: adj. crocante
crutch: n. muleta, apoio, suporte
crux: n. ponto crucial
cry: n. grito, choro. v. chorar, gritar
cry-baby: n. pessoa que chora com freqüência
crypt: n. cripta
cryptic: adj. críptico, oculto
crystal: n. cristal
crystal ball: n. bola de cristal
crystal-clear: adj. absolutamente claro
crystallization: n. cristalização
crystalline: adj. cristalino
crystalline solid: n. sólido cristalino

crystallization: n. cristalização
crystallize: v. cristalizar(-se)
cub: n. filhote de urso, lobinho (escoteiro principiante)
Cuba: n. Cuba
cube: n. cubo
cubed: adj. elevado ao cubo
cubic centimeter: n. centímetro cúbico
cubicle: n. cubículo, provador
cuckoo: n. cuco
cucumber: n. pepino
cuddle: n. abraço. v. abraçar, acariciar
cuddly: adj. fofo, macio
cue: n. sugestão, dica
cuff link: n. abotoadura
cuff: n. punho de manga , tapa
cuisine: n. cozinha
cul-de-sac: n. beco sem saída
culinary: adj. culinário
cull: v. abater animais, separar, selecionar
culminate: v. culminar, atingir o ponto culminante
culmination: n. auge, clímax
culottes: n. saia-calça
culpable: adj. culpável, censurável
culprit: n. culpado, acusado
cult: n. culto, popular

cultivate: v. cultivar
cultivated: adj. culto, refinado
cultivation: n. cultivo
cultural: adj. cultural
Cultural Revolution: n. revolução cultural
cultural values: n. valores culturais
culture region: n. região de cultura
culture shock: n. choque cultural
culture: n. cultura, cultivo
cultured: adj. culto
cumbersome: adj. incômodo, desajeitado
cumulate: v. acumular. adj. acumulado, amontoado
cumulative: adj. cumulativo, acumulado
cumulus cloud: n. cúmulo
cumulus: n. cúmulo
cunning: n. astúcia, malícia. adj. esperto
cup: n. copo, taça
cupboard: n. armário
cupcake: n. bolo em forminhas individuais
cupful: n. xicarada
curable: adj. curável
curate: n. cura
curator: n. curador
curb: n. freio. v. restringir, refrear
curd: n. coalhada
curdle: v. coalhar, engrossar

cure: n. cura, remédio. v. curar, medicar
curettage: n. curetagem
curfew: n. toque de recolher
curiosity: n. curiosidade
curious: adj. curioso
curl: n. cacho, espiral. v. enrolar, sentar encolhido
curler: adj. encrespador, ondulador
curlers: n. rolinhos de cabelo
curling iron: n. ferro de enrolar o cabelo
curly: adj. cacheado, ondulado
currant: n. groselha
currency: n. moeda corrente, aceitação
current account: n. conta corrente
current: adj. atual, corrente, usual
currently: adv. atualmente
curriculum vitae: n. currículo
curriculum: currículo
curry: n. caril
curse: n. maldição, ofensa. v. amaldiçoar, xingar
cursory: adj. superficial, apressado
curt: adj. rude, abrupto
curtail: v. reduzir, encurtar
curtain: n. cortina
curve: n. curva, trajetória

cushion: n.. almofada, acolchoado amortecedor
cushy: adj. confortável, bom
custard: n. manjar, pudim
custodian: n. guarda, administrador
custody: n. custódia, proteção
custom: n. costume, hábito, comportamento
customary: adj. habitual, costumeiro
customer: n. cliente, comprador
customs: n. alfândega
cut: n. corte, redução. v. cortar. adj. cortado, ferido
cut-and-dried: adj. feito conforme o planejado
cute: adj. bonitinho
cuticle: n. cutícula
cutlery: n. talheres
cutlet: n. costeleta
cutoff: n. atalho
cutter: adj. cortador
cutting (from a plant): n. muda
cutting: n. recorte, retalhos. adj. cortante, afiado
cv: abr. curriculum vital
cybernetic: n, adj. cibernético
cybernetics: n. cibernética
cycle: n. ciclo, bicicleta. v. andar de bicicleta
cyclic: adj. cíclico

cyclical: adj. cíclico
cyclist: n. ciclista
cyclone: n. ciclone
cygnet: n. cisne novo
cylinder: n. cilindro
cylindrical: adj. cilíndrico
cylindrical magnet: n. ímã cilíndrico
cymbals: n. pratos
cynic: n. cínico, céptico
cynical: adj. cínico, céptico
cynicism: n. cinismo, cepticismo
cypress: n. cipreste
cyst: n. cisto, quisto
cystoscopy: n. cistoscopia
cytoplasm: n. citoplasma
czar: n. czar, imperador da Rússia
czarina: n. imperatriz da Rússia
Czech Republic: n. República Tcheca

D, d

D, d: quarta letra do alfabeto, consoante
dab: n. toque. v. tocar levemente
dabble: v. salpicar
dachshund: n. bassê
dad: n. pai
daddy: n. papai
daffodil: n. narciso silvestre
daffy: adj. tolo, maluco
dagger: n. punhal, adaga
dahlia: n. dália
daily: n. jornal diário. adj. cotidiano. adv. diariamente
dainty: adj. delicado, caprichoso
dairy: n. leiteria, lacticínios
dairy farm: n. fazenda de gado leiteiro
dairy products: n. leite e seus derivados
daisy: n. margarida
dally: v. brincar, gracejar, demorar
dam: n. represa. v. represar
damage: n. dano, prejuízo. v. prejudicar
damages: n. indenização
dame: n. mulher, dama
damn: n. maldição, praga. adj. maldito. v. amaldiçoar
damnation: n. condenação
damned: n. condenados. adj. condenado. adv. muito

damning: adj. condenatório
damp: n. umidade. v. umedecer. adj. levemente úmido
dampen: v. umedecer(-se), tornar úmido
damper: n. abafador, amortecedor
dance floor: n. pista de dança
dance hall: n. salão de dança
dance: n. dança, v. dançar
dancer: n. dançarino, dançarina
dancing: n. dança. adj. dançante
dandruff: n. caspa
danger: n. perigo, risco
dangerous: adj. perigoso, arriscado
dangle: v. balançar
dare: n. desafio, ousadia. v. ousar, atrever-se
daresay: talvez, sem dúvida, naturalmente
daring: n. audácia, ousadia. adj. atrevido
dark glasses: n. óculos escuros
dark: n. escuridão, trevas. adj. sombrio, moreno
dark energy: n. energia obscura
dark matter: n. matéria obscura
darken: v. escurecer
darling: n. querido

dart: n. arremesso, v. arremessar
dash: n. pequena corrida, travessão v. colidir
dash-board: n. painel
dashing: adj. enérgico, espirituoso
data: n. dados, informações
data bank: n. banco de dados
data base management system: n. sistema de gerenciamento de base de dados
data entry: n. introdução de dados
data processing: n. processamento de dados
database: n. banco de dados
date: n. data, encontro. v. datar, sair de moda
daughter: n. filha
daughter-in-law: n. nora
daunt: v. atemorizar, amedrontar
daunting: adj. amedrontador
dawdle: v. vadiar, perder tempo
dawn: n. madrugada, amanhecer. v. amanhecer
day: n. dia
day off: n. dia de folga
daybreak: n. aurora
day-care center: n. creche
day-dream: n. devaneio. v. sonhar acordado
day-dreamer: n. sonhador

daylight: n. luz do dia
days of the week: n. dias da semana
day-time: n. dia
day-to-day: adj. cotidiano
daze: v. ficar aturdido, confuso
dazed: adj. estupefato
dazzle: n. deslumbramento. v. deslumbrar, fascinar
dead heat: n. empate
dead language: n. língua morta
dead: adj. Inoperante, morto
deaden: v. amortecer, abafar
dead-end: n. beco sem saída
dead-line: n. prazo para fazer algo
deadlock: n. impasse, beco sem saída
deadly: adj. mortal, fatal, intenso
deadly weapon: n. arma mortal
deaf: adj. surdo, desatento
deafen: v. ensurdecer, tornar surdo
deafening: adj. surdo
deafness: n. surdez
deal: n. quantidade, acordo. v. negociar, lidar com
dealer: n. negociante
dealings: n. conduta, negócio, transação
Dean: n. reitor de uma faculdade

dear: adj. caro, prezado, querido
dearly: adv. muito, carinhosamente
dearth: n. carência
death: n. morte, decadência, destruição
death certificate: n. obituário
death penalty: n. pena de morte, pena capital
death rate: n. taxa de mortalidade
death-bed: n. leito de morte
deathly: adj. mortal, fatal. adv. mortalmente
debase: v. rebaixar
debatable: adj. contestável, debatível
debate: n. debate, discussão. v. debater
debauch: v. debochar
debauched: adj. devasso, depravado
debauchery: n. devassidão, libertinagem
debilitate: v. debilitar, enfraquecer
debilitated: adj. debilitado, enfraquecido
debility: n. debilidade
debit: n. débito, dívida. v. debitar
debit card: n. cartão de débito
debonair: adj. afável, cortês
debris: n. escombros

debt: n. dívida
debt financing: n. financiamento de débito
debtor: n. devedor
debut: n. debute, primeira tentativa
decade: n. década
decadence: n. decadência
decadent: adj. decadente
decaffeinated coffee: n. café descafeinado
decagon: n. decágono
decal: n. decalque
decant: v. decantar
decapods: n. decápode
decathlon: n. decatlo
decay: n. decadência, v. deteriorar
deceased: adj. morto
deceit: n. engano
deceitful: adj. enganoso
deceive: v. iludir
decelerate: v. retardar
December: n. dezembro
decency: n. decência, decoro
decent: adj. decente, apropriado
decentralize: v. descentralizar
deception: n. fraude
deceptive: adj. enganoso
decibel: n. decibel
decide: v. decidir, julgar
decided: adj. decidido, resolvido
deciliter (dl) 0. liter: n. decilitro

decimal: n. fração decimal.
adj. decimal
decimal number: n.
algarismo decimal
decimeter: n. decímetro
decipher: v. decifrar,
interpretar
decision: n. decisão,
resolução
decisive: adj. decisivo,
decidido
deck: n. convés, andar de
um ônibus
declaim: v. declamar, recitar
declaration: n. declaração
**Declaration of
Independence:** n.
declaração da independência
declare: v. declarar
decline: n. declínio,
decadência. v. recusar, decair
decode: v. decifrar pelo
código, descodificar
decompose: v. decompor(-
se), apodrecer
decomposition: n.
decomposição
decor: n. cenário, decoração
decorate: v. decorar,
condecorar
decorative: adj. decorativo,
ornamental
decorator: n. decorador
decorum: n. decoro,
decência
decoy: n. isca. v. enganar

decrease: n redução. v.
diminuir
decreasing: adj. diminuído
decree: n. decreto. v.
decretar
decrepit: adj. decrépito,
caduco
decry: v. depreciar, censurar
publicamente
dedicate: v. dedicar(-se)
dedicated: adj. dedicado,
devotado
dedication: n. dedicação,
dedicatória
deduce: v. deduzir, inferir
deduct: v. subtrair, diminuir
deductible: adj. dedutível. n.
franquia
deduction: n. dedução
deed: n. ação, obra, escritura
deem: v. considerar
deep: n. profundeza. adj.
profundo. adv.
profundamente
deep breath: n. respiração
profunda
deep freeze: n. freezer. v.
congelar
deep sleep: sono profundo
deepen: v. aprofundar,
afundar
deep-fry: v. fritar em óleo
deeply: adv. profundamente,
muito
deep-rooted: adj. enraizado
deer: n. cervo

deface: v. desfigurar, deformar
defamation: n. difamação, calúnia
default: v. omitir, n. padrão
defeat: n. derrota, frustração. v. derrotar
defecate: v. defecar
defect: n. defeito, imperfeição
defective: adj. defectivo, defeituoso
defenseless: adj. indefeso, desamparado
defend: v. defender, proteger
defendant: n. réu, acusado. adj. de defesa
defender: n. defensor
defense attorney: n. advogado de defesa
defense witness: n. testemunha de defesa
defense: n. defesa, proteção
defensive: n. defensiva. adj. defensivo
defer: v. submeter-se, acatar a
defer: v. adiar, protelar
deference: n. deferência, consideração
deferment: n. diferimento
defiance: n. desafio, rebeldia
defiant: adj. desafiador
deficiency: n. deficiência
deficient: adj. deficiente
deficit: n. déficit

defile: v. sujar, corromper, poluir
define: v. definir, explicar
definitely: adv. definitivamente
definition: n. definição
definitive: adj. definitivo
deflate: v. esvaziar, desinflar, deflacionar
deflation: n. esvaziamento, deflação
deflect: v. desviar (-se)
deforestation: n. desflorestamento
deform: v. deformar
deformed: adj. deformado, disforme
defrost: v. degelar, descongelar
defroster: n. degelador
deft: adj. esperto
defy: v. desafiar
degenerate: v. degenerar. adj. degenerado
degeneration: n. degeneração
degradation: n. degradação
degrade: v. degradar, rebaixar
degrading: adj. degradante
degree: n. grau, estágio, diploma, força
dehydrate: v. desidratar
dehydrated: adj. desidratado
dehydration: n. desidratação

deity: n. deidade, divindade
dejected: adj. abatido, desanimado
dejection: n. abatimento, desânimo
delay: n. demora, atraso. v. demorar(-se), adiar
delegate: n. delegado. v. delegar
delegation: n. delegação
delete: v. apagar, excluir
deletion: n. apagamento, anulação
deliberate: v. deliberar. adj. deliberado
deliberately: adv. deliberadamente
deliberation: n. deliberação, discussão
delicacy: n. delicadeza
delicate: adj. delicado
delicatessen: n. casa de mercearias finas
delicious: adj. delicioso
delight: n. delícia, encanto. v. deliciar(-se)
delighted: adj. encantado, muito satisfeito
delightful: adj. encantador, agradável
delinquency: n. delinqüência
delinquent: n. delinqüente. adj. delinqüente
delirious: adj. delirante
deliver: v. distribuir, entregar, recitar

delivery: n. entrega, distribuição, parto
delta: n. delta
delude: v. iludir, enganar
deluge: n. dilúvio. v. inundar, alagar
delusion: n. ilusão, desilusão
deluxe: adj. de luxo
delve: n. buraco, cavidade. v. pesquisar
demagogy: n. demagogia
demand: n. demanda. v. exigir, requerer
demanding: adj. exigente
demeaning: v. humilhante
dementia: n. demência
demerit: n. demérito, v. desmerecer
demo: n. passeata, demonstração
demobilization: n. desmobilização
democracy: n. democracia
democratic: adj. democrático
democratic party: n. partido democrático
democratic socialism: n. socialismo democrático
democratical: adj. democrático
demographic pattern: padrão democrático
demolish: v. demolir, destruir, arruinar
demolition: n. demolição, destruição

demon: n. demônio, espírito maligno
demonic: adj. possesso, demoníaco
demonstrate: v. demonstrar, participar de uma manifestação
demonstration: n. demonstração, comício
demonstrative: adj. expressivo, demonstrativo
demonstrator: n. demonstrador, manifestante
demoralization: n. desmoralização
demoralize: v. desmoralizar
demote: v. degradar, rebaixar
demure: adj. sério, reservado
den: n. toca, covil
denial: n. negação, recusa
denigrate: v. denegrir
denim: n. tecido forte de algodão
Denmark: n. Dinamarca
denomination: n. denominação
denominator: n. denominador
denote: v. denotar, significar
denounce: v. denunciar, delatar
dense: adj. denso, estúpido
density: n. densidade
dent: n. mossa v. amassar

dental care: n. cuidado dental
dental cavity: n. cárie
dental floss: n. fio dental
dental problems: n. problemas dentais
dentist: n. dentista
dentists: n. consultório dentário
Dentistry: n. odontologia
denture: n. dentadura
denunciate: v. denunciar
denunciation: n. denúncia, acusação
deny: v. negar, recusar
deodorant: n. desodorante
depart: v. partir, sair
departed: adj. morto, ido, passado
department: n. departamento, seção
department store: n. loja de departamentos
departmental: adj. departamental
departure: n. partida, saída
depend: v. depender, confiar em
dependable: adj. de confiança, seguro
dependence: n. dependência
dependant: n. dependente
dependence: n. dependência, confiança
dependency: n. dependência
dependent: adj. dependente

depending on: v. dependendo de
depict: v. pintar, descrever, representar
depiction: n. retrato, pintura
deplete: v. esvaziar, reduzir
depleted: adj. reduzido
deplorable: adj. deplorável
deploration: n. deploração
deplore: v. deplorar, lastimar-se
deport: v. deportar, exilar
depose: v. despojar
deposit: v. depositar. n. depósito, jazida
deposition: n. deposição
depot: n. depósito
deprave: v. depravar
depreciate: v. depreciar(-se)
depreciation: n. depreciação
depress: v. deprimir
depressed: adj. deprimido
depressing: adj. depressivo, deprimente
depression: n. depressão
deprivation: n. privação, pobreza
deprive: v. privar, destituir
depth: n. profundidade, fundo
deputation: n. delegação
deputize: v. representar
deputy: n. deputado, delegado
deregulation: n. desregularização
derision: n. menosprezo

derisive: adj. zombeteiro
derisory: adj. ridículo
derivation: n. derivação
derivative: n. derivado. adj. derivado
derive: v. derivar, obter, originar-se
dermatitis: n. dermatite
Dermatologist: n. dermatologista
dermatology: n. dermatologia
dermis: derme
derogate: v. abaixar-se, rebaixar
derogative: adj. derrogativo, depreciativo
descend: v. descer, aterrissar
descendant: n. descendente
descending: adj. descendente
descent: n. descida, descendência, desligar
describe: v. descrever
description: n. descrição
descriptive: adj. descritivo
desert: n, adj. deserto, v. desertar
deserter: n. desertor
deserve: v. merecer
deserved: adj. merecido
deserving: adj. meritório, digno, merecedor
design: n. projeto, desenho. v. projetar, traçar
designate: v. designar. adj. designado

designation: n. designação
designer: n. desenhista, estilista
desirable: adj. desejável
desire: n. desejo, cobiça sexual. v. desejar, cobiçar
desist: v. desistir
desk: n. escrivaninha, carteira escolar
desolate: adj. desolado, triste, despovoado
desolation: n. desolação, devastação
despair: n. desespero. v. desesperar
despairing: adj. desesperador
desperate: adj. desesperado, desesperador
despicable: adj. desprezível
despise: v. desprezar
despite: prep. apesar de
despondent: adj. desanimado
despot: n. déspota
despotic: adj. despótico, tirânico
despotism: n. despotismo
dessert: n. sobremesa
destination: n. destino
destine: v. destinar
destiny: n. destino
destitute: adj. destituído
destitution: n. destituição
destroy: v. destruir
destroyer: n. destruidor, exterminador

destruction: n. destruição
destructive: adj. destrutivo
destructive force: n. força destrutiva
destructive interference: n. interferência destrutiva
destructor: n. destruidor
detach: v. separar, desligar-se
detachable: adj. destacável
detached: adj. destacado, separado, isolado
detachment: n. imparcialidade, destacamento
detail: n. detalhe. v. detalhar
detailed: adj. detalhado, minucioso
detain: v. deter, reter
detect: v. descobrir, detectar
detectable: adj. detectível
detection: n. descoberta, detecção
detective: n. detetive, investigador
detector: n. denunciador, detector
detente: n. trégua
detention: n. embargo, detenção
deter: v. intimidar, dissuadir
detergent: n. detergente
deteriorate: v. deteriorar(-se), estragar
deterioration: n. deterioração

determination: n. determinação
determine: v. determinar
determined: adj. determinado, resoluto
determiner: n. determinante
determinism: n. determinismo
deterrent: n. impedimento, estorvo
detest: v. detestar, odiar, abominar
detestable: adj. detestável, abominável
detonate: v. detonar, explodir
detour: n. desvio
detoxification: n. desintoxicação
detract: v. diminuir, prejudicar
detriment: n. dano, prejuízo
devaluation: n. desvalorização
devalue: v. desvalorizar
devastate: v. devastar, arruinar
devastated: adj. destruído, arruinado
devastating: adj. devastador, desolador
devastation: n. devastação, destruição
develop: v. desenvolver, progredir, revelar
developed nations: n. países desenvolvidos

developer: n. revelador, imobiliária, construtora
developing country: n. país em desenvolvimento
developing nation: n. nação em desenvolvimento
development: n. desenvolvimento
developmental stage: n. estágio desenvolvimental
developmental: adj. desenvolvente
deviation: n. desvio
device: n. dispositivo
devil: n. diabo
devil's advocate: n. advogado do diabo
devilish: adj. diabólico, maligno
devious: adj. desencaminhado, desonesto
devise: v. imaginar, inventar
devoid: adj. destituído, privado de
devote: v. devotar, dedicar
devoted: adj. dedicado
devotee: n. devoto, fã
devotion: n. devoção
devour: v. devorar
devout: adj. devoto, sincero, dedicado
dew: n. orvalho
dexterity: n. destreza, habilidade
dexterous: adj. ágil, hábil
diabetes: n. diabete
diabetic: n, adj. diabético

diabolic: adj. diabólico
diagnose: v. diagnosticar
diagnosis: n. diagnóstico
diagonal: adj. diagonal
diagram: n. diagrama
dial: n. face de relógio, indicador
dialect: n. dialeto
dialing code: n. código de área
dialog, dialogue: n. diálogo. v. dialogar
dialysis: n. diálise
diameter: n. diâmetro
diamond: n. diamante
diaper: n. fralda
diaphragm: n. diafragma
diarrhea: n. diarréia
diary: n. diário
Diaspora: n. diáspora
diatomic molecule: n. molécula diatômica
dice: n. dados. v. jogar dados, cortar em cubos
dicey: adj. perigoso e incerto
dichotomy: n. dicotomia
dicotyledonous: n. dicotilédone
dictate: v. ditar, dar ordens
dictation: n. ditado, ordem, preceito
dictator: n. ditador
dictatorial: adj. ditatorial, arrogante
dictatorship: n. ditadura, despotismo
diction: n. dicção

dictionary: n. dicionário
did: ps of do
didactic: adj. didático, instrutivo
didn't: contr. of did not
die: n. dado, sorte, jogo de dados
die: v. morrer, desaparecer, secar, murchar
die-hard: n. corajoso. adj. teimoso, obstinado
diesel: n. diesel
diesel fuel: combustível a diesel
diet: n. dieta, alimento. adj. dietético
diet pills: n. pílula dietética
dietary: adj. dietético
dietitian: n. dietista
differ: v. diferir
difference: n. diferença
different: adj. diferente
differentiate: v. diferenciar
differentiation: n. diferenciação
difficult: adj. difícil
difficulty: n. dificuldade
difficulty in breathing: n. dificuldade respiratória
diffident: adj. difidente, inseguro
diffraction: n. difração
diffusion: n. difusão, disseminação
diffuse: v. difundir
dig: n. escavação. v. cavar, empurrar

digest: n. sumário, condensação. v. digerir
digestible: adj. digestível
digestion: n. digestão
digestion trouble: n. problema digestivo
digestive: adj. digestivo
digestive system: n. sistema digestivo
digit: n. dígito
digital: adj. digital
digital signal: n. sinal digital
digitizing: digitalizar
dignified: adj. digno
dignify: v. dignificar
dignitary: n. dignitário
dignity: n. dignidade
digress: v. divagar, fazer uma digressão
digression: n. digressão
dikes: n. represas
dilate: v. dilatar(-se)
dilation: n. dilação
dilemma: n. dilema
diligence: n. zelo, atenção, diligência
diligent: adj. diligente, aplicado
dilute: v. diluir
dilute solution: n. solução diluída
dim: v. ofuscar. adj. escuro, turvo
dime: n. moeda de dez centavos
dimension: n. dimensão
diminish: v. diminuir

diminished: adj. reduzido
diminishing: n. diminuição. adj. diminuidor
diminutive: adj. diminutivo
dimple: n. ondulação, covinha. v. ondear
dimpled: adj. que tem covinhas
dine: v. jantar
diner: n. aquele que janta, restaurante
dinghy: n. barco, bote
dingy: adj. sujo, sombrio, desbotado
dining: n. jantar
dining-room: n. sala de jantar
dinky: adj. insignificante
dinner: n. jantar, banquete, ceia
dinner-jacket: n. smoking
dinosaur: n. dinossauro
diocese: n. diocese
diode: n. díodo
dip: n. mergulho, declive, molho
diphtheria: n. difteria
diphthong: n. ditongo
diploma: n. diploma
diplomacy: n. diplomacia, habilidade
diplomat: n. diplomata
diplomatic: adj. diplomático
dire: adj. terrível, fatal
direct: v. dirigir. adj. direto, claro. adv. diretamente

direct debit: n. débito automático
direction: n. direção, instrução
directive: n. diretriz
directly proportional: n. diretamente proporcional
directly: adv. diretamente
director: n. diretor
directory: n. catálogo, lista telefônica
dirt: n. sujeira
dirty: n. sujo, v. sujar
disability: n. inabilidade
disable: v. incapacitar, mutilar
disabled: adj. inválido, deficiente
disabled citizen: cidadão incapacitado
disablement: n. incapacidade, invalidez
disadvantage: n. desvantagem
disadvantageous: adj. prejudicial, desfavorável
disagreeable: adj. desagradável
disagree: v. discordar
disagreement: n. discordância, divergência
disallow: v. desaprovar, proibir
disappear: v. desaparecer
disappearance: n. desaparecimento

disappoint: v. desapontar, decepcionar
disappointed: adj. desapontado, frustrado
disappointing: adj. decepcionante
disappointment: n. decepção
disapproval: n. desaprovação
disapprove: v. desaprovar, reprovar
disapproving: adj. de desaprovação
disarm: v. desarmar
disarmament: n. desarmamento
disarming: adj. afável, irresistível
disarrange: v. desarranjar, desordenar
disarray: n. desordem
disassociate: v. disassociar
disaster: n. desastre
disastrous: adj. desastroso
disband: v. debandar, dispersar
disbelief: n. descrença
disbelieve: v. descrer, não acreditar
disburse: v. desembolsar
disc: n. disco
disc jockey: n. locutor de casas noturnas
discard: v. descartar
discern: v. discernir

discharge: n. descarga. v. descarregar
disciple: n. discípulo
disciplinary: adj. disciplinar
discipline: n. disciplina. v. disciplinar
disclaim: v. negar, renunciar
disclose: v. revelar
disclosure: n. revelação
disco: n. discoteca
discoloration: n. descoloração
discolor: v. desbotar(-se)
discomfort: n. desconforto, incômodo
disconcert: v. desconcertar
disconcerted: adj. desconcertado
disconnect: v. desconectar, desligar
discontent: n. descontentamento
discontented: adj. descontente
discontinue: v. interromper
discord: n. discórdia, dissonância
discordant: adj. dissonante
discotheque: n. discoteca
discount: n. desconto. v. descontar
discounting: n. ágio
discourage: v. desanimar
discouragement: n. desânimo, desencorajamento
discouraging: adj. desanimador, desencorajador

discourse: n. discurso
discourteous: adj. indelicado
discover: v. descobrir
discovery: n. descoberta, descobrimento
discredit: n. descrédito. v. descrer
discreet: adj. discreto
discrepancy: n. discrepância
discrete: adj. discreto, distinto
discretion: n. discrição, juízo, entendimento
discriminate: v. discriminar, separar
discrimination: n. discriminação
discuss: v. discutir, examinar
discussion: n. discussão
disdain: n. desdém. v. desdenhar
disease: n. doença, enfermidade
diseased: adj. doente, enfermo
disembark: v. desembarcar
disembarkation: n. desembarque
disenchantment: n. desencanto
disengage: v. desembaraçar(-se), separar(-se)
disentangle: v. desembaraçar

disfavor: n. desfavor, desgosto
disfigure: v. desfigurar
disgrace: n. desgraça, vergonha. v. desgraçar
disguise: n. disfarce, v. disfarçar
disgust: n. aversão, v. repugnar
disgusted: adj. aborrecido, enfastiado
disgusting: adj. desgostoso, repulsivo
dish: n. prato, travessa, tigela
dishearten: v. desalentar, desanimar
disheveled: adj. desalinhado
dishonest: adj. desonesto
dishonesty: n. desonestidade
dishonor: n. desonra. v. desonrar
dishonorable: adj. desonroso
dishwasher: n. máquina de lavar louça
disillusion: n. desilusão. v. desiludir
disillusionment: n. desilusão, decepção
disinclined: adj. não propenso
disinclination: n. indisposição
disinfect: v. desinfetar
disinfectant: n. desinfetante
disinfection: n. desinfecção

disintegrate: v. desintegrar(-se)
disintegration: n. desintegração
disinterested: adj. desinteressado
disjoint: v. separar, deslocar
disjointed: adj. deslocado, desarticulado
disk: n. disco
disk drive: n. unidade de disco
disk jockey: n. disc jockey
diskette: n. disquete
dislike: n. aversão. v. não gostar de
dislocate: v. deslocar
dislocate: v. deslocar
dislocation: n. deslocamento
dislodge: v. desalojar (-se)
disloyal: adj. desleal, infiel
dismal: adj. escuro, sombrio
dismantle: v. desmontar
dismay: v. desanimar
dismember: v. desmembrar
dismiss: v. despedir, demitir, encerrar
dismissal: n. demissão
dismount: v. desmontar, apear
disobedient: adj. desobediente
disobey: v. desobedecer
disorder: n. desordem
disorganize: v. desorganizar
disorganization: n. desorganização

disorganize: v. desorganizar
disorganized: adj.
desorganizado
disorientated: adj.
desorientado
disown: v. repudiar
disparate: adj. diferente,
discrepante
disparity: n. disparidade
dispatch: n. despacho. v.
despachar
dispel: v. dissipar-se
dispensable: adj.
dispensável
dispensary: n. dispensário
dispense: v. dispensar
dispersal: n. dispersão
disperse: v. dispersar(-se),
disseminar
dispirited: adj. desanimado,
deprimido
displace: v. deslocar,
substituir
displaced: adj. deslocado
displacement: n.
deslocação, destituição
display: n. exibição,
exposição
displease: v. desagradar
displeased: adj. insatisfeito,
descontente
displeasure: n. desgostoso,
aborrecimento
disposal: n. eliminação
dispose: v. dispor, colocar
em posição

disposition: n.
temperamento
disproportionate: adj.
desproporcional
disprove: v. refutar
disputable: adj. disputável,
discutível
disputation: n. disputa,
controvérsia
dispute: n. disputa. v.
disputar
disqualified: adj.
desqualificado,
desclassificado
disqualification: n.
desqualificação
disqualify: v. desqualificar
disquiet: n. inquietação
disregard: n.
desconsideração. v.
desconsiderar
disreputable: adj.
vergonhoso
disrepute: n. infâmia, má
reputação
disrespect: n. falta de
respeito. v. desrespeitar
disrespectful: adj.
desrespeitoso
disrupt: v. romper,
interromper
disruption: n. rompimento,
interrupção
disruptive: adj. disruptivo,
perturbador
disruptive behavior: n.
comportamento perturbador

dissatisfaction: n. descontentamento
dissatisfied: adj. insatisfeito
dissatisfy: v. descontentar, não satisfazer
dissect: v. dissecar
dissection: n. dissecação, exame rigoroso
disseminate: v. disseminar
dissemination: n. disseminação
dissent: n. dissidência, v. divergir
dissenting: adj. discordante, dissidente
dissertation: n. dissertação
disservice: n. mau serviço
dissident: n. dissidente. adj. dissidente
dissimilar: adj. diferente
dissimulate: v. dissimular, fingir
dissimulation: n. dissimulação
dissipate: v. dissipar
dissociate: v. dissociar, scparar-se
dissociation: n. dissociação
dissolution: n. dissolução, separação
dissolve: v. dissolver, separar
dissuade: v. dissuadir
distance: n. distância
distant: adj. distante
distaste: n. aversão, repugnância

distasteful: adj. desagradável
distended: adj. distendido, dilatado
distill, distil: v. destilar
distillation: n. destilação
distilled water: n. água destilada
distillery: n. destilaria
distinct: adj. distinto
distinction: n. distinção
distinctive: adj. distintivo, particular
distinguish: v. distinguir
distinguishable: adj. distinguível
distinguished: adj. distinto, famoso
distort: v. deformar, distorcer
distortion: n. distorção
distract: v. distrair
distracted: adj. distraído
distracting: adj. que distrai
distraction: n. diversão
distraction: n. distração
distraught: adj. transtornado
distress: n. aflição, v. afligir
distressed: adj. aflito
distressing: adj. penoso
distribute: v. distribuir
distribution: n. distribuição
distributive: adj. distributivo
distributor: n. distribuidor
district: n. distrito, região

distrust: n. desconfiança. v. desconfiar
distrustful: adj. desconfiado
disturb: v. perturbar, incomodar
disturbance: n. perturbação
disturbed: adj. perturbado
disturbing: adj. perturbador, inquietante
disuse: n. desuso
disused: adj. fora de uso
ditch: n. fosso, vala. v. livrar-se
diuretic: adj. diurético
divagation: n. divagação
divan: n. divã
dive: n. mergulho. v. mergulhar(-se)
diver: n. mergulhador
diverge: v. divergir, separar-se
divergent: adj. divergente
diverse: adj. diverso
diversification: n. diversificação
diversify: v. diversificar
diversion: desvio, distração, divertimento
diversity: n. diversidade
divert: v. redirecionar, distrair(-se), recrear(-se)
divide: n. divisão. v. dividir, separar
dividend: n. dividendo
diving: n. mergulho
diving board: n. trampolim
divisibility: n. divisibilidade

divisible: adj. divisível
division of labor: n. divisão de trabalho
division: n. divisão
divisor: n. divisor
divorce: n. divórcio
dizziness: n. confusão, vertigem
dizzy: adj. confuso, com vertigem
DNA: n. DNA
do: v. fazer, executar, trabalhar
docile: adj. dócil
dock: n. doca. v. pôr um navio no estaleiro
dock-charges: n. taxa portuária
docket: n. lista das causas, resumo
doctor: n. doutor, médico. v. medicar(-se)
doctorate: n. doutorado
doctrine : n. doutrina
document: n. documento. v. documentar
documentary: adj. documentário
documented: adj. documentado
dodge: v. evitar, fugir
dodgy: adj. astucioso, arriscado
doe: n. corça, gama
does: v. terceira pessoa do singular do presente do indicativo do verbo to do

doesn't: v. contração de does not
dog: n. cão. v. perseguir
dogged: adj. obstinado, cabeçudo
dog-house: n. casinha de cachorro
dogmatism: n. dogmatismo
do-it-yourself: n. faça você mesmo
dole: n. seguro desemprego
doll: n. boneca. v. enfeitar(-se)
dollar: n. dólar
dolphin: n. golfinho
domain: n. domínio
domain of a function: n. domínio de uma função
dome: n. cúpula, domo
domestic: adj. doméstico, nacional
domestic violence: n. violência doméstica
domestication process: n. processo de domesticação
domestication: n. domesticação
domicile: n. domicílio
domiciliate: v. domiciliar(-se)
dominance: n. predominância
dominant gene: n. gene dominante
dominant: adj. dominante
dominate: v. dominar

domination: n. dominação, domínio
domineering: dominador
Dominican Republic: n. República Dominicana
Dominican: adj. dominicano
dominion: n. domínio
domino: n. dominó
dominoes: n. jogo de dominó
don't: v. contração de do not
donate: v. doar, contribuir
donation: n. doação, donativo
done: pp of do. adj. acabado, completo, pronto
donkey: n. asno
donor: n. doador
doom: n. destino, destruição. v. condenar
door: n. porta, entrada, acesso
door-bell: n. campainha de porta
doorknob: n. maçaneta
doorman: n. porteiro
door-mat: n. capacho
doorstep: n. degrau da porta
doorway: n. entrada
dope: n. droga, tolo. v. drogar, dopar
dormant: adj. inativo, latente
dormitory: n. dormitório
dorsal fins: barbatanas dorsais

DOS: abr. (disk operating system) sistema operacional em disco
dosage: n. dosagem, dose
dose: n. dose, dosagem. v. dosar
dot: n. ponto, pingo. v. pontilhar
double bed: n. cama de casal
double decker: n. ônibus de dois andares
double park: v. estacionar em fila dupla
double: n. dobro, sósia, adj. duplo, v. duplicar
double-breasted: adj. que tem duas fileiras de botões
double-edged: adj. de dois gumes, de duplo sentido
doubt: n. dúvida, incerteza. v. duvidar, suspeitar
doubtful: adj. duvidoso, incerto, ambíguo, suspeito
dough: n. massa, dinheiro
doughnut: n. donut, rosquinha
dove: n. pomba
dowdy: adj. desalinhado, deselegante
down: n. penugem. v. engolir. adj. desanimado, inoperante. adv. abaixo
down payment: n. pagamento inicial, entrada
down there: adv. abaixo
downfall: n. queda, ruína

down-grade: v. rebaixar
downhill: n. declive, declínio. adj. em declive. adv. pior
download: v. baixar um arquivo
downpour: n. aguaceiro, chuvarada
downright: adv. completamente
downsize: v. reduzir em tamanho
downstairs: n. térreo. adv. para baixo
downtown: n. centro da cidade
downwind: adv. a favor do vento
downy: adj. cheio de penugem, felpudo
dowry: n. dote
doze: n. soneca, cochilo. v. cochilar
dozen: n. dúzia, muitos
dozy: adj. sonolento, estúpido
draft: n. rascunho, corrente de ar. v. rascunhar
drafty: adj. ventoso
drag: n. chato, tragada. v. arrastar
dragon: n. dragão
dragonfly: n. libélula
drag-queen: n. travesti
drain: v. enfraquecer, esvair, drenar
drainage: n. drenagem

drainage basin: n. bacia de drenagem
drainer: n. escorredor de prato
draining-board: n. superfície para secar as louças
drainpipe: n. cano de esgoto
drama: n. drama, peça de teatro, catástrofe
dramatist: n. dramaturgo
dramatize: v. dramatizar
drape: v. vestir, cobrir de pano
drapery: n. tecidos em geral
drastic: n. drástico
draught: n. corrente de ar, gole, trago, desenho
draughts: n. jogo de damas
draw: n. empate, sorteio. v. desenhar, sortear, empatar
drawback: n. desvantagem, inconveniência
drawer: n. gaveta
drawing: n. desenho, sorteio, retirada
drawing-room : n. sala de visitas
drawn: pp of draw. adj. empatado, contraído
dread: n. medo, temor. v. temer
dreadful: adj. terrível, temível
dream: n. sonho. v. sonhar, fantasiar
dreamer: n. sonhador

dreary: adj. triste
drench: n. banho. v. encharcar
drenched: adj. ensopado
dress: n. vestido, roupa. v. vestir-se, temperar
dressing: n. tempero, condimento
dressing gown: n. roupão
dressing table: n. penteadeira
dressmaker: n. costureira
dribble: n. saliva, gota. v. gotejar, babar, driblar
dried: ps, pp of dry
drier, dryer: n. secador
drift: n. chuva de vento. v. ser levado pela correnteza
drifter: n. andarilho, vagabundo
drill: n. broca, britadeira, exercício. v. perfurar
drill and practice: v. praticar
drink: n. bebida, gole. v. beber
drinkable: adj. potável
drink-driver: n. pessoa que dirige embriagada
drinker: n. bebedor
drinking: n. ação de beber álcool
drinking an driving: v. beber e dirigir
drinking problem: n. alcoolismo

drinking water: n. água
potável
drip: n. goteira. v. gotejar
drive: n. estrada,
dinamismo. v. dirigir, induzir
driven: pp of drive. adj.
compulsivo, movido
driver: n. motorista,
maquinista
**driver's license, driving
license:** n. carteira de
motorista
driver's seat: n. posição de
mando, banco do motorista
driveway: n. entrada de
automóveis
driving school: n. auto-
escola
drizzle: n. garoa. v. garoar
drone: n. zumbido, zunido.
v. zumbir, zunir
drool: n. saliva, v. salivar
drooling: adj. bobo
droop: v. inclinar, pender,
murchar, desanimar
drop: n. gota, queda. v.
deixar cair, diminuir, pingar
drop out: v. desistir
droplet: n. gotinha
dropper: n. isca, conta-gotas
droppings: n. excrementos
de animal
drought: n. seca
drown: v. afogar, interessar-
se profundamente
drowse: v. cochilar,
dormitar

drowsy: adj. sonolento
drudgery: n. trabalho
penoso
drug: n. remédio, droga. v.
ingerir drogas
drug abuse: n. abuso de
drogas
drug addiction: n. vício em
drogas
drug cartel: n. cartel de
drogas
drug trafficking: n. tráfico
de drogas
drug-addict: n. viciado em
drogas
drugstore: n. drogaria,
farmácia
drum: n. tambor, barril,
tímpano. v. tocar tambor
drummer: n. baterista
drumstick: n. baqueta
drunk: adj. bêbado
drunkard: n. bêbado
dry cleaners: n. lavanderia
dry milk: n. leite em pó
dry skin: n. pele ressecada
dry: adj. seco, v. enxugar,
secar
dry-clean: v. lavar a seco
dryer: n. secadora
dryness: secura
dual carriageway: n.
rodovia, auto-estrada
dub: v. dublar
dubious: adj. duvidoso,
suspeito
duchess: n. duquesa

duck: n. pato. v. desviar
duct: n. tubo, canal, via
ductile: adj. dócil, flexível
dud: n. coisa sem valor, fracasso. adj. inútil
due: n. dívida, obrigação. adj. vencido, devido
duel: n. duelo
duffel bag: n. saco de pano grosso, mochila
duffel coat: n. casaco feito de pano grosso
duke: n. duque
dull: v. tirar o brilho. adj. monótono, sem corte
dumb: v. silenciar. adj. mudo, estúpido
dumbfound: v. embaçar, estontear
dumbfounded: adj. confuso
dummy: n. boneco, pateta. adj. simulado
dump: n. depósito de lixo. v. descarregar lixo
dumps: n. tristeza, melancolia
dune: n. duna
dung: n. esterco. v. defecar
dungaree: n. espécie de denim azul
dungeon: n. calabouço, masmorra
dunk: v. enfiar
dunno: abr. (do not know) não sei
dupe: n. ingênuo. v. enganar

duplex: n. apartamento dúplex. adj. dúplex, dupla
duplicate: n. duplicata. v. duplicar. adj. duplicado
duplicating paper: n. papel carbono
durability: n. durabilidade
durable: adj. durável, duradouro
durable good: n. bem estável
duration: n. duração
duress: n. coerção, força
during: prep. durante
dusk: n. crepúsculo, anoitecer. adj. obscuro, sombrio
dusky: adj. sombrio, triste
dust: n. pó, poeira. v. tirar o pó
dust pan: n. pá de lixo
dust storm: n. tempestade de poeira
dustbin: n. lata de lixo
duster: n. pano de pó, quem tira o pó
dustman: n. lixeiro
dusty: adj. empoeirado
dutiful: adj. obediente, respeitoso
duty: imposto, taxa, responsabilidade
duty-free: n. loja que vende artigos isentos de taxas
dwarf: n, adj. anão
dwell: habitar, morar

dwelling: n. habitação, moradia
dwelling-place: n. residência, vivenda
dye: n. tintura. v. tingir(-se)
dying: n. morrendo. adj. agonizante, perecível
dynamic: adj. dinâmico
dynamics: n. dinâmica
dynamite: n. dinamite
dynamo: n. dínamo
dynasty: n. dinastia
dysentery: n. disenteria
dyslexia: n. dislexia
dyspnea: n. dispnéia
dysuria: n. disúria

E, e

e: n. quinta letra do alfabeto, vogal

each: adj. pron. adv. cada, cada um

each other: expr. um ao outro

eager: adj. ansioso, ávido

eagle: n. águia

ear: n. ouvido, orelha, audição

ear canal: n. canal auditivo

ear drum: n. tímpano

ear infection: n. infecção de ouvido

ear wax: n. cera de ouvido

earache: n. dor de ouvido

early: adj. matutino, prematuro. adv. cedo

early bird: n. madrugador, homem de ação

early rising: adj. madrugador

earn: v. ganhar, merecer

earnest: adj. sério, sincero, intenso

earnings: n. salário, ordenado

earphone: n. fone de ouvido

earring: n. brinco

earth: n. terra, planeta Terra

earth science: n. ciências terrestres

earthenware: n. produto de cerâmica

earthenware jar: n. frasco de cerâmica

earthquake: n. terremoto

earthworm: n. minhoca

ease: n. bem-estar, conforto. v. aliviar, relaxar

easel: n. cavalete

East Asia: n. Ásia Oriental

east: n. leste, oriente

Easter: n. Páscoa

Eastern Europe: n. Europa Oriental

eastward: n. leste. adj. oriental. adv. ao Oriente

easy: adj. fácil. adv. facilmente

easy chair: n. poltrona

easygoing: adj. calmo, despreocupado

eat, ate, eaten: v. p, pp., comer, comeu, comido

eater: n. comedor

ebb: n. maré baixa. v. diminuir, enfraquecer

ebony: n. ébano

ebullient: adj. ebuliente, exaltado

echinoderm: equinodermo

echo: n. eco, v. ecoar

echolocation: n. ecolocalização

eclectic: adj. eclético

eclipse: n. eclipse. v. eclipsar

ecological: adj. ecológico

ecologist: n. ecólogo

ecology: n. ecologia

economic assistance: n. assistência econômica
economic development: n. desenvolvimento econômico
economic growth: n. crescimento econômico
economic indicators: n. indicadores econômicos
economic information: n. informação econômica
economic model: n. modelo econômico
economic system: n. sistema econômico
economical: adj. econômico
economics: n. economia
economize: v. economizar
economy: n. economia. adj. econômico
ecosystem: n. ecossistema
ecotourism: n. ecoturismo
ecstasy: n. êxtase
ecstatic: adj. extático, posto em êxtase
ectoplasm: n. ectoplasma
Ecuador: n. Equador
eczema: n. eczema
eddy: n. redemoinho
edge: n. fio, corte, margem. v. amolar
edgy: adj. irritável, impaciente
edible: adj. comestível
edify: n. educação. v. instruir, edificar
edit: v. editar, montar

editing: n. edição, montagem
edition: n. edição, publicação
editor: n. editor
educate: v. educar
educated guess: n. suposição baseada em fatos
education: n. educação, instrução
educational psychology: n. psicologia educacional
educational: adj. educacional
educative: adj. educativo, instrutivo
EEG: n. eletroencefalograma
eel: n. enguia
eerie: adj. misterioso, assustador
efface: v. apagar
effect: n. efeito, resultado. v. efetuar
effective: adj. eficaz, útil, em vigor
efficacy: n. eficácia
efficiency: n. eficiência
efficient: adj. eficiente, competente
effluent: n, adj. efluente
effort: n. esforço. realização, conquista
effortless: adj. sem esforço, fácil
effrontery, imprudence: n. desaforo, imprudência

egalitarian: n, adj. igualitário
egg: n. ovo, óvulo, germe
egg white: clara de ovo
eggplant: n. berinjela
eggshell: n. casca de ovo
ego: n. ego, eu
egocentric: adj. egocêntrico
egotism: n. egotismo
egotist: n. egotista
Egypt: n. Egito
eight: n, adj oito
eighteen: n. dezoito
eighth: adj. oitavo
eightieth: adj. octogésimo
eighty: n. oitenta
either: adj. um ou outro, qualquer um dos dois
ejaculate: v. ejacular
ejaculation: n. ejaculação
eject: v. ejetar
El Salvador: n. El Salvador
elaborate: adj. elaborado, v. elaborar
elastic: adj. elástico
elasticity: n. elasticidade
elate: v. alegrar, encher de felicidade
elbow: n. cotovelo. v. acotovelar, empurrar
elder: adj. mais velho
elderly: n. pessoas idosas. adj. de idade avançada
elderly woman: n. mulher de idade avançada
elderly, old: adj. idoso, velho

eldest: adj. sup o mais velho
elect: v. eleger, escolher. adj. eleito
election: n. eleição, votação
elective: adj. eletivo. n. matéria opcional
elector: n. eleitor
electoral college: n. colégio eleitoral
electoral votes: n. votos eleitorais
electoral: adj. eleitoral
electric: adj. elétrico, vibrante
electric circuit: n. circuito elétrico
electric current: n. corrente elétrica
electric field: n. campo elétrico
electric force: força elétrica
electric generator: n. gerador elétrico
electric motor: n. motor elétrico
electric wire: n. fio elétrico
electrical: adj. elétrico
electrical charge: n. carga elétrica
electrical circuit: n. circuito elétrico
electrical energy: n. energia elétrica
electrical field: n. campo elétrico
electrician: n. eletricista
electricity: n. eletricidade

electrification: n. eletrificação
electrify: v. eletrificar, excitar
electrocardiogram: n. eletrocardiograma
electrocute : v. eletrocutar
electrocution: n. eletrocussão
electrode: n. elétrodo
electrolysis: n. eletrólise
electrolyte: n. eletrólito
electromagnet: n. eletroímã
electromagnetic energy: n. energia eletromagnética
electromagnetic radiation: n. radiação eletromagnética
electromagnetic spectrum: n. espectro eletromagnético
electromagnetic wave: n. onda eletromagnética
electromagnetic: adj. eletromagnético
electromagnetism: n. eletromagnetismo
electron: n. elétron
electronic mail: n. correio eletrônico
electronic signal: n. sinal eletrônico
electronic: adj. eletrônico
electronics: n. eletrônica
elegance: n. elegância, distinção
elegant: adj. elegante
elegy: n. elegia
element: n. elemento

elementary: adj. elementar
elementary school: n. escola primária
elephant: n. elefante
elevation: n. elevação
elevator: n. elevador
eleven: n, adj, onze
eleventh: adj. décimo primeiro
elicit: v. extrair, obter
eligibility: n. elegibilidade
eligible: n. pessoa elegível. adj. qualificado, permitido
eliminate: v. eliminar, expulsar
elite: n. elite
elk: n. alce
ellipse: n. elipse
elliptical galaxy: n. galáxia elíptica
elm: n. olmo, olmeiro
elocution: n. elocução, dicção
elope: v. fugir para casar
eloquent: adj. eloqüente, expressivo
else: adj. outro, além disso. adv. em vez de
elsewhere: adv. em outra parte
elucidation: n. elucidação, explicação
elusive: adj. enganoso, indefinível, evasivo
emaciate: v. emaciar, emagrecer, definhar
emaciated: adj. emaciado

e-mail, E-mail: n. correio eletrônico. v. enviar por correio eletrônico
emanate: v. emanar, exalar
emancipate: v. emancipar, livrar(-se)
emancipation: n. emancipação
embalm: v. embalsamar
embankment: n. dique, aterro
embark: v. embarcar
embarrass: v. envergonhar
embarrassing: adj. embaraçoso, desagradável
embarrassment: n. vergonha, estorvo
embassy: n. embaixada
embed: v. enterrar, encaixar, embutir
embellish: v. embelezar, adornar, enfeitar
embezzlement: n. desfalque, desvio
embittered: adj. amargo, cínico
embolden: v. incentivar
embrace: n. abraço. v. abraçar, aceitar
embroider: v. bordar, enfeitar
embroidery: n. bordado
embryo: n. embrião
emend: v. corrigir, retificar
emerald: n. esmeralda
emerge: v. emergir, aparecer

emergency kit: n. estojo de emergência
emergency room: n. pronto-socorro
emergency: n. emergência
emigrant: n. emigrante
emigrate: v. emigrar
emigration: n. emigração
eminent: adj. eminente, célebre
emissary: n. emissário, mensageiro
emission: n. emissão
emit: v. emitir, liberar
emotion: n. emoção, sentimento
emotional assessment: n. avaliação emocional
emotional: adj. emocional
emotionally disturbed: n. emocionalmente perturbado
emotive: adj. emotivo, emocional
empathy: n. empatia
emperor: n. imperador
emphasis: n. ênfase, acentuação
emphasize: v. dar ênfase, enfatizar
emphysema: n. enfisema
empire: n. império
employ: n. emprego, serviço. v. empregar, usar
employee: n. empregado, funcionário
employer: n. empregador, patrão

employment: n. emprego, trabalho
empower: v. dar poderes
empress: n. imperatriz
empty: v. esvaziar, despejar. adj. vazio
empty-handed: adj. de mãos vazias
empty-headed: adj. de cabeça oca
enable: v. habilitar, capacitar
enact: v. decretar, legalizar, representar
enamel: n. esmalte
enamored: adj. enamorado, apaixonado
encapsulate: v. condensar, resumir
encase: v. encaixar, encaixotar, revestir
encephalitis: n. encefalite
enchant: encantar, maravilhar
enchanting: adj. encantador, fascinante
encircle: v. cercar, envolver, abraçar
enclave: n. enclave
enclose: v. cercar, anexar
enclosed: adj. incluso, anexo, fechado
enclosure: n. terreno cercado, documentos anexos
encoding: n. codificação
encore: n. bis

encounter: n. encontro, conflito. v. encontrar alguém, enfrentar
encourage: v. encorajar, animar, promover
encouragement: n. encorajamento
encouraging: adj. encorajado
encumbrance: n. estorvo
end: n. fim, propósito. v. concluir. adj. final
endanger: v. pôr em perigo, arriscar
endearment: n. estima, carinho
endeavor, endeavour: n. esforço, empenho. v. esforçar-se
ending: n. fim, término
endless: adj. infinito, interminável
endocrine gland: n. glândula endócrina
endocrine system: n. sistema endócrino
Endocrinologist: n. endocrinologista
endorphins: n. endorfina
endorse: v. endossar, aprovar
endorsement: n. endosso, aprovação
endoscopic ultrasound: n. ultrasom endoscópico
endoscopic: adj. endoscópico

endoscopy: n. endoscopia
endothermic change: n.
mudança endotérmica
endothermic reaction: n.
reação endotérmica
endothermic: adj.
endotérmico
endow: v. doar, dotar
endowment: n. doação
endpoint: n. extremidade
endurance: n. resistência
endure: v. suportar, resistir
enemy: n. inimigo
energetic: adj. enérgico,
eficaz, vigoroso
energy: n. energia,
resistência
energy conservation: n.
preservação de energia
energy level: n. nível de
energia
energy pyramid: n.
pirâmide de energia
energy transformation: n.
transformação de energia
enforce: v. forçar, obrigar
enforcement: n. coação,
execução de uma ordem
engage: v. empenhar,
comprometer, noivar
engaged: adj. noivo(a),
ocupado
engagement: n.
compromisso, obrigação,
noivado
engine: n. motor
engineer: n. engenheiro

engineering: n. engenharia
English: adj, n. inglês
engrave: v. gravar
engrossed: adj. absorto,
interessado
enhance: v. aumentar,
realçar
enhancement: n. realce
enigma: n. enigma
enigmatic: adj. enigmático,
misterioso
enjoy: v. desfrutar, gostar,
apreciar
enjoy oneself: v. divertir-se
enjoyable: adj. agradável,
divertido
enjoyment: n. prazer,
satisfação
enlarge: v. alargar, aumentar
enlargement: n. ampliação,
aumento
enlighten: v. esclarecer,
iluminar
enlightenment: n.
iluminação, esclarecimento
enlist: v. alistar(-se),
inscrever(-se)
enmity: n. animosidade,
aversão
enormity: n. enormidade,
monstruosidade
enormous: adj. enorme
enough: n, adj. bastante,
suficiente. adv.
suficientemente
enrage: v. enfurecer
enrich: v. enriquecer

enrichment: n. enriquecimento
enroll: v. registrar (-se), matricular(-se)
enrollment: n. registro
ensure: v. assegurar, garantir
entail: v. impor, envolver
entailment: n. vínculo
entangle: v. envolver
entangled: adj. emaranhado, embaraçado
enter: v. entrar, ingressar, registrar
enterprise: n. empreendimento, empresa
enterprising: adj. empreendedor, ativo
entertain: v. divertir, distrair
entertaining: adj. interessante, divertido
entertaining person: n. pessoa interessante
entertainment: n. entretenimento
enthrall: v. escravizar, enfeitiçar
enthusiasm: n. entusiasmo
enthusiast: n. entusiasta, apaixonado
enthusiastic: adj. entusiástico
entice: v. atrair, incitar
enticing: adj. sedutor, atrativo, encantador
entire: adj. inteiro, completo, todo

entirely: adv. inteiramente
entitle: v. intitular, autorizar
entitlement: n. direito de posse
entity: n. entidade, ente
entrails: n. entranhas, intestino
entrance: n. entrada, ação de entrar
entrant: n. participante
entrepreneur: n. empresário
entrust: v. confiar, incumbir
entry: n. entrada, ingresso
entwine: v. entrelaçar(-se)
enunciate: v. enunciar, manifestar
enuresis: adj. enurético
envelop: v. envolver
envelope: n. envelope
envious: adj. invejoso
environment: n. meio ambiente
environmental: adj. ambiental
environmental science: n. ciência ambiental
environmental scientist: n. cientista ambiental
environmentalist: n. ambientalista
envisage: v. prever, imaginar
envision: v. visionar, pressentir
envoy: n. enviado
envy: n. inveja, cobiça. v. invejar, cobiçar

enzyme: n. enzima
ephemeral: adj. efêmero, passageiro
epicenter: n. epicentro
epidemic: n. epidemia, adj. epidêmico
epidermis: n. epiderme
epiglottis: n. epiglote
epilepsy: n. epilepsia
epileptic seizure: n. convulsão
epileptic: adj. epiléptico
epiphany: n. epifania
epiphysis: n. epífise
episiotomy: n. episiotomia
episode: n. episódio
epistle: n. epístola, carta
epitaph: n. epitáfio, inscrição tumular
epithelial tissue: n. tecido epitelial
epitomize: v. ser um exemplo perfeito
epoch: n. época, era, período
equal: n. igual, semelhante. v. igualar. adj. equivalente
equality: n. igualdade
equalizer: n. equalizador
equally: adv. igualmente
equate: v. igualar, comparar
equation: n. igualdade, equação
Equator: n. Equador
Equatorial Guinea: n. Guinea Equatorial
equestrian: n. cavaleiro, equitador. adj. eqüestre

equilateral triangle: n. triângulo equilátero
equilibrium: n. equilíbrio
equinox: n. equinócio
equip: v. equipar, prover
equipment: n. equipamento, aparelhamento
equitable: adj. eqüitativo
equivalent: adj. equivalente
equivalent equation: n. equação equivalente
equivalent expression: n. expressão equivalente
equivalent fractions: n. frações equivalentes
equivocal: adj. duvidoso
era: n. era, época
eradicate: v. exterminar, erradicar
eradication: n. erradicação, exterminação
erase: v. apagar, extinguir
eraser: n. borracha, apagador
erect: v. erguer, levantar
erection: n. ereção
erode: v. corroer
erogenous: adj. erógeno
erosion: n. erosão
erotic: adj. erótico, sensual
err: v. errar, falhar, pecar
errand: n. mensagem, incumbência, recado
errand boy: n. mensageiro
erratic: adj. errático, irregular, errante

erroneous: adj. errôneo, errado
error: n. erro, engano, equívoco
eruct: v. eructar, arrotar
erudite: adj. erudito, sábio
erupt: v. estourar
eruption: n. erupção, explosão
escalation: n. escalação
escalator: n. escada rolante
escapade: n. escapada, fuga
escape: n. fuga. libertação
escape ladder: n. escada de emergência
escape pipe: n. cano de descarga
escape velocity: n. velocidade de fuga
escapism: n. escapismo
escapist: n. escapista
escort: n. cobertura, acompanhante v. acompanhar
escrow: v. colocar em juízo
esophagus: n. esôfago
esoteric: adj. esotérico, secreto
especial: adj. especial
especially: adv. especialmente, particularmente
espionage: n. espionagem
essay resell: n. ensaio, teste. v. experimentar
essay: n. ensaio, tentativa
essence: n. essência

essential: adj. essencial
establish: v. estabelecer, organizar
establishment: n. estabelecimento
estate: n. propriedade rural, patrimônio
estate agent: n. corretor de imóveis
esteem: n. estima, consideração. v. estimar
ester: n. éster
estimate: n. estimativa, avaliação. v. estimar, orçar
estimation: n. estimativa, desavença
estranged: adj. afastado, alienado, marginalizado
estrangement: n. alienação, desavença
estrogen: n. estrógeno
estrus: n. estro
estuary: n. estuário, esteiro
eternal: adj. eterno, infinito
eternally: adv. eternamente
eternity: n. eternidade, imortalidade
ether: líquido anestésico, atmosfera rarefeita
ethereal: adj. etéreo, celeste, puro
ethical: adj. ético, moral
ethics: n. ética, sistema moral
Ethiopia: n. Etiópia
ethnic: adj. étnico

ethnocentrism: n. etnocentrismo
ethnography: n. etnografia
ethnology: n. etnologia
ethyl alcohol: n. álcool etílico
etiology: n. etiologia
etiquette: n. etiqueta
etymology: n. etimologia
eugenics: n. eugenia
eunuch: n. eunuco, castrado
euphemism: n. eufemismo
euphony: n. eufonia
euphoria: n. euforia, excitação
euphoric: adj. eufórico
Europe: n. Europa
European Union (EU): n. União Européia
evacuate: v. evacuar
evacuation: evacuação, retirada, despejo
evade: v. evadir, iludir, escapar
evaluate: v. avaliar, estimar o valor
evaluate: v. avaliar
evaluation: n. avaliação, estimação
evangelize: v. evangelizar
evaporate: v. evaporar, secar
evaporation: n. evaporação
evasion: n. evasão
evasive: adj. evasivo, ambíguo
eve: n. noite, véspera

even: v. igualar, equilibrar. adj. nivelado. adv. até
even number: n. número par
evening: n. noite, véspera. adj. vespertino
evenly (equally): adv. igualmente
event: n. evento, acontecimento, resultado
eventful: adj. agitado, memorável
eventual: adj. eventual, conseqüente, conclusivo
ever: adv. sempre, eternamente, jamais
evergreen: n. sempre-viva. adj. perene
everlasting: n. eternidade. adj. perpétuo, eterno
every: adj. cada, todo, todos
every other day: expr. dia sim, dia não
everybody: pron todos, cada um, cada qual
everyday: adj. diário, cotidiano
everyday clothing: n. roupas do dia-a-dia
everyone: pron. cada qual
everything: n. tudo, a situação toda
everywhere: adv. em toda parte
evict: v. desapossar, despejar, expulsar
eviction order: n. ordem de despejo

eviction: n. despejo
evidence: n. evidência, prova
evident: adj. evidente
evil: n. mal, maldade. adj. mau, infeliz
evolution: n. evolução
ewe: n. ovelha
exact: exato, correto. v. exigir, obrigar
exactly: adv. exatamente, precisamente
exaggerate: v. exagerar
exam: n. exame
examination: n. exame, prova, teste
examine: v. examinar, investigar
example: n. exemplo, modelo
exasperate: v. exasperar, irritar(-se), provocar
exasperation: n. exasperação, irritação
excavate: v. escavar, desenterrar
exceed: v. exceder
exceedingly: adv. excessivamente
excel: v. exceder, distinguir-se
excellence: n. excelência, mérito
excellent: adj. excelente, esplêndido
except: v. excetuar, excluir

exception: n. exceção, exclusão
exceptional: adj. excepcional
excess: n. excesso, demasia
excessive: adj. excessivo
exchange: n. troca, v. trocar
excite: v. excitar, estimular
excited: adj. excitado, empolgado
excitement: n. excitamento, excitação
exciting: adj. excitante, empolgante
exclaim: v. exclamar, gritar
exclamation: n. exclamação
exclude: v. excluir, rejeitar, eliminar
exclusion: n. exclusão, rejeição
exclusive: adj. exclusivo
excommunication: n. excomunhão
excrement: n. excremento
excretion: n. excreção
excursion: n. excursão, viagem
excusable: adj. desculpável, perdoável
excuse: n. desculpa, perdão. v. desculpar
execute: v. executar, fazer
execution: n. execução, pena de morte
executioner: n. executor, carrasco
exemplary: adj. exemplar

exempt: n. pessoa isenta. v. isentar. adj. isento
exemption: n. isenção, dispensa
exercise: n. exercício
exert: manifestar, exercer
exfoliation: n. esfoliação
exhale: v. exalar
exhaust: n. escapamento, descarga. v. gastar
exhausted (tired): adj. esgotado, cansado
exhausting: adj. exaustivo, fatigante
exhaustion: n. exaustão
exhibit: n. exibição, exposição. v exibir
exhibition: n. exposição, prova
exhibition hall: n. salão de exibição
exhibitionism: n. exibicionismo
exhilarating: adj. divertido, hilariante
exhort: v. exortar, animar, estimular
exile: n exílio, expatriação. v. exilar, expatriar
exist: v. existir
existential therapy: n. terapia existencial
exit: n. saída. v. sair
exoneration: n. exoneração, isenção
exorbitant: adj. exorbitante, extravagante

exorcism: n. exorcismo, esconjuro
exoskeleton: n. exoesqueleto
exosphere: n. exosfera
exotericism: n. exoterismo
exothermic change: n. mudança exotérmica
exothermic reaction: n. reação exotérmica
exothermic: adj. exotérmico
exotic: n. estrangeirismo. adj. exótico, raro
exotic species: n. espécies exóticas
expand: v. expandir, ampliar
expansion: n. expansão, dilatação
expatriate: n. expatriado. v. expatriar
expect: v. esperar, contar com, presumir
expectant: n. expectante. adj. esperançoso, grávida
expectation: n. expectativa
expedition: urgência, velocidade
expel: v. expelir, expulsar
expend: v. expender, gastar
expense: n. despesa, gasto, sacrifício
expensive: adj. caro, custoso
experience: n. experiência, conhecimento
experience in the field: n. experiência no campo
experienced: adj. experiente

experiment: v. experimentar, experienciar
experimental probability: n. probabilidade experimental
expert: n, adj. perito
expiration date: n. data de expiração
expire: v. expirar
explain: v. explicar, esclarecer
explanation: n. explicação, entendimento
explicit: adj. explícito, v. explicitar
explode: v. explodir, destruir
exploit: n. bravura, heroísmo. v. explorar, usar
exploitation: n. exploração, aproveitamento
explore: v. explorar, investigar
explorer: n. explorador
explosion: n. explosão
explosive: n, adj. explosivo
exponent: n. exponente
export duty: n. taxa de exportação
export: n. exportação, v. exportar
expose: v. expor, exibir, evidenciar
exposition: n. exposição
exposure: n. exposição, revelação
express: n. mensagem urgente. adj. expresso

express: v. expressar, representar
expression: n. expressão, declaração
expressive: adj. expressivo, enérgico
expulsion: n. expulsão, exclusão
expunge (to): v. expungir
exquisite: adj. seleto, requintado
extend: v. estender
extended: adj. prolongado
extension: n. extensão, prolongamento
extensive: adj. extensivo, extenso
extent: n. extensão, altura, tamanho, alcance
exterior: n. adj, estrangeiro, exterior
exterminate: v. exterminar, aniquilar
extermination: n. extermínio, exterminação
external: n. exterior. adj. externo, estrangeiro
external combustion engine: n. motor de combustão externa
extinct: adj. extinto, morto, liquidado
extinction: n. extinção, exterminação
extinguish: v. extinguir
extinguisher: n. extintor, apagador

extort: v. extorquir, forçar
extra: n. figurante. adj. extra, extraordinário. adv. extra
extract: n. extrato, essência. v. extrair, deduzir
extracurricular activities: n. atividades extracurriculares
extradition: n. extradição
extraneous: adj. estranho, irrelevante, externo
extraordinary: adj. extraordinário, raro
extrapolate: v. extrapolar
extrasensory perception: n. percepção extra-sensorial
extraterrestrial life: n. vida extraterrestre
extravagance: n. extravagância, exagero
extravagant: adj. excessivo, exagerado
extreme: n. extremo, extremidade
extremely: adv. cxtremamente
extremities: n. extremidades
extricate: v. desembaraçar, livrar
extrovert: adj. extrovertido
extrusion: n. extrusão
extrusive rock: n. rocha extrusiva
exuberance: n. exuberância, superabundância

exuberant: adj. exuberante, abundante
exultant: adj. exultante, triunfante, jubilante
eye: n. olho, visão, olhar. v. olhar
eye ball: n. globo ocular
eye examination: n. exame de vista
eyebrow: n. sobrancelha
eye-catching: adj. que chama a atenção
eyeglasses: n. óculos
eyelash: n. cílio
eyelet: n. ilhó, orifício, furo
eyelid: n. pálpebra
eyepiece: n. lente
eye socket: n. órbita ocular
eyewitness: n. testemunha ocular

F, f

F, f: n. sexta letra do alfabeto, consoante
fable: n. fábula, lenda. v. criar fábulas
fabric: n. tecido, pano
fabrication: n. fabricação, construção
fabulous: adj. fabuloso, fictício
façade: n. fachada
face care: n. limpeza de pele
face to face: expr. cara a cara
face: n. cara, rosto. v. encarar, enfrentar
face-cream: n. creme facial
faceless: adj. sem rosto, sem personalidade
facet: n. faceta
facetious: adj. que faz brincadeiras inoportunas
facial features: n. características faciais
facial skin: n. pele facial
facial: n. tratamento facial. adj. facial
facile: adj. fácil, simples, dócil
facilities: n. facilidades, instalações
facility: n. facilidade, simplicidade
fact: n. fato, ocorrência, realidade

faction: n. facção
factor: n. fator
factorial: n, adj. fatorial
factory: n. fábrica
factual: adj. efetivo, real, fatual
faculty: n. habilidade, professores de uma escola
fad: n. moda passageira, mania
fade: v. murchar, desbotar
fading: adj. passageiro, transitório
fag: n. exaustão, homossexual. v. trabalhar muito
Fahrenheit Scale: n. escala Fahrenheit
fail: n. reprovação. v. reprovar, falir
failing: n. defeito, fracasso. adj. que falha
failure: n. falta, deficiência, fracasso
faint: n. desmaio. adj. fraco, pálido. v. desmaiar
fair: adj. belo, claro, justo, franco
fairly: adv. regularmente, razoavelmente
fairy tale: n. conto de fadas
fairy: n. fada, homossexual
faith: n. fé
faithful: adj. fiel, leal, crente
faithfully: adv. fielmente, lealmente
faithless: adj. infiel

fake: n. fraude, falso. v. falsificar, fingir
fall for: expr: cair, acreditar
fall in love with: v. apaixonar-se por
fall: n. queda, tombo, outono. v. cair
fallen: adj. caído
fallible: adj. falível
fallopian tube: n. Trompas de Falópio
false: adj. falso, incorreto, artificial
false teeth: n. dentes falsos
falsehood: n. falsidade
falsify: v. falsificar
falter: n. hesitação. v. agir com incerteza
faltering: adj. vacilante
fame: n. fama
familiar: adj. familiar
familiar: n. íntimo, familiar. adj. familiar
familiarity: n. familiaridade, intimidade
family: n. família
family medical history: n. antecedentes médicos familiares
family members: n. membros da família
family planning: n. planejamento familiar
family therapy: n. terapia familiar
famine: n. fome
famous: adj. famoso, célebre

fan: n. fã, leque, ventilador. v. abanar, ventilar
fanatic: adj. fanático
fanciful: adj. extravagante, fantasioso
fancy: n. fantasia, adj. caprichoso
fang: n. dente canino
fantastic: adj. fantástico, imaginário
fantasy: n. fantasia, ilusão
far: adj. distante, afastado. adv. longe, profundo
far-away, faraway: adj. distante, distraído
farce: n. farsa, impostura
farcical: adj. ridículo, cômico
fare: n. tarifa, alimentação. v. acontecer
farewell: n. adeus, despedida. adj. de despedida
farm: n. fazenda, sítio. v. cultivar
farmer: n. fazendeiro
farm-hand: n. trabalhador agrícola
farming: n. lavoura, agricultura, cultivo
farmyard: n. pátio de fazenda
fart: n. gás intestinal
farther: adj. mais distante, adicional. adv. mais completo

farthest: adj. o mais distante. adv. a maior distância
fascinate: v. fascinar, enfeitiçar
fascinating: adj. fascinante, atraente
fascism: n. fascismo
fashion: n. moda, maneira. v. formar
fashionable: adj. na moda, elegante, moderno
fast: adj. rápido. n. jejum. v. jejuar
fasten: v. firmar, segurar, apertar
fat: n. gordura, obesidade. adj. gordo, oleoso
fatal: adj. fatal, trágico
fatality: n. fatalidade
fate: n. destino, v. destinar
fateful: adj. fatal, decisivo
father: n. pai, fundador, padre. v. procriar
father-in-law: n. sogro
fatherless: adj. órfão, órfã
fatigue: n. fadiga, exaustão. v. fatigar(-se)
fatten: v. engordar, ficar gordo, enriquecer
fatty food: n. comida gordurosa
fatty stools: n. fezes gordurosas
fatty: n. gorducho, gordo. adj. gorduroso
faucet: n. torneira

fault: n. falta, defeito, erro, culpa
faulty: adj. defeituoso
fauna: n. fauna
favor: n. favor, favorecer
favorable outcome: n. resultado favorável
favorable: adj. favorável
favorite: n, adj. favorito, predileto
favorites son and daughter: n. filho e filha favoritos
favoritism: n. favoritismo
fax: n. fax. v. enviar por fax
fear: n. medo, receio. v. temer, recear
fearful: tímido, temível, amedrontado
fearless: adj. destemido, impávido
fearsome: adj. espantoso, medonho
feasibility: n. praticabilidade, possibilidade
feasible: adj. viável, provável, manejável
feast: n. festa, banquete. v. festejar
feat: n. feito, façanha, proeza
feather: n. pena, plumagem. v. emplumar, enfeitar
feature: n. característica
February: n. fevereiro
feces: n. fezes, excremento
fed: ps, pp of feed

federal: n. federalista. adj. federal
Federal Reserve: n. Reserva Federal
federalism: n. federalismo
Federalist Party: n. Partido Federalista
federalist: n. federalista
federation: n. federação, confederação, liga, aliança
fee: n. taxa, custo, gratificação
feeble: adj. fraco, frágil, insignificante
feed: n. alimento, refeição, v. alimentar, sustentar
feedback: n. resposta
feel: sentir, tocar, pressentir
feeling: n. tato, sentimento, sensação
feet: n. pés
feign: v. fingir
feint: n. finta
fell: ps of fall, derrubada. n. corte de árvores. v. derrubar, cortar
fellow: n. companheiro, camarada
fellowship: n. coleguismo, sociedade
felon: n. criminoso
felony: n. crime
felt: n. feltro, artigo feito de feltro
female hormone: n. hormônio feminino

female reproductive system: n. sistema reprodutivo feminino
female: n. fêmea
feminine: n. feminino. adj. feminino
feminist movement: n. movimento feminista
femur: n. fêmur
fence: n. cerca, muro. v. cercar, murar
fencing: n. esgrima, construir cercas
fend: v. afastar, desviar
fender: n. pára-lama
ferment: n. fermento
fermentation: n. fermentação
fern: n. feto, samambaia
ferocious: adj. feroz, violento
ferocity: n. ferocidade, braveza
ferromagnetic material: n. material ferromagnético
ferry: n. balsa, barco. v. transportar em balsa
fertile: adj. fértil, frutífero
fertility: n. fertilidade, abundância
fertilization: n. fertilização
fertilize: v. fertilizar, adubar, fecundar
fertilizer: n. fertilizante
fervent: adj. férvido, fervente, apaixonado

fervor: n. fervor, ardência, zelo, ardor
festival: n. festival. adj. festival, festivo
festivity: n. festividade, festejo
festivities: n. celebrações
fetch: v. ir buscar, alcançar, ser vendido por
fetid: adj. fétido, fedorento
fetish: n. fetiche
fetus: n. feto
feud: n. rixa, hostilidade. v. brigar
feudal: adj. feudal, relativo a feudo
feudalism: n. feudalismo
fever: n. febre, agitação. v. febrilizar
few: adj. poucos, poucas, alguns, algumas
fewer: comp. de few: menos
fewest: sup de few, a menor quantidade
fiancée: n. noiva
fib: n. mentirola. v. contar histórias
fiber: n. fibra, filamento, caráter
fiberglass: n. fibra de vidro
fibroma: n. fibroma
fibrous: adj. fibroso
fickle: adj. volúvel, variável, instável
fiction: n. ficção, novela, romance

fiddle: n. violino. v. tocar violino, remexer
fiddler: n. violinista, trapaceiro
fidelity: n. fidelidade, lealdade, constância
fidget: v. remexer-se
fidgety: adj. inquieto
field: n. campo, esfera de ação
field-work: n. trabalho científico de campo
fiend: n. demônio, diabo, viciado, fanático
fiendish: adj. diabólico, demoníaco
fierce: adj. feroz, furioso, ameaçador
fiery: adj. ígneo, ardente, inflamável
fifteen: n. quinze
fifteenth: adj. décimo quinto
fifth grade: n. quinta série
fifth: n. , adj, pron quinto
fiftieth: adj. qüinquagésimo
fifty: n, adj, pron. cinqüenta
fig tree: n. figueira
fig: n. figo, ninharia, coisa sem valor
fight: n. luta, v. lutar
fighter: n. lutador, batalhador
figure: n. figura, corpo, ilustração
Fiji: n. Fiji
filament: n. filamento
Filch: v. furtar, roubar

file (fingernails): n.
file: n. pasta de papéis, lista,
lixa de unhas. v. arquivar,
lixar
filibuster: v. piratear
filing-cabinet: n. arquivo,
fichário
filing-department: n. seção
de arquivo
fill in: v. preencher, ocupar
fill: n. suficiência,
abastecimento. v. encher,
ocupar
fillet: n. faixa. v. enfaixar
filling: n. recheio, obturação
film: n. filme, membrana. v.
filmar
filming: n. filmagem
filter: n. filtro, purificador.
v. filtrar, purificar
filth: n. sujeira
filthy: adj. imundo, sujo
filtration: n. filtração
fin: n. barbatana, nadadeira
final exams: n. exames
finais
final grade: n. nota final
final: n. final. adj. final,
último
finally: adv. finalmente
finance: n. finanças. v.
financiar
financial aid: n. ajuda
financeira
financial difficulties: n.
dificuldades financeiras

financial responsibility: n.
responsabilidade financeira
financing: n. financiamento
find out: v. descobrir
find: n. achado, descoberta.
v. achar, descobrir
finding: n. achado,
descoberta
fine: n. multa. adj. fino,
refinado
finger: n. dedo
finger-mark: n. marca
deixada pelo dedo
fingernail polish: n. esmalte
para unhas
fingernail: n. unha
fingerprints: n. impressões
digitais
finger-tip: n. ponta do dedo
finicky: adj. enjoado
finish: n. fim, retoque. v.
terminar, aperfeiçoar
Finland: n. Finlândia
fire engine: n. carro de
bombeiros
fire extinguisher: n. extintor
de incêndio
fire: v. fazer fogo, demitir
firearm: n. arma de fogo
fire-brigade: n. corpo de
bombeiros
fire-escape: n. saída de
emergência
fireman: n. bombeiro
fireplace: n. lareira
fireside: n. pé do fogo

fire-station: n. corpo de bombeiros
fireworks: n. fogos de artifício
firm: firma comercial. v. firmar. adj. firme
firmness: n. firmeza
first aid: n. primeiros socorros
first class: adj. de primeira classe, primeira ordem
first degree: n. primeiro grau
first floor: n. andar térreo, primeiro andar
first grade: n. primeira série
first name: n. nome
first night: n. estréia
first: adj. primeiro
first-class: adj. de primeira classe
fiscal year: n. ano fiscal
fish: n. peixe. v. pescar
fish net: n. rede de pesca
fish soup: n. sopa de peixe
fish trap: n. armadilha de pesca
fishbone: n. espinha de peixe
fisherman: n. pescador
fishery: n. indústria pesqueira
fishhook: n. anzol de pesca
fishing: n. pesca, pescaria
fishmonger: n. peixeira
fishmongers: n. peixaria
fission: n. divisão em partes

fissure: n. fissura, fenda, abertura
fist: n. punho
fitness: n. aptidão, conveniência, bom estado
fitted: adj. instalado, fixo no lugar
fitting: n. peça, acessório
five: n. cinco
fix: v. consertar
fixation: n. fixação
fixed: adj. fixo, estabelecido, seguro
fixture: n. acessório, instalação
fizz: v. chiar, efervescer
fizzle: v. assobiar, crepitar, fracassar
fizzy: adj. efervescente, espumante
fjord: n. fiorde
flabbergasted: adj. espantado
flabby: adj. mole, balofo, débil
flag: n. bandeira. v. embandeirar
flag: v. (ps,pp flagged) cansar, fatigar-se
flagellum: n. flagelo
flagpole: n. mastro
flagrant: adj. flagrante, escandaloso
flair: n. faro, instinto, talento
flake: n. floco, lasca. v. escamar
flaky: adj. escamoso

flamboyant: adj. extravagante, exagerado
flame: n. chama, fogo
flamingo: n. flamingo
flammable: adj. inflamável
flank: n. flanco. v. flanquear
flannel: n. flanela
flap: n. aba, freio aerodinâmico. v. bater, agitar
flare: n. labareda, explosão. v. flamejar
flash bulb: n. lâmpada para instantâneos
flash: n. clarão, esguicho, boletim
flashlight: n. lanterna elétrica
flashy: adj. flamejante, cintilante
flask: n. frasco, garrafa
flat: n. apartamento, superfície plana. adj. achatado
flat footed: adj. pé chato
flatten: v. aplainar
flattering: adj. lisonjeiro, satisfatório
flatulence: n. flatulência
flaunt: n. ostentação. v. ostentar, exibir
flavor: n. sabor, gosto. v. temperar
flaw: n. falha, imperfeição. v. quebrar
flawless: adj. perfeito, impecável
flay: v. descascar, esfolar

flea: n. pulga
flea market: n. mercado de pulgas
fleck: n. pinta, mancha. v. salpicar, listrar
flee: v. fugir, escapar
fleet: n. frota, esquadra
fleeting: adj. passageiro, fugaz
flesh: n. carne humana, gordura, sensualidade
flex: v. flexionar
flexibility: n. flexibilidade
flick: n. pancada leve, filme. v. agitar, sacudir
flicker: n. tremulação. v. chamejar, bater as asas
flight: n. vôo, viagem, fuga
flimsy: adj. delgado, frágil
flinch: n. recuo, hesitação. v. recuar, hesitar
fling: v. arremessar
flint: n. pederneira, coisa muito dura
flip: n. arremesso rápido. v. sacudir, reagir violentamente
flippant: adj. impertinente, petulante
flipper: n. barbatana, pé-de-pato
flirt: v. flertar
flit: v. voar rapidamente, mudar-se
float: n. flutuação, bóia, carro alegórico. v. flutuar
flock: n. rebanho, multidão. v. andar em bandos

flog: v. chicotear, fazer propaganda de
flood: n. inundação, v. Inundar
floodgate: n. comporta, dique
flooding: n. inundação
floodplain: n. planície de inundação
floor: n. piso, chão. v. pavimentar
floor mats: n. capacho
floorboard: n. tábua para assoalho
flop: n. fracasso, fiasco. v. fracassar
floppy: adj. frouxo, desajeitado
floppy disk: n. disco flexível, disquete
flora: n. flora
floral: adj. floral, florido
florist: n. floricultor, florista
floss: n. fios de seda
flounder: v. debater-se, tropeçar
flour: n. farinha
flourish: v. florescer, prosperar, florear
flow: n. fluência, circulação. v. fluir, circular
flow: n. fluxo
flower: n. flor. v. florescer, florir
flower bed: n. canteiro de flores
flower shop: n. floricultura

flower-girl: n. florista, vendedora de flores
flu: n. influenza, gripe
fluctuate: v. flutuar, ondular
fluency: n. fluência, abundância
fluent: adj. fluido, fluente, líquido
fluff: n. penugem. v. afofar
fluffy: adj. fofo, leve, macio
fluid: n. fluido, adj. líquido
fluke: n. acaso feliz. v. acertar por sorte
flunk: v. fracassar, reprovar
fluorescent light: n. luz fluorescente
fluorescent: adj. fluorescente
flurry: n. aguaceiro, comoção. v. excitar
flush: n. vermelhidão, descarga sanitária. v. corar, jorrar
flush toilet: n. vaso sanitário com descarga
fluster: v. agitar, excitar, confundir
flute: n. flauta
flutter: n. palpitação, confusão, comoção
fly: v. flutuar, voar, pilotar, fugir
flyer: adj, n. voador
flying: n. aviação. adj. voador, rápido, breve
flyover: n. viaduto, passarela

flysheet: n. folheto, prospecto
foal: n. cria de animais. v. parir, dar cria
foam rubber: n. espuma de borracha
foam: n. espuma, v. espumar
foamy stools: n. fezes espumosas
focal length: n. comprimento focal
focal point: n. ponto focal
focus: foco, centro. v. focalizar
fodder: n. forragem. v. alimentar
foe: n. inimigo, antagonista
fetus: n. feto
fog: n. nevoeiro, cerração, neblina
fog lights: n. farol de neblina
foggy: adj. nebuloso, obscuro, confuso
foil: n. folha metálica, contraste. v. frustrar
fold: n. dobra, prega. v. dobrar, cruzar
folder: n. dobrador, pasta de arquivos
folding: n. desdobramento. adj. flexível
folk: n. povo. adj. popular
folklore: n. folclore
folktales: n. conto popular
follicle: n. folículo
follow: v. seguir, acompanhar

follower: n. seguidor, partidário
following: n. seguidores. adj. seguinte, próximo
follow-up: n. continuação
fond: adj. amigo, afetuoso
fondle: v. acariciar, afagar
fontanelle: n. fontanela
food: n. alimento, comida
food chain: n. cadeia alimentar
food poisoning: n. intoxicação gastrintestinal
food processor: n. multiprocessador de alimentos
food stamps: n. vale-refeição
food web: n. rede alimentar
foodstuff: n. gêneros alimentícios, víveres
fool: n. bobo, imbecil. v. bobear, trapacear
fool around: v. vadiar
foolish: adj. tolo, bobo
foolishness: n. tolice, insensatez
foot: n. pé, base, rodapé
foot massager: n. massageador de pés
football: n. futebol, bola de futebol
footbridge: n. passarela
footed: adj. que tem pés
foothill: n. contraforte
footlights: n. ribalta, rampa, palco

footman: n. lacaio, soldado de infantaria
footmark: n. pegada, pisada
footnote: n. nota de rodapé
footprint: n. pegada
footstep: n. som de passo, pegada
footwear: n. calçados
for: prep. por, em lugar de, a favor de
for example: expr. por exemplo
for life: expr. para sempre
forbear, forebear: v. conter, reprimir
forbid: v. proibir, impedir, interditar
forbidding: adj. proibitivo, ameaçador
force: n. força, poder. v. forçar, violentar
forced landing: n. aterrissagem de emergência
forced smile: n. sorriso forçado
forceful: adj. forte, violento, impetuoso
forcible: adj. forçoso, violento, potente
fore: n. frente. adj. primeiro. adv. anteriormente
forearm: n. antebraço
forecast: n. previsão. v. prever, premeditar
foreclosure: n. exclusão
forefinger: n. dedo indicador

forefront: n. vanguarda, frente
foreground: n. primeiro plano
forehead: n. testa
foreign: adj. estrangeiro, externo
foreign affairs: n. interesses estrangeiros
foreign affiliates: n. filiais estrangeiras
foreign aid: n. ajuda estrangeira
foreign object: n. objeto estrangeiro
foreigner: n. estrangeiro, forasteiro
foreleg: n. perna dianteira
foreman: n. contramestre
foremost: adj. dianteiro, primeiro. adv. primeiramente
forerunner: n. precursor, antepassado
foresee: v. prever, pressupor
foreseeable: adj. previsível
foresight: n. presciência, previsão
foreskin: n. prepúcio
forest: n. floresta, adj. florestal, v. arborizar
foretell: v. predizer, profetizar
forethought: n. premeditação, antecipação
foretold: v. ps, pp of foretell
forever: n. eternidade. adv. eternamente

forewarn: v. prevenir, precaver
foreword: n. prefácio, introdução
forfeit: v. perder
forge: n. fornalha, ferraria. v. forjar, falsificar, progredir
forgery: n. falsificação
forget: n. esquecer
forgive: v. perdoar
fork: n. garfo
forklift: n. empilhadeira
form: n. forma, molde, formulário. v. formar
formality: n. formalidade
former: adj. anterior, passado
formerly, long ago: adv. anteriormente, há tempos atrás
formidable: adj. formidável, extraordinário
formula: n. fórmula
formulate: v. formular
forsake: v. renunciar a, abandonar
forsaken: adj. desamparado, abandonado
fort: n. forte, castelo
forte: n. forte, ponto forte
forth: adv. adiante, para a frente
forthcoming: adj. por vir, próximo
forthright: adj. franco, sincero, direto

forthrightness: n. franqueza, sinceridade
forthwith: adv. em seguida, sem demora
fortieth: n, adj, pron quadragésimo
fortify: v. fortificar
fortitude: n. fortaleza, coragem
fortnight: n. quinzena
fortnights holiday: n. férias de quinze dias
fortunate: adj. afortunado, feliz
fortunately: adv. felizmente
fortune: n. fortuna, sorte
fortuneteller: n. adivinho, cartomante
forty: n. quarenta
forward: adj. dianteiro, adv. adiante
fossil: adj. fóssil
foster: adj. adotivo. v. adotar, criar
foul: n. infração, falta. adj. desonesto
foul-smelling stools: n. fezes fedorentas
foundation: n. fundação
fountain: n. fonte. bebedouro
fountain pen: n. caneta-tinteiro
four: n, adj, pron. quatro
four legged: adj. quadrúpede
fourteen: n. quatorze

fourteenth: adj. décimo-quarto
fourth: adj. quarto
fowl: n. ave
fox: n. raposa
fraction: n. fração
fracture: n. fratura. v. fraturar
fragile: adj. frágil, delicado
fragility: n. fragilidade
fragments (tiny pieces): n. fragmentos
fragrance: n. fragrância
frail: adj. frágil
frailty: n. fragilidade, fraqueza
frame: n. armação, estrutura. v. construir, moldar
framework: n. estrutura
framing (for concrete work): n. construção
France: n. França
franchise: n. franquia
frank: adj. franco, honesto
frankly: adv. francamente
frankness: n. franqueza, sinceridade
frantic: adj. frenético, furioso
fraternal: adj. fraterno
fraternal twins: n. gêmeos fraternos
fraud: n. fraude, engano
freckle: n. sarda (na pele)
freckled: adj. sardento
free: v. livrar. adj. livre, gratuito. adv. grátis

free fall: n. queda-livre
freedom: n. liberdade, autonomia
freedom of expression: n. liberdade de expressão
freedom of religion: n. liberdade de religião
freedom of the press: n. liberdade de imprensa
freelance: n. trabalhador autônomo
freely: adv. livremente
freemason: n. maçom
freeze: v. refrigerar, congelar(-se)
freezer: n. congelador
freezing: n. congelação. adj. congelante
freight: n. frete, carga
French Guyana: n. Guiana Francesa
French Polynesia: n. Polinésia Francesa
French Revolution: n. Revolução Francesa
French: n. francês. adj. francês
frenetic: n. louco. adj. frenético
frenzy: n. frenesi
frequency: n. freqüência
frequency table: n. tabela de freqüências
frequent: v. freqüentar. adj. freqüente
frequently: adv. freqüentemente

fresh air: n. ar fresco
fresh: adj. fresco
fret: v. corroer, irritar-se
friction: n. fricção
Friday: n. sexta-feira
fridge: n. refrigerador, geladeira
fried: ps, pp of fry. adj. frito
fried foods: n. alimentos fritos
friend: n. amigo
friendless: adj. sem amigos
friendly: adj. amigável, amigo
friendship: n. amizade
frigate: n. fragata
fright: n. medo
frighten: v. assustar
frightened: adj. amedrontado, aterrorizado
frightening: adj. amedrontador, assustador
frightful: adj. assustador, espantoso
fringe: n. franja
fritter: v. esbanjar
frog: n. rã
from: prep. de, a partir de, desde
front: n. frente, fronte
frontal lobes: n. lóbulos frontais
frontal lobotomy: n. lobotomia frontal
frontier: n. fronteira
frost: n. geada. v. gear, cobrir bolo de glacê

frown: v. franzir as sobrancelhas
frozen: pp of freeze. adj. congelado
fruit: n. fruta, frutas
frustrate: v. frustrar, decepcionar
frustration: n. frustração
fry: v. fritar
frying-pan: n. frigideira
fuel: n. combustível
fugitive: n. fugitivo
fulcrum: n. fulcro
fulfill: v. cumprir, satisfazer
fulfillment: n. cumprimento, realização
full: adj. cheio, lotado. adv. completamente
full moon: n. lua cheia
fullback: n. zagueiro
fully: adv. inteiramente
fume: v. fumigar
fumigate: v. defumar
fun: n. brincadeira, diversão, prazer. adj. divertido
function: n. função, espetáculo. v. funcionar
functionalism: n. funcionalismo
fund: n. fundo
fundamental tone: n. tom fundamental
fundamental: adj. fundamental
fundamentalism: n. fundamentalismo
funeral: n, adj. funeral

fungus: n. fungo
funnel: n. funil
funny: adj. engraçado,
divertido, esquisito
funny: adj. engraçado
fur: n. pêlo. peles
furious: adj. furioso,
violento
furnish: v. mobiliar, suprir
furniture: n. mobília,
móveis
further: adj. mais distante.
adv. além disso
furthermore: adv. além
disso
furthest: adj, adv. sup de far
furtive: adj. furtivo, oculto
furtively: adv. furtivamente,
dissimuladamente
furtiveness: n. dissimulação,
astúcia, manha
fury: n. fúria, raiva,
violência
fuse: n. fusível
fuselage: n. fuselagem
fusion: n. fusão, combinação
fuss: n. barulho, agitação. v.
exagerar
fussily: adv. de maneira
exagerada
fussy: adj. nervoso
futile: adj. fútil, sem
importância
futility: n. futilidade
future: n. futuro
futuristic: adj. futurista,
futurístico

fuse: v. fundir, soldar
fusel: n. fusível, pavio
fuzz: n. flocos, penugem
fuzzy: adj. felpudo, confuso,
vago
**FYI (For Your
Information):** expr. para sua
informação

G, g

g (gram): n. grama
g: n. sétima letra do alfabeto, consoante
gadget: n. equipamento eletrônico
gaffe: n. gafe
gaiety: n. alegria, divertimento
gain: n. lucro, ganho. v. ganhar, lucrar
gait: n. marcha. v. treinar um cavalo na marcha
gal (gallon): n. galão
galaxy: n. galáxia
gale: n. vento forte, temporal
gallbladder: n. vesícula biliar
gallery: n. galeria
gallop: n. galope. v. apressar-se, galopar
galvanometer: n. galvanômetro
gamble: v. jogar jogos de azar, arriscar
game: n. jogo, caça
gamma radiation: n. radiação gama
gamma rays: n. raios gama
gang: n. bando, gangue. v. agrupar-se, atacar
ganglion: n. gânglio
gangrene: n. gangrena
gangster: n. bandido
gap: n. abertura, fenda

garage: n. garagem
garbage: n. lixo, sobras
garden: n. jardim, pomar. v. .jardinar
gardener: n. jardineiro
gardening: n. jardinagem, horticultura
garlic: n. alho
garment: n. peça de roupa
gas: n. gás, combustível, gasolina
gas station: n. posto de gasolina
gaseous: adj. gasoso
gasoline: n. gasolina
gasp: n. respiração penosa. v. ofegar
gassy: adj. gasoso, cheio de gás
gastrointestinal system: n. sistema gastrintestinal
gate: n. portão, porta
gather: n. dobra, prega. v. acumular, colher
gathering: n. encontro, reunião
gaudy: adj. brega, brilhante, exagerado
gauge: n. fileira de telhas, tijolos. v. avaliar
gavel: n. martelo de juiz
gay: n, adj. homossexual, alegre, divertido
gaze: n. olhar fixo. v. encarar
gear: n. engrenagem, equipamento. v. engrenar

gem: n. jóia, pedra preciosa
gemstone: n. jóia
gender: n. gênero
gene: n. gene
general anesthesia: n. anestesia geral
General Assembly: n. Assembléia Geral
general: n. general, geral. adj. comum
generalization: n. generalização
generally: adv. geralmente
generate: v. causar, originar
generation: n. geração, criação, descendência
generator: n. criador, gerador
generic: adj. genérico
generic brand: n. marca genérica
generosity: n. liberalidade, generosidade
generous: adj. generoso, nobre
genetic: adj. genético
genetic abnormality: n. anormalidade genética
genetic disorder: n. problema genético
genetic engineering: n. engenharia genética
geneticist: n. geneticista
genetics: n. genética
genial: adj. cordial, amável
genitals: n. órgãos genitais
genius: n. gênio, talento

genocide: n. genocídio
genotype: n. genótipo
gentle: adj. benévolo, gentil
gentleman: n. cavalheiro
gently: adv. bondosamente, delicadamente
gents: n. banheiro masculino
genuine: adj. autêntico, genuíno
genus: n. gênero
geocentric: adj. geocêntrico
geode: n. geodo
geographic factors: n. fatores geográficos
geography: n. geografia
geologic map: n. mapa geológico
geologic: adj. geológico
geologist: n. geólogo
geology: n. geologia
geometry: n. geometria
geothermal activity: n. atividade geotérmica
geothermal energy: n. energia geotérmica
geothermal: adj. geotérmico
Geriatrician: n. geriatra
germ: n. germe, micróbio, origem
German: n. alemão, alemã. adj. alemão
German measles: n. sarampo alemão
German Shepard: n. pastor alemão
Germany: n. Alemanha

germinate: n. brotar, germinar
germination: n. germinação
gerontologist: n. gerontologista
gestation period: n. período de gestação
gestation: n. gestação, gravidez
gesture: n. gesto, ato. v. gesticular
get: v. obter, chegar, vir, ir, entender
get along: expr. dar(-se) bem
get angry: expr. irritar-se
get back: expr. recuperar, retornar
get down: expr. fazer descer, tomar notas
get even with: expr. vingar-se de
get irritated: expr. irritar-se
get married: expr. casar(-se)
get out of the way: expr. sair do caminho
get ready: expr. aprontar-se
get rid of: expr. desfazer(-se) de
get up: v. levantar-se, organizar, subir
Ghana: n. gana
ghetto: n. gueto
ghost: n. espírito, fantasma
giant: n. adj. gigante
Gibraltar: n. Gibraltar

gift: n. doação, presente. v. dar, presentiar
gifted: adj. dotado, talentoso
giggle: n. risadinha, riso nervoso
gigolo: n. gigolô
gill: n. brânquia, guelra
gimmick: n. macete, truque
gin: n. Genebra. v. apanhar
ginger: n. gengibre, v. animar
gingerbread: n. pão de gengibre
gingiva: n. gengiva
giraffe: n. girafa
girdle: n. cinta, cinto, faixa. v. cercar
girl: n. menina, moça
girlfriend: n. namorada, amiga
give birth: expr: dar à luz a
give in: expr. dar-se por vencido, ceder
give oneself away: expr: trair-se
give up: v. desistir, parar, renunciar
give: v. dar, presentear
given: adj. dado, presenteado
gizzard: n. barriga, ventre
glacier: n. geleira
glad: adj. alegre, contente
glamorous: adj. fascinante, glamoroso
glance: n. relance. v. passar os olhos

gland: n. glândula
glare: n. clarão, luz ofuscante. v. cegar
glass: n. vidro, copo, óculos
glasses: n. óculos, binóculos
glaucoma: n. glaucoma
glazier: n. vidraceiro
gleam: n. brilho, raio de luz. v. brilhar
glide: n. deslizamento, vôo planado. v. deslizar, planar
glimpse: n. vislumbre, relance. v. ver de relance
glitter: n. brilho, cintilação
glittering: adj. brilhante, resplandecente
global: adj. esférico, global, total
global economy: n. economia mundial
global history: n. história mundial
global integration: n. integração global
global market: n. mercado mundial
global migration: n. migração global
Global Positioning System: n. sistema de posicionamento global
global trade: n. comércio mundial
global village: n. aldeia global
global warming: n. aquecimento global

global winds: n. ventos globais
globalization: n. globalização
globe: n. globo, esfera
gloom: n. depressão, melancolia. v. entristecer
gloomy: adj. triste, deprimente
glorious: adj. glorioso, ilustre
glory: n. glória, resplendor
gloss: n. lustro, brilho
glove compartment: n. porta-luvas
glove: n. luva
glow: n. brilho, calor. v. brilhar, irradiar
glucose tolerance test: n. exame de tolerância a glucose
glucose: n. glicose, glucose
glue: n. cola. v. colar
glum: adj. abatido, deprimido
glutton: n, adj. comilão, devorador
gluttonous: adj. guloso, insaciável
gluttony: n. glutonaria, gula
glyph: n. hieróglifo
gnat: n. mosquito borrachudo
gnaw: v. atormentar, consumir, roer
go after: v. seguir
go bankrupt: v. falir

go down: v. baixar, descer, ser derrotado
go in: v. entrar
go out: v. apagar, sair
go to bed: expr: ir para a cama

go to prison: expr. ir para cadeia
go to the bathroom: v. ir ao banheiro
go up: v. ascender, aumentar
go: v. ir, prosseguir, sair, partir
goal: n. alvo, objetivo
goalie: n. goleiro
goalkeeper: n. goleiro
goat: n. cabra, bode
god: n. deus, ídolo
God: n. Deus
godchild, godson, goddaughter: n. afilhado, afilhada
godfather: n. padrinho
godmother: n. madrinha
godparent: n. padrinho, madrinha
godson: n. afilhado
goggles: n. óculos de proteção
goiter: n. bócio, papeira
gold: n. ouro. adj. feito de ouro
golden: adj. de ouro, dourado
goldsmith: n. ourives

golf: n. golfe
gone: pp of go
gonorrhea: n. gonorréia
good: n. benefício, bem-estar. adj. bom, justo
good afternoon, good evening, goodnight: expr. boa tarde, boa noite
good deal: expr. bom negócio
good deed: expr. boa ação
good grief!: expr. credo!
good intentions: expr. boas intenção
goodbye: expr. adeus
good-for-nothing: n. pessoa inútil. adj. inútil
good-looking: adj. bonito, vistoso
good-natured: adj. afável, agradável
goodness: n. bondade, afabilidade
goods: n. posses, bens, mercadoria
good-tempered: adj. de bom gênio
goodwill: n. boa vontade, benevolência
goof: n. bobalhão, v. dar mancada
goofy: n. bobalhão, pateta
goose: n. ganso
gorge: n. garganta, goela, v. devorar
gorgeous: adj. deslumbrante, esplêndido

Gospel: n. evangelho. adj. evangélico
gossip: n. fofoca, bisbilhoteiro. v. bisbilhotar
gossiping: n. fofoca, mexerico
gossipy: adj. falador, fofoqueiro
gothic: adj. gótico
govern: v. governar, dirigir
government: n. governo
governmental: adj. governamental
governor: n. governador
gown: n. beca, camisola, vestido
grab: v. agarrar, arrebatar
grace: n. graça, beleza, oração
graceful: adj. gracioso, elegante
gracious: adj. cortês, afável
grade: n. categoria, série, nota. v. classificar
grade level: n. série
gradual: adj. gradual
gradual metamorphosis: n. metamorfose gradual
graduate: n. diplomado, formado
grain: n. cereal, fibra, grão
gram (g): n. grama
grammar: n. gramática
grand: adj. grande, grandioso
grandaunt: n. tia avó
grandchild: n. neto, neta

granddaughter: n. neta
grandeur: n. grandeza, majestade
grandfather clock: n. relógio de pêndulo
grandfather: n. avô
grandiose: adj. grandioso, imponente
grandma: n. vovó
grandmother: n. avó
grandpa: n. vovô
grandparents: n. avós
grandson: n. neto
granite: n. granito
grant: n. doação. v. conceder
grape: n. uva, videira
graph: n. curva, gráfico. v. representar graficamente
graphic: adj. gráfico, relativo a gráficos
graphite: n. grafite
graphology: n. grafologia
grasp: n. compreensão, alcance. v. segurar com força
grass: n. grama, gramado
grasshopper: n. gafanhoto
grassland: n. prado
grate: n. chaminé, lareira. v. esfregar, ralar
grateful: adj. grato, agradecido
grater: n. ralador, raspador
gratitude: n. gratidão
gratuitous: adj. gratuito
gratuity: n. gorjeta, gratificação

grave: n. cova, túmulo. v. esculpir

gravel: n. cascalho, pedregulho

gravitational potential energy: n. energia potencial gravitacional

gravity: n. gravidade

gravy: n. molho

gray: n. cinza, cinzento

graze: n. arranhão, esfoladura. v. arranhar, esfolar

grease: n. gordura, graxa. v. engraxar

greasy: adj. gorduroso, oleoso

great grandmother: n. bisavó

great: adj. grande, magnifico, muito

great-granddaughter: n. bisneta

great-grandfather: n. bisavô

great-grandmother: n. bisavó

great-grandson: n. bisneto

Greece: n. Grécia

greedy: adj. ganancioso

Greek: n. grego, língua grega. adj. grego

green beans: n. feijão verde

green light: n. sinal verde do trânsito

green pepper: n. pimenta verde

green vegetables: n. vegetais verdes

green: n. verde. adj. coberto de grama, não-maduro

greenback: n. papel moeda

greengrocer: n. verdureiro, quitandeiro

greenhouse: n. estufa para plantas

greenhouse effect: n. efeito estufa

greenish: adj. esverdeado

greens (vegetable): n. legumes e verduras verdes

greet: v. cumprimentar, saudar

greeting: n. saudação, cumprimento

grenade: n. granada

grey: n. cor cinza. adj. cinzento

greyhound: n. galgo

grid: n. grade, grelha

griddle: n. chapa de ferro. v. cozinhar em chapa

grievance: n. injustiça, queixa

grill: n. grelha. v. grelhar

grilled: adj. grelhado

grimace: n. careta. v. fazer caretas

grime: n. encardimento. v. sujar

grin: n. sorriso largo, careta

grind one's teeth: v. ranger dentes

grind: n. trabalho penoso v. ensinar laboriosamente
grinder: n. amolador, moedor
grip: n. alça, modo de segurar. v. apertar
groan: n. gemido. v. gemer
grocer: n. dono de mercearia
grocers: n. mercearia, armazém
groceries: n. mantimentos
grocery: n. armazém, mercearia
groin: n. virilha
grope: v. andar às cegas, tatear
grouchy: adj. mal-humorado, rabugento
ground: n. chão, pretexto, base. v. estabelecer
grounded: adj. conectado ao solo
ground-floor: n. andar térreo
groundless: adj. sem motivo, sem razão
group: n. grupo. v. agrupar
grow: v. crescer, germinar, tornar-se
growl: n. resmungo, rosnado. v. resmungar, rosnar
grown-up: n, adj. adulto(a)
growth: n. crescimento, cultivo
grudge: n. rancor. v. invejar

grumble: n. resmungo. v, grunhir, roncar
grumpy: adj. mal-humorado, rabugento
guarantee: n. garantia, v. garantir
guaranteed profit: n. lucro garantido
guard: n. guarda, proteção. v. guardar, vigiar
guardian angel: n. anjo guardião
guardian: n. guardião, protetor
Guatemala: n. Guatemala
guava: n. goiaba, goiabeira
guerilla: n. guerrilha
guess: n. palpite. v. adivinhar, supor
guest: n. convidado, hóspede
guide: n. guia, manual. v. guiar, dirigir
guideline: n. norma de procedimento
guilt: n. culpa
guilty: adj. culpado
guinea pig: n. cobaia, porco da Índia
guitar: n. violão, guitarra
gulf: n. abismo, golfo, precipício
gully: n. sarjeta, vala
gulp: n. gole, trago. v. tragar, engolir
gulp down: v. engolir
gum: n. látex, goma, cola
gums: n. gengiva

gun: n. revólver, pistola. v.
atirar
gunman: n. capanga,
pistoleiro
gunpowder: n. pólvora
gurgle (sound): v.
gorgolejar
gush: n. arrebatamento,
golfada, jato
gust: n. acesso, estrondo,
rajada
gut: n. intestino, tripa,
coragem
gutter: n. calha, valeta. v.
escorrer, pingar
guy: n. rapaz, cara
guzzle: v. beber em demasia
gym: n. ginásio de esportes
gym suit: n. traje de
ginástica
gymnasium: n. ginásio de
esportes
gymnastics: n. ginástica,
exercícios físicos
gymnosperm: n.
gimnosperma
gynecological examination:
n. exame ginecológico
gynecologist: n.
ginecologista
gynecology: n. Ginecologia
gypsy: adj, n. cigano

H, h

h: n. oitava letra do alfabeto, consoante
habit: n. hábito, costume
habitat: n. hábitat
habitual: adj. habitual
habituation: n. hábito
haciendas: n. fazenda
hack: v. cortar
hacking: n. acesso ilegal a sistema(s)
had: ps, pp of have
hadn't: contr. of had not
haggle: v. regatear
hail: n. granizo, saudação. v. chover granizo, saudar
hail storm: tempestade de granizo
hair: n. cabelo, pêlo
hair dryer: n. secador de cabelo
hair loss: n. queda de cabelo
hairbrush: n. escova de cabelo
haircut: n. corte de cabelo
hairdo: n. penteado
hairdresser: n. cabeleireiro
hairy: adj. cabeludo
Haiti: n. Haiti
Haitian: adj, n. haitiano
half: n. metade. adj. quase. adv. meio
half-life: n. meia-vida (radiação)

hall: n. saguão, entrada de um edifício
hall of fame: n. corredor da fama
Hallelujah!: interj. Aleluia!
Halloween: n. dia das bruxas
hallucination: n. alucinação
hallucinogen: n. alucinógeno
hallway: n. corredor
halo: n. auréola
halogen: n. halogênico
halt: v. parar
ham: n. presunto
hamburger: n. hambúrguer
hammer: n. martelo. v. martelar, forçar
hammer-smith: n. ferreiro
hammock: n. rede
hand (assistance): n. ajuda
hand: n. mão, ponteiro de relógio. v. entregar
hand luggage: n. bagagem de mão
handbag: n. bolsa, maleta para viagem
handbook: n. manual, guia
handcuff: n. algema. v. algemar
handful: n. punhado, pessoa difícil
handgun: n. arma de fogo manual
handicap: n. deficiência física. v. ter desvantagens

handicapped: adj.
deficiente, prejudicado
handicraft: n. artesanato
handiwork: n. trabalho
manual
handkerchief: n. lenço
handle: n. maçaneta. v.
manobrar
handlebars: n. guidão
handmade: adj. feito à mão
handshake: n. aperto de
mão
handsome: adj. atraente,
bonitão
hands-on: adj. com a mão
na massa
handwriting: n. caligrafia
handwriting expert: n.
perito em caligrafia
handwritten: adj.
manuscrito, escrito à mão
handy: adj. à mão, acessível,
conveniente
handyman: n. faz-tudo,
pessoa habilidosa
hang: v. pendurar, enforcar
hang glider: n. asa-delta
hang gliding: n. vôo livre
(asa-delta)
hang out: v. passar o tempo
hang up: v. desligar telefone
hangar: n. hangar
hanger: n. cabide
hangover: n. ressaca
happen: v. acontecer,
ocorrer

happening: n.
acontecimento, ocorrência
happiness: n. felicidade,
alegria
happy: adj. feliz, contente,
satisfeito
harass: v. atormentar,
assediar
harassment: n. assédio
harbor: n. porto
hard disk: n. disco rígido
hard: adv. duro
harden: v. endurecer-se
hardhat: n. capacete de
segurança
hardly: adv. dificilmente,
apenas
hardness: n. dureza
hardship: n. miséria
hardware: n. ferragens
hard-working: adj.
aplicado, trabalhador
hare: n. lebre
harm: n. mal, injustiça. v.
prejudicar, causar dano
harmful: adj. prejudicial,
nocivo
harmful error: n. erro
prejudicial
harmless: adj. inofensivo,
inocente
harmonica: n. gaita-de-boca
harmonious: adj.
harmonioso, sonoro
harmonium: n. harmônio
harmonize: v. harmonizar,
conciliar

harmony: n. harmonia
harness: n. arreio, couraça .
v. aproveitar
harp: n. harpa. v. tocar
harpa
harpoon: n. arpão
harrowing: adj. angustiante,
aflitivo
harsh: adj. áspero
harvest: n. colheita
has: terceira pessoa do
singular do presente do
indicativo de to have
hasn't: contr. of has not
hassle: n. discussão, v.
discutir
haste: n. pressa, ligeireza. v.
apressar, andar depressa
hat: n. chapéu
hatch: v. chocar, criar
hate: n. ódio, aversão. v.
odiar
hate crimes: n. crimes
hediondos
hateful: adj. detestável,
odioso
hatred: n. ódio, aversão
haughtily: adv.
arrogantemente
haughty: adj. arrogante
haul: v. puxar, sacar, tirar
haunted: adj. assombrado
have: v. ter, precisar, admitir
haven: n. porto
haven't: contr. of have not
hawk: n. falcão
hay: n. feno

hazard: n. perigo, v. arriscar
hazardous: adj. perigoso
hazelnut: n. avelã
he: pron ele
head: n. cabeça. v.
encabeçar, liderar
head bump (swelling): n.
inchaço, galo
headache: n. dor de cabeça
headhunter: n. recrutador
de executivos
heading: n. título, cabeçalho
headlights: n. faróis de
automóvel
headline: n. título, manchete
headmaster: n. diretor de
escola
headphones: n. fones de
ouvido
headquarter: n. quartel-
general
heal: v. cicatrizar, curar
health unit: n. unidade de
saúde
health: n. saúde
healthy: adj. saudável
heap: n. amontoado
hear: v. ouvir, escutar
hearing: n. audição,
audiência
hearing aid: n. audiofone
hearing difficulty: n.
dificuldade para ouvir
hearing test: n. teste de
audição
hearsay: n. boato, rumor
heart: n. coração, amor

heart attack: n. ataque cardíaco
heart disease: n. doença cardíaca
heart of palm: n. palmito
heart pacemaker: n. marca-passo
heart pounding or racing: n. coração acelerado ou disparado
heart trouble: n. problemas cardíacos
heart valves: n. válvula cardíaca
heartbeat: n. batimento cardíaco
heartburn: n. azia
heartless: adj. cruel, insensível
hearts (cards): n. copas
heat: n. calor. v. aquecer, esquentar
heat intolerance: n. intolerância ao calor
heater: n. aquecedor
heater electric: n. aquecedor clétrico
heating: n. aquecimento, calefação
heaven: n. céu, firmamento, paraíso
heavily: adv. pesadamente
heavy duty: n. serviço pesado
heavy: adj. pesado, forte
Hebrew: n. hebreu
hectare: n. hectare

he'd: contr. of he had, he would
hedge: n. cerca viva. v. rodear
heed: v. prestar atenção
heel: n. calcanhar, salto do sapato
hefty man: n. homem importante
hefty: adj. importante
height: n. altura, apogeu, estatura
height of a parallelogram: n. altura de um paralelogramo
height of a trapezoid: n. altura de um trapezóide
height of a triangle: n. altura de um triângulo
heiress: n. herdeira
helicopter: n. helicóptero
heliocentric: adj. heliocêntrico
helium (He): n. hélio
helium gas: n. gás hélio
he'll: contr. of he will
hell: n. inferno
Hellenistic: adj. Helenístico
hello: interj. alô
helmet: n. capacete
help!: n. ajuda, socorro
helpful: adj. útil, que ajuda
helpless: adj. desamparado, indefeso
hematological system: n. sistema hematológico

hematologist: n. hematologista

hematoma: n. hematoma

hemisphere: n. hemisfério

hemoglobin: n. hemoglobina

hemorrhage: n. hemorragia

hemorrhoids: n. hemorróidas

hen: n. galinha

henceforth: adv. daqui em diante

hepatitis: n. hepatite

heptagon: n. heptágono

her: pron lhe, a ela, seu, sua

herb: n. erva

herbal bath: n. banho de ervas

herbal remedy: n. medicina herbácea

herbivore: n, adj. herbívoro

herdsman, shepherd: n. boiadeiro, pastor

here: n. este lugar. adv. aqui, para cá

here and there: expr: aqui e ali

here is, there is: adv. aqui está

hereby: adv. por este meio

hereditary diseases: n. doenças hereditárias

hereditary: adj. hereditário

heredity: n. hereditariedade

herein: adv. nisto

heretic: n. herético

hernia: n. hérnia

hero: n. herói

heroine: n. heroína

heroism: n. heroísmo

herpes: n. herpes

herring: n. arenque

hers: possessive pron seu(s), sua(s), dela

herself: pron ela mesma, se, si mesma

Hertz: n. hertz

he's: contr. of he is, he has

hesitant: adj. hesitante, indeciso

hesitate: v. hesitar, vacilar

hesitation: n. hesitação

heterogeneous mixture: n. mistura heterogênea

heterosexual: n. heterossexual

heterozygous: n. heterozigoto

hexagon: n. hexágono

hibernate: v. hibernar

hibernation: n. hibernação

hibiscus: n. hibisco

hiccup: n. soluço

hidden: pp of hide. adj. escondido

hide: v. esconder(-se), ocultar

hideous: adj. horrível

hierarchy: n. hierarquia

hieratic: adj. hierático

hieroglyphs: n. hieróglifos

high blood pressure: n. alta pressão arterial

high cholesterol: n. colesterol elevado
high fever: n. febre alta
high school: n. escola secundária
high street: n. rua principal
high tide: n. maré alta
high: adj. elevado, alto
highlight: n. destaque, v. destacar
highly: adv. altamente
high-pressure area: n. área de alta pressão
high-priced: adj. caro
highway: n. estrada
hijack: v. seqüestrar
hijacker: n. seqüestrador
hike: n. caminhada, marcha. v. caminhar
hilarious: adj. hilário, divertido
hill: n. morro, colina
hillbilly: n. caipira
hilly: adj. montanhoso
him: pron lhe, a ele, o
himself: pron ele mesmo, se, si mesmo
hinder: v. impedir
hinge: n. dobradiça, v. depender
hint: n. sugestão, palpite. v. sugerir
hip: n. quadril. adj. moderno
hippies: n. hippie
hire: n. aluguel. v. alugar, empregar
his: pron dele, seu(s), sua(s)

hiss: n. assobio. v. assobiar
histamine: n. histamina
histogram: n. histograma
historic: adj. histórico
historical figures: n. figuras históricas
history: n. história
hit: n. golpe, sucesso. v. acertar, atingir
hitch: n. engate, obstáculo. v. engatar
hitchhike: v. viajar pedindo carona
HIV (Human Immunodeficiency Virus): n. HIV (vírus da imunodeficiência humana)
hive: n. colméia, multidão
hoard: n. reserva. v. acumular
hobby: n. hobby
hockey: n. hóquei
hoe: n. enxada, v. carpir
hog: n. porco, v. resolver um assunto
hoist: v. içar
hold: n. cabo, alça. v. agarrar, segurar
holding company: n. empresa de ações
hold-up: n. assalto, engarrafamento
hole: n. buraco, cova, dificuldade
holiday: n. dia santo, feriado. adj. relativo a feriado

Holland: n. Holanda
hollow: n. buraco. v. tornar oco. adj. oco
Holocaust: n. Holocausto
holy: n. santuário. adj. santo, sagrado
Holy Communion: n. Comunhão Santa
Holy Land: n. Terra Santa
Holy Spirit: n. Espírito Santo
home: n. lar, casa, terra natal
homeland: n. pátria
homeless: n. pessoa desabrigada
homemade: adj. feito em casa, caseiro
homeostasis: n. homeostase
home-page: n. página na Internet
homesick: adj. saudoso da pátria, do lar
homespun: adj. simples
hometown: n. cidade natal
homework: n. dever de casa
homicide: n. homicida, assassino(a), homicídio, assassínio
homogeneous mixture: n. mistura homogênea
homologous structures: n. estruturas homólogas
homonymous: adj. homônimo
homosexual: n, adj. homossexual
homozygous: n. homozigoto

Honduras: n. Honduras
honest: adj. honesto, sincero
honestly: adv. honestamente
honesty: n. honestidade, integridade
honesty test: n. teste de honestidade
honey: n. mel, querida
honey comb: n. favo de mel
honeydew: n. substância doce
honey-moon: n. lua-de-mel
Hong Kong: n. Hong Kong
honk: v. buzinar
honor: n. honra, reputação. v. honrar
hood: n. capuz, capô
hoof: n. pata, v. dar pontapé
hook: n. gancho, anzol. v. enganchar, fisgar
hooligan: n. desordeiro, vândalo
hoop: n. argola, arco
hop: v. saltar
hope: n. esperança. v. esperar, ter esperança
hopeful: adj. esperançoso, auspicioso
hopefully: adv. conforme o que se pode esperar
hopeless: adj. impossível, incorrigível
hopscotch: n. amarelinha
horizontal: adj. horizontal
hormone: n. hormônio
horn: n. chifre, buzina
hornet: n. vespão

horoscope: n. horóscopo
horrible: adj. horrível, terrível
horror: n. horror, pavor
horse racing: n. corrida de cavalos
horse shoe: n. ferradura
horse: n. cavalo
horseback: adv. a cavalo
horseman: n. cavaleiro
hose: n. mangueira. v. esguichar, regar
hospice: n. asilo de doentes à beira da morte
hospital: n. hospital
hospitality: n. hospitalidade
hospitalization: n. hospitalização
host: n. apresentador, anfitrião. v. hospedar
host computer: n. computador principal
hostage: n. refém
hostel: n. albergue, hospedaria
hostess: n. anfitriã, recepcionista
hostile: adj. hostil, inimigo
hot: adj. quente, apimentado. adv. ansiosamente
hot-dog: n. cachorro-quente
hotel: n. hotel
hot-tempered: adj. esquentado
hour: n. hora
hourglass: n. ampulheta

hourly: adj, adv. de hora em hora
house: n. casa
household: n. casa
housekeeper: n. empregada, governanta
housework: n. tarefa doméstica
how are you?: expr: como está? como vai?
how come: expr: como é que, porque, como assim?
how far away: há que distância?
how many: expr: quantos
how often: expr: com que freqüência? quantas vezes?
how: n. maneira, modo. adv. como, quanto
however: adv. como, quão. conj. contudo, mas, porém
howl: n. gemido, uivo. v. berrar, gritar, uivar
hub: n. cubo, centro
Hubble's law: n. lei de Hubble
hubcap: n. calota
hug: n. abraço, v. abraçar
huge: adj. enorme
hull: n. casca, casco. v. descascar
human being: n. ser humano
human body: n. corpo humano
human geography: n. geografia humana

human needs: n. necessidade humana
human physiology: n. fisiologia humana
human resources: n. recursos humanos
human rights: n. direitos humanos
human: n. humano
humane: adj. humano, humanitário
humanism: n. humanismo
humanitarian aid: n. ajuda humanitária
humanitarian: adj. humanitário
humanity: n. humanidade, humanitarismo
humble: adj. humilde, v. humilhar
humerus: n. úmero
humid subtropical: n. subtropical úmido
humid: adj. úmido
humidifier: n. umidificador
humidity: n. umidade
humiliate: v. humilhar
humiliating: adj. humilhante
humiliation: n. humilhação
hummingbird: n. beija-flor
humor: n. humor
humorous: adj. humoroso, cômico
hump: n. corcunda, v. curvar-se
humus: n. humo
hunchback: n. corcunda

hundred: n. cem, cento, centena. adj, pron cem, cento
hundreds: n. centenas
hundredth: adj. centésimo
Hungarian: n, adj. húngaro
Hungary: Hungria
hunger: n. fome, apetite. v. ter fome, desejar
hungry: adj. faminto, ansioso
hunk: n. homem atraente
hunt: n. caça, perseguição. v. caçar
hunter: n. caçador
hunting: n. caça
hurdle: n. obstáculo, v. cercar
hurricane: n. furacão
hurry: n. pressa, v. apressar-se
hurt: v. ferir, n. ferido
husband: n. marido, esposo
hush: n. silêncio. v. silenciar
hut: n. cabana
hybrid: adj. híbrido
hybridization: n. hibridação
hydraulic system: n. sistema hidráulico
hydrocarbon: n. hidrocarboneto
hydrochloric acid: n. ácido clorídrico
hydroelectric energy: n. energia hidrelétrica
hydroelectric power: n. energia hidrelétrica
hydrogen (H): n. hidrogênio

hydrologic cycle: n. ciclo
hidrológico
hydrolysis: n. hidrólise
hydrometer: n. hidrômetro
hydroponics: adj.
hidropônico
hydrosphere: n. hidrosfera
hydrothermal vent: n.
respiradouro hidrotérmico
hydroxide: n. hidróxido
hygiene: n. higiene
hygienic: adj. higiênico
hygrometer: n. higrômetro
hymen: n. hímen
hymn: n. hino
hypertension: n. hipertensão
hyphae: n. hifas
hyphen: n. hífen
hypnosis: n. hipnose
hypnotism: n. hipnotismo
hypnotize: v. hipnotizar
hypochondriasis: n.
hipocondria
hypocrisy: n. hipocrisia
hypocrite: n. hipócrita
hypocritically: adv.
hipocriticamente
hypotenuse: n. hipotenusa
hypothalamus: n.
hipotálamo
hypothesis: n. hipótese
hysteria: n. histeria
hysterical: adj. histérico
hysterics: n. histeria

I, i

I, i: nona letra do alfabeto, vogal
I, me, my: pron. eu, meu
I.D. card: n. carteira de identidade
i.e.: (abr. id est) isto é
IAS (immediate access store): n. memória de acesso imediato
ice: n. gelo. v. gelar, congelar, cobrir com glacê
ice age: n. era glacial
ice cube: n. cubo de gelo
ice maker: n. fabricante de gelo
ice skate: n. patim. v. patinar no gelo
ice water: n. água com gelo
iceberg: n. monte de gelo flutuante
icebox: n. geladeira
icebreaker: n. navio quebra-gelo
ice-cream: n. sorvete
ice-hockey: n. hóquei de gelo
Iceland: n. Irlanda
ice-rink: n. rinque de patinação no gelo
icing: n. cobertura de glacê
icon: n. ícone
icy: adj. gelado, congelado
I'd: contr. of I should, I had, I would

idea: n. idéia, plano
ideal: n, adj. ideal
idealist: n. idealista
ideally: adv. idealmente
identical: adj. idêntico, igual
identical twins: n. gêmeos idênticos
identification: n. identificação
identify: v. identificar
identity: n. identidade, igualdade
idiom: n. idioma, língua
idiomatical: adj. idiomático
idiot: n. idiota, ignorante
idiotic: adj. imbecil, idiota
idle: v. ficar à toa. adj. desocupado
idle person: n. pessoa inativa
idol: n. ídolo
idyllic: adj. idílico
if: conj se, caso, sempre que
igloo: n. iglu
igneous rock: rocha ígnea
ignite: v. inflamar-se
ignition: n. ignição
ignoble: adj. ignóbil, baixo
ignorance: n. ignorância
ignorant: adj. ignorante, rude
ignore: v. ignorar, negligenciar
I'll: contr. of I will, I shall
ill: n. mal. adj. doente, ruim. adv. mal

ill-bred: adj. malcriado, mal-educado
illegal: adj. ilegal, ilegítimo
illegal alien: n. estrangeiro ilegal
illegal drugs: n. drogas ilegais
illegal immigration: n. imigração ilegal
illegible: adj. ilegível
illegitimate: adj. ilegítimo, bastardo
illicit: adj. ilícito, proibido
illicit drugs: n. drogas ilícitas
illiterate: adj. analfabeto, ignorante
ill-mannered: adj. mal-educado
ill-natured: adj. mau, malvado
illness: n. doença, indisposição
illogical: adj. ilógico
illuminate: v. iluminar. adj. iluminado
illuminated: adj. iluminado
illuminating: adj. esclarecedor
illumination: n. iluminação, luz, esplendor
illusion: n. ilusão
illusory: adj. ilusório, enganador
illustrate: v. esclarecer, ilustrar. adj. ilustre
illustration: n. ilustração

illustrious: adj. ilustre, renomado
I'm: contr. of I am
image: n. imagem, estátua, símbolo
imaginable: adj. imaginável
imaginary: adj. imaginário
imagination: n. imaginação
imaginative: adj. imaginativo, construtivo
imagine: v. imaginar, pensar
imbecile: n. imbecil
imitate: v. imitar, copiar
imitation: n. imitação
immature: adj. imaturo
immediate: adj. imediato, urgente
immediately: adv. imediatamente, diretamente
immense: adj. imenso, enorme
immerse: v. imergir, afundar
immersed: adj. afundado
immigrant: n, adj. imigrante
immigration: n. imigração
imminent: adj. iminente, pendente
immobile: adj. imóvel, inalterável
immobilize: v. imobilizar
immoral: adj. imoral, desonesto
immorality: n. imoralidade
immortal: n, adj. imortal
immortality: n. imortalidade
immune: adj. imune, protegido

immune response: n. reação imunológica
immunity: n. imunidade, isenção
immunization: imunização
immunization-vaccine: n. imunização- vacina
immunize: v. imunizar
impact: n. impacto, colisão
impair: v. prejudicar, enfraquecer
impartial: adj. imparcial
impassive: adj. impassível, insensível
impatience: n. impaciência, intolerância
impatient: adj. impaciente
impeach: v. acusar, censurar, duvidar
impeachment: n. contestação
impeccable: adj. impecável, irrepreensível
impeccably: adv. impecavelmente.
impede: v. impedir
impediment: n. impedimento, obstáculo
impel: v. impelir, incitar
impenetrable: adj. impenetrável, insondável
imperative: n, adj. imperativo
imperceptible: adj. imperceptível
imperfect: n, adj. imperfeito

imperfection: n. imperfeição
imperialism: n. imperialismo
impermeable: adj. impermeável
impersonal: adj. impessoal
impersonate: v. personificar, representar
impertinent: adj. inoportuno, insolente
impetigo: n. impetigo
impetuous: adj. impetuoso, violento
implacable: adj. implacável
implant: n. implante. v. implantar, enxertar
implement: n. instrumento, v. executar
implementation: n. execução, implementação
implicate: v. enredar, envolver
implicit: adj. implícito
imply: v. inferir, deduzir, sugerir
impolite: adj. indelicado, grosseiro
import: v. importar
import quota: n. quota de importação
importance: n. importância
important: adj. importante, essencial
importune: v. importunar, estorvar, molestar

imposing: adj. imponente, grandioso
impossible: adj. impossível
impostor: n. impostor
impotence: n. impotência
impotent: adj. impotente
impoverished: adj. empobrecido
impracticable: adj. impraticável, impossível
impractical: adj. pouco prático
imprecise: adj. impreciso, inexato
impregnate: v. impregnar. adj. impregnado
impress: v. impressionar, afetar
impression: n. impressão, sentimento
impressionism: n. impressionismo
impressive: adj. comovente, impressionante
imprisonment: prisão, detenção
improbable: adj. improvável, implausível
improper: adj. impróprio, inconveniente
improper fraction: n. fração imprópria
improve: v. melhorar, aperfeiçoar
improvement: n. melhora, melhoria
improvise: v. improvisar

imprudent: adj. imprudente
impulse: n. impulso, ímpeto
impulsive: adj. impulsivo
impunity: n. impunidade
impure: adj. impuro, adulterado
impurity: n. impureza
in: adj. interno, na moda. adv. dentro
in case (if): expr. em caso
in general: expr em geral
in order to: expr. a fim de, para que
in spite of: adv. apesar de
in step: expr. passo certo
in the wink of an eye: expr. em um piscar de olhos
in vain: adv. em vão
inaccessible: adj. inacessível
inaccurate: adj. inexato, incorreto
inadequate: adj. inadequado, impróprio
inadmissible: adj. inadmissível
inanimate: adj. inanimado
inappropriate: adj. impróprio
inaudible: adj. inaudível
inaugurate: v. inaugurar, empossar
inbreeding: n. procriação consangüínea
incalculable: adj. incalculável, inestimável
incandescent light: n. luz incandescente

incapable: adj. incapaz, incapacitado
incapacity: n. incapacidade, incompetência
incarcerate: v. encarcerar
incendiary fire: n. fogo incendiário
incense: n. incenso
incentive: n. incentivo, estímulo. adj. estimulante
incessant: adj. incessante, contínuo
incessantly: adv. incessantemente
incestuous: adj. incestuoso
inch: n. polegada. v. avançar ou mover
incident: n. incidente, acontecimento
incinerator: n. incinerador
incise: v. incisar
incision: n. incisão
incisive: adj. incisivo
incisor: n. incisivo
incite: v. estimular
inclination: n. inclinação
incline: n. inclinação. v. inclinar-se, curvar
inclined plane: plano inclinado
include: v. incluir, abranger
including: adj. inclusivo
inclusive: adj. inclusive, abrangido
incognito: n, adj. incógnito. adv. em incógnito

incoherent: adj. incoerente, contraditório
income: n. renda, salário
income redistribution: n. redistribuição de renda
income tax: n. imposto de renda
incompatible: adj. incompatível
incompetence: n. incompetência, inabilidade
incomplete: adj. incompleto
incomprehensible: adj. incompreensível
inconceivable: adj. incompreensível
inconsistent: adj. inconsistente
incontinence: n. incontinência
inconvenient: adj. difícil, inconveniente
incorporate: v. incorporar. adj. incorporado
incorrect: adj. incorreto, errado, impróprio
increase: n. aumento, crescimento. v. aumentar
increasing (sequence): v. aumentando, crescendo
incredible: adj. inacreditável, fantástico
incredulous: adj. incrédulo
incriminate: v. incriminar, culpar
incubator: n. incubadora
incumbent: adj. encarregado

incur: v. incorrer, atrair sobre si
incurable: adj. incurável
indecisive: adj. indeciso, hesitante
indeed: adv. de fato, realmente
indefinite: adj. indefinido, vago
indefinitely: adv. indefinidamente
indemnify: v. indenizar
independence: n. independência
independent: adj. independente, imparcial
independent events: n. eventos independentes
Independent States: n. estados Independentes
independent voters: n. eleitores independentes
indestructible: adj. indestrutível, inalterável
indeterminate: n. indeterminado, indefinido
index: n. índex, índice. v. prover de índice
index contours: n. perfil do índice
index finger: n. dedo indicador
index of refraction: n. índice de refração
index of therapeutic groups: n. índice de grupos terapêuticos

India: n. Índia
Indian Empires: n. Impérios Indianos
Indian Territory: n. Território Indiano
indicate: v. indicar, sinalizar
indication: n. indicação
indicator: n. indicador
indicators: n. pisca-pisca
indict: v. processar
indictment: n. acusação
indifference: n. indiferença, imparcialidade
indifferent: adj. indiferente
indigenous people: n. povo indígena
indigent: adj. indigente
indigestion: n. indigestão
indignant: adj. indignado, furioso
indignation: n. indignação
indigo: adj. cor-de-índigo
indirect: adj. indireto, secundário
indiscipline: n. indisciplina, desobediência
indiscreet: adj. indiscreto, imprudente
indispensable: adj. indispensável, necessário
indisputable: adj. indisputável, incontestável
indistinct: adj. indistinto, confuso
indistinguishable: adj. indistinguível

individual: n. indivíduo. adj. individual, pessoal
individual traits: n. traços individuais
individuality: n. individualidade, personalidade
Indo-European: adj. Indo-Europeu
Indonesia: n. Indonésia
indoor garden: n. jardim interno
indoor: adj. interno, interior
indoors: adj. interno, interior. adv. dentro de casa
induce: v. induzir, persuadir, provocar
induction: n. indução
indulgence: n. favor
indulgent: adj. indulgente, tolerante
industrial: n, adj. industrial
industrial growth: n. desenvolvimento industrial
industrial psychology: n. psicologia industrial
industrial revolution: n. revolução industrial
industrialism: n. industrialismo
industrialization: n. industrialização
industrialize: v. industrializar
industrialized countries: n. países industrializados

industrious: adj. laborioso. adv. diligentemente
industry: n. indústria, fábrica
inedible: adj. não comestível
ineffective: adj. ineficaz, ineficiente
inefficient: adj. ineficiente
ineligible: adj. inelegível
inept: adj. inepto
ineptitude: n. inépcia, incompetência
inequality: n. desigualdade
inert: adj. inerte
inert element: n. elemento inerte
inertia: n. inércia
inevitable: adj. inevitável
inexcusable: adj. indesculpável, imperdoável
inexorable: adj. inexorável, implacável
inexpensive: adj. barato
inexperienced: adj. inexperiente
infallible: adj.. infalível
infamous: adj. infame, abjeto
infancy: n. infância, começo
infant: n. criança
infant chair: n. cadeira infantil
infant mortality rate: n. taxa de mortalidade infantil
infantile: adj. infantil
infantry: n. infantaria
infatuation: n. paixão

infect: v. infeccionar
infected: adj. infetado, contagiado
infected sore: n. ferida infeccionada
infection: n. infecção
infectious: adj. infeccioso, contagioso
infectious disease: n. doença contagiosa
infer: v. inferir, deduzir
inferior: n. subordinado. adj. inferior, insignificante
infertile: adj. estéril
infested: adj. infestado
infidelity: n. adultério, deslealdade
infiltrate: v. infiltrar, penetrar
infinite: adj. infinito, ilimitado
infirm: n. adj. fraco, débil
inflamed: adj. inflamado, exaltado
inflammable: adj. inflamável
inflammation: n. inflamação
inflammatory response: n. reação inflamatória
inflatable: adj. inflável
inflate: v. inflar, encher de ar
inflated: adj. inchado, cheio
inflation: n. inflação
inflexibility: n. inflexibilidade

inflexible: adj. inflexível
inflict: v. infligir, impor
influence: n. influência, v. influenciar
influential: adj. influente
influenza: n. gripe
inform: v. informar
informal: adj. informal, sem cerimônias
informant: n. informante
informatics: n. informática
information: n. informação, notícia
Information Age: n. era da informação
informative advertising: n. propaganda informativa
informed: adj. informado
infraction: n. infração, violação
infrared radiation: n. radiação infravermelha
infrared rays: n. raios infravermelhos
infrared wave: n. onda infravermelha
infrared: adj. infravermelho
infrasound: n. infra-som
infrastructure: n. infra-estrutura
infringe: v. infringir, transgredir
infuriating: adj. enfurecedor, exasperador
infusion: n. infusão
ingenious: adj. engenhoso, habilidoso

ingenuous, naive: adj. ingênuo
ingrained: adj. arraigado
ingratitude: n. ingratidão
ingredient: n. ingrediente
ingrown toe nail: n. unha encravada
inguinal swelling: n. inchaço inguinal
inhabitant: n. habitante
inhale: v. inalar, aspirar
inherent: adj. inerente, inato
inherit: v. herdar
inheritance: n. herança
inhibit: v. inibir, impedir
inhibitor: n. inibidor
inhospitable: adj. inóspito, inospitaleiro
initial: v. rubricar. adj. inicial
initiation: n. iniciação, inauguração
initiative: n, adj. iniciativa
inject: v. injetar
injection: n. injeção
injunction: n. injunção
injure: v. ofender, ferir
injured: adj. ferido, machucado
injury: n. ferimento
injustice: n. injustiça
ink: n. tinta de escrever ou imprimir
in-laws: n. parentes por afinidade
inn: n. estalagem, pousada
innate: adj. inato

inner core: n. núcleo interno
inner: adj. interior, íntimo
innocence: n. inocência, simplicidade
innocent: adj. inocente
innovation: n. inovação, novidade
innumerable: adj. inumerável
inoculate: v. inocular
inodorous: adj. inodoro
inopportune: adj. inoportuno, inconveniente
inorganic: n. inorgânico
in-patient: n. paciente internado
input: n. entrada, contribuição
input force: n. força aplicada
inquire: v. perguntar, informar-se
inquiry: n. inquérito
inquisition: n. inquisição
insane: adj. insano, demente
insatiable: adj. insaciável, ávido
inscription: n. inscrição, dedicatória
inscrutable: adj. inescrutável, impenetrável
insect: n. inseto
insecticides: n. inseticida
insecure: adj. inseguro, incerto
insensitive: adj. insensível, insensitivo

inseparable: adj. inseparável
insertion: n. inserção, anúncio
inside out: expr. do avesso
inside: n. interior, adv. dentro
insight: n. discernimento
insignia: n. insígnia
insignificant: adj. insignificante
insincere: adj. insincero, falso
insinuate: v. insinuar
insinuating: adj. insinuante
insipid: adj. insípido, sem sabor
insist: v. insistir
insistence: n. insistência
insistent: adj. insistente, teimoso
sun stroke: n. insolação
insolent: adj. insolente, atrevido
insoluble: adj. insolúvel
insolvent: adj. insolvente
insomnia: n. insônia
inspect: v. inspecionar, vistoriar
inspection: n. inspeção
inspector: n. inspetor, oficial de polícia
inspiration: n. inspiração
inspire: v. inspirar
instability: n. instabilidade, inconstância

instable: adj. instável, inseguro
install: v. instalar
installment buying: n. compra a prestação
installment: n. prestação, capítulo
instance: n. exemplo. v. exemplificar
instant: n. instante. adj. imediato
instant coffee: n. café solúvel
instantaneous: adj. instantâneo, rápido
instantaneous speed: n. velocidade instantânea
instead: adv. em vez, em lugar de
instep: n. dorso do pé
instinct: n. instinto, talento
instinctive: adj. instintivo, espontâneo
institute: n. instituição, associação. v. instituir
institution: n. instituição, instituto
instruct: v. instruir
instruction: n. instrução
instructive: adj. instrutivo, educativo
instructor: n. instrutor, professor
instrument: n. instrumento. v. instrumentar
insufficient: adj. insuficiente
insulation: n. isolação

insulator: n. isolador
insulin: n. insulina
insult: n. insulto. v. insultar, ofender
insulting: adj. insultante, insultuoso
insulting language: n. palavrões
insurance: n. seguro, prêmio de seguro
insure: v. segurar
intact: adj. intato, ileso
integral: n. integral. adj. integrante, integral
integrate: v. integrar. adj. completo
integrated circuit: n. circuito integrado
integration: n. integração
integrity: n. integridade, honestidade, totalidade
intelligible: adj. inteligível, compreensível
intellectual: n, adj. intelectual
intellectual property: n. propriedade intelectual
intelligence: n. inteligência
intelligent: adj. inteligente
intelligible: adj. inteligível, compreensível
intern: n. médico interno. v. internar
intend: v. pretender, planejar
intense: adj. intenso, profundo

intensify: v. intensificar, reforçar
intensity: n. intensidade, força
intensive: adj. intensivo, intenso
intensive cultivation: n. cultura intensiva
intent: n. intenção, propósito
intention: n. intenção
intentional: adj. intencional
intentionally: adv. intencionalmente
interact: v. interagir
interaction: n. interação
interactive: adj. interativo
intercept: v. interceptar
interchange: n. permuta. v. intercambiar
interchangeable parts: n. partes permutáveis
intercom: n. (abr. intercomnunication system) interfone
intercourse: n. relações sexuais
interdependence: n. interdependência
interest: n. interesse, atração. v interessar
interesting: adj. interessante, atraente
interfere: v. interferir, intervir
interference (static): n. interferência

interfering: adj. interferente, perturbador
interior: n. adj. interior, doméstico
interlace: v. entrelaçar(-se)
interlude: n. intervalo
intermediary: n, adj. intermediário
intermediate: adj. intermediário. v. intermediar
intern: n. médico interno. v. internar
International System of Units: n. Sistema Internacional de Unidades
internet: n. internet
internment: n. internação
interpolate: v. interpolar
interpret: v. interpretar
interpretation: n. interpretação
interpreter: n. intérprete
interrogatory: adj. interrogatório
interrupt: v. interromper
intersect: v. cruzar
interstate commerce: n. comércio interestadual
interval: n. intervalo
intervene: v. intervir
intervention: n. intervenção, interferência
interview: n. entrevista. v. entrevistar
interviewee: n. pessoa entrevistada
interviewer: n. entrevistador

intestinal cramps: n. câimbras intestinais
intestine: n. intestino
intimacy: n. intimidade, familiaridade
intimate friend: n. amigo íntimo
intimate: adj. pessoal
intimidate: v. intimidar
intimidating: adj. ameaçador, assustador
into: prep. dentro, em, na direção de
intolerable: adj. intolerável
intolerant: n. pessoa intolerante. adj. intolerante
intonation: n. entonação
intoxicants: n. toxina
intoxicated: adj. embriagado, excitado
intoxicating: adj. que embriaga, inebriante
intransigent: adj. intransigente
intrepid: adj. intrépido, corajoso
intricate: adj. intricado, complicado
intrigue: n. intriga
intriguing: adj. intrigante
intrinsic: adj. intrínseco, inerente
introduce: v. introduzir
introduction: n. introdução
intrude: v. incomodar, intrometer(-se)
intruder: n. intruso

intrusion: n. intrusão
intrusive: adj. intruso, importuno
intuition: n. intuição, percepção
intuitive: adj. intuitivo
inundate: v. inundar
inundation: n. inundação
invade: v. invadir, tomar, violar
invalid: n, adj. doente, inválido
invaluable: adj. inestimável
invariable: adj. invariável, inalterável
invasion: n. invasão, violação, intromissão
invasive: adj. invasivo, agressivo
invent: v. inventar
invention: n. invenção
inventive: adj. inventivo, engenhoso
inventor: n. inventor
inventory: n. inventário
inverse operations: operações inversas
inverse: adj. inverso
invert: v. inverter, converter
invertebrate: adj. invertebrado
invest: v. investir, dar autoridade
investigate: v. investigar
investigation: n. investigação

investigative: adj. investigativo
investment: n. investimento
invigorate: v. avigorar
invigorating: adj. revigorante
invisible: adj. invisível
invitation: n. convite
invite: v. convidar, pedir, solicitar
invoke: v. invocar
involuntary muscle: n. músculos involuntários
involuntary: adj. involuntário
involve: v. envolver, incluir, implicar, comprometer
involved with: v. envolvido com
iodine (I): n. iodo
ion: n. íon
ionization: n. ionização
ionosphere: n. ionosfera
Iran: n. Irã
Iraq: n. Iraque
irascible: adj. irascível, irritável
irate: adj. irado, colérico
Ireland: n. Irlanda
iris: n. íris
Irish: n, adj. irlandês
irk: v. cansar-se
iron: n. ferro, firmeza. v. passar a ferro
iron deficiency anemia: n. anemia

ironic: adj. irônico, sarcástico
ironing board: n. tábua de passar roupas
ironing: n. ação de passar roupas
irony: n. ironia, sarcasmo
irrational: adj. irracional
irrational number: n. algarismo irracional
irrefutable: adj. irrefutável
irregular: adj. irregular, desigual
irrelevant: adj. irrelevante
irreparable: adj. irreparável, irremediável
irreplaceable: adj. insubstituível
irreprehensible: adj. irrepreensível, correto
irresistible: adj. irresistível
irresponsibility: n. irresponsabilidade
irresponsible: n. pessoa irresponsável adj. irresponsável
irreverence: n. irreverência, desrespeito
irreverent: adj. irreverente
irreversible: adj. irrevogável, irreversível
irrevocable: adj. irrevogável, inalterável
irrigate: v. irrigar
irrigation: n. irrigação
irritable: adj. irritável
irritate: v. irritar

irritating: adj. irritante
irritation: n. irritação
is: terceira pessoa do singular do presente do indicativo de to be
Islam: n. Islã
island: n. ilha
isn't: contr. of is not
isolated: adj. isolado, único
isolationism: n. isolacionismo
isomer: adj. isômero
isosceles triangle: n. triângulo isósceles
isosceles: adj. isósceles
isotherm: n. isotérmico
Israel: n. Israel
issue: n. edição, assunto. v. emitir
it: n. objeto indefinido, atrativo pessoal, ponto
Italian: n, adj. italiano
italics: n. letras itálicas. adj. itálico
Italy: n. Itália
itch: n. comichão, coceira. v. coçar, desejar
itching sensation: n. coceira
it'd: contr. of it would, it had
item: n. item, artigo
itinerary: n. itinerário, roteiro
it'll: contr. of it will
it's: contr. of it is, it has
its: pron. seu(s), sua(s), dele, dela

itself: pron. si mesmo, o próprio, a própria

IUD (Intra-Uterine Device): n. dispositivo intra-uterino

I've: contr. of I have

ivory: n. marfim. adj. de marfim

J, j

J, j: n. décima letra do alfabeto, consoante
jab: n. golpe, v. apunhalar
jabber: v. tagarelar
jack: n. guindaste, valete. v. levantar
jack up: v. levantar
jackal: n. chacal
jacket: n. jaqueta, sobrecapa
jackpot: n. bolada (prêmio)
jade: n. jade
jag: n. entalhe
jaguar: n. jaguar
jail: n. cadeia, prisão. v. encarcerar
jalopy: n. calhambeque
jam: n. geléia, congestionamento. v. emperrar
Jamaica: n. Jamaica
janitor: n. zelador de prédio
January: n. janeiro
Japan: n. Japão
jar: n. pote
jargon: n. jargão
jasmine: n. jasmim
jaundice: n. icterícia
jaw: n. maxilar, mandíbula
jealous: adj. ciumento
jealousy: n. ciúme
jeans: n. jeans
jeep: n. jipe
jeer: v. gracejar
jell-O: n. gelatina

jelly: n. geléia, gelatina
jellyfish: n. medusa
jeopardize: v. aventurar, pôr em perigo
jeopardy: n. perigo
jerk: n. empurrão. v. arrancar, retirar depressa
jersey: n. malha de tricô
Jesus, Jesus-Christ: n. Jesus Cristo
jet: n. jato, jorro
jetlag: n. fadiga de vôo
Jew: n. judeu. adj. judaico
jewel: n. jóia, gema
jewelry: n. jóias, bijuteria
Jewess: n. judia
Jewish: adj. judaico, hebreu, israelita
jigsaw: n. quebra-cabeça
jittery: adj. nervoso, ansioso
job: n. tarefa; emprego, trabalho
jobless: adj. desempregado
jockey: n. jóquei
jog: v. correr, movimentar-se
jogger: n. corredor
jogging: n. corrida, jogging
john: n. qualquer homem
join: v. juntar, unir, tomar parte
joiner: n. marceneiro
joint: n. junta, encaixe. adj. ligado
joke: n. piada, v. gracejar
joker: n. brincalhão, curinga

jolly: adj. alegre, divertido. adv. bastante
jolt: n. solavanco. v. sacudir, sacolejar
Jordan: n. Jordânia
jot: n. partícula
journal: n. diário, revista especializada
journalism: n. jornalismo
journalist: n. jornalista
journey: n. viagem, jornada. v. viajar
joy: n. alegria, felicidade
joy stick: n. alavanca de controle
joyful: adj. jovial, alegre
joyless: adj. triste
jubilee: n. jubileu
Judaism: n. judaísmo
judge: n. juiz, árbitro. v. julgar
judgment: n. julgamento, sentença
judicial: adj. judicial, forense
judiciary: n. poder judiciário
judicious: adj. judicioso, criterioso. v. misturar
judo: n. judô
jug: n. jarra, pote, cadeia. v. prender
juggle: v. fazer prestidigitações, burlar
juggler: n. prestidigitador
juice: n. caldo, suco. v. extrair o suco

juicer: n. centrífuga
juicy: adj. suculento
July: n. julho
jumble: n. desordem, confusão. v. misturar
jumble-sale: n. venda de artigos em bazar de caridade
jumbo: adj. gigantesco
jump: n. salto, pulo. v. saltar, pular
jump rope: n. corda de pular
jumper: n. malha de lã, suéter
jumpy: adj. nervoso
junction: n. entroncamento, cruzamento
June: n. junho
jungle: n. selva, bagunça
jungle-gym: n. trepa-trepa
junior: n. pessoa jovem
junk: n. velharia
junk food: n. alimento de baixo valor nutritivo
junk mail: n. correspondência de publicidade não desejada
junkie: n. viciado em drogas
junta: n. junta
Jupiter: n. Júpiter
jurisdiction: n. jurisdição
jurisprudence: n. jurisprudência
juror: n. jurado
jury: n. júri
just: adj. apenas
justice: n. justiça, juiz

justifiable: adj. justificável, perdoável
justification: n. justificação
justify: v. justificar
jute: n. juta
juvenile: n. menor de idade. adj. juvenil, jovem
juvenile court: n. tribunal juvenil
juvenile delinquent: n. delinqüente juvenil
juxtapose: v. justapor
juxtaposition: n. justaposição

K, k

K, k: n. décima primeira letra do alfabeto, consoante
kaleidoscope: n. caleidoscópio
kamikaze: adj. camicase
kanga: n. canga
kangaroo: n. canguru
karaoke: n. karaokê
karat: n. quilate
karate: n. karate
karma: n. destino
kayak: n. caiáque
keel: n. quilha. v. virar, desmaiar
keen: adj. aguçado, entusiástico
keep: n. sustento, manutenção. v. manter, continuar
keeper: n. guarda, zelador
keeping: n. manutenção, custódia. adj. protegido
Kelvin Scale: n. escala de Kelvin
kennel: n. canil
Kenya: n. Quênia
curb: n. meio-fio
kerosene: n. querosene, petróleo
ketchup: n. ketchup
kettle: n. chaleira
key: n. chave, solução, tecla. v. digitar. adj. essencial
keyboard: n. teclado

keyhole: n. buraco da fechadura
keyword: n. palavra-chave
kg (kilogram): n. quilograma
khaki: adj. cáqui
kick: n. chute. v. chutar
kid: n. criança. v. caçoar
kidnap: v. raptar, seqüestrar
kidnapper: n. seqüestrador
kidnapping: n. rapto, seqüestro
kidney: n. rim
kidney stone: n. pedra renal
kidney trouble: n. problemas de rim
kill: n. matança. v. matar, assassinar
killer: n. assassino
killing: n. assassínio, matança. adj. mortal
kilo (k) 000, [0]: n. quilo
kilocalorie: n. quilocaloria
kilogram (kg) , 1000g: n. quilograma
kilometer (km): n. quilômetro
kilowatt-hour: n. quilowatt-hora
kilt: n. kilt, saia pregueada
kimono: n. quimono
kin: n. parentes, parentela
kind: n. espécie, gênero, tipo. adj. amável
kindergarten: n. jardim de infância
kindly: adv. amavelmente

kindness, goodness: n. bondade

kinetic energy: n. energia cinética

kinetic theory: n. teoria cinética

king: n. rei, líder. adj. principal

kingdom: n. reino, monarquia, domínio

king-size: adj. maior do que o tipo comum

kink: n. torção, v. torcer-se

kinship: n. parentesco, afinidade

kiosk: n. quiosque, coreto

kipper: n. salmão

kiss: n. beijo. v. beijar

kit: n. estojo, conjunto

kitchen: n. cozinha

kitchen cabinet: n. armário de cozinha

kitchenware: n. utensílios de cozinha

kite: n. pipa

kitten: n. gatinho

kitty: n. vaquinha (dinheiro)

kiwi: n. quiuí

knack: n. destreza, jeito

knapsack: n. mochila

knead: v. amassar, sovar (pão)

knee: n. joelho

knee cap: n. rótula do joelho

kneel: vi ajoelhar, ficar de joelhos

knee-length: adj. na altura do joelho

kneepad: n. joelheira

knell: n. toada fúnebre de sinos. v. tricotar

knickers: n. calcinha de mulher

knife sharpener: n. afiador de facas

knife: n. faca

knight: n. cavaleiro

knit: adj. de tricô n. tricotar

knitting: n. trabalho de tricô ou malha

knob: n. botão, maçaneta, puxador

knock: n. batida. v. bater, criticar

knock down: v. . abater

knocking: n. barulho

knockout: n. nocaute, algo sensacional

knot: n. nó. v. amarrar, atar

know: v. saber, conhecer

know-all: n. sabichão

know-how: n. experiência, técnica

knowing: adj. instruído, hábil, consciente

knowingly: adv. sabiamente

knowledge: n. conhecimento, sabedoria

known: pp of know, afamado

knuckle: n. nó dos dedos, articulação

kola: n. cola

Koran: n. Alcorão

L, l

L, l: décima segunda letra do alfabeto, consoante
lab: n. laboratório
label: n. rótulo, etiqueta. v. etiquetar
labor (childbirth): n. parto
labor and delivery: n. parto
labor market: n. mercado de trabalho
labor pain: n. dor do parto
labor union: n. sindicato trabalhista
labor: n. trabalho, parto. v. trabalhar
laboratory: n. laboratório
laboratory examinations: n. exames de laboratório
laborer: n. trabalhador
laborious: adj. laborioso
laboriously: adv. laboriosamente
labyrinth: n. labirinto, confusão
lace: n. cordão, renda. v. atar cordões
laceration: n. laceração
lack: n. falta, ausência. v. faltar, necessitar
lack of coordination: n. falta de coordenação
lactation: n. lactação
lacuna: n. lacuna
lacy: adj. rendado

lad: n. rapaz, moço, camarada
ladder: n. escada
lade: v. carregar
ladies and gentlemen: expr. senhoras e senhores
ladies' room: n. banheiro feminino
ladle: n. concha de cozinha
lady: n. senhora, esposa
ladybug: n. joaninha
ladylike: adj. refinada
lag: n. atraso, demora. v. demorar
lagoon: n. lagoa
laid up: adj. acamado
lain: pp of lie
laissez-faire: n. atitude de não intervenção
lake: n. lago
lamb: n. cordeiro
lame: adj. manco, imperfeito
lamella: n. lamela
lament: n. lamentação. v. lamentar
lamentable: adj. lamentável
lamp: n. lâmpada, lanterna
lampshade: n. abajur
lance: n. lança
land: n. terra, solo. v. desembarcar, aterrissar
land breeze: n. brisa terrestre
land reform: n. reforma agrária
land, to arrive: v. aterrissar, chegar

landing: n. desembarque, aterrissagem
landlady: n. proprietária, senhoria
landlocked: adj. cercado de terra
landlord: n. proprietário, senhorio
landmark: n. marco, ponto de referência
landmine: n. mina terrestre
landowner: n. proprietário de terras
landscape: n. paisagem
landslide: n. deslizamento de terras
lane: n. pista
language: n. língua, idioma
languid: adj. lânguido
lantern: n. lanterna
lap: n. volta completa, colo. v. marulha
lapel: n. lapela
lapse: n. intervalo, descuido. v. decorrer, errar
laptop computer: n. computador portátil
larceny: n. furto
lard: n. toucinho, banha de porco
lard and fat: adj. gordo
large: adj. grande, abundante. adv. abundantemente
large intestine: n. intestino grosso

largely: adv. basicamente, em grande medida
large-scale: adj. amplo, em grande escala
lark: n. cotovia
larva: n. larva
laryngoscopy: n. laringoscopia
larynx: n. laringe
laser printer: n. impressora a laser
laser: n. raio laser
lash: n. cílio, chicote, v. chicotear
last: v. durar, agüentar
last name: n. sobrenome
last: adv. último, final, passado
lasting: adj. durável, duradouro
latch: n. trinco, ferrolho. v. aferrolhar
late: adj. tardio, atrasado. adv. tarde
latecomer: n. retardatário
lately: adv. ultimamente, recentemente
lather: n. espuma. v. espumar
Latin America: n. América Latina
Latin: n. latim, adj. latino
latitude: n. latitude
latrine: n. latrina
latter: adj. último. pron. o último

laugh: n. riso, risada. v. rir, gargalhar
laugh at: v. rir
laughable: adj. ridículo, digno de riso
laughter: n. risada, riso
launch: n. lancha, lançamento. v. lançar
launderette: n. lavanderia automática
laundress: n. lavadeira
laundromat: n. lavanderia automática
laundry: n. lavanderia, roupa para lavar
lava: n. lava
lava flow: n. fluxo de lava
lavatory: n. lavatório, banheiro
lavender: n. lavanda, alfazema. v. perfumar. adj. lilás
lavish: v. esbanjar, desperdiçar. adj. pródigo
law: n. lei. direito, policial
law court: n. tribunal de justiça
law of conservation of energy: n. lei de conservação de energia
law of conservation of mass: n. lei de conservação de massa
law of reflection: n. lei de reflexão
law of superposition: n. lei de superposição

law of universal gravitation: n. lei universal da gravidade
lawbreaker: n. infrator
lawful: adj. legal, legítimo
lawn: n. gramado, relvado
lawn mower: n. cortador de grama
lawsuit: n. processo, ação judicial
lawyer: n. advogado
lax: adj. lasso
laxative: n. laxante
lay: v. deitar, colocar. adj. leigo
lay-by: n. acostamento de rodovia
layer: n. camada, chumbo
layman: n. leigo
layout: n. esquema
lazily: adv. preguiçosamente
laziness: n. preguiça
lazy: adj. preguiçoso
lead: n. comando, liderança. v. conduzir
lead: n. (Pb) chumbo, grafite
leader: n. guia, líder, chefe
leadership: n. liderança, comando
leading: n. chefia, direção. adj. principal
leaf: n. folha, folhagem
league: n. liga, aliança, liga
leak: n. fenda, vazamento. v. vazar
leaky: adj. mal vedado

lean: n. carne magra. adj. magro
lean: n. inclinação. v. inclinar(-se), apoiar(-se)
leaning: n. inclinação, propensão. adj. inclinado
leap: n. salto, transição súbita. v. pular, saltar
leap year: n. ano bissexto
learn: v. aprender
learned behavior: n. comportamento instruído
learned: ps, pp of learn. adj. instruído, erudito
learner: n. aluno, aprendiz
learning: n. aprendizagem
lease: n. aluguel, contrato. v. alugar
leased vehicle: n. veículo alugado
least: n. o mínimo. adj. menor, mínimo. adv. menos
leather: n. couro
leave of absence: n. licença para não trabalhar
leave: n. licença, v. sair, abandonar, deixar
leaves: n. (pl of leaf) folhas
lecture: n. conferência, palestra. v. fazer conferência
lecturer: n. conferencista, palestrista
leech: n. sanguessuga
leek: n. alho-porro
left: n. lado esquerdo. adj. esquerdo. adv. à esquerda
left wing: n. ala esquerdista

left-hand: adj. à esquerda, da esquerda
left-handed: adj. canhoto
leftovers: n. sobras (comida). adj. restante
leg: n. perna, pata, pé
legacy: n. legado, herança
legal: adj. legal
legend: n. legenda, lenda
legendary: adj. legendário
leggings: n. pl perneiras, fusô
leggy: adj. de pernas bonitas
legible: adj. legível
legion: n. legião. adj. numeroso
legislate: v. legislar
legislation: n. legislação
legislative: n. poder legislativo. adj. legislativo
legislator: n. legislador
legislature: n. assembléia legislativa
legitimacy: n. legitimidade
legitimate: v. legitimar. adj. legítimo, autêntico
legumes: n. legumes
leisure: n. lazer, folga. adj. desocupado
leisurely: adv. vagarosamente
lemon: n. limão. adj. da cor do limão
lemon balm: n. bálsamo de limão
lemonade: n. limonada

lend: v. emprestar, fazer empréstimo
length: n. comprimento, extensão, duração
lengthen: v. estirar, prolongar
lengthy: adj. comprido, enfadonho
leniency: n. calma
lenient: adj. leniente
lens: n. lente, objetiva
lent: n. quaresma
lentil: n. lentilha
Leo: n. Leão (signo)
leopard: n. leopardo
leprosy: n. lepra
lesbian: n. lésbica. adj. lésbica
lesbianism: n. lesbianismo
lesion: n. lesão
less than: adv. menos que
less: adj. adv. prep. menos
lessen: v. diminuir, reduzir
lesser: adv, adj. menos, menor, inferior
lesson: n. lição, repreensão, aula
let: v. permitir, deixar
let go: v. soltar
let, to permit: v. deixar
lethal: adj. letal, mortal, devastador
lethargic: adj. letárgico
lethargy: n. letargia, apatia
let's: contr. of let us. expr. vamos

letter: n. letra, carta, o sentido
letterbox: n. caixa postal
lettuce: n. alface
leukocyte: n. leucócito
leukemia: n. leucemia
level crossing: n. passagem de nível
level: n. nível
lever: n. alavanca. v. usar como alavanca
levy: n. taxação, cobrança. v. arrecadar
lewd & lascivious: adj. lascivo
liability: n. responsabilidade civil, compromissos financeiros
liable: adj. sujeito a, responsável por
liar: n. mentiroso
libel: n. libelo
liberal: n, adj. liberal
liberate: v. liberar, libertar
liberation: n. liberação
Liberia: n. Libéria
liberty: n. liberdade, permissão
libido: n. libido
Libra: n. Libra
librarian: n. bibliotecário
library: n. biblioteca
Libya: n. Líbia
lice: n. piolhos
license: n. licença, permissão. v. licenciar
lichen: n. líquen

lick: v. lamber
lid: n. tampa. v. tampar
lie: n. mentira. v. mentir, jazer, deitar
lie down; lying down: adj. deitado. v. deitar-se
lieutenant: n. tenente
life: n. vida, duração
life cycle: n. ciclo de evolução
life expectancy: n. expectativa de vida
life imprisonment: n. prisão perpétua
life insurance: n. seguro de vida
life jacket: n. colete salva-vidas
life science: n. ciência da vida
life sentence: n. sentença de prisão perpétua
life span: n. tempo de vida
lifebelt: n. cinto salva-vidas
lifeboat: n. barco salva-vidas
lifeguard: n. salva-vidas
lifeless: adj. inerte
lifelong: adj. vitalício
lifestyle: n. estilo de vida
lifetime: n. vida, existência. adj. vitalício
lift (free ride): expr. dar carona
lift: n. elevador, carona, furto. v. levantar
lift weight: v. levantar peso
ligaments: n. ligamento

light: n. luz. adj. leve, claro. v. acender
light as a feather: expr. leve como uma pena
light bulb: n. lâmpada
light switch: n. interruptor
light year: n. ano-luz
lighten: v. iluminar, relampejar, tornar-se mais leve
lighter: n. isqueiro
lighthouse: n. farol
lighting: n. iluminação, ignição
lightly: adv. levemente
lightning: n. relâmpago, raio. v. relampejar. adj. rápido
lightweight: n. peso leve. adj. superficial
lignite: n. lignita
like (as): adj. como
like: n. igual, semelhante. adj. relacionado. v. gostar
likelihood: n. probabilidade, semelhança
likely: adj. provável. adv. provavelmente
likeness: n. semelhança, forma, aparência
likewise: adv, conj do mesmo modo, igualmente
liking: n. inclinação, preferência
lilac: n. lilás. adj. de cor lilás
lily: n. lírio

limb: n. membro (braço, perna)
lime: n. visco, óxido de cálcio, limão-galego
lime-light: n. notoriedade. v. colocar em evidência
limestone: n. pedra calcária
limit: n. limite, extremo. v. limitar, restringir
limitation: n. limitação, restrição
limitation of movement: n. limitação de movimento
limiting factor: n. fator limitante
limitless: adj. ilimitado, irrestrito
limp: adj. flácido
line: v. revestir, forrar
line graph: n. gráfico linear
line of symmetry: n. linha de simetria
line: n. linha
linear equation: n. equação linear
lined: adj. marcado por rugas, pautado
linen: n. linho, roupa de cama. adj. feito de linho
liner: n. navio ou avião para passageiros
linger: v. demorar-se, protelar, persistir
linguist: n. lingüista
linguistic: adj. lingüístico
linguistics: n. lingüística
lining: n. forro, revestimento

link: n. elo, conexão, ligação. v. encadear
linked: adj. unido, acoplado
linkup: n. acoplamento, conexão
lion: n. leão
lip: n. lábio, beiço
lipid: n. lipídio
lipstick: n. batom
liquefaction: n. liquefação
liqueur: n. licor
liquid: n, adj. líquido, fluido
liquid state: expr. estado líquido
liquidizer: n. liquidificador
liquor: n. bebida alcoólica
list: n. lista, rol. v. listar, registrar
listen: v. escutar, prestar atenção
listener: n. ouvinte
liter (l): n. litro
literacy test: n. teste para medir a capacidade de leitura e escrita
literacy: n. capacidade de leitura e escrita
literal: adj. literal
literary: adj. literário
literate: n. letrado, adj. alfabetizado
literature: n. literatura
lithosphere: n. litosfera
Lithuania: n. Lituânia
litigation: n. litigação
litter: n. lixo. v. atirar lixo em lugares públicos

little: adj. pequeno, pouco. adv. em pequena escala
little by little: adv. pouco a pouco
little finger: n. dedo mínimo
live: adj. vivo, ativo, ao vivo. v. viver, existir
liveableness: n. habitabilidade
livelihood: n. subsistência
lively: adj. vivo, animado. adv. alegremente
lively, restless: adj. vívido, agitado
liver: n. fígado, vivente
livestock: n. gado
living: n. sustento, existência. adj. vivo
living room: n. sala de estar
living will: n. testamento
lizard: n. lagarto, lagartixa
load: n. carga, grande quantidade. v. carregar
loaded: adj. carregado, capcioso
loaf: n. filão de pão, cubos de açúcar
loam: n. argila
loan: n. empréstimo. v. emprestar
loathe: v. detestar, ter repugnância
lobby: n. saguão. v. tentar influenciar
lobbyist: n. lobista
lobster: n. lagosta

local: n. habitante local. adj. local
local union: n. sindicato local
local winds: n. ventos locais
locality: n. localidade
locate: v. situar
located: adj. localizado, situado
location: n. posição
lock: n. madeixa, cadeado. v. travar, trancar
locker: n. gaveta, armário
lockout: v. deixar na rua
locomotive: n. locomotiva
lodge: n. alojamento, cabana. v. alojar, hospedar
lodging, lodgings: n. alojamento, aposento
loft: n. sótão, apartamento pequeno
log: n. tora, lenha. v. cortar em toras
logic: n. lógica, raciocínio, coerência
logical: adj. lógico, racional, coerente
logo, logotype: n. logotipo
loin-cloth: n. tanga
loiter: v. demorar-se
lollipop: n. pirulito
lone: adj. solitário, retirado
loneliness: n. solidão, isolamento
lonely: adj. solitário, abandonado

long: adj. longo, comprido. adv. durante

long ago: expr. há tempos atrás

long term effects: n. efeitos a longo prazo

long term: adj. a longo prazo

long time ago: expr. há muito tempo atrás

long time: expr. muito tempo

long torso: n. torso alongado

long-distance call: n. ligação interurbana

longing: n. desejo, ânsia, saudade

longingly: adv. ardentemente

longitude: n. longitude

longitudinal wave: n. onda longitudinal

long-range: adj. de longo alcance

long-run: adj. de longo prazo

longstanding: adj. existente há muito tempo

long-suffering: adj. resignado, paciente

long-term financing: n. financiamento a longo prazo

loo: n. banheiro, toalete

look: n. olhar, expressão. v. olhar, considerar

look for: v. procurar

look forward: expr. esperar com ansiedade

look-alike: n. sósia

looking: adj. aspecto ou aparência

loom: v. aparecer indistintamente

loony: n, adj. maluco, lunático

loop: n. laço, acrobacia aérea. v. dar laços

loose (morally): n. liberdade. v. soltar. adj. folgado

loose: v. soltar, desamarrar. adj. folgado

loosen: v. afrouxar

loot: n. pilhagem, saque. v. saquear

lopsided: adj. torto, assimétrico

lord chancellor: n. lorde chanceler

Lord: n. senhor (título)

Lord-Mayor: n. prefeito de algumas cidades importantes

lorry: n. caminhão

lose: v. perder. desperdiçar

lose control: v. perder controle

lose weight: v. perder peso

loser: n. perdedor, vencido

loss: n. perda, prejuízo, esforço inútil

loss of balance: expr. perda de equilíbrio

loss of bladder control: n. perda de controle urinário
loss of consciousness: n. perda de consciência
loss of coordination: n. perda de coordenação
loss of hearing: n. perda de audição
loss of memory: n. perda de memória
loss of rectal control: n. perda de controle retal
loss of sensation: n. perda de sensibilidade
loss of voice: n. perda de voz
lost: adj. perdido, desperdiçado, desorientado
lot: n. lote, pron. muito. v. lotear. adv. muito
lotion: n. loção
lottery: n. loteria
lottery number: n. número da loteria
lottery ticket: n. bilhete de loteria
loud: adj. alto, barulhento. adv. em voz alta
louder: adv. mais alto
loudness: n. altura
loudspeaker: n. alto-falante
lounge: n. saguão de prédio. v. passar o tempo ociosamente
louse (lice): n. piolhos
lousy: adj. piolhento, inferior
lovable: adj. amável

love: n. amor, v. amar
love-affair: n. caso de amor
lovely: adj. adorável. adv. graciosamente
love-making: n. atividade sexual
lover: n. amante, namorado
loving: adj. amoroso, carinhoso
low: adj. baixo, pequeno. adv. suavemente
low cost: adj. de baixo custo
low profile: n. pessoa discreta
low tide: n. maré baixa
lowest: adj. sup of low
low-pressure: adj. de baixa pressão
low-priced: adj. de preço baixo, barato
loyal: adj. leal, fiel
loyalty: n. lealdade, fidelidade
lozenge: n. losango
lubricate: v. lubrificar
lucid: adj. lúcido
Lucifer: n. Satanás, diabo
luck: n. sorte, sucesso. v. prosperar
luckily: adv. felizmente
lucky: adj. afortunado
lucrative: adj. lucrativo
ludicrous: adj. burlesco, ridículo
lug: v. arrastar
luggage rack: n. suporte de bagagem

luggage: n. bagagem
lukewarm: adj. morno
lull: v. embalar, aquietar
lullaby: n. canção de ninar.
v. ninar
lumbar puncture: n.
punctura lombar
lumber: n. madeira serrada
lumen: n. lúmen
luminosity: n. luminosidade
luminous: adj. luminoso
lump: n. inchaço, caroço. v.
amontoar, embolar
lump in the breast: n.
caroço no seio
lunacy: n. demência, insânia
lunar eclipse: v. eclipse
lunar
lunatic: n, adj. lunático
lunch: n. almoço, v. almoçar
lung cancer: n. câncer
pulmonar
lung: n. pulmão
lurch: n. desamparo. v.
balançar, jogar
lure: n. engodo, isca. v.
engodar, atrair
lurk, to prowl: v. emboscar,
rondar
lush: adj. viçoso, suculento
lust: n. luxúria, lascívia. v.
cobiçar
luster: n. lustre
lusty: adj. robusto, sensual
Luxembourg: n.
Luxemburgo

luxuriant: adj. luxuriante,
exuberante
luxury: n. luxo
lymph: n. linfa
lymphatic system: n.
sistema linfático
lymphocyte: n. linfócito
lynch: v. linchar
lyrical: adj. lírico
lyrics: n. letra de música

M, m

M, m: n. décima terceira
letra do alfabeto, consoante
ma'am: (madam) senhora
macaroni: n. macarrão
mace: n. gás lacrimogêneo,
cassetete. v. usar gás
lacrimogêneo
machete: n. faca de cortar
cana
machine: n. máquina
machinegun: n.
metralhadora, v. metralhar
machine-made: adj. feito a
máquina
machinery: n. maquinismo,
maquinaria
macho: adj. macho
macroeconomics: adj.
macroeconomia
macromolecule: n.
macromolécula
mad: adj. louco, furioso
madam: n. senhora
maddening: adj. louco,
furioso, exasperante
made: adj. feito
artificialmente, produzido
madly: adv. loucamente
madness: n. loucura, raiva
magazine: n. revista,
periódico
magic: n. magia, mágica.
adj. mágico
magical: adj. mágico

magistrate: n. magistrado,
juiz
magma: n. magma
magnesia: n. magnésia
magnesium (mg): n.
magnésio
magnet: n. magneto, ímã
magnetic: adj. magnético,
atraente
magnetic declination: n.
declinação magnética
magnetic disc: n. disco
magnético
magnetic domain: n.
domínio magnético
magnetic energy: n. energia
magnética
magnetic field lines: n.
linhas do campo magnético
magnetic field: n. campo
magnético
magnetic flux: n. fluxo
magnético
magnetic force: n. força
magnética
magnetic poles: n. pólos
magnéticos
magnetize: v. magnetizar
magnetosphere: n.
magnetosfera
magnificat: n. magnificat
magnificent: adj. magnífico,
esplêndido
magnifying glass: n. lupa,
lente de aumento
magnitude: n. magnitude,
grandeza

mahogany: n. mogno
maid: n. donzela, criada
maid of honor: n. dama de honra
maiden: n. donzela. adj. solteira
maiden name: n. nome de solteira
mail: n. correio. v. enviar pelo correio
mail order: n. pedido por reembolso postal
mailbox: n. caixa de correio
mailing list: n. lista de mala-direta
mailman: n. carteiro
maim: n. mutilação. v. mutilar, desfigurar
main: n. cano mestre. adj. principal, essencial
main course: n. prato principal
main sequence: n. seqüência principal
mainly: adv. principalmente, essencialmente
maintain: v. manter
maize, corn: n. milho, aveia
majestic: adj. majestoso, grandioso
majesty: n. majestade, grandiosidade
major: n. major. v. especializar-se. adj. maior
majority: n. maioria, maioridade

make: n. marca. v. fazer, construir
make a fortune: n. fazer fortuna
make up: v. criar, reatar com alguém
maker: n. fabricante
makeshift: adj. temporário, provisório
make-up: n. composição, maquiagem
making: n. fabricação, cria
making models: n. modelos de fabricação
malaise: n. mal-estar
malaria: n. malária
male: adj. macho, masculino
malevolent: adj. malévolo
malfunction: n. mau funcionamento. v. funcionar de modo falho
malice: n. malícia, maldade
malicious: adj. malicioso, maligno
malign: n. maligno. v. caluniar
mall: n. centro comercial, shopping center
malleable: adj. maleável
mallet: n. malho
malnutrition: n. subnutrição, desnutrição
malpractice: n. malversação
mammal: n. mamífero
mammary gland: n. glândula mamária

mammogram: n. mamografia
mammoth: n. mamute. adj. enorme
man: n. homem, marido. v. operar pela ação do homem
manage: v. administrar, gerenciar, conseguir
manageable: adj. manejável, controlável
management: n. administração, gerência
manager: n. gerente
managerial: adj. administrativo, diretivo
mandate: n. mandato, ordem
mandatory: adj. obrigatório
mandible: n. mandíbula
mane: n. crina, juba
maneuver: n. manobra. v. manobrar
mango: n. manga
manhood: n. virilidade, masculinidade
mania: n. mania
maniac: adj. maníaco
manicure: n. manicure. v. cuidar das unhas
manifest: n. manifesto. v. manifestar. adj. manifesto
manifold: adj. múltiplo
manioc flour: n. farinha de mandioca
manioc: n. mandioca
manipulate: v. manipular

manipulated variable: n. manometria
manipulation: n. manipulação
manipulative: n. manipulador
mankind: n. gênero humano, humanidade
manly: adj. másculo, valoroso
man-made: adj. artificial
manned: adj. tripulado
manner: n. maneira, modos
manometer: n. manômetro
Manometry: n. manometria
manor: n. solar
manpower, manpower: n. mão-de-obra
mansion: n. mansão, solar
manslaughter: n. homicídio culposo
mantelpiece: n. consolo da lareira
mantis: n. louva-a-deus
mantle: n. manto
manual: n. manual
manufacture: n. manufatura. v. manufaturar
manufactured goods: n. produtos manufaturados
manufacturer: n. produtor, fabricante
manure: n. adubo, esterco
manuscript: n. manuscrito. adj. escrito à mão
many: adj, prep. muitos, muitas, numerosos

map: n. mapa. v. mapear
map projection: n. projeção cartográfica
marathon: n. maratona
marble: n. mármore
marbles: n. bolinha de gude
March: n. março, passeata. v. marchar
mare: n. égua
margarine: n. margarina
margin: n. margem
marginal: adj. marginal
Maria: n. Maria
marijuana: n. maconha
marinate: v. marinar
marine: n. marinha. adj. marinho, marítimo
marines: n. fuzileiros navais
marine climate: n. clima marinho
marital status: n. estado civil
maritime: adj. marítimo
mark: n. marca, v. marcar
marked: adj. marcado, marcante
markedly: adv. marcadamente
marker: n. marcador, sinalizador
market: n. mercado. v. comercializar
market economy: n. economia de mercado
marketing: n. marketing
marketplace: n. mercado

marmalade: n. geléia de laranja ou limão
maroon: v. isolar
marriage: n. casamento
married: adj. casado, casada
marrow: n. tutano, medula
marry: v. casar
Mars: n. Marte
marsh: n. pântano
marshal: n. marechal. v. tomar posições para combate
Marshall Island: n. Ilhas Marshall
marsupial: adj. marsupial
martial: adj. marcial
martial arts: n. artes marciais
Martian: n, adj. marciano
martyr: n. mártir
martyrdom: n. martírio, tormento
marvel: n. maravilha. v. maravilhar-se
marvelous: adj. maravilhoso
Marxism: n. Marxismo
mascara: n. rímel
masculine: adj. masculino
masculinity: n. masculinidade
mash: v. misturar
mask: n. máscara, v. mascarar
masked: adj. mascarado, disfarçado
masochism: n. masoquismo

mason: n. pedreiro, maçom.
v. fazer trabalhos de
alvenaria
Masonic: adj. maçônico
masonry: n. alvenaria
mass: n. massa. v. amontoar.
adj. em massa
mass extinction: n. extinção
em massa
mass media: n. meios de
comunicação de massa
mass movement: n.
movimento em massa
mass production: n.
produção em massa
mass transit: n. trânsito
maciço
massacre: n. massacre. v.
massacrar
massage: n. massagem. v.
fazer massagens
massive: adj. maciço, sólido,
enorme
mast, pole: n. mastro, poste
master: n. dono, patrão. v.
controlar. adj. magistral
masterly: adj. magistral,
perfeito. adv. magistralmente
masterpiece: n. obra-prima
masturbate: v. masturbar
masturbation: n.
masturbação
mat: n. esteira, tapete
match: n. fósforo
match: n. igual,
companheiro, partida. v.
combinar

matchbox: n. caixa de
fósforos
mate: n. companheiro. v.
acasalar
material: n. material,
substância. adj. material
material evidence: n.
evidência material
maternal influences: n.
influências maternas
maternal: adj. maternal,
materno
maternity: n. maternidade
maternity ward: n.
maternidade
math: matemátic
math skills: n. habilidades
matemáticas
mathematical: adj.
matemático, exato
mathematics: n. matemática
matinee: n. matinê
matrix: n. matriz
matt, matte: adj. fosco
matted: adj. emaranhado,
fosco
matter: n. matéria, questão.
v. importar
matter-of-fact: adj. prático
mattress: n. colchão
maturation: n. maturação
mature: adj. maduro, v.
amadurecer
maturity: n. maturidade
mausoleum: n. mausoléu
maxilla: n. maxila
maximize: v. maximizar

maximum: adj. máximo
May: n. maio. v. ser
provável, ter permissão
maybe: adv. talvez,
possivelmente
mayonnaise: n. maionese
mayor: n. prefeito
mayoress: n. esposa do
prefeito, prefeita
maze: n. labirinto, confusão.
v. confundir
me: pron. me, mim
meadow: n. prado
meager: adj. magro, escasso
meal: n. refeição
mean: n. meio, média. adj.
malvado. v. significar
meander: v. meandrar
meaning: n. significado. adj.
significativo
meaningful: adj.
significativo
meaningless: adj. sem
sentido, inexpressivo
measles: n. sarampo
measure: n. quantidade. v.
medir, pesar
measurement: n. medição,
medida
meat: n. carne
meat grinder: n. moedor de
carne
meat pie: n. torta de carne
meat-eater: n. carnívoro
meaty: adj. de carne
mechanic: n, adj. mecânico

mechanical: adj. mecânico,
maquinal
mechanical advantage: n.
vantagem mecânica
mechanical digestion: n.
digestão mecânica
mechanical energy: n.
energia mecânica
mechanical wave: n. onda
mecânica
mechanical weathering: n.
desgaste mecânico
mechanism: n. mecanismo
mechanization: n.
mecanização
meconium: n. mecônio
medal: n. medalha
medallion: n. medalhão
meddle: v. intrometer-se
media: n. mídia
mediaeval: adj. medieval
mediation: n. mediação
medical: adj. médico,
medicinal
medical background: n.
dados médicos
medication: n. medicação
medicine: n. medicina,
remédio
medicine cabinet: n.
armário de medicina
medieval: adj. medieval
meditation: n. meditação,
reflexão
medium: n. média, médium.
adj. médio

medullar cavity: n. cavidade medular
medusa: n. medusa
meek: adj. meigo, manso
meet: v. encontrar, satisfazer
meet the requirements: expr. atender os requisitos
meeting: n. reunião, encontro
megalopolis: n. megalópole
meiosis: n. meiose
melancholy: n. melancolia
melanin: n. melanina
mellow: adj. maduro. v. amadurecer
melody: n. melodia
melon: n. melão
melt down: v. fundir, derreter
melt: v. derreter
melting: n. derretimento
melting-pot: n. cadinho, mistura racial e cultural
member: n. membro, parte de um todo, sócio
membership: n. quadro de associados
membrane: n. membrana
memo: n. memorando, circular
memoir: n. memórias, biografia
memorable: adj. memorável, notável
memorandum: n. memorando

memorial: n. memorial. adj. comemorativo
memory loss: n. perda de memória
memory: n. memória
men: n. gênero humano, homens
menace: n. ameaça. v. ameaçar
menacing: adj. ameaçador
mend: v. consertar, remendar
meningitis: n. meningite
meniscus: n. menisco
menopause: n. menopausa
men's room: n. banheiro masculino
menses: n. fluxo menstrual
menstrual: adj. menstrual
menstrual cramps: n. cólicas menstruais
menstrual cycle: n. ciclo menstrual
menstrual history: n. história menstrual
menstrual period: n. período menstrual
menstruate: v. menstruar
menstruation: n. menstruação
menswear: n. roupa de homem.
mental: adj. mental, intelectual, insano
mental and emotional assessment: n. avaliação mental e emocional

mental health: n. saúde mental
mental incapacity: n. incapacidade mental
mental retardation: n. retardo mental
mental status: n. estado mental
mentality: n. mentalidade
mentally: adv. mentalmente
mention: n. menção, referência. v. mencionar, citar
menu: n. cardápio, menu
meow: n. miado. v. miar
Mercalli scale: n. escala de Mercalli
mercantilism: n. mercantilismo
mercenary: adj. mercenário
merchandise: n. mercadoria
merchandising: n. mercadização
merchant: n. comerciante
merciful: adj. misericordioso, clemente
merciless: adj. impiedoso, inexorável
Mercosur: n. Mercosul
mercury barometer: n. barômetro de mercúrio
mercury: n. mercúrio
mercy: n. mercê, piedade, fortuna
mere: adj. mero, simples
merely: adv. meramente, simplesmente

merge: v. fundir
meridian: n. meridiano
meringue: n. merengue
merit: n. mérito, merecimento. v. merecer
mermaid: n. sereia
merry: adj. alegre, divertido
merry-go-round: n. carrossel
mescaline: n. mescalina
mesh: n. malha, aramado. v. encaixar
Mesopotamia: n. Mesopotâmia
mesosphere: n. mesosfera
mess: n. desordem, bagunça. v. promover desordem
message: n. mensagem, recado
messenger: n. mensageiro
messy: adj. confuso, desordenado
mestizos: n. mestiços
metabolism: n. metabolismo
metal: n. metal
metalloid: n. metalóide
metalwork: n. trabalho em metal
metamorphic rock: n. pedra metamórfica
metamorphose: v. metamorfosear
metamorphosis: n. metamorfose
metaphor: n. metáfora
metaphysics: n. metafísica
metatarsus: n. metatarso

meteor: n. meteoro
meteorite: n. meteorito
meteorologist: n.
meteorologista
meteorology: n.
meteorologia
meter: n. medidor, metro
methane: n. metano
method: n. método
methodology: n.
metodologia
meticulous: adj. meticuloso
metric: adj. métrico
metropolis: n. metrópole
metropolitan: adj.
metropolitano
metropolitan areas: n. área
metropolitana
mettle: n. vigor
mew: n. miado. v. miar
Mexican Revolution: n.
Revolução Mexicana
Mexico: n. México
mice: n. camundongos
microbe: n. micróbio
microclimate: n. microclima
microcosm: n. microcosmo
microfilm: n. microfilme
micrometer: n. micrômetro
micron: n. mícron
microorganism: n.
microrganismo
microphone: n. microfone
microprocessor: n.
microprocessador
microscope: n. microscópio

microscopic: adj.
microscópico, pequeníssimo
microwave: n. microonda
microwave oven: n. forno
de microondas
mid: adj. meio, médio. pref.
semi
midday: n. meio-dia. adj. do
meio-dia
middle: n. meio, centro. adj.
meio, médio
middle age: n. meia-idade
middle class: n. classe
média
Middle East: n. Oriente
Médio
middle finger: n. dedo
médio
middle school: n. escola
média
middle sized: adj. de
tamanho médio
middle-aged: adj. de meia-
idade
middleman, broker: n.
corretor, mediador
midnight: n. meia-noite. adj.
relativo à meia-noite
midst: n. meio, centro. adv,
prep. no meio
midwife: n. parteira
might: ps of may. n. força,
poder
mightily: adv.
poderosamente,
vigorosamente

mighty: adj. poderoso, forte. adv. muitíssimo
migraine: n. enxaqueca
migrant: adj. migrante
migrate: v. migrar, emigrar
migration: n. migração
mild: adj. suave, moderado, compassivo
mildly: adj. suavemente
mile: n. milha
miles per hour (mph): expr. milhas por hora
milestone: n. marco miliário, marco
militant: adj. militante, combativo
militarism: n. militarismo
military: n. exército. adj. militar
military headquarters: n. quartel-general
militia: n. milícia
milk: n. leite. v. ordenhar, dar leite
milk of magnesia: n. leite de magnésia
milkman: n. leiteiro
milk-shake: n. leite batido com sorvete
milk-tooth: n. dente de leite
Milky Way: n. Via Láctea
milky: adj. leitoso, lácteo
mill: n. moinho, v. moer
millennium: n. milênio
milligram: n. miligrama
milliliter (ml): n. mililitro
millimeter: n. milímetro

million: n. milhão. adj, milhão
millionaire: n. milionário
mime: n. mímico. v. fazer mímica
mimic: n. imitador. adj. mímico, imitativo. v. imitar
mimicry: n. mimetismo
min (minute): n. minuto
mince pie: n. torta com recheio de came moída
mince: v. picar
mind: n. mente, memória. v. concentrar, cuidar de
mindful: adj. atento, cuidadoso
mindless: adj. descuidado, estúpido
mine (dig): n. jazida, mina. pron. meu(s), minha(s). v. minar
miner: n. mineiro
mineral oil: n. óleo mineral
mineral, minerals: n. mineral, minério. adj. mineral
mineralogy: n. mineralogia
mingle: v. misturar, conhecer
miniature: n. miniatura. adj. em miniatura
minibus: n. microônibus
minimal: adj. mínimo
minimize: v. reduzir ao mínimo, subestimar
minimum: n, adj. mínimo

minimum wage law: n. lei do salário mínimo
minimum wage: n. salário mínimo
mining: n. mineração, adj. minado
mini-skirt: n. minissaia
minister: n. ministro, sacerdote. v. ministrar
ministry: n. ministério
mink: n. marta, visom
minor: n. menor. adj. de pouca importância
minority: n. minoria, menoridade
mint: n. casa da moeda, hortelã. v. inventar. adj. novo
minus: n. desvantagem. prep, adj. menos
minute: n. minuto. adj. miúdo, exato
miracle: n. milagre, maravilha
miraculous: adj. milagroso, fenomenal
mirage: n. miragem, ilusão
mirror: n. espelho, exemplo
misbehave: v. portar-se mal
misbehavior: n. má conduta
miscalculation: n. erro de cálculo
miscarriage: n. aborto espontâneo
miscellaneous: adj. misto, variado
mischief: n. prejuízo, travessura

mischievous: adj. prejudicial, travesso
misconception: n. concepção errônea, juízo falso
misconduct: n. conduta imprópria
misdeed: n. crime
misdemeanor: n. contravenção
miser: n. avarento, sovina
miserable: adj. desgraçado, infeliz
misery: n. miséria, tristeza
misfortune: n. infortúnio, azar
mishap: n. infortúnio
misjudge: v. julgar mal. v. cometer erros
misjudgment: n. juízo errôneo
mislead: v. desencaminhar, enganar
misleading: adj. enganoso
misplace; misplaced: v. colocar em lugar errado. adj. perdido
misprint: n. erro de impressão. v. cometer erros de impressão
miss: n. senhorita, falha. v. errar, perder, ter saudade
missile: n, adj. projétil, míssil
missing: adj. que falta, extraviado, perdido
mission: n. missão

missionary: n, adj. missionário
mist: n. névoa, neblina. v. obscurecer
mistake: n. engano, erro. v. enganar-se, confundir
mistaken: pp of mistake
mister: n. senhor
mistletoe: n. visco
mistreat: v. maltratar
mistreatment: n. maus-tratos, abuso
mistress: n. patroa, amante, professora
mistrust: n. desconfiança. v. suspeitar
misty: adj. nebuloso, vago, indistinto
misunderstand: v. entender mal
misunderstanding: n. equívoco, engano
misunderstood: adj. mal compreendido
misuse: n. abuso, uso errado. v. abusar
mitigate: v. mitigar, aliviar, acalmar
mitosis: n. mitose
mix: n. mistura, confusão. v. misturar, mesclar.
mixed: adj. misturado, misto, confuso
mixed-up: adj. confuso, envolvido
mixer: n. misturador, batedeira

mixture: n. mistura, composição
mix-up: n. confusão, desordem
moan: n. gemido. v. lamentar-se
mob: n. turba, multidão. v. tumultuar
mobile: n. móbile. adj. móvel, inconstante
mobile home: n. trailer
mobility: n. mobilidade
mobilization: n. mobilização
mobilize: v. mobilizar
mock: n. zombaria. v. zombar. adj. falso, imitado
mockery: n. zombaria, imitação
modal: adj. modal
mode: n. modo
model: n, adj. modelo. v. modelar
modeling: n. construir modelos, posar como modelo
modeling clay: n. argila de modelar
modem: n. modem
moderate: v. moderar, acalmar-se. adj. moderado
moderately: adv. moderadamente
moderation: n. moderação, comedimento
modern: adj. moderno, contemporâneo
modernism: n. modernismo

modernist: n. modernista
modernity: n. modernidade, atual, inovação
modest: adj. modesto, moderado
modesty: n. modéstia, humildade
modification: n. modificação
modify: v. modificar , transformar
module: n. módulo, unidade
mogul: n. magnata
moist: adj. úmido, hidratado
moisten: v. umedecer, hidratar
moisture: n. umidade
moisturizer: n. creme hidratante
molar: adj. molar
molasses: n. melaço
mold, mould: n. mofo, molde
moldy: adj. mofado
mole: n. toupeira
molecular compound: n. composto molecular
molecular mass: n. massa molecular
molecule: n. molécula, partícula pequena
molest: v. abusar sexualmente, perturbar
mollusk: n. molusco
molt: v. mudar de pele
molten: adj. fundido, derretido

mom: n. mamãe
moment: n. momento, instante
momentarily: adv. momentaneamente
momentary: adj. momentâneo, passageiro
momentum: n. força viva
mommy: n. mamãe
Monaco: n. Mônaco
monarch: n. monarca, soberano
monarchy: n. monarquia
monastery: n. mosteiro, convento
monastic: adj. monástico
Monday: n. segunda-feira
monetary: adj. monetário
monetary policy: n. política monetária
money: n. dinheiro, moeda
Mongol: adj. Mongol
Mongolia: n. Mongólia
monitor: n. monitor. v. controlar
monk: n. monge, frade
monkey: n. macaco, traquinas
monocotyledon: n. monocotiledônea
monolingual: adj. que fala uma só língua
monolog, monologue: n. monólogo
monomer: n. monômero
monomial: n, adj. monômio
monoplane: n. monoplano

monopolize: v. monopolizar
monopoly: n. monopólio
monosyllable: monossílabo
monosyllabic: adj. monossilábico
monotheism: n. monoteísmo
monotonous: adj. monótono
monster: n. monstro
monstrosity: n. monstruosidade, monstro
monstrous: adj. monstruoso, horrendo
month: n. mês
monthly: adj. mensal. adv. mensalmente
moo, to bellow: v. mugir, berrar
mood: n. disposição, humor
moody: adj. instável
moon: n. lua
moon-faced: adj. que tem cara redonda
moonlight: n. luar
mop: n. esfregão, madeixa. v. esfregar
moraine: adj. morena
moral: n. princípio moral. adj. digno
morale: n. moral, disposição de ânimo
morality: n. moralidade
moralize: v. moralizar
morbid: adj. mórbido, doentio
more: adj. mais, adicional. adv. além do mais

moreover: adv. além disso, além do mais
morgue: n. necrotério
Mormon: n, adj. Mórmon
morning: n. manhã. adj. matutino
morning star: n. estrela-d'alva
morning-after pill: n. pílula do dia seguinte
Morocco: n. Marrocos
morphemes: n. morfema
Morse alphabet: n. código Morse
mortal: n, adj. mortal
mortality: n. mortalidade
mortar: n. argamassa, pilão
mortgage: n. hipoteca
mortify: v. mortificar, envergonhar-se
mortuary: n. necrotério
mosaics: n. mosaico
mosque: n. mesquita
mosquito: n. pernilongo
mosquito net: n. mosquiteiro
moss: n. musgo
most: n. maioria. adj. a maioria de, muitíssimo
mostly: adv. principalmente
motel: n. motel
moth: n. traça, mariposa
mother: n. mãe, freira, origem
mother of pearl: n. matriz de pérola

mother superior: n. madre superior, freira
mother's milk: n. leite materno
mother-in-law: n. sogra
motherly: adv. maternal
motion: n. movimento. v. acenar
motion picture: n. filme cinematográfico
motionless: adj. imóvel
motivate: v. motivar
motivated: adj. motivado
motivation: n. motivação
motive: n. motivo, causa, razão
motor: n. motor. v. viajar de automóvel
motorbike: n. motocicleta
motorboat: n. lancha
motorcar: n. automóvel
motorcycle: n. motocicleta
motorway: n. via ex-pressa
motto: n. mote, lema, divisa
mount: n. monte. v. montar
mountain men: n. homens da montanha
mountain range: n. cordilheira
mountain: n. montanha, grande quantidade
mourn: v. prantear, pôr luto
mourning: n. luto. adj. de luto
mouse: n. camundongo, pessoa tímida
mousetrap: n. ratoeira

moustache: n. bigode
mouth: n. boca
mouthful: n. bocado
movable: n. móvel, bens móveis. adj. móvel
move in: v. mudar-se para
move into: v. encontrar um lar
move: n. movimento, mudança. v. mover, mudar
movement: n. movimento
movie theater: n. cinema
movie: n. filme cinematográfico
movies: n. cinema
moving: adj. comovente, tocante
moving van: n. caminhão de mudança
mow: v. aparar, cortar rente
Mozambique: n. Moçambique
MP (Member of Parliament): n. membro do Parlamento
Mr. (Mister): n. senhor
Mrs. (Mistress): n. senhora
Ms.(Miss): n. senhorita
much: n. grande quantidade. adj. adv. muito
muck: n. sujeira
mucous stool: n. fezes com muco
mucus: n. muco
mud: n. lama, barro, lodo
muddle: n. confusão. v. confundir, desorganizar

muddy: v. enlamear. adj. barrento, enlameado
mudguard: n. pára-lama
muffler: n. cachecol, silenciador
mug: n. caneca, careta. v. praticar assaltos
multilingual: adj. multilíngüe, poliglota
mulatto: n. mulato
mulberry: n. amora
mule: n. mula, teimoso, sapato aberto no calcanhar
mulish: adj. teimoso, obstinado
multicellular: adj. multicelular
multicultural: adj. multicultural
multilingual: adj. multilíngüe
multimedia: n. multimídia
multinational: n, adj. multinacional
multiple births: n. múltiplos nascimentos
multiple: n, adj. múltiplo
multiple-choice: n. múltipla escolha
multiplication: n. multiplicação
multiplicity: n. multiplicidade
multiplier: n. multiplicador
multiply: v. multiplicar
multiracial: adj. multirracial
multitude: n. multidão

mum: n. mamãe
mumble: n. resmungo. v. resmungar
mummy: n. mamãe, múmia
mumps: n. parotidite, caxumba
munch: v. mastigar sem parar
municipal: adj. municipal
municipality: n. municipalidade
mural: n. quadro mural. adj. mural
murder: n. assassinato, homicídio. v. assassinar
murderer: n. assassino, homicida
murky: adj. escuro, obscuro, desonesto
murmur: n. murmúrio. v. murmurar, sussurrar
muscle biopsy: n. biopsia muscular
muscle spasm: n. câimbra muscular
muscle tissue: n. tecido muscular
muscle weakness: n. fraqueza muscular
muscle: n. músculo
muscular system: n. sistema muscular
muscular: adj. muscular
muse: n. musa. v. meditar
museum: n. museu
museum piece: n. peça de museu

mush: n. papa, conversa tola
mushroom: n. cogumelo, fungo. v. crescer rapidamente
music: n. música, partitura. adj. musical
musical group: n. grupo musical
music-hall: n. teatro de variedades
musician: n. músico
musk: n. almíscar, odor de almíscar
musketeer: n. mosqueteiro
Muslim: n. muçulmano
mussel: n. mexilhão
must: n. obrigação, dever, ser obrigado a, dever
mustache: n. bigode
mustard: n. mostarda
muster: v. reunir tropas
mustn't: contr. of must
musty: adj. mofado
mutable: adj. mutável, inconstante
mutation: n. mutação
mute: v. diminuir o volume, silenciar. adj. mudo
mutilate: v. mutilar, adulterar
mutiny: n. motim, rebelião. v. revoltar-se
mutton: n. carne de carneiro
mutual: adj. mútuo, recíproco
mutualism: n. mutualismo

muzzle: n. focinho, mordaça. v. amordaçar
my: pron. meu, minha, meus, minhas. interj. caramba! meu Deus!
myelogram: mielograma
myopia: n. miopia
myopic : adj. míope
myself: pron. me, eu mesmo
mysterious: adj. misterioso
mystery: n. mistério, enigma
mystical: adj. místico, misterioso
mystify: v. mistificar, iludir
myth: n. mito, fábula, ilusão

N, n

N, n.: n. décima quarta letra do alfabeto, consoante
nag: v. resmungar, dar broncas
nail file: n. lixa de unhas
nail: n. prego, unha. v. pregar, cravar
naive: adj. ingênuo, simples
naked eye: n. olho nu
naked: adj. nu, exposto
name: n. nome, fama. v. chamar, mencionar
namely: adv. a saber, isto é
namesake: n. homônimo, xará
Namibia: n. Namíbia
nanny: n. babá
nap: n. soneca, cochilo. v. cochilar
nape: n. nuca
napkin: n. guardanapo
nappy: n. fralda
narcolepsy: n. narcolepsia
narcotic: n, adj. narcótico
narrate: v. narrar
narrative: n. narrativa, conto, história. adj. narrativo
narrow: v. estreitar, limitar. adj. apertado, limitado
narrowly: adv. estreitamente
narrow-minded: adj. tacanho

nasal congestion: n. congestão nasal
nasal: n, adj. nasal
nasty: adj. desagradável, repugnante
nation: n. nação, país
national anthem: n. hino nacional
national debt: n. débito nacional
national income (NI): n. renda nacional
national: n. cidadão. adj. nacional, público
nationalism: n. nacionalismo
nationality: n. nacionalidade, naturalidade
nationalization: n. nacionalização
nationalize: v. nacionalizar
nationwide: adj. de âmbito nacional
native country: n. pátria
native language: n. língua pátria
native: n, adj. nativo, natural
natural resources: n. recursos naturais
natural: adj. natural, inato
naturalize: v. naturalizar(-se)
naturalized citizen: n. cidadão naturalizado
naturally: adv. naturalmente, obviamente
nature: n. natureza, universo

naught: n. nada, zero
naughty: adj. desobediente, malcriado
nausea: n. náusea, nojo
nautical: adj. náutico, marítimo
naval forces: n. forças navais
naval warfare: n. guerra marítima
navel: n. umbigo
navigable: adj. navegável
navigation: n. navegação, pilotagem
navy blue: n, adj. azul-marinho
navy: n. conjunto de forças navais
Nazi: n, adj. nazista
Nazism: n. nazismo
near: adj. próximo. adv. perto. prep. perto de
nearby: adj. adv. próximo, perto
nearly: adv. aproximadamente
nearsighted: adj. míope
nearsightedness: n. miopia
neat: adj. limpo, caprichado, puro
nebula: n. nebulosa
necessary: adj. necessário
necessity: n. necessidade, carência
neck: n. pescoço, gargalo
necklace: n. colar
necktie: n. gravata

nectar: n. néctar
nectarine: n. nectarina
need: n. necessidade, carência. v. necessitar
needle: n. agulha. v. alfinetar
needless: adj. desnecessário, supérfluo
needy: adj. indigente, necessitado
negative: n. negativa. adj. negativo
negative number: n. número negativo
neglect: n. negligência. v. negligenciar
neglectful: adj. negligente, desleixado
negligence: n. negligência
negligent: adj. negligente, indiferente
negligible: adj. desprezível, dispensável
negotiate: v. negociar,transacionar
negotiation: n. negociação
neigh: v. relinchar
neighbor: n, adj. vizinho
neighborhood: n. vizinhança, bairro
neither: pron. nenhum. adv. tampouco. conj. nem
Neolithic: adj. neolítico
neon lights: n. luzes de néon
neonatal: adj. neonatal
Nepal: n Nepal
nephew: n. sobrinho

Nephrologist: n. nefrologista
Neptune: n. Netuno
nerve impulse: n. impulso nervoso
nerve: n. nervo vigor, energia
nervous breakdown: n. esgotamento, colapso nervoso
nervous system: n. sistema nervoso
nervous tissue: n. tecido nervoso
nervous: adj. nervoso, ansioso
nervousness: n. nervosismo
nest: n. ninho, toca. v. fazer ninho
nestle: v. aconchegar(-se), abrigar
net: n. rede, malha. adj. lucro líquido. v. apanhar
nettle: n. urtiga. v. irritar, exasperar
network: n. rede
networking: n. rede informática
neurologist: n. neurologista
neurology: n. neurologia
neuron: n. neurônio
neurosis: n. neurose
neurotransmitter: n. neurotransmissor
neuter: adj. neutro, assexuado. v. capar

neutral: n. indivíduo neutro. adj. imparcial, neutro
neutrality: n. neutralidade
neutralization: n. neutralização
neutron: n. nêutron
never: adv. nunca, jamais
nevertheless: adv, conj. todavia, embora, porém
new moon: n. lua nova
New Year: n. ano novo
New York: n. Nova Iorque
New Zealand: n. Nova Zelândia
new: adj. novo, recente. adv. de novo
newborn: adj. recém-nascido
newcomer: n. recém-chegado
news: n. notícia, nova
newsletter: n. boletim
newspaper: n. jornal, gazeta
newsprint: n. texto impresso em jornal
newsstand: n. banca de jornais
Newton: n. Newton
next day: n. dia seguinte
next door neighbor: vizinho do lado
next: n. próximo. adv. logo. prep. ao lado
nibble: n. meio *byte*. v. mordiscar, roer
Nicaragua: n. Nicarágua
nice: adj. amável, simpático

nice-looking: adj. fisicamente atraente
niche: n. nicho
nick: n. entalhe, corte. v. entalhar, roubar
nickel: n. níquel
nickname: n. apelido. v. apelidar
nicotine: n. nicotina
niece: n. sobrinha
nifty: adj. estiloso
Nigeria: n. Nigéria
niggard: adj. avaro, mesquinho
night sweats: n. suores noturnos
night: n. noite, anoitecer
nightclub: n. boate
nightingale: n. rouxinol
nightlife: n. vida noturna
nightly: adv. todas as noites. adj. noturno
nightmare: n. pesadelo
nil: n. nada, zero
nimble: adj. ágil, esperto
nine: n, adj, pron. nove
nineteen: n. dezenove
ninetieth: n. nonagésimo
ninety: n. noventa
ninth grade: n. nona série
ninth: adj. nono
nip: n. beliscão, mordidela leve. v. beliscar
nipple: n. mamilo, bico de mamadeira
nirvana: n. Nirvana
nitrogen (n): n. nitrogênio

no one (no body): adv. ninguém
no parking: n. estacionamento proibido
no: n. não. pron. nenhum. adv. de modo algum
Nobel Prize: n. Prêmio Nobel
nobility: n. nobreza, aristocracia
noble gas: n. gás nobre
nobleman: n. nobre, aristocrata
nobody: n. joão-ninguém. pron. ninguém
nocturnal: adj. noturno
nod off: v. adormecer
nod: n. aceno de cabeça, ordem. v. confirmar
node: n. nó
nodule: n. nódulo
noise pollution: n. poluição sonora
noise: n. alarido, barulho, som
noiseless: adj. silencioso
noisy: adj. ruidoso, barulhento
nomad: n. nômade
nominate: v. nomear, designar
nomination: n. nomeação
nominee: n. pessoa nomeada
nonchalant: adj. indiferente, desinteressado
nonconformist: n. dissidente, rebelde

nondescript: adj. desinteressante
none: adj, pron. nenhum, nada. adv. de modo algum
nonexistent: adj. inexistente
nonprofit organization: n. organização sem fins lucrativos
non-profit: adj. sem fins lucrativos
nonrenewable resource: n. recurso não-renovável
nonsense: n. absurdo, besteira
nonstop: adj. contínuo, sem parada
nook, cranny: n. recanto, fresta, greta
noon: n. meio-dia
noose: n. laço, nó corrediço
nor, (not) either: adv. nem
norm: n. norma, padrão, modelo
normal fault: n. falha normal
normal: adj. normal
normalcy: n. estado normal
normally: adv. normalmente
North America: n. América do Norte
North Korea: n. Coréia do Norte
north pole: n. pólo norte
north: n. norte
northeast, north-east: n, adj. nordeste. adj. para o nordeste

northern: adj. do norte
Northerner: n. nortista
Northwest: n, adj. noroeste. adj. para o noroeste
northwest: n. noroeste
Norway: n. Noruega
nose: n. nariz, focinho. v. farejar, cheirar
nosebleed: n. sangue do nariz
nosey: adj. abelhudo
nostalgic: adj. nostálgico, emotivo
nostril: n. narina
nosy: adj. curioso, intrometido
not at all: expr. de modo nenhum
not yet: adv. ainda não
not: adv. não
notably: adv. particularmente
notary: n. notário, tabelião
notch: n. entalhe, v. entalhar
note (musical): n. nota musical
note: n. nota, bilhete. v. anotar, observar
notebook: n. caderno, computador portátil
noteworthy: adj. digno de nota
nothing: n. nada, zero. adv. de modo algum
notice board: n. quadro de avisos

notice: n. anúncio, aviso. v. notar, avisar
noticeable: adj. perceptível, visível
notify: v. notificar
notion: n. idéia, conceito
notorious: adj. notório, infame
notwithstanding: prep. apesar de. adv. entretanto
naught: n. nada, zero
noun: n. substantivo
nourish: v. nutrir, manter
nourishing: adj. nutritivo
nova: n. estrela nova
novel: n. romance, novela
novelty: n. novidade, inovação
November: n. novembro
now: adv. agora, imediatamente
nowadays: adv. atualmente
nowhere: adv. em lugar nenhum
noxious: adj. nocivo
nuance: n. nuança, matiz
nuclear energy: n. energia nuclear
nuclear fission: n. divisão nuclear
nuclear: adj. nuclear
nucleic acid: n. ácido nucléico
nucleotide: n. nucleótido
nucleus reactor: n. reator nuclear
nucleus: n. núcleo

nude: n. adj. nu, despido
nudge: n. cutucada. v. cutucar levemente
nudity: n. nudez
nuisance: n. incômodo, aborrecimento
null: adj. zero
numb: adj. dormente. v. entorpecer
number: n. número. v. numerar, contar
numeral: n. numeral
numerator: n. numerador
numerical expression: n. expressão numérica
numerous: adj. numeroso, abundante
nun: n. freira, monja
nurse: n. enfermeira. v. trabalhar como enfermeira
nursemaid: n. babá
nursery school: n. creche, jardim-de-infância
nursery: n. berçário, creche
nursing-home: n. casa de saúde, clínica de repouso
nut: n. noz, porca de parafuso, louco
nutmeg: n. noz-moscada
nutrient: n. nutriente
nutrition: n. nutrição
nutritionist: n. nutricionista
nutritious: adj. nutritivo, alimentício
nutritive: adj. nutritivo
nutshell: n. casca de noz, laconicamente

nylon: n. náilon
nymph: n. ninfa, mulher
jovem
nymphet: n. ninfeta

O, o

O, o: n. décima quinta letra do alfabeto, vogal
oak: n. carvalho
oar: n. remo
oasis: n. oásis
oat bran: n. farelo de aveia
oat: n. aveia
oath: n. juramento, blasfêmia
oatmeal: n. farinha de aveia
obedience: n. obediência
obedient: adj. obediente, submisso
obese: adj. obeso, pançudo
obesity: n. obesidade
obey: v. obedecer
obituary: n. obituário
object: n. objeto, assunto. v. opor-se
objection: n. objeção
objective: n. objetivo. adj. impessoal
obligate: v. obrigar
obligation: n. obrigação, compromisso
obligatory: n. obrigatório
oblige: vt. obrigar, favorecer
obliged: adj. obrigado
oblique: adj. oblíquo
obliterate: v. obliterar
obliteration: n. obliteração
oblivious: adj. esquecido
obscene: adj. obsceno
obscenity: n. obscenidade

obscure: vt. obscurecer. adj. obscuro
obscurity: n. obscuridade
obsequious: adj. obsequioso
observation: n. observação, exame
observatory: n. observatório
observe: v. observar
observer: n. espectador
obsess: v. obcecar
obsession: n. obsessão, idéia fixa
obsessive: n. obsessivo. adj. obsessivo
obsolescence: n. caducidade
obsolescent: n. obsolescente
obsolete: adj. obsoleto
obstacle: n. obstáculo, empecilho
obstetrician: n. obstetra
obstetrics: adj. obstétrico
obstinate: adj. obstinado, teimoso
obstruct: v. obstruir
obstructing: n. obstrução
obstruction: n. obstrução, obstáculo
obtain: v. obter, adquirir.
obtainable: adj. conseguível, alcançável
obtuse (triangle): adj. obtuso
obtuse angle: n. ângulo obtuso
obvious: adj. óbvio, evidente
obviously: adj. obviamente

occasion: n. ocasião. v. ocasionar
occasional: adj. esporádico,eventual
occasionally: adv. ocasionalmente
occipital bone: n. osso occipital
occluded: adj. fechado
occult: adj. oculto, secreto
occupation: n. ofício, profissão
occupational history: n. história ocupacional
occupy: v. ocupar
occur: v. ocorrer, lembrar
occurrence: n. ocorrência
ocean: n. oceano, imensidade
oceanographer: n. oceanógrafo
oceanography: n. oceanografia
o'clock: (abr. *of the clock*) no relógio
octagon: n. octógono
octave: n. oitava
October: n. outubro
octopus: n. polvo
odd: adj. ímpar, estranho
odds: n. probabilidade
odious: adj. odioso, detestável
odometer: n. odômetro
odor: n. odor, cheiro
odorless: adj. inodoro
of: prep. de, do, da

off: adj. desligado, cancelado. adv. embora
off-balance: adj, adv. desequilibrado
offend: v. ofender, transgredir
offender: n. ofensor
offense, offence: n. ofensa, pecado
offensive: n. ofensiva, ataque. adj. agressivo
offer: n. oferta. v. ofertar, oferecer
off-guard: adj. desprevenido
off-hand: adj. de repente
office: n. escritório, consultório, profissão
officer: n. oficial, policial
official: adj. oficial, autorizado
off-line: adj. fora de rede
off-peak: adj. horário de baixa demanda
offset: n. compensação v. deslocar
offspring: n. prole
often: adv. freqüentemente
Ohm: n. Ohm
Ohm's law: n. lei de Ohm
oil: n. óleo, azeite. v. lubrificar
ointment: n. ungüento
okay: n. O. K. v. aprovar. adj. correto
okra: n. quiabo
old: adj. velho, idoso
old age: n. velhice

oldest (child): n. a mais velha (criança)
old-fashioned: adj. antiquado
olfaction: n. olfato
oligarchy: n. oligarquia
oligopoly: n. oligopólio
olive: n. azeitona, oliva
olympic games: n. jogos olímpicos
omelet: n. omelete
omen: n. agouro, presságio
omission: n. omissão, falta, lacuna
omit: v. omitir, excluir
omnipotence: n. onipotência
omnipotent: adj. onipotente
omnivorous: adj. onívoros
on: adj. colocado. adv. em ação. prep. em cima de
once: n. uma vez. adv. no passado. conj. desde que
oncologist: n. oncologista
oncoming: adj. próximo
one: n. um, uma, algum. pron. alguém, algum
oneself: pron. si mesmo, si próprio
one-sided: adj. unilateral, parcial
one-way street: n. rua de mão única
one-way: n. rua de mão única. adj. de uma só mão
ongoing: n. adj. em andamento
onion: n. cebola

online: n. em linha
onlooker: n. espectador, assistente
only: adj. único, só. adv. somente. conj. exceto
onto: prep. em, para, sob
ooze: v. gotejar
opaque material: n material opaco
opaque: adj. opaco
open circulatory system: n. sistema circulatório aberto
open cluster: n. conjunto aberto
open system: n sistema aberto
open: n. ar livre. v. abrir. adj. aberto
opening: n. passagem, início. vaga. adj. inicial
openly: adv. abertamente
open-mouthed: adj. boquiaberto
operate: v. acionar, operar
operation: n. operação
operational definition: n. definição operacional
operational: adj. operacional
operator: n. operador
ophthalmologist: n. oftalmologista
opinion: n. opinião, impressão
opium: n. ópio
opponent: n. oponente. adj. oposto

opportune: adj. oportuno, propício
opportunity: n. oportunidade, ensejo
oppose: v. opor-se, objetar
opposite: n. oposto, o contrário
opposition: n. oposição, resistência
oppression: n. opressão, tirania.
oppressive: adj. opressivo, sufocante
opt: v. optar, escolher
optic nerve: n. nervo óptico
optical axis: n. eixo óptico
optical fiber: n. fibra óptica
optical telescope: n. telescópio óptico
optician: n. óptico, oculista
optimistic: adj. otimista
optimize: v. aperfeiçoar ao máximo, otimizar
option: n. opção, preferência
optional: adj. facultativo, optativo
or: conj. ou, senão
oral: adj. oral, verbal
oral contraceptive: n. preservativo oral
oral sex: n. sexo oral
orally: adv. oralmente
orange: n. laranja. adj. alaranjado
orange juice: n. suco de laranja

orange-marmalade: n. geléia de laranja
orbit: n. órbita
orbital velocity: n. velocidade orbital
orchard: n. pomar
orchestra: n orquestra
orchestra pit: n. poço de orquestra
orchid: n. orquídea
ordeal: n. provação
order: n. ordem, regra. v. arranjar
ordinance: n. ordenação
ordinarily: adv. ordinariamente
ordinary: adj. costumeiro, usual
ore: n. minério
oregano: n. orégano
organ: n. órgão
organ system: n. sistema de órgãos
organic: adj. orgânico
organic acid: n. ácido orgânico
organic rock: n. rocha orgânica
organism: n. organismo
organization: n. organização, sociedade
organize: v. organizar, ordenar
orgasm: n. orgasmo
orgy: n. orgia, bacanal
Orient: n. oriente. v. orientar

orientation: n. orientação
Orifice: n. orifício
origin: n. origem, início, ascendência
original: n. original, texto. adj. original
originality: n. originalidade
ornament: n. ornamento. v. adornar
ornithology: n. ornitologia
orphan: n, adj. órfão
orphanage: n. orfandade, orfanato
orthodontist: n. ortodontista
orthography: n. ortografia
orthopedics: n. ortopedia
orthopedist: n ortopedista
oscilloscope: n. osciloscópio
osmosis: n. osmose
ostensible: adj. ostensivo
osteoporosis: n. osteoporose
ostrich: n. avestruz
other: adj. pron. outro(s), outra(s)
otherwise: adv. de outra maneira. conj. caso contrário
otorhinolaryngologist: n. otorrinolaringologista
otter: n. lontra
ottoman: n. otomano
ouch: interj. ai ! (dor)
ought: v. dever, convir
ounce(oz): n. onça
our: adj. nosso(s), nossa(s)
ours: pron. nosso(s), nossa(s)

ourselves: pron. nós mesmos, nos
oust: v. desalojar
out: v. sair. adj, adv. fora. interj. fora!
outbreak: n. erupção, insurreição
outburst: n. explosão
outcome: n. resultado
outdated: adj. obsoleto
outdoor: adj. ao ar livre, do lado de fora
outdoors: adv. ao ar livre
outer core: n. núcleo externo
outer: adj. exterior
outfit: n. equipamento
outgrow: v. superar em crescimento
outing: n. passeio, excursão
outlaw: n. proscrito, fora-da-lei
outlet: n. passagem, saída, ponto de revenda
outline: n. contorno, esboço. v. resumir
outlive: v. sobreviver
outlook: n. perspectiva, ponto de vista
out-of-date: adj. vencido
outpatient: n. paciente de ambulatório
output: n. produção, produto
outrage: n. ultraje. v. ultrajar, insultar
outrageous: adj. ultrajante, chocante

outright: adj. completo. adv. diretamente
outrun: v. passar dos limites
outset: n. início
outside: n. exterior. adj. externo. adv. fora
outsider: n. estranho, intruso
outskirts: n. cercanias
outsource: v. terceirizar
outsourcing: n. terceirização
outspoken: adj. franco, sincero
outstanding: adj. notável, proeminente
oval: n, adj. oval
ovary: n. ovário
ovation: n. ovação, aclamação
oven: n. forno
ovenproof: adj. refratário
ovenware: n. louça ou cerâmica refratária
over: adj. excedente, acabado. prep. sobre
overall: adj. geral, absoluto
overalls: n. macacão
overcharge: n. sobrecarga
overcoat: n. sobretudo, capote
overcome: v. superar, conquistar
overdo: v. exceder, exagerar
overdose: n. dose excessiva
overdue: adj. atrasado
overeat: v. empanturrar-se
overestimate: v. sobrestimar

overexposure: n. exposição muito longa
overflow: n. inundação. v. transbordar
overhear: v. ouvir por acaso
overheat: v. superaquecer
overheating: n. superaquecimento
overleaf: adv. no verso
overload: n. sobrecarga. v. sobrecarregar
overlook: v. supervisionar, negligenciar
overnight: adj. noturno. adv. da noite para o dia
overpass: n. passagem elevada
overpopulation: n. superpopulação
overpriced: adj. de preço excessivo
overproduction: n. superprodução
overrule: v. governar
overseas: adv. além-mar
overthrow: v. derrubar
overtime: n. prorrogação
overtly: adv. publicamente, abertamente
overtone: n. som secundário
overview: n. vista geral
overweight: n. obesidade. adj. com excesso de peso
overwork: n. trabalho excessivo. v. extenuar(-se)
ovulation: n. ovulação
owe: v. dever

owe: v. dever, ter dívidas
owl: n. coruja
own: v. possuir, ter. adj.
próprio
owner: n. proprietário, dono.
ownership: n. posse
ox: n. boi
oxidation: n. oxidação
oxidize: v. oxidar
oxtail: n. rabo de boi
oxygen: n. oxigênio
oyster: n. ostra
ozone layer: n. camada de
ozônio
ozone: n. ozônio

P, p

P, p: n. décima sexta letra do alfabeto, consoante
P wave: n. onda P
P. O. Box: n. caixa postal
pace: n. passo, ritmo. v. andar a passo
pacemaker: n. marca-passo
pacific: adj. pacífico
pacification: n. pacificação
pacifier: n. chupeta
pacifism: n. pacifismo
pacifist: n. pacifista
pack: n. mochila, pacote. v. empacotar
package: n. pacote, embrulho
pact: n. pacto, tratado
pad: n. chumaço, caneleira. v. colocar enchimento
paddle: n. pá
padlock: n. cadeado. v. fechar a cadeado
pagan: n. pagão. adj. pagão
page: n. mensageiro, página. v. localizar
pager: n. pager
pagoda: n. pagode
paid: adj. pago
pail: n. balde
pain: n. dor, esforço. v. doer
painful: adj. doloroso, difícil
painkiller: n. analgésico
painless: adj. indolor

paint: n. pintura, tinta. v. pintar, relatar
paint box: n. estojo de tintas
paintbrush: n. pincel, broxa
painter: n. pintor
painting (art work): n. pintura
pair: n. par, dupla, casal. v. juntar
pajamas: n. pijama
Pakistan: n. Paquistão
pal: n. camarada, companheiro
palace: n. palácio
pale: v. empalidecer. adj. pálido
Paleolithic: n. paleolítico
paleontologist: n. paleontologista
Paleozoic: n. paleozóico
palindrome: n. palíndromo
palm tree: n. palmeira
palm: n. palma, palmo, palmeira
palpitation: n. palpitação, pulsação
palsy: n. paralisia
pamper: v. mimar
pan: n. caçarola, panela
Panama: n. Panamá
pancake: n. panqueca
pancreas: n. pâncreas
panda: n. panda
pane of glass: n. vidraça
panel discussion: n. mesa-redonda
panel: n. painel, quadro

pang: n. pontada, dor repentina, aflição
panic: n. pânico. v. apavorar
pant: v. arquejar, ofegar
panther: n. pantera
panties: n. calcinha
pantry: n. despensa, copa
pants: n. calças
pantyhose: n. meia-calça
papa: n. papai
papaya: n. mamão
paper napkin: n. guardanapo de papel
paper: n. papel, jornal. v. empapelar. adj. de papel
paperback: n. livro de capa mole
paperwork: n. papelada
parable: n. parábola
parabola: n. parábola
parachute: n. pára-quedas. v. saltar de pára-quedas
parade: n. parada, desfile. v. desfilar
paradise: n. paraíso, felicidade
paradoxical: adj. paradoxal
paragraph: n. parágrafo, alínea
Paraguay: n. Paraguai
parallel circuit: n. circuito paralelo
parallel lines: n. linhas paralelas
parallel: n. linha paralela. adj. paralelo. v. comparar

parallelogram: n. paralelogramo
paralysis: n. paralisia
paralyze: v. paralizar
paramedics: n. paramédico
parapsychology: n. parapsicologia
parasite: n. parasita
parasitism: n. parasitismo
parasol: n. guarda-sol
parcel out: v. dividir em parcelas
parcel: n. quantidade. v. embrulhar. adj. em parcelas
parch: v. ressecar
pardon: n. perdão. v. perdoar
parent: n. pai ou mãe. adj. paterno ou materno
parenthesis: n. parêntese
parents-in-law: n. sogros
parietal bone: n. osso parietal
parish: n. paróquia
park: n. parque. v. estacionar
parking: n. estacionamento
parley: n. conferência v. parlamentar
Parliament: n. parlamento
parlor: n. sala de estar
parrot: n. papagaio
parsimonious: adj. parcimonioso
parsley: n. salsa
parsonage: n. presbitério
part (hair): v. partir

part: n. parte, pedaço. v. partir
partake: v. participar de
partial: adj. parcial
partiality: n. parcialidade
participate: v. participar, compartilhar
participation: n. participação
particle accelerator: n. acelerador de partículas
particle: n. partícula
particular: n. dados, detalhes. adj. particular
particularity: n. particularidade, individualidade
particularly: adv. de modo particular
partisan: n. guerrilheiro
partition: n. divisão
partly: adv. em parte
partner: n. sócio, parceiro, par
partnership: n. parceria
part-time job: n. serviço de meio expediente
party: n. partido, grupo, festa
parvenu: n. novo rico
pass away: v. falecer, morrer
pass by: v. exceder, passar
pass out: v. dar de graça, desmaiar
pass: n. passe, licença. v. passar

passable (tolerable): adj. tolerável
passage: n. passagem, incidente, viagem
passenger: n. passageiro, viajante
passerby: n. caminhante
passion fruit: n. maracujá
passion: n. paixão, entusiasmo
passionate: adj. apaixonado
passive immunity: n. imunidade passiva
passive transport: n. transporte passivo
passive: n. passivo
passport: n. passaporte
password: n. senha
past: n. passado. adj. passado. prep. após
paste: n. pasta
pasteurization: n. pasteurização
pasteurize milk: n. leite pasteurizado
pastime: n. passatempo
pastor: n. pastor, pároco
pastry: n. doce, massa
pasture: n. pastagem
pat: n. tapinha, afago. v. bater de leve
patch: n. remendo, trecho. v. remendar
patent: n. adj. patente. v. patentear
paternity: adj. paternal
path: n. atalho, rota

pathetic: adj. patético
pathogen: n. patógeno
pathway: n. caminho
patience: n. paciência. adj,
n. paciente
patient privacy: n.
privacidade do paciente
patient: n. paciente. adj.
paciente, perseverante
patriarch: n. patriarca
patrician: adj. patrício
patrimony: n. patrimônio
patriot: n. patriota. adj.
patriota
patriotism: n. patriotismo
patrol car: n. carro da
polícia
patrolman: n. patrulheiro,
policial
patronage: n. proteção
patronize: v. apadrinhar
pattern: n. padrão, molde,
estampa. v. modelar
paunch: n. pança, barriga
pauper: n. indigente
pause: n. pausa. v. pausar
pave: v. pavimentar
pavement: n. pavimento,
calçada
paw: n. pata
pawn: n. penhor. v. penhorar
pawnshop: n. casa de
penhores
pay: n. pagamento, salário.
v. pagar
paycheck: n. cheque de
pagamento

payment: n. pagamento
payphone: n. telefone
público
payroll: n. folha de
pagamento
PC: n. computador pessoal
pea: n. ervilha
peace: n. paz
peaceful: adj. sereno, pacato
peach: n. pêssego
peacock: n. pavão. v.
pavonear(-se)
peak: n. pico, cume. v.
chegar ao pico adj. máximo
peanut butter: n. creme de
amendoim
peanut: n. amendoim
pear: n. pêra
pearl: n. pérola
peasant: n. camponês,
agricultor
peat: n. turfa
pebble: n. pedrinha
pecan: n. noz-pecã
peck: n. bicada, beijo
ligeiro. v. bicar, mordiscar
puckish: adj. faminto
peculiar: n, adj. peculiar,
excêntrico
pecuniary: adj. pecuniário,
monetário
pedagogy: n. pedagogia
pedal: n. pedal. v. pedalar
pedant: n. pedante
pedantic: adj. pedante,
pretensioso
peddler: n. boateiro

pedestrian crossing: n. faixa de pedestre
pedestrian: n. pedestre
pediatrician: n. pediatra
pedigree: n. linhagem, raça pura
pee: n. urina, xixi. v. fazer xixi
peek: v. espreitar, espiar
peel: n. casca. v. descascar
peeling: n. descascação
peep: n. olhadela, espiada. v. espiar
peephole: n. olho mágico
peeve: n. irritação
peg, stake (post): v. cavilhar (construção)
peg: n. pino, gancho, pregador. v. prender (roupas)
pejorative: adj. pejorativo, depreciativo
pelican: v. pelicano
pelt: n. pele
pelvic examination: n. exame pélvico
pelvis: n. pélvis
pen name: n. pseudônimo
pen: n. caneta
penalize: v. penalizar
penalty: n. penalidade, pênalti
pence: n. pl of penny
pencil sharpener: n. apontador de lápis
pencil: n. lápis. v. desenhar, traçar
pendulum: n. pêndulo

penetrate: v. penetrar
penetrating: adj. penetrante, perspicaz
penetration: n. penetração
penguin: n. pingüim
penicillin: n. penicilina
penis: n. pênis
penitence: n. penitência
penitentiary: n. penitenciária, presídio
penknife: n. canivete
penniless: adj. paupérrimo
penny: n. pêni
pension: n. pagamento a pensionista
pensioner: n. aposentado
Pentagon: n. pentágono
penthouse: n. apartamento de cobertura
penumbra: n. penumbra
people: n. povo, raça. gente. v. povoar
pepper: n. pimenta, pimentão. v. apimentar.
peppermint: n. hortelã-pimenta, bala de hortelã
pepperoni: n. lingüiça calabresa
percale: n. percal (tecido)
perceive: v. perceber, compreender
percent: n. por cento
percentage: n. porcentagem
perception: n. percepção
percussion (drums): n. percussão
percutaneous: n. percutâneo

perennial: adj. perene
perestroika: n. perestroika
perfect square: n. quadrado perfeito
perfect: v. aperfeiçoar. adj. perfeito
perfectly: n. perfeitamente
perform: v. executar, desempenhar
performance: n. execução, desempenho
performing arts: n. artes dramáticas e musicais
perfume: n. perfume. v. perfumar
perhaps: adv. talvez
perigee: n. perigeu
peril: n. perigo
perimeter: n. perímetro
period: n. período, época, ponto final, menstruação
periodic table: n. tabela periódica
periodic: adj. periódico
periosteum: n. periósteo
peripheral nervous system: n. sistema nervoso periférico
peripheral: n. periférico. adj. periférico
perish: n. perecer, morrer, deteriorar
peristalsis: n. peristalse
perjury: n. perjúrio
permafrost: n. subsolo permanentemente congelado
permanent magnet: n. ímã permanente

permanent: adj. permanente, duradouro
permeability: n. permeabilidade
permeable: adj. permeável
permissible: adj. permissível, admissível
permission: n. permissão, autorização
permissive: adj. permissivo, tolerante
permit: n. passe, autorização. v. permitir
permutation: n. permutação
permute: v. permutar
pernicious: adj. pernicioso, nocivo, fatal
perpendicular lines: n. linhas perpendiculares
perpendicular: adj. perpendicular
perplex: v. desconcertar
perplexed: adj. perplexo, desorientado
persecute: v. perseguir, atormentar
persecution: n. perseguição
persevere: v. perseverar, persistir
persevering: adj. perseverante, persistente
persist: v. persistir, subsistir
persistence: n. persistência
persistent: adj. persistente, perseverante
person: n. pessoa, presença pessoal

personal effects: n. objetos de uso pessoal
personal: n, adj. pessoal, particular
personality: n. personalidade
personally: adj. pessoalmente
personify: v. personificar
personnel: n. pessoal, quadro de funcionários
perspective: n. perspectiva. adj. perspectivo
perspiration: n. transpiração, suor
perspire: v. transpirar, suar
persuade: v. persuadir, convencer
persuasion: n. persuasão
persuasive: adj. persuasivo, convincente
pertain: v. pertencer a
pertinacious: adj. pertinaz, obstinado
pertinent: adj. pertinente, apropriado
perturb: v. perturbar
Peru: n. Peru
perversion: n. perversão
pessimistic: adj. pessimista
pester: v. incomodar
pesticide: n. pesticida
pestle: n. pilão
pet (sexual): v. acariciar
pet: n. animal de estimação. adj. de estimação
petal: n. pétala

petite: n. mulher delicada
petition: n. petição v. peticionar
petitioner: n. peticionário
petrified fossil: n. fóssil petrificado
petrochemical: n. petroquímico
petrol station: n. posto de gasolina
petrol: n. gasolina
petroleum: n. petróleo
petticoat: n. anágua
petty: adj. trivial, mesquinho
pew: n. banco de igreja
pH scale: n. escala de pH
phagocyte: n. fagócito
pharaoh: n. faraó
pharmaceutical: adj. farmacêutico
pharmacist: n. farmacêutico
pharmacy: n. farmácia, drogaria
pharynx: n. faringe
phase: n. fase. v. sincronizar
phenomenal: adj. fenomenal
phenotype: n. fenótipo
pheromone: n. feromônio
Philippines: n. Filipinas
philosopher: n. filósofo
philosophy: n. filosofia
phlebitis: n. flebite
phlegm: n. flegma
phlegmatic: adj. fleumático
phobia: n. fobia
phone: n. telefone v. telefonar

phone booth: n. cabine telefônica
phoneme: n. fonema
phonograph: n. fonógrafo
phony: n. impostor, imitação. adj. falso
phosphate: n. fosfato
photo: n. foto, fotografia. v. fotografar. adj. fotográfico
photochemical smog: n. fumaça fotoquímica
photocopy: n. fotocópia. v. fotocopiar
photoelectric effect: n. efeito fotoelétrico
photogrammetry: n. fotogrametria
photograph: n. fotografia. v. fotografar
photographer: n. fotógrafo
photography: n. arte fotográfica
photometry: n. fotômetro
photon: n. fóton
photoperiodism: n. fotoperiodismo
photoreceptor: n. fotoreceptor
photosphere: n. fotosfera
photosynthesis: n. fotossíntese
phrase: n. frase v. frasear (música)
phrasebook: n. livro de expressões de língua estrangeira
phylum: n. filo

physical abuse: n. abuso físico
physical change: n. mudança física
physical education: n. educação física
physical examination: n. exame físico
physical property: n. propriedade física
physical: adj. físico
physician: n. médico
physicist: n. físico
physics: n. física, propriedades físicas
physiotherapist: n. fisioterapeuta
physiotherapy: n. fisioterapia
phytoplankton: n. fitoplâncton
pi: n. pi
pianist: n. pianista
piano: n. piano
pick (tool): n. picareta (ferramenta)
pick: n. escolha. v. colher, escolher
pickax: n. picareta
pickle: n. picles
pickpocket: n. batedor de carteiras
pickup: n. caminhonete de plataforma baixa
picnic: n. piquenique
pictographic: n. pictográfico

picture: n. pintura, retrato, desenho
pidgin languages: n. linguagem pidgin
pie: n. torta, pastelão
piece: n. peça, pedaço. v. juntar
pier: n. píer
pierce: v. perfurar
piercing: adj. perfurante, cortante
piety: n. piedade, compaixão
pig headed: adj. teimoso
pig: n. porco, leitão
pigeon: n. pombo
pigment: n. pigmento
pigtail: n. penteado maria-chiquinha
pile: n. pilha. v. empilhar
pilgrimage: n. peregrinação, romaria
pill: n. pílula
pillage: v. pilhar
pillar: n. coluna
pillow case: n. fronha
pillow: n. travesseiro
pills: n. pílula
pilot program: n. programa piloto
pilot: n. piloto. v. pilotar
pimple: n. espinha
pin: n. alfinete, broche. v. segurar
pinball: n. fliperama
pinch: n. beliscão. v. beliscar
pine: n. pinheiro

pineapple: n. abacaxi
ping-pong: n. pingue-pongue
pink: n. cor-de-rosa
pint (pt): n. quartilho
pioneer species: n. espécies pioneiras
pioneer: n. pioneiro. v. abrir caminho
pious: adj. pio, devoto
pipe: n. cano, cachimbo
pipeline: n. oleoduto, fonte de informações
pipette: n. pipeta
piracy: n. pirataria
pirate: n. pirata, plagiário. v. piratear
pirouette: n. pirueta
piss: n. mijo v. mijar
pistachio: n. pistacho
pistil: n. pistilo
pistol: pistola
piston: n. pistão
pit: n. poço
pitch: n. tom
pitcher: n. jarro
pitiful: adj. lamentável
pitiless: adj. desapiedado, cruel
pituitary gland: n. glândula pituitária
pituitary: n. pituitária
pity: n. piedade
pivot: n. pivô v. girar
place: n. local, posição. v. colocar
placebo: n. placebo

placement: n. colocação
placenta: n. placenta
placid: n. plácido
plague: n. praga
plain: n. planície. adj. plano, simples
plaintiff: n. demandante
plait: v. plissar, trançar
plan: n. plano. v. planejar
plane (geometry): n. plano, plana v. planar
planet: n. planeta
planetarium: n. planetário
plankton: n. plâncton
plant: n. planta, fábrica. v. plantar
plantain: n. tipo de bananeira
plantation: n. plantação
plasma: n. plasma
plaster: n. argamassa, gesso
plastic arts: n. artes plásticas
plastic money: n. cartão de crédito
plastic: n, adj. plástico
plastic bag: n. saco plástico
plate tectonics: n placas tectônicas
plate: n. chapa, placa
plateau: n. platô
Plated: adj. blindado, laminado
platelet: n. plaqueta
platform: n. plataforma
plausible: adj. plausível, aceitável

play: n. jogo, disputa
player: n. jogador, músico
playground: n. playground
playing card: n. carta de jogar
playwright: n. dramaturgo, teatrólogo
plea (to enter a): n. pretexto
plead: v. alegar, pleitear
pleasant: adj. agradável, amável
pleasantry: n. gracejo
please: adv. por favor. v. agradar
pleased: adj. satisfeito, contente
pleasure: n. prazer, satisfação. v. aprazer
pleat: n. plissado
plebiscite: n. plebiscito
pledge: n. penhor. v. prometer
plenitude: n. plenitude, totalidade
plentiful: adj. abundante, copioso
plenty: n. abundância. adj. abundante
pleurisy: n. pleuris
pliers: n. alicate
plot: n. terreno, conspiração. v. delinear
plough: n. arado. v. arar, lavrar
plow: n. arado. v. arar
pluck: n. puxão, coragem. v. depenar

plug in: v. plugar
plug: n. tampão, plugue
plum: n. ameixa
plumber: n. encanador
plumb line: n. fio de prumo
plummet: v. cair
verticalmente
plump: adj. gordo
plunder: n. pilhagem
plunge: v. mergulhar
plural: n. adj. plural
pluralism: n. pluralismo
plus: n. fator positivo, mais.
adv. de modo positivo
plush: n. pelúcia. adj. de
pelúcia
Pluto: n. Plutão
pneumonia: n. pneumonia
pocket money: n. dinheiro
para pequenos gastos
pocket: n. bolso. v.
embolsar. adj. de bolso
pocketbook: n. livro de
bolso
pocketknife: n. canivete
pod: n. vagem
poem: n. poema
poet: n. poeta
poetry: n. poesia, forma de
arte literária
point: n. ponto, ponta. v.
indicar
pointed remark: n.
observação proposital
pointed: adj. pontudo
pointless: adj. inútil, fora de
propósito

poison: n. veneno v.
envenenar
poisoning: n.
envenenamento
poisonous: adj. venenoso
poke: v. cutucar
poker (game): n. pôquer ,
tiçoeiro
Poland: n. Polônia
polar (air mass): n. massa
de ar polar
polar zone: n. zona polar
polar: adj. polar
pole: n. pólo
polemic: n. polêmica. adj.
polêmico
police headquarters: n.
delegacia, quartel
police officer: n. policial
police station: n. delegacia
de polícia
police: n. polícia. v. policiar
policeman: n. policial
policy: n. prática, tática,
diretriz
polio: n. poliomielite
polish: n. lustro. adj.
polonês. v. polir
polite: adj. polido, cortês
politic: adj. hábil
political party: n. partido
político
political platform: n.
plataforma política
political system: n. sistema
político
political: adj. político

politician: n. político
politics: n. política
poll: n. pesquisa de opinião
pública
pollen: n. pólen
pollination: n. polinização
pollutant: n. poluente
pollute: v. poluir
polluted: adj. poluído,
contaminado
pollution: n. poluição,
contaminação
polyester: n. poliéster
polygamous: adj. polígamo
polygamy: n. poligamia
polyglot: n. poliglota
polygon: n. polígono
polyhedron: n. poliedro
polymer: n. polímero
polynomial: n. polinômico
polyp: n. pólipo
polytheism: n. politeísmo
pomegranate: n. romã
pompous: adj. esplêndido,
pretensioso
pond: n. lagoa
ponder: v. ponderar
pony: n. pônei
ponytail: n. rabo-de-cavalo
pool: n. piscina
poor: n, adj. pobre
poorly: adj. adoentado. adv.
insuficientemente
pop: n. pai
popcorn: n. pipoca
Pope: n. papa
poppy: n. papoula

popular vote: n. voto
popular
popular: adj. popular, barato
popularity: n. popularidade
populate: v. povoar
population: n. população
porcelain: n. porcelana. adj.
de porcelana
porch: n. alpendre, varanda,
vestíbulo
porcupine: n. porco-espinho
pore: n. poro
pork: n. carne de porco
pornography: n.
pornografia
porosity: n. porosidade
porous: adj. poroso
porridge: n. mingau de
cereal
port: n. porto, abrigo
portable: adj. portátil
porter: n. porteiro,
carregador
portfolio: n. pasta
portion: n. porção, parcela
portly: adj. corpulento
portrait: n. retrato
Portugal: n. Portugal
pose: n. pose
posh: adj. bacana, chique
position: n. situação,
postura, cargo. v. posicionar
positive: adj. positivo
positively: adj.
positivamente
possess: v. possuir
possession: n. possessão

possibility: n. possibilidade
possible: n. possível. adj.
possível
possibly: adv. possivelmente
post office box: n. caixa
postal
post office: n. correio,
agência postal
post: n. correio, poste. v.
postar
postal order: n. vale postal
postcard: n. cartão postal
postcode: n. código de
endereçamento postal (CEP)
poster: n. pôster
posterity: n. posteridade
postgraduate: n. estudante
de pós-graduação. adj.
relativo a pós-graduação
postman: n. carteiro
postpone: v. adiar,
procrastinar
postscript: n. pós-escrito
posture: n. postura, pose,
atitude
postwar: n. pós-guerra
pot: n. panela, maconha
potash: n. potassa
potassium (K): n. potássio
potato: n. batata
potent: adj. potente, forte
potentate: n. potentado
potential energy: n. energia
potencial
potential: n. potencialidade.
adj. potencial
pothole: n. caldeirão

potion: n. poção
pottery: n. olaria, cerâmica
poultry farm: n. granja de
aves
poultry: n. ave doméstica
pounce: v. borrifar com
pedra-pomes
pound: n. libra
pour: n. chuvarada. v.
despejar
pout: n. amuo. v. amuar
poverty: n. pobreza
powder: n. pó, pólvora. v.
pulverizar
powdered milk: n. leite em
pó
power plant: n. usina de
força
power: n. poder, força. v.
energizar
powerful: adj. poderoso,
forte
powerless: adj. fraco
practicable: adj. praticável,
viável
practical: adj. prático, fácil
practically: adv.
praticamente
practice: n. prática. v.
exercitar, treinar
prairie: n. pradaria
praise: n. louvor. v. louvar,
elogiar
praline: n. pralina
pram: n. carrinho de bebê
prawn: n. pitu, camarão
grande

pray: v. rezar, orar
prayer: n. oração, prece
preach: v. pregar
preacher: n. pastor
preamble: n. preâmbulo
precambrian: adj. pré-cambriano
precarious: adj. precário
precaution: n. precaução, prevenção
precede: v. preceder, anteceder
precedent: n. precedente
preceding: adj. precedente
precinct: n. vizinhança
precious: adj. precioso
precipice: n. precipício
precipitate: v. precipitar
precipitation: n. precipitação
precise: adj. preciso, exato
precisely: adv. precisamente
preclude: v. impedir
precocious: adj. precoce, prematuro
predator: n. predador
predicament: n. apuro
predict: v. predizer, prognosticar
predicting: n. predição
prediction: n. predição, prognóstico
predominance: n. predominância
predominant: adj. predominante

preface: n. prefácio. v. prefaciar
prefect: n. chefe de departamento
prefer: v. preferir, escolher
preferable: adj. preferível
preferably: adv. preferivelmente
preference: n. preferência
pregnancy test: n. teste de gravidez
pregnancy: n. gravidez, gestação
pregnant: adj. grávida
prejudice: n. preconceito v. prejudicar
prejudiced: adj. preconceituoso
prejudicial: adj. prejudicial, nocivo
premature: adj. prematuro, precipitado
premeditation: n. pré-meditação
premier: n. primeiro-ministro. adj. principal
premise: n. premissa
premium: n. prêmio de seguro
premonition: n. premonição, pressentimento
prenatal: adj. pré-natal
preoccupied: adj. preocupado
preparation: n. preparação
prepare: v. preparar, aprontar

preponderance: n. preponderância, predomínio
preponderant: adj. preponderante, predominante
preposterous: adj. irracional, ridículo
presage: n. presságio. v. pressagiar, prognosticar
presbytery, rectory: n. presbitério
preschool: n. escola pré-primária
prescribe: v. determinar, ordenar
prescription: n. receita médica
presence: n. presença, comparecimento
present: n. presente. v. presentear. adj. existente
presentation: n. explicação, descrição
presently: adv. logo
preservation: n. preservação
preserve: v. preservar
preside: v. presidir
presidency: n. presidência
president: n. presidente
press agent: n. assessor de imprensa
press conference: n. entrevista coletiva à imprensa
press release: n. matéria liberada para publicação

press: n. máquina de impressão, jornalismo. v. prensar
pressing: adj. urgente, premente
pressure cooker: n. panela de pressão
pressure: n. pressão, urgência
prestige: n. prestígio, renome
presume: v. presumir, supor
pretence: n. pretexto, simulação
pretend: v. fingir, simular
pretentious: adj. pretensioso, presunçoso
pretext: n. pretexto. v. pretextar, alegar
pretty: adj. bonito, atraente. adv. bastante
prevail: v. prevalecer, vogar
prevalent: adj. prevalecente
prevent: v. prevenir, frustrar
prevention: n. cautela, prevenção
preventive: n. adj. preventivo
preview: n. pré-estréia
previous: adj. prévio, anterior
previously: adv. previamente
prey: n. rapina, presa
price: n. preço,valor. v. avaliar
priceless: adj. inestimável

prick: v. furar
pride: n. orgulho. v. orgulhar-se
priest: n. sacerdote, padre
primarily: adv. primeiramente
primary colors: n. cores primárias
primary school: n. escola primária
primary succession: n. sucessão primária
primary: n. adj. primário, primitivo, principal
primate: n. primata
Prime Minister: n. primeiro ministro
prime number: adj. número primo
prime time: n. horário nobre
prime: n. prima, v. aprontar, adj. principal
primitive: n. aborígine. adj. primitivo
Prince: n. príncipe
Princess: n. princesa
Principal: n. chefe, diretor. adj. principal
principle: n. preceito, caráter
print: n. impressão, publicação. v. imprimir
printer: n. impressora
prior: adj. anterior
priority: n. prioridade
prism: n. prisma
prison cell: n. cela da prisão

prison: adj. de prisão
prisoner of war: n. prisioneiro de guerra
prisoner: n. prisioneiro
privacy: n. privacidade
private: adj. confidencial
private: n. soldado. adj. particular
privateer: n. corsário
privatization: n. privatização
privilege: n. privilégio. v. privilegiar
privileged: adj. privilegiado
prize winner: n. vencedor de um prêmio
prize: n. prêmio. v. estimar. adj. premiado
probability of an event: n. probabilidade de um evento
probability: n. probabilidade
probable: adj. provável
probably: adv. provavelmente
probity: n. probidade, honradez
problem: n. problema, questão. adj. problema
procedure: n. procedimento, método
proceed: v. proceder, ocorrer
proceeding: n. procedimentos
proceeds: n. produto, lucro

process: n. processo. v. processar. adj. processado
processing: n. processamento
procession: n. procissão
proclaim: v. proclamar
procreate: v. procriar, gerar
procure: V. obter, conseguir
prodigious: adj. prodigioso
produce: v. produzir, apresentar
producer: n. produtor
product: n. produto
production: n. produção
productivity: n. produtividade
profane: adj. profano
profanity: n. profanidade
profession: n. profissão
professional: n, adj. profissional
professor: n. professor
proffer: v. ofertar, oferecer
proficiency: n. proficiência, competência
proficient: adj. proficiente
profile: n. perfil, contorno
profit: n. lucro. v. lucrar, beneficiar
profitable: adj. proveitoso, lucrativo
profound: adj. profundo
profuse: adj. pródigo
profusion: n. profusão, abundância
program: n. programa, plano. v. programar

programming: n. programação
progress: n. progresso, trajetória
progressively: adv. progressivamente
prohibit: v. proibir, vedar
prohibition: n. proibição
project: n. projeto
projectile: n. projétil
projection: n. projeção
projectionist: n. projetista
proletariat: n. proletariado
prologue: n. prólogo, prefácio
prolong: v. prolongar
prominence: n. proeminência
prominent: adj. proeminente, notável
promiscuous: adj. promíscuo, indiscriminado
promise: n. promessa. v. prometer
promote: v. promover
promotion: n. promoção
prompt: adj. alerta
promptly: adv. prontamente
prone: adj. propenso
pronoun: n. pronome
pronounce: v. pronunciar
proof: n. prova, evidência. adj. à prova de
prop: n. acessório
propaganda: n. propaganda política
propeller: n. hélice

propensity: n. propensão, tendência
proper: adj. próprio, decente
properly: adv. corretamente
property: n. propriedade
prophecy: n. profecia, predição
prophet: n. profeta
propitious: adj. propício
proportion: n. proporção
proposal: n. proposta
propose: v. propor, expor
proposition: n. proposição
proprietor: n. proprietário
propriety: n. retidão, decoro
prosecute: v. prosseguir, continuar
prosecuting attorney: n. promotor jurídico
prosecution: n. prosseguimento
prosecutor: n. demandante
prospect: n. probabilidade
prospective: adj. em perspectiva
prosper: v. prosperar
prosperity: n. prosperidade
prosperous: adj. próspero, auspicioso
prostate examination: n. exame de próstata
prostate: n. próstata
prostatectomy: n. prostatectomia
prosthesis: n. prótese
prostitute: n. prostituta

prostitution: n. prostituição, meretrício
protect: v. proteger, defender
protection: n. proteção
protectionism: n. protecionismo
protectionist: n. protecionista
protective: adj. protetor, protetivo
protectorate: n. protetorado
protein: n. proteína
protest: n. protesto. v. protestar
Protestant: n. adj. protestante
protocol: n. protocolo, registro
proton: n. próton
protoplasm: n. protoplasma
prototype: n. protótipo
protozoan: n. protozoário
protractor: n. prolongador
protrude: v. protrair, espichar
proud: adj. orgulhoso, imponente
prove: v. provar
proverb: n. provérbio
provide: v. prover, estabelecer
provided: conj. desde que
providence: n. providência
provider: n. provedor
province: n. província
provision: n. provisão

proviso: n. prescrição
provocation: n. provocação
provocative: adj.
estimulante, excitante
provoke: v. provocar
prowl: v. rondar, perambular
prowling: n. perambulação
proximal: adj. proximal
proxy: n. procuração
prudent: adj. prudente,
cauteloso
prune: n. ameixa seca
pry: v. inquirir, intrometer-se
Psalm: n. salmo
pseudonymous: adj.
pseudônimo
psychiatric: adj. psiquiátrico
psychiatric problems: n.
problemas psiquiátricos
psychiatrist: n. psiquiatra
psychiatry: n. psiquiatria
psychic: n. médium,
paranormal. adj. psíquico
psychoanalysis: n.
psicanálise
psychoanalytic theory: n.
teoria psicanalítica
psychobiology: n.
psicobiologia
psychodrama: n.
psicodrama
psychologic: adj.
psicológico
psychological trauma: n.
trauma psicológico

psychological: adj.
psicológico
psychologist: n. psicólogo
psychology: n. psicologia
psychopath: n. psicopata
psychopathology: n.
psicopatologia
psychophysics: n.
psicofísica
psychosis: n. psicose
psychosurgery: n.
psicocirurgia
psychotherapist: n.
psicoterapeuta
psychotherapy: n.
psicoterapia
pub: n. taverna, bar
puberty: n. puberdade
pubescent: adj. púbere
pubic hair: n. pelo pubiano
pubis: n. púbis
public: n. público. adj.
público, popular
publication: n. publicação
publicist: n. publicitário
publicity: n. publicidade
publish: v. publicar
publisher: n. editor
pudding: n. pudim
puddle: n. poça
Puerto Rico: n. Porto Rico
puff: n. sopro
puffy: adj. inchado
puke: v. vomitar
pull: n. puxão. v. puxar,
extrair
pulley: n. polia

pullover: n. pulôver
pulp: n. polpa
pulpit: n. púlpito
pulse: n. pulso, vibração. v. pulsar
pump: n. bomba de gasolina. v. bombear, pulsar
pumpkin: n. abóbora, jerimum
punch: n. soco, murro. v. esmurrar
punctual: adj. pontual
puncture: n. furo. v. perfurar, furar
punish: v. punir
punishable: adj. punível
punishment: n. punição, castigo
Punnett square: n. quadrado de Punnett
pup: n. filhote de cachorro
pupa: n. ninfa
pupil: n. pupilo
pupil of the eye: n. pupila
puppet: n. marionete
puppy: n. filhote de cachorro
purchase: n. compra, aquisição
pure: adj. puro
purebred: adj. puro-sangue
purgative: m. purgante
purge: n. remoção
purify: v. purificar, depurar
puritan: adj. puritano
purple: adj. roxo

purport: v. significar, pretender
purpose: n. finalidade
purr: n. v. ronronar
purse: n. bolsa. v. enrugar, franzir
pursuant to: adj. correspondente
pursue: v. procurar, perseguir
pus: n. pus
push: n. empurrão, esforço. v. empurrar
push-button: n. tecla de comando
push-cart: n. carrinho de mão
pussy: n. bichano, gatinha
put: v. colocar, propor
puzzle: n. quebra-cabeça, enigma. v. confundir
puzzled: adj. perplexo
pajamas: n. pijama
pyramid: n. pirâmide
pyroxene: n. piroxênio
Pythagorean theorem: n. teorema pitagórico

Q, q

Q,q: n. décima sétima letra
do alfabeto, consoante
Qatar: n. Qatar
q-tips: n. cotonetes
quack: n. charlatão, v.
grasnar
quadrant: n. quadrante
quadrature: n. quadratura
quadrilateral: n.
quadrilátero
quadrille: n. quadrilha
quadripartite: adj.
quadripartido
quadruple: n, adj.
quádruplo. v. quadruplicar
quadruplet: n. grupo de
quatro
quagmire: n. pântano,
situação difícil
quail: n. codorniz. v. ceder,
temer
quaint: adj. estranho,
fantástico
quake: n. tremor. v.
tremer, estremecer
qualification: n.
qualificação
qualified: adj. qualificado,
habilitado
qualify: v. qualificar,
capacitar, habilitar
qualitative observation: n.
observação qualitativa

qualitative: adj. qualitativo
quality: n. qualidade
quandary: n. dúvida,
dilema
quantify: v. quantificar,
determinar
quantitative observation: n.
observação quantitativa
quantitative: adj.
quantitativo
quantity: n. quantidade,
soma
quarantine: n. quarentena
quarrel: n. briga. v. brigar
quarrelsome: adj.
briguento
quarry: n. vítima
quart (qt): n. quarto
quarter to: v. esquartejar
quarter: n. quarto,
quarteirão
quarterfinal: n. quartas de
final
quarterly: n. adj.
trimestral. adv. por
trimestre
quartile: n. quartil
quasar: n. quasar
quash: v. aniquilar,
esmagar
quay: n. cais, molhe
queen: n. rainha
queer: adj. fantástico,
homossexual
quench: v. debelar,

satisfazer
query: n. pergunta, dúvida.
v. perguntar
quest: n. procura, busca
question mark: ponto de
interrogação
question: n. pergunta,
questão. v. indagar
questionable: adj. incerto,
duvidoso
questionnaire: n.
questionário
queue: n. fila
queue-jump: v. furar a fila
quick: adj. ligeiro. adv.
rapidamente
quicken: v. acelerar(se)
quickly: adv. rapidamente
quickness: n. velocidade
quicksand: n. areia
movediça
quiet: adj. .quieto
quietly: adv. quietamente
quilt: n. colcha
quinine: n. quinina
quintet: n. quinteto
quintuple: v. quintuplicar
quirk: n. hábito peculiar,
virada inesperada
quit: v. renunciar, desistir.
adj. livre
quite: adv. completamente,
relativamente
quiver: n. tremor. v.
estremecer, tremer

quiz: n. jogo de perguntas e
respostas
quorum: n. quorum
quota: n. quota
quotation marks: n. pl
aspas
quotation: n. citação,
orçamento
quote: v. citar
quotidian: adj. cotidiano,
diário
quotient: n. quociente

R, r

R, r: n. décima oitava letra do alfabeto, consoante
Rabbi: n. rabino
rabbit: n. coelho
rabid: adj. furioso
rabies: n. raiva
race: n. corrida, raça humana. v. competir
race-horse: n. cavalo de corridas
race-track: n. pista de corridas
racial: adj. racial
racing: n. corrida, adj. de ou para corrida
racism: n. racismo
racist: n. racista. adj. racista
rack: n. prateleira, bagageiro
racket: n. raquete
rad: adj. radical
radar: n. radar
radial symmetry: n. simetria radial
radiation: n. radiação
radiation zone: zona radioativa
radiator: n. radiador
radical: adj. radical, extremo
radio station: n. emissora de rádio
radio transmitter: n. transmissor de rádio
radio waves: ondas de rádio
radio: n. rádio. v. transmitir por rádio. adj. relativo ao rádio
radioactive element: n. elemento radioativo
radioactive: adj. radioativo
radioactivity: n. radioatividade
radiocarbon: n. carbono
radiologist: n. radiologista
radiometer: n. radiômetro
radish: n. rabanete
radius of a circle: n. raio de um círculo
radius: n. raio
raffle: n. rifa. v. rifar
raft: n. jangada, balsa
rafter: n. viga
rag: n. . trapo, farrapo
rage: n. raiva, fúria. v. enraivecer-se
raid: n. ataque repentino
rail: n. grade, corrimão, trilho
railing: n. parapeito
railroad: n. ferrovia
railway: n. ferrovia
rain forest: n. floresta tropical
rain gauge: n. fluviômetro
rain: n. chuva. v. chover

rainbow: n. arco-íris
rain-coat: n. capa impermeável
rainfall: n. chuva, aguaceiro
rainy: adj. chuvoso
raise: n. aumento. v. levantar
raisin: n. passa (de uva)
rake: n. rastelo
rally: n. reunião
ramp: n. rampa, declive, ladeira
ranch: n. fazenda
rancher: n. rancheiro, estancieiro
rancid: adj. rançoso
random sample: n. amostra aleatória
random: n. acaso. adj. feito aleatório
range: n. distância, alcance. v. ordenar
rank: n. fileira, grau. v. classificar
ransack: v. esquadrinhar
ransom: n. resgate
rap: v. bater
rape: n. estupro. v. estuprar
raper: n. estuprador
rapid: n. corredeira. adj. rápido
rapidly: adv. rapidamente
rapist: n. estuprador

rapt: adj. arrebatado
rare: adj. raro. adj. malpassado
rarefaction: n. rarefação
rarefied: adj. rarefeito
rarely: adv. raramente
rascal: n. tratante
rash: n. erupção da pele. adj. precipitado
rasp: v. raspar
raspberry: n. framboesa
rat: n. rato
rate: n. taxa
rather: adv. preferivelmente, um tanto
ratification: n. ratificação
ratify: v. ratificar
rating: n. avaliação
ratings: n. estatísticas de audiência
ratio: n. proporção, razão
ration: n. ração
rational number: n. algarismo racional
rational: adj. racional
rationalization: n. racionalização
rationalize: v. ponderar
rationing: n. racionamento
rattle: n. chocalho. v. chocalhar
rattlesnake: n. cascavél
ravage: n. devastação. v. devastar
rave: n. moda passageira,

festa louca. v. delirar
ravel: v. emaranhar
raven: n. corvo. adj. negro
ravenous: adj. voraz
ravine: n. rapina
ravish: v. arrebatar
raw material: n. matéria prima
raw: adj. cru
ray: n. raio
raze: v. arrasar
razor blade: n. lâmina de barbear
razor: n. navalha
razor-edge: n. fio de navalha
reach out: v. tentar ajudar
reach: n. alcance. v. alcançar
react: v. reagir, combinar
reaction: n. reação
reactionary: n. pessoa conservadora. adj. reacionário
reactivity: n. reatividade
read: n. leitura v. ler
reader: n. leitor
readiness: n. prontidão
reading: n. leitura
ready: adj. disponível, preparado
ready-made: n. roupa feita. adj. já feito
real estate: n. bens imóveis
real image: n. imagem real

real numbers: n. números reais
real: adj. real, genuíno. v. vacilar
reality: n. realidade, verdade
realization: n. realização, compreensão
realize: v. perceber, realizar
really: adv. realmente, muito
realm: n. reino, terreno
reap: v. colher
reappear: v. reaparecer
rear: n. a parte traseira. v. criar
rear-end: n. bunda
reason: n. razão, motivo. v. argumentar
reasonable: adj. razoável
reasoning: n. raciocínio
reassure: v. tranqüilizar
rebate: n. abatimento
rebel: n. rebelde. v. rebelar(-se)
rebellion: n. rebelião, revolta
rebellious: adj. rebelde
rebirth: n. renascimento
rebuff: v. repelir
rebuild: v. reconstruir
rebuke: n. repreensão. v. repreender
rebuttal: n. refutação

recalcitrant: adj. recalcitrante
recall: n. recordação. v. recordar
recapture: n. retomada. v. recapturar
receipt: n. recibo. v. dar recibo ou quitação
receive: v. receber, acolher
receiver: n. destinatário, receptor
recent: adj.recente
recently: adv. recentemente
reception: n. recepção, audiência
receptionist: n. recepcionista
receptive: adj. receptivo, impressionável
recess: n. intervalo. v. entrar em recesso
recession: n. recessão
recharge: v. recarregar
recipe: n. receita culinária
recipient: n. destinatário
reciprocals: adj. recíprocos
reciprocity: n. reciprocidade
recitation: n. declamação
recite: v. repetir
reckless: adj. despreocupado, descuidado
recklessness: n. descuido
reckon: v. contar, pensar
reclaim: v. recuperar, regenerar

recline: v. reclinar(-se), recostar(-se)
recognition: n. reconhecimento
recognize: v. reconhecer, identificar
recollect: v. lembrar, relembrar
recollection: n. lembrança
recommence: v. recomeçar
recommend: v. recomendar, sugerir
recompense: n. recompensa. v. recompensar
reconcile: v. reconciliar
reconsider: v. reconsiderar
reconstruct: v. reconstruir, restabelecer
record player: n. toca-discos
record: n. registro, arquivo. v. registrar
recorder: n. juiz municipal
recover: v. recuperar, salvar
recovery: n. recuperação, restauração
recreation: n. recreação, divertimento
recruit: v. recrutar, alistar
rectal examination: n. exame retal
rectangle: n. retângulo

rectangular prism: n.
prisma retangular
rector: n. reitor, diretor
rectory: n. reitoria
rectum: n. reto
recuperate: v. recuperar
recur: v. ocorrer
periodicamente
recycle: v. reciclar
recycling: n. reciclagem
red pepper: n. malagueta,
pimentão
red: n. vermelhidão. adj.
vermelho
redden: v. ruborizar-se
reddish: adj. avermelhado
redeem: v. libertar,
compensar
redeliver: v. devolver,
restituir
redevelopment: n.
renovação de área
deteriorada
red-haired: adj. ruivo
redheaded: adj. ruivo,
furioso
red-hot: adj.
incandescente, muito
entusiástico
rediscover: v. redescobrir
redistribution: n.
redistribuição
redness: n. vermelhidão
redo: v. refazer, fazer
novamente

Redouble: n.
redobramento. v. redobrar
redress: n. reforma,
reparação. v. corrigir
re-dress: v. vestir de novo
red-tape: n. formalidades,
rotina
red-tapist: n. burocrata
reduce: v. reduzir
reduction: n. redução,
diminuição
redundancy: n.
redundância, superfluidade
redundant: adj.
redundante, desnecessário
reed: n. cana, bambu
reef: n. recife
reek: n. cheiro forte. v.
emitir fumaça.
reel: n. movimento
cambaleante. v. cambalear
reel: n. carretel, molinete
re-enforce: v. reforçar,
fortificar
re-establish: v.
restabelecer, restaurar
refer: v. referir, submeter
referee: n. árbitro. v.
arbitrar
reference point: n. ponto de
referência
reference: n. referência
referendum: n. referendo
referral: n. referência

refill: n. reenchimento. v.
reabastecer
refine: v. refinar,
aperfeiçoar
refined: adj. refinado,
aperfeiçoado
refinement: n.
refinamento, requinte
refinery: n. refinaria
reflect: v. refletir, espelhar
reflecting: adj. refletor,
refletidor
reflection: n. reflexão,
repercussão
reflector: n. refletor
reflex: n. reflexo
reflexion: n. reflexão
reflexive: adj. reflexivo
reflexive: n. verbo ou
pronome reflexivo. adj.
reflexivo
reforestation: n.
reflorestamento
reform: n. reforma. v.
restaurar
reformation: n. reforma
reformer: n. reformador
refraction: n. refração
refrain: n. estribilho,
refrão. v. refrear, conter
refresh: v. refrescar,
revigorar
refreshing: adj.
refrescante, restaurador

refreshment: n. refresco
refrigerate: v. refrigerar
refrigerating chamber: n.
câmara frigorífica
refrigerator: n. geladeira,
refrigerador
refuge: n. refúgio, asilo
refugee: n. refugiado
refund: n. reembolso. v.
devolver, pagar
refusal: n. recusa, resposta
negativa
refuse dump: n. depósito
de lixo
refuse: n. resíduo, lixo. adj.
sem valor
refuse: v. recusar, rejeitar
refute: v. impugnar,
contradizer
regain: n. recuperação. v.
recuperar
regain consciousness: v.
recuperar a consciência
regal: n. realeza. adj. real,
régio
regard: n. consideração,
respeito
regarding: prep.
relativamente, com
referência a
regardless: adj.
descuidado, negligente
regeneration: n.
regeneração

regent: n. adj, regente, reinante

regime: n. regime, administração

regiment: n. regimento. v. arregimentar

region: n. região, área

regionalism: n. regionalismo

register: n. registro, matrícula. v. registrar, matricular

registered mail: n. correspondência registrada

registered nurse: n. enfermeira diplomada

registration number: n. número de licença

registration: n. registro, matrícula

registry office: n. cartório de registro civil

regression: n. regressão

regret: n. arrependimento. v. lamentar

regular polygon: n. polígono regular

regular reflection: n. reflexão regular

regular: n, adj. regular, normal, uniforme

regularity: n. regularidade

regularly: adv. regularmente

regulate: v. regular, ajustar

regulation: n.

regulamento. adj. regulamentar

regurgitate: v. regurgitar

rehabilitate: v. reabilitar, restaurar

rehabilitation: n. reabilitação, restauração

rehearsal: n. ensaio, treino

rehearse: v. ensaiar, treinar

reign: n. reino, reinado

reimburse: v. reembolsar

reimbursement: n. reembolso

rein: n. rédea. v. governar, controlar

reincarnation: n. reencarnação

reinforce: n. reforço. v. reforçar

reinforced concrete: n. concreto armado

reinforcement: n. reforço

reinstate: v. restabelecer, reinstalar

reinsure: v. reassegurar

reinvest: v. reaplicar (fundos)

reject: n. rejeito. v. rejeitar, expelir

rejection: n. rejeição

rejoice: v. regozijar-se, alegrar, exultar

rejoin: v. reunir, ajuntar

relapse: n. recaída. v. recair, reincidir

relate: v. referir, relatar
relating: adj. relativo a
relation: n. relação
relationship: n.
parentesco, relacionamento
relative age: n. idade
relativa
relative dating: n. datado
relativo
relative humidity: n.
umidade relativa
relative: n. parente. adj.
relativo
relax: v. relaxar, repousar
relaxation: n.
relaxamento, descanso
relaxing: adj. relaxante,
calmante
**release of medical
information:** n. liberar
informação médica
release: n. libertação. v.
soltar
relent: v. abrandar, ceder
relentless: adj. inflexível,
impiedoso

relevance: n. relevância
relevant: adj. relevante,
importante
reliability: n. confiabilidade
reliable: adj. de confiança
relic: n. relíquia, ruínas
relief: n. alívio, ajuda,
saliência
relieve: v. aliviar, ajudar

religion: n. religião
religious: n, adj. religioso
relinquish: v. abandonar,
ceder
relish: v. comover,
temperar
reluctance: n. relutância,
aversão
reluctant: adj. relutante,
hesitante
rely: v. confiar em
remain: v. ficar,
permanecer
remainder: n. resto, sobra
remaining: adj. restante
remains: n. resíduos,
vestígios
remake: n. refilmagem. v.
refazer
remand: n. devolução. v.
devolver
remark: n. observação
remarkable: adj. notável,
extraordinário
remedy: n. remédio,
solução. v. curar
remember: v. lembrar
remembrance: n.
lembrança, recordação
reminder: n. lembrança,
lembrete
reminiscence: n. lembrança,
memórias
remission: n. remissão

remit: v. remeter, enviar
remittance: n. remessa de valores
remnant: n. sobra, resíduo, vestígio
remorse: n. remorso
remorseful: adj. arrependido
remorseless: adj. sem remorsos
remote control: n. controle remoto
remote: adj. remoto, distante
removable: adj. removível
removal: n. remoção
remove: v. remover
renaissance: n. renascimento
renal analysis: n. análise renal
rename: v. renomear
render: n. retribuição. v. retribuir
rendezvous: n. encontro, reunião. v. reunir-se
renegade: n,adj renegado, traidor
renew: v. renovar, repetir
renewable resource: n. recurso renovável
renewal: n. renovação, substituição
renounce: v. renunciar, rejeitar
renown: n. renome, fama

renowned: adj. renomado, famoso
rent boy: n. garoto de programa
rent: n. aluguel, renda. v. alugar
reopen: v. reabrir
repair: n. conserto, reparo. v. reparar
reparation: n. reparação
repay: v. reembolsar, recompensar
repayment: n. retribuição, reembolso
repeal: v. revogar
repeat: n. repetição, v. repetir
repel: v. repelir, repulsar
repellent: n. repelente. adj. repulsivo
repent: v. arrepender-se
repentance: n. arrependimento
repercussion: n. repercussão, eco
repertory: n. repertório
repetition: n. repetição
repetitive: adj. de repetição, repetitivo, repetitório
replace: v. repor, tomar o lugar
replacement: n. substituição
replay: n. replay. v. tocar

de novo
replete: adj. repleto, saciado
replicate: v. duplicar
replication: n. reprodução
reply: n. resposta
report card: n. boletim
report: n. relatório. v. relatar, denunciar
reportedly: adv. segundo notícias
reporter: n. repórter
reprehend: v. repreender
reprehension: n. repreensão
represent: v. representar
representation: n. representação
representative: n. representante. adj. representativo
repress: v. reprimir
repression: n. repressão
reprieve: n. moratória
reprimand: n. reprimenda
reprisal: n. represália, retaliação
reproach: n. repreensão, censura
reproduce: v. reproduzir, copiar
reproduction: n. reprodução
reproductive system: n. sistema reprodutivo
reproductive: adj. reprodutivo, reprodutor

reproval: n. censura, reprovação
reprove: v. reprovar, censurar
reptile: n. réptil
republic: n. república
Republican: n, adj. republicano
repugnance: n. repugnância, aversão
repugnant: adj. repugnante
repulsive: adj. repulsivo, repelente
reputable: adj.honrado, respeitável
reputation: n. reputação, celebridade
repute: n. reputação, fama
reputed: adj. reputado, renomado
request: n. pedido
require: v. requerer, exigir
requirement: n. exigência, requisito
rescue: n. salvação, resgate. v. resgatar
rescuer: n. libertador, salvador
research: n. pesquisa
research: n. pesquisa. v. pesquisar
researcher: n. pesquisador
resell: v. revender
resemblance: n.

semelhança, imagem
resemble: v. assemelhar-se
resent: v. ressentir-se
resentful: adj. ressentido
resentment: n.
ressentimento
reservation: n. reserva
reserve: n. reserva. v.
reservar
reserved seat: assento
reservado
reserved: adj. reservado,
discreto
reservoir: n. reservatório
residence: n. residência
resident: n, adj. residente
residue: n. resíduo
resign: v. renunciar, demitir-
se
resignation: n. renúncia,
demissão
resin: n. resina
resist: v. resistir
resistance: n. resistência
resistant: n. que resiste. adj.
resistente
resistor: n. resistor
resolution: n. resolução
resolve: v. resolver, decidir
resonance: n. ressonância
resort: n. local de férias. v.
recorrer
resounding: adj. ressonante
resource: n. recurso
resourceful: adj.

desembaraçado, expedito
respect: n. respeito,
consideração
respectable: adj.
respeitável, decente
respectfully: adv. respeito-
samente
respective: adj. respectivo
respects: cumprimentos,
saudações
respiration: n. respiração
respiratory difficulty: n.
dificuldade respiratória
respiratory system: n.
sistema respiratório
respiratory: adj. respiratório
respire: v. exalar, respirar
respite: n. intervalo,
prorrogação. v. prorrogar,
adiar
respond: n. v. responder
respondent: n. respondente
response: n. resposta
responsibility: n.
responsabilidade
responsible: adj.
responsável
rest: n. descanso, sossego,
resto. v. descansar
restaurant: n. restaurante
restful: a d j . tranqüilo,
descansado
resting-place: n . lugar de
descanso

restitution: n. restituição
restless: a d j . impaciente, inquieto
restoration: n . restauração, restabelecimento
restore: v. restaurar, recuperar
restrain: v. reter, impedir
restraint: n restrição, moderação
restrict: v . limitar, confinar
restriction: n . restrição, limitação
restroom: n . banheiro
result: n. resultado
resultant: adj. resultante
résumé: n. currículo profissional
resume: v. retornar, prosseguir
resurrect: v. ressuscitar
resurrection: n. ressurreição
resuscitate: v. ressuscitar
retail: n. venda a varejo. v. vender a varejo
retailer: n. varejista
retain: v. reter, conservar
retake: n. refilmagem de uma cena. v. retomar
retaliate: v. retaliar
retaliation: n. retaliação, desforra
retard: n. demora, atraso. v.

demorar-se
retardation: n. retardo
retarded: adj. retardado
retch: n. ânsia de vômito. v. vomitar
retention: n. retenção
rethink: n. reconsideração. v. reconsiderar
reticence: n. reserva, discrição
reticent: adj. reservado, discreto
retina: n. retina
retire: v. retirar(-se), aposentar(-se)
retired: adj. afastado, aposentado
retirement: n. retirada, aposentadoria
retiring: adj. que se aposenta, reservado
retort: n. réplica. v. replicar
retrace: v. retroceder, voltar atrás
retract: v. retrair, recolher
retractive: adj. retrativo
retreat: fugir, refugiar-se
retribution: n. retribuição, recompensa
retribution: n. retribuição
retributive: adj. retribuidor, vingador
retrieval: n. recuperação
retrieve: v. recuperar,

reparar

retroactive: adj. retroativo

retrocession: n. retrocessão, retrocesso

retrograde: adj. que retrocede, decadente

retrospect: n. retrospecto. v. considerar o passado

retrospective: n. retrospectiva. adj. retrospectivo

return: n. volta, retorno

returning: n. volta, devolução

reunion: n. reunião, reencontro

reunite: v. reunir(-se)

reuse: n. reutilização. v. reutilizar

revalidate: v. revalidar

revaluate: v. valorizar

revalue: v. valorizar, revalorizar

reveal: v. revelar, exibir

revealing: n. revelação. adj. revelador

revel: v. festejar

revelation: n. revelação

revelry: n. festança, folia

revenge: n. vingança. v. vingar-se

revenue: n. rendimento

reverberate: v. reverberar, refletir

reverberation: n. reverberação, reflexão

revere: v. honrar, respeitar

reverence: n. reverência. v. reverenciar

reverse gear: n. marcha à ré

reverse: n. contrário. v. inverter. adj. inverso

reverseless: adj. irreversível

revert: v. reverter

review: n. revisão

reviewer: n. revisor, crítico

revindicate: v. reivindicar

revise: v. revisar, examinar

reviser: n. revisor

revision: n. revisão, edição

revitalize: v. revitalizar

revival: n. revivescimento, renascimento

revive: v. ressuscitar, reviver

revocation: n. revogação

revoke: v. revocar, anular

revolt: n. revolta. v. revoltar

revolting: adj. revoltante, repulsivo

revolution: n. revolução, rotação

revolutionary: n, adj. revolucionário

revolve: v. revolver, girar

revolver: n. revólver

revolving door: n. porta giratória

reward: n. recompensa. v. recompensar
rewarding: adj. gratificante, satisfatório
rewrite: n. texto reescrito. v. reescrever
rhetoric: n. adj. retórica
rheumatic fever: n. febre reumática
rheumatic: adj. reumático
rheumatism: n. reumatismo
rhinitis: n. rinite
rhinoceros: n. rinoceronte
rhombus: n. rombo
rhubarb: n. ruibarbo, vozerio
rhyme: n. rima, verso. v. rimar
rhythm method: n. método de ritmo
rhythm: n. ritmo
rhythmic: adj. rítmico
rib: n. costela
ribbed: adj. que tem costelas
ribbon: n. fita, tira. v. ornar com fitas
ribosome: n. ribossomo
rice powder: n. pó de arroz
rice: n. arroz
rich: adj. rico, brilhante
riches: n. riquezas
richness: n. riqueza, abundância
Richter scale: escala de Richter
rickety: adj. raquítico, fraco
ricochet: n. ricochete. v. ricochetear
rid: v. libertar, desfazer-se
ridden: adj. dominado, oprimido
riddle: n. ciranda, charada. v. cirandar
ride: n. passeio, estrada
rider: n. cavaleiro, passageiro
ridicule: n. ridículo. v. ridicularizar
ridiculous: adj. ridículo, absurdo
riding: n. passeio a cavalo ou de carro
rife: adj. predominante, comum
riffle: n. cascata. v. embaralhar
rifle: n. rifle, espingarda. v. atirar com espingarda
riflery: n. tiro ao alvo
rift: n. brecha. v. rachar
rig: n. fraude. v. manipular fraudulentamente
right angle: n. ângulo reto
right hand: n. mão direita
right triangle: n. triângulo retângulo
right wing: n. ala direitista, direita

right wing: n. direitista, direita
righteous: adj. justo, justificado
rightful: adj. legítimo, justo
right-handed: adj. destro
rightly: adv. justamente, honestamente
right-minded: adj. honesto, correto
rightness: n. justiça, exatidão
rigid: adj. rígido, tenso
rigor: n. rigor
rigorous: adj. rigoroso, severo
rill: n. córrego
rim: n. borda
rimmed: adj. que tem borda, margens
rind: n. casca, crosta. v. descascar
rind: n. casca
ring finger: n. dedo anular
ring of fire: n. anel de fogo
ring road: n. anel viário
ring: n. anel, arena, campainha. v. cercar, soar
ringlet: n. anel pequeno
rink: n. pista de patinação
rinse: n. enxágüe. v. enxaguar
riot: n. motim
riotous: adj. revoltoso, turbulento
rip: n. rasgo, fenda. v. rasgar
ripe: v. amadurecer. adj. maduro, pronto
ripen: v. amadurecer
rip-off: n. muito caro, exploração
ripper: n. rasgador, serrote
ripple: n. agitação. v. ondular
rise: n. ascensão. v. subir, levantar
riser: n. o que se levanta
rising: n. ascensão. adj. ascendente
risk: n. risco. v. arriscar
risky: adj. arriscado, perigoso
rite: n. rito, ritual
ritual: n, adj. ritual
rival: n. rival. v. rivalizar
rivalry: n. rivalidade
rive: n. rocha. v. rachar, rasgar
river: n. rio. adj. fluvial
river-hog: n. capivara
river-horse: n. hipopótamo
rivet: n. rebite. v. olhar, fascinar
RNA: n. RNA
roach: n. barata
road map: n. mapa rodoviário

road: n. estrada, caminho
roadbed: n. leito de estrada
roadblock: n. obstáculo na estrada
roadway: n. pista da estrada
road works: n. construção e manutenção de uma rodovia
roam: n. perambulação. v. vagar
roar: n. rugido. v. rugir, urrar
roaring: n. rugido. adj. barulhento, extraordinário
roast: n. assado, crítica. v. assar. adj. assado
rob: v. roubar
robber: n. ladrão, assaltante
robbery: n. roubo, furto
robe: n. roupão
robin: n. tordo europeu
robot: n. robô
robust: adj. robusto, sadio
rock cycle: n. ciclo das rochas
rock: n. rocha. adj. rochoso. v. agitar
rock-climber: n. alpinista
rock-climbing: n. alpinismo
rocket: n. foguete. v. subir rapidamente
rocky: adj. rochoso, firme
rocking chair: n. cadeira de balanço
rocking: n. ação de balançar. adj. de balanço

rocky: adj. instável, trêmulo
rod: n. vara, vareta
rodent: n. roedor
rods: n. hastes
rogue: n. enganador, malandro
roguery: n. malandragem, travessura
role: n. papel, parte
role-play: n. interpretação de um papel. v. encenar
roll call: n. chamada
roll: n. rolo, lista. v. rolar
roller coaster: n. montanha-russa
roller skate: n. patim de rodas. v. patinar
roller: n. rolo, o que rola
roller-skating: n. patinação
rolling pin: n. rolo de macarrão
rolling stone: n. pessoa que não tem endereço fixo
rolling: n. rotação. adj. rolante
roll-neck: adj. rolê, enrolado
roman numeral: n. algarismo romano
roman: n. adj. romano
romance: n. romance, romantismo. v. romancear
romantic: n. adj. romântico
romp: n. folia. v. fazer farra

roof: n. telhado. v. telhar
roof rack: n. porta-bagagens
roofing: n. cobertura, telhadura
room: n. quarto, lugar. v. ocupar um quarto
roomed: adj. que tem quartos
roommate: n. companheiro de quarto
roomy: adj. espaçoso, amplo
roost: n. poleiro. v. empoleirar, pernoitar
rooster: n. galo
root: n. raiz, base. v. radicar
rooted: adj. enraizado, radicado
rootless: adj. que não tem raiz
rope: n. corda, cabo, cordame
rosary: n. roseiral, rosário
rose: n. rosa. adj. cor-de-rosa
rosebud: n. botão de rosa
rosemary: n. alecrim
rose-tree: n. roseira comum
rosy: adj. rosado, cor-de-rosa
rot: n. podridão. v. apodrecer
rota: n. relação, lista
rotate: v. girar, alternar
rotation: n. rotação

rotten apple: n. maçã podre
rotten: adj. podre, apodrecido
rottenness: n. podridão, corrupção
rough copy: n. esboço, rascunho
rough: n. aspereza. v. esboçar. adj. áspero
roughen: v. tornar áspero, rude
roughness: n. aspereza, rudeza
round number: n. número redondo
round trip: n. viagem de ida e volta
round: adj. redondo, v. rodear
roundabout: n. desvio, rodeio. adj. indireto, vago
roundness: n. redondeza, clareza
rouse: n. toque de alvorada. v. acordar
rousing: adj. despertador, estimulante
rout: n. rumo, itinerário, estrada
rout: v. expulsar, desenterrar
route: n. rota
routine: n. rotina, hábito. adj. rotineiro
rove: v. perambular

row: n. remada, agitação. v. alvoroçar. v. remar
row: n. fileira. v. enfileirar
rowboat: n. barco a remos
rowdy: n. turbulento. adj. brigão
rower: n. remador
rowing: n. remo, ação de remar
royal: adj. real, nobre, majestoso
royalty: n. realeza
rub: v. friccionar, esfregar
rubber band: n. elástico
rubber bullet: n. bala de borracha
rubber stamp: n. carimbo de borracha
rubber tape: n. fita isolante
rubber: n. borracha. v. emborrachar. adj. feito de borracha
rubber boat: n. bote de borracha
rubbish: n. entulho, bobagem. v. critica
rubble: n. pedregulho. v. reduzir a entulho
rubblework: n. alvenaria de pedra bruta
rubella: n. rubéola
rubric: n. rubrica
ruby wedding: n. bodas de rubi

ruby: n. rubi
rucksack: n. mochila
rudder: n. leme de direção
rude: adj. rude, grosseiro
rudeness: n. rudeza, grosseria
rudimentary: adj. rudimentar
rueful: adj. triste, magoado
ruffian: n. malfeitor. adj. rufianesco
ruffle: n. ondulação. v. franzir, enrugar
rug: n. tapete, capacho
rugby: n. rúgbi
rugged: adj. áspero
ruin: n. ruína
rule: n. regra, lei. v. decretar
ruler: n. governador, régua
ruling: n. decisão judicial. adj. prevalente
rum: n. rum, adj. de mal gosto
rumble: n. ruído, rumor. v. ressoar
ruminate: v. ruminar, ponderar
rummage: n . inspeção, bugigangas. v. revistar
rumor: n . rumor. v. espalhar boatos
rump: n. nádega, traseiro
rumple: n . ruga, prega. v.

enrugar

run: n. corrida. v. correr

runaway inflation: n. inflação descontrolada

runaway: n. fugitivo, fuga. adj. fugitivo

run-down: adj. em estado precário

rung: n. degrau de escada de mão. pp of ring

runner: n. corredor, mensageiro

running water: n. água corrente

running: n. ato de correr, corrida

runny: adj. que goteja ou escorre

runt: n. baixinho

run-up: n. aumento repentino

runway: n. pista de pouso e decolagem, passarela de moda

rupture: n. rompimento. v. romper

rural: adj. rural

ruse: n. artifício

rush hour: n. hora do rush

rush: n. movimento rápido. v. apressar. adj. urgente

Russia: n. Rússia

rust: n. ferrugem. v. oxidar

rust-eaten: adj. corroído

pela ferrugem

rustic: n. homem rústico. adj. rústico

rustle: n. sussurro. v. sussurrar

rustling: n. sussurro. adj. sussurrante

rusty: adj. enferrujado

rut: n. cio, rotina. v. estar no cio

ruthful: adj. misericordioso, triste

ruthless: adj. cruel, insensível

rye coffee: n. café de centeio

rye: n. centeio

S, s

S, s: n. décima nona letra do alfabeto, consoante

Sabbath: n. sabá

sabotage: n. sabotagem. v. sabotar

sabre: n. sabre. v. ferir com sabre

sac: n. saco, bolsa

saccharin: n. sacarina

sachet: n. sachê

sack: n. saque, saco. v. demitir, saquear

sacrament: n. sacramento

sacred cow: n. vaca-sagrada

sacred: adj. sagrado, santificado

sacrifice: n. sacrifício. v. sacrificar

sacrilege: n. sacrilégio

sacrosanct: adj. consagrado

sad: adj. triste, abatido

sadden: v. tornar triste, deprimir

saddle: n. sela. v. encarregar

saddler: n. seleiro

sadism: n. sadismo

sadly: adv. tristemente

safeguard: n. proteção. v. proteger

safekeeping: n. custódia, segurança

safety belt: n. cinto de segurança

safety island: n. ilha

safety margin: n. margem de segurança

safety match: n. fósforo de segurança

safety pin: n. alfinete de segurança

safety plan: n. plano de segurança

safety rail: n. corrimão

safety razor: n. aparelho para fazer a barba

safety valve: n. válvula de segurança

safety: n. segurança. v. proteger. adj. que protege

sag: v. ceder, cair

sage: n. sábio. adj. sério

saggy: adj. propenso a cair

said: ps, pp of say. adj. dito, mencionado

sail: n. vela, navio veleiro. v. navegar

sailboat: n. barco à vela

sailcloth: n. lona

sailing: n. iatismo. adj. veleiro

sailor: n. marinheiro. adj. de marinheiro

saint: n. santo. v. santificar

sake: n. causa, motivo, fim, finalidade

salad dressing: n. tempero

ou molho para salada
salad: n. salada
salamander: n. salamandra
salary: n. salário
sale: n. venda, mercado,
liquidação
saleable: adj. vendível, que
tem saída
sales department: n.
departamento de vendas
sales girl: n. balconista
sales price: n. preço de
venda
sales representative: n.
representante de vendas
sales tax: n. imposto sobre
mercadorias
salesclerk: n. balconista
salesman: n. vendedor,
representante de vendas
salesperson: n. vendedor ou
vendedora
saleswoman: n. vendedora
salient: n. saliente,
saliência. adj. saliente
salinity: n. salinidade
saliva: n. saliva
salivate: v. salivar
sallow: v. tornar pálido.
adj. pálido
salmon: n, adj. salmão
salon: n. salão
saloon: n. salão, taverna
salt: n. sal. v. salgar
salted: adj. salgado

salt-water: n. água
salgada. adj. marinho
salty: adj. salgado
salutary: adj. salutar,
saudável
salute: n. saudação,
continência. v. saudar
salvage: n. selvagem,
bárbaro. v. salvar
savagery: n. ferocidade,
crueldade
salvation: n. salvação
salver: n. bandeja, salva
same: adj. mesmo, idêntico.
adv. do mesmo modo
sameness: n. similaridade,
monotonia
sample: n. amostra. v.
provar
sampler: n. classificador,
amostras
sampling material: n.
material de amostra
sampling: n. ato de tirar
amostras
s a n a t o r i u m : n. sanatório
sanctify: v. santificar
sanction: n. aprovação. v.
sancionar
sanctuary: n. santuário
sand dune: n. duna de areia
sand: n. areia. v. jogar
areia
sandal: n. sandália
sand-bank: n. banco de

areia
sand-glass: n. ampulheta
sandpaper: n. lixa. v. lixar
sand-storm: n. tempestade
de areia
sandwich: n. sanduíche. v.
imprensar
sandy: adj. arenoso,
amarelado
sane: adj. são, sadio
sanguinary: adj. sangrento,
sanguinário
sanitarian: n. sanitarista.
adj. sanitário
sanitary napkin: n.
absorvente feminino
sanitary pads: n. toalhas
sanitárias
sanitary towel: n.
absorvente feminino
sanitary ware: n. louça
sanitária
sanitation: n. saneamento
sanity: n. sanidade mental,
razão
sank: ps of sink
sap n. seiva, sapa. v. minar,
extrair a seiva
sapful: adj viçoso
saphead: n. bobo, idiota
sapless: adj. sem seiva,
fraco
sapling: n. broto, árvore
nova
sapphire: n. safira. adj.
azul-safira

sapphism: n. safismo,
lesbianismo
sarcasm: n. sarcasmo
sarcastic: adj. sarcástico
sarcophagus: n. sarcófago
sardine: n. sardinha
sash: n. cinta, faixa
sassy: adj. atrevido, na
moda
satanic: adj. satânico,
diabólico
satchel: n. mochila escolar
sate: v. satisfazer, fartar
sated: adj. farto, satisfeito
satellite: n. satélite
satiety: n. saciedade, fartura
satin: n. cetim. adj. de
cetim
satire: n. sátira,
ridicularização
satirize: v. satirizar
satisfaction: n. satisfação
satisfy: v. satisfazer
satisfying: adj. satisfatório
saturate: v. saturar. adj.
saturado
saturated zone: n. zona
saturada
saturation: n. saturação
Saturday: n. sábado
satiric: adj. satírico
sauce: n. molho, calda. v.
temperar
saucepan: n. panela
saucer: n. pires

saucy: adj. atrevido, insolente
Saudi Arabia: n. Arábia Saudita
sauna: n. sauna
saunter: n. passeio. v. passear
sausage roll: n. tortinha de linguiça
sausage: n. linguiça
savanna: n. savana
save: prep. salvo. conj exceto. v. salvar, guardar
saving: n. economia. adj. econômico. prep. exceto
savings: n. economias, poupança
savings account: n. caderneta de poupança
savior: n. salvador
savory: n. petisco
saw: n. serrote, ditado, ps of see
sawdust: n. serragem
sawfish: n. peixe-serra
sawmill: n. serraria
sawyer: n. serrador
say: n. fala. v. falar, exprimir
saying: n. o que é dito, ditado
say-so: n. palavra, autoridade
scab: n. cicatriz. v. formar crosta

scabies: n. escabiose, sarna
scaffold: n. andaime, esqueleto
scaffolding: n. sistema de andaimes
scald: n. queimadura. v. queimar
scalding: n. escaldadura. adj. escaldante
scale drawing: n. desenho em escala
scale model: n. modelo em escala
scale: n. escala, escama. v. reduzir, escamar
scale: n. prato de balança. v. pesar
scalene triangle: n. triângulo escaleno
scalp: n. couro cabeludo. v. escalpar
scalpel: n. escalpelo, bisturi
scan: v. examinar cuidadosamente
scandal: n. escândalo. v. desonrar
scandalize: v. escandalizar
scandalous: adj. escandaloso
scanner: n. seletor eletrônico
scant: v. restringir, limitar. adj. escasso, pouco
scanty: adj. escasso, pouco
scapegoat: n. bode

expiatório. v. fazer alguém de bode expiatório

scar: n. cicatriz. v. causar uma cicatriz

scarce: adj. raro, escasso

scarcely: adv. mal, raramente

scarcity: n. falta, escassez

scare: n. susto, pânico. v. assustar, alarmar

scarecrow: n. espantalho

scarf: n. lenço

scarlet fever: n. febre escarlate

scarlet: adj. escarlate

scarp: n. precipício, escarpa. v. escarpar

scarred: adj. marcado, danificado

scary: adj. assustador, assustado

scat: v. fugir

scathing: adj. severo, rigoroso

scatter: n. dispersão. v. espalhar, dissipar

scattering: n. disperso

scavenger: n. que se alimenta de carniça

scenario: n. enredo, conjuntura

scene: n. cenário, cena

scenery: n. cenário, vista

scenic: adj. relativo à paisagem

scent: n. perfume, olfato. v. cheirar, perfumar

scented: adj. cheiroso, perfumado

scentless: adj. inodoro, sem cheiro

skeptic: n. adj. cético, descrente

skeptical: adj. cético

schedule: n. lista, horário. v. planejar

schematic: adj. esquemático

scheme: n. esquema, plano. v. planejar

schism: n. cisma

scholar: n. estudioso, bolsista

scholarship: n. sabedoria, bolsa de estudos

school age: n. idade escolar

school board: n. conselho de diretores

school year: n. ano escolar

school: n. escola, colégio. v. educar

schoolbook: n. livro escolar

schoolchild: n. aluno (a)

school-fee: n. mensalidade escolar

schooling: n. instrução, educação escolar

schoolmate: n. colega de escola

schoolroom: n. sala de aulas, classe

schoolteacher: n. professor
school term: n. semestre
escolar
school time: n. hora de aula,
tempos de escola
schoolwork: n. lição, trabalho escolar
schoolyard: n. pátio da
escola
science fiction: n. ficção
científica
science: n. ciência, sabedoria
scientific inquiry: n.
investigação científica
scientific law: n. lei
científica
scientific notation: n.
notação científica
scientific theory: n. teoria
científica
scientific: adj. instruído,
científico
scientist: n. cientista
scintillate: v. cintilar, brilhar
scissors: n. tesoura
scold: n. pessoa ralhadora. v.
repreender
scolding: n. repreensão
scoop: n. pá. v. escavar
scooter: n. patinete
scorch: n. queimadura leve.
v. queimar
score: n. contagem. v.
marcar, registrar
scoreboard: n. placar
scorn: n. desprezo. v.

desprezar
Scorpio: n. Escorpião
scorpion: n. escorpião
Scot: n. escocês
Scotch: n. adj. escocês
scottish: n. língua escocesa
Scotland: n. Escócia
Scotsman: n. escocês
Scotswoman: n. escocesa
scoundrel: n. salafrário,
vilão
scour: v. esfregar, polir
scourge: n. flagelo. v.
flagelar
scout: n. observador, escoteiro. vt+ v. observar
scowl: n. carranca. v. franzir
a testa
scrabble: n. rabisco, v.
rabiscar
scraggy: adj. alto e magro
scramble: v. subir, arrastar-
se
scrap: n. pedaço, recorte. v.
descartar
scrape: v. raspar, arranhar
scratch line: n. linha de
largada
scratch: n. arranhadura. v.
arranhar, rabiscar
scratch-and-win: n.
raspadinha (loteria)
scratchy: adj. tosco, áspero
scrawl: n. rabisco. v.
escrevinhar

scream: n. grito. v. gritar
screechy: adj. estridente, agudo
screen: n. grade, tela. v. proteger, projetar
screenplay: n. roteiro cinematográfico
screenwriter: n. roteirista de cinema
screw: n. parafuso. v. parafusar
screwdriver: n. chave de fenda
scribble: n. rabiscos. v. rabiscar
scribbling: n. rabiscos. letra ilegível
scrimmage: n. tumulto, briga
scrimp: v. economizar, limitar
script: n. manuscrito, letra, roteiro
scriptwriter: n. TV roteirista
scroll: n. rolo de papel, documento escrito. v. mover
scrooge: n. ávaro, pão-duro
scrotum: n. escroto
scrounger: n. falador, parasita
scrub: n. moita, esfregação. v. esfregar
scruffy: adj. sujo, bagunçado

scrupulous: adj. escrupuloso
scrutiny: n. exame minucioso
scuba diving: n. mergulho
scuff: v. arrastar os pés, desgastar
scuffle: n. briga. v. lutar, brigar
sculpt: v. esculpir, modelar
sculpture: v. esculpir, entalhar
scum: n. sujeira. v. formar espuma
scuttle: n. escotilha. v. correr, afundar um navio
sea breeze: n. brisa marítima
sea gull: n. gaivota
sea horse: n. cavalo-marinho, morsa
sea mile: n. milha marítima
sea: n. mar, oceano
sea-bathing: n. banho de mar
seabed: n. fundo do mar
sea-bird: n. ave marinha
sea-chart: n. mapa marítimo
sea-coast: n. costa, litoral
sea-dog: n. foca, lobo-do-mar
seafaring: n. navegação. adj. navegante
seafood: n. frutos do mar
seal: n. foca. v. caçar focas

seal: n. selo, brasão, sinal. v. autenticar, lacrar

sea-level: n. nível do mar

sea-line: n. horizonte

seam: n. costura. v. costurar

seaman: n. marinheiro

seamy: adj. que tem costuras, péssimo

seaport: n. porto de mar

search: n. procura, pesquisa. v. procurar

searching: n. procura, inspeção. adj. minucioso

searchlight: n. holofote, farol

searing: adj. muito intenso

seascape: n. . paisagem marítima

seashell: n. concha do mar

seasickness: n. enjôo do mar

seaside: n. litoral, costa. adj. costeiro

season: n. estação do ano, época. v. temperar

seasonal: adj. sazonal

seasoned: adj. que tem muita experiência

seasoning: n. tempero, condimento

seat belt: n. cinto de segurança

seat: n. banco, cadeira

seaweed: n. alga marinha

secluded: adj. retirado, isolado

second: n, adj. . segundo. adv. em segundo lugar

secondary color: n. cor secundária

secondary school: n. escola secundária

secondary succession: n. sucessão secundária

second-best: adj. em segundo lugar

second-hand: adj, adv. de segunda mão

second-rate: adj. inferior

secrecy: n. segredo, sigilo

secret: n. segredo, mistério. adj. secreto

secretariat: n. secretariado

Secretary of State: n. ministro de Estado

secretary: n. secretário (a)

secretion: n. secreção

secretion: n. secreção

sect: n. seita

sectarian: adj. sectário

section: n. seção, divisão

sector: n. setor

security guard: n. segurança

sedate: v. sedar. adj. tranqüilo

sedation: n. sedativo

sedative: n. sedativo, calmante

sedentary: adj. sedentário

sediment: n. sedimento
sedimentary rock: rocha
sedimentar
sedimentary: adj.
sedimentar, sedimentário
seduce: v. . seduzir
seduction: n. sedução,
atração
see: v. ver, olhar
seed: n. semente. v. semear
seedling: n. muda
seedy: adj. cheio de
sementes, sujo
seek: v. procurar, tentar
seem: v. parecer, dar a
impressão
seesaw: n. gangorra, balanço
see-through: adj.
transparente
segment: n. segmento
segregate: v. segregar
seismic wave: n. onda
sísmica
seismograph: n. sismógrafo
seize: v. agarrar, aproveitar,
capturar
seizure: n. apreensão,
convulsão
seldom: adv. raramente
select: v. selecionar. adj.
seleto
selected: adj.
selecionado
selective breeding: n.
procriação seletiva

selective cutting: n. corte
seletivo
selective: adj. seletivo
selectively permeable:
permeabilidade seletiva
self- righteous: adj.
farisaico,que se considera
virtuoso
self: n. eu, ego. pron. si,
mesmo
self-access: n. acesso próprio
self-appointed: adj.
autodesignado
self-assured: adj. confiante,
seguro de si
self-centered: adj. egocêntrico, egoísta
self-confidence: n.
autoconfiança
self-conscious: adj. pouco à
vontade
self-contained: adj.
completo, independente
self-control: n. autocontrole
self-criticism: n. autocrítica
self-defense: n. autodefesa
self-determination: n.
autodeterminação
self-discipline: n. autodo-
mínio
self-employed: adj.
autônomo
self-esteem: n. auto-
estima, amor-próprio
self-explanatory: adj.

óbvio
self-government: n.
governo autônomo
self-help: n. auto-ajuda
selfless: adj. abnegado,
altruísta
self-made: adj. que vence
na vida por esforço próprio
self-pity: n. autopiedade
self-portrait: n. auto-retrato
self-preservation: n.
autopreservação
self-respect: n. respeito próprio, auto-respeito
self-righteous: adj. que se
considera virtuoso
self-satisfied: adj. satisfeito
consigo mesmo
self-sufficient: adj. auto-
suficiente
sell: vender. ter saída, ter
aceitação
sell-by-date: n. prazo de
validade
sellotape: n. fita adesiva
semen: n. sêmen, esperma
semester: n. semestre
semicircular canals: n.
canais semicirculares
semiconductor: n.
semicondutor
semifinalist: n. semifinalista
seminar: n. seminário
semi-precious: adj. semi-
precioso

senator: n. senador
send: n. força. v. enviar,
mandar
Senegal: n. Senegal
senile: adj. senil
senior citizen: n. pessoa
idosa
senior partner: n. sócio
majoritário
senior: n. a pessoa mais
velha. adj. sênior
seniority: n. superioridade
em importância ou poder
sensation: n. sensação
sense: n. sentidos
senseless: adj. inconsciente,
insensível
sensibility: n. sensibilidade
sensible: adj. ajuizado,
sensato
sensibly: adv. sensatamente
sensitive: n. sensitivo. adj.
sensível, delicado
sensitivity: n. sensibilidade
sensory: adj. sensorial
sensual: adj. sensual
sensuous: adj. sensual,
sensível
sentiment: n. sentimento,
emoção
sepal: n. sépala
separate: v. separar, dividir
September: n. setembro
sequel: n. seqüência,
continuação
serenity: n. serenidade
sergeant: n. sargento

serial killer: n. assassino em série
serial: n. seriado, romance
series circuit: n. circuito em série
series: n. série, sucessão
serious: adj. sério, grave
sermonize: v. pregar, fazer sermão
seronegative: n. soronegativo
seropositive: n. soropositivo
servant: n. empregado, criado
serve: n. saque, serviço. v. servir, atender
service station: n. posto de gasolina
service: n. serviço
serviceable: adj. útil
serviceman: n. militar
sesame oil: n. óleo de gergelim
session: n. sessão
set point: n. set point
set: n. jogo, coleção, cenário. v. pôr, fixar
set-back: n. revés, contrariedade
settee: n. canapé, sofá
settle: v. estabelecer-se, fixar
settlement: n. decisão, colônia
settler: n. colonizador

setup: n. arranjo, configuração
seven: n, adj, pron. sete
sever: v. separar, dividir
several: adj. vários, diversos
severe: rígido, severo
sew: v. costurar
sewer: n. cano de esgoto
sewerage: n. sistema de esgoto
sewing: n. costura. adj. de costura
sex appeal: n. atração sexual
sex chromosomes: n. cromossomos sexuais
sex: n. sexo
sexless: adj. sem sexo, assexual
sextet: n. sexteto
sexual abuse: n. abuso sexual
sexual desires: n. desejos sexuais
sexual harassment: n. assédio sexual
sexual intercourse: n. relações sexuais
sexual relations: n. relações sexuais
sexual reproduction: n. reprodução sexual
sexuality: n. sexualidade
sexually transmitted diseases (STD): n. doenças sexualmente transmitidas
sexy: adj. sexualmente atraente

shabby: adj. gasto, maltrapilho

shack: n. cabana

shackle: n. algema, cadeia. v. algemar

shade: n. sombra, tom. v. sombrear

shadow: n. sombra, escuridão. v. proteger

shady: adj. sombreado

shaft: n. cabo, coluna, mastro

shaggy: adj. felpudo, peludo

shake: n. sacudida. v. sacudir, tremer

shaky: adj. trêmulo, fraco

shall: v. dever

shallow: n. raso. v. ficar raso. adj. superficial

sham: n. engano, fraude. adj. falso

shambles: n. bagunça

shame: n. vergonha, humilhação

shameless: adj. sem-vergonha

shantytown: n. favela

shape: n. forma, figura. v. dar forma

share: n. parte, ação. v. dividir

shared needles: n. agulhas compartilhadas

shareholder: n. acionista

shark: n. tubarão

sharp: n. sustenido. adj. afiado, agudo

s h a r p e n e r : n. afiador, apontador

shattered: adj. desolado, exausto

shattering: adj. avassalador

shave: v. barbear-se, raspar

shaving cream: n. creme de barbear

she: pron ela

sheath: n. revestimento

shed: n. abrigo, barracão. v. derramar, mudar

sheen: n. resplendor, brilho

sheep: n. carneiro, ovelha

sheep-dog: n. cão pastor

sheer: adj. fino, transparente

sheet: n. lençol, folha de papel

shelf: n. prateleira, estante

shell: n. casca, concha. v. descascar

shellfish: n. mariscos

shelter: n. abrigo, proteção. v. abrigar

shepherd: n. pastor

sherry: n. xerez

shield: n. escudo. v. proteger

shift: n. mudança, turno. v. mudar

shifty: adj. esperto, safado

Shilling: n. xelim

shimmer: v. iluminar fracamente

shine: n. luz. v. brilhar, polir
shingle: n. telha de madeira, cascalho
shiny: adj. lustroso, brilhante
ship: n. navio, barco. v. enviar
ship-building: n. construção naval
shipment: n. carregamento
shipshape: adj. em ordem, em forma
shipwreck: n. naufrágio. v. naufragar
shipyard: n. estaleiro
shirt: n. camisa
shit: n. merda, fezes. v. evacuar
shiver: n. arrepio. v. tremer, arrepiar-se
shoal: n. cardume
shocking: adj. chocante, escandaloso
shoe: n. sapato, ferradura. v. ferrar, calçar
shoelace: n. cordão de sapato
shoot: n. tiro, chute. v. atirar
shooting star: n. estrela cadente
shooting: n. caça
shop: n. loja
shop-assistant: n. vendedor(a)
shopkeeper: n. lojista, dono de loja
shoplifter: n. ladrão de lojas

shopping: n. compra
shopping center, shopping mall: n. centro comercial
shop-window: n. vitrine
shore: n. praia, litoral, orla
short circuit: curto-circuito
short: n, adj. curto, baixo
shortage: n. falta, deficiência
short-circuit: n. curto-circuito. v. dar curto-circuito
shortcoming: n. falta, falha
short-cut: n. atalho
shorten: v. encurtar, diminuir
shorthand: n. taquigrafia
shortlist: n. lista curta de nomes
short-lived: adj. de vida curta
shortly: adv. logo
shortness of: brevidade
short-sighted: adj. míope, imprudente
short-tempered: adj. irritável, violento
short-term: adj. a curto prazo
shot: n. tiro, tentativa, fotografia, injeção
shot-gun: n. espingarda
should: ps of shall, recomendar
shoulder: n. ombro
shout: n. grito. v. gritar
show: n. mostra, espetáculo. v. mostrar

show biz: n. show business
show business: n. produções em cinema, televisão
show-down: n. confrontação
shower: n. chuva, chuveiro. v. tomar banho
show-room: n. sala de exposição
shrewd: adj. astuto, inteligente
shriek: n. som agudo, grito. v. gritar
shrimp: n. camarão
shrink: v. reduzir, diminuir
shrug: v. encolher os ombros
shrunken: adj. encolhido, enrugado
shudder: n. tremor, arrepio. v. tremer, estremecer
shuffle: v. arrastar os pés, misturar
shut: v. fechar. adj. fechado
shut-down: n. parada temporária, suspensão
shuttle: n. serviço de transporte
shuttlecock: n. peteca
shy: adj. tímido, acanhado. v. recuar
sibling: n. irmãos e irmãs
sick: adj. doente, enjoado
sickening: adj. repugnante, enjoativo
sickness: n. doença, náusea
side: n. lado, equipe. v. favorecer. adj. lateral

side-effect: n. efeito colateral
side-track: v. desviar-se, afastar-se
sidewalk: n. calçada
Sierra Leone: n. Serra Leoa
sift: v. peneirar, examinar
sigh: n. suspiro. v. suspirar
sights: n. locais interessantes
sight-seeing: n. turismo. adj. turístico
sign: n. sinal, símbolo. v. assinar
sign language: n. comunicação por sinais e gestos
signal: n. sinal. v. mostrar. adj. destacado
signature: n. assinatura
significant: adj. significante
signpost: n. poste de sinalização
silencer: n. silenciador
silent: adj. silencioso
silica: n. sílica
silicone: n. silicone
silk: n. seda
sill: n. peitoril
silly: n, adj. tolo, estúpido
silver: n. prata, prataria. v. pratear
silverware: n. prataria
similar figures: n. figuras similares
similarity: n. semelhança, similaridade

simile: n. símile, comparação
simmer: v. cozinhar lentamente
simple-minded: adj. estúpido, ingênuo
simplify: v. simplificar
simply: adv. simplesmente
since: adv. desde
sincere: adj. sincero, verdadeiro
sincerely: adv. sinceramente
sine: n. seno
sinew: n. tendão, nervo
sinful: adj. pecador, corrompido
sing: v. cantar
Singapore: n. Cingapura
singing: n. canto. adj. que canta
single parent: n. pai ou mãe que cria filho sozinho
single: adj. um único, solteiro
single-handed: adj. sem ajuda, sozinho
single-minded: adj. decidido
singsong: n. ocasião em que pessoas cantam por prazer
singularity: n. singularidade
sinister: adj. sinistro, ameaçador
sink: n. pia. v. afundar, destruir
sinner: n. pecador(a)
sinus: n. sinusite

sip: n. gole. v. bebericar
siren: n. sirene (apito)
sissy: n. tímido, covarde
sister: n. irmã, freira. adj. relacionado por irmandade
sister-in-law: n. cunhada
sit up: n. exercícios abdominais
sit: v. sentar, descansar
sitcom: n. seriado cômico de tv
site: n. posição, lugar
sitting: n. sessão, reunião, assento
sitting room: n. sala de estar
situated: adj. situado, localizado
situation comedy: n. comédia de rádio ou TV
six: n, adj, pron seis
size: n. tamanho, medida. v. medir
sizeable, sizable: adj. de tamanho considerável
sizzle: v. chiar ao fogo
skate: n. patim. v. patinar
skateboard: n. prancha de skate
skeletal muscle: n. músculos esqueléticos
skeleton: n. esqueleto
skeptic: n. cético(a)
sketch: n. esboço, projeto. v. esboçar, traçar
sketchy: adj. incompleto, superficial
skewer: n. espeto. v. prender

com espeto
skid: n. escorregão. v. deslizar
skiing: n. ato de esquiar
skill: n. habilidade, experiência
skilled: adj. qualificado, habilitado
skim: v. desnatar, deslizar sobre
skim-milk: n. leite desnatado
skin: n. pele, couro. v. tirar a pele
skin-deep: adj. superficial, leve
skinhead: n. jovem rebelde que raspa a cabeça e usa botas
skip: n. pulo, salto. v. pular, saltar, omitir
skipping rope: n. corda de pular
skull: n. caveira, cabeça
sky: n. céu
sky diving: n. pára-quedismo
skyline: n. horizonte, silhueta
skyrocket: n. foguete. v. subir rapidamente
skyscraper: n. arranha-céu
slack: adj. solto, descuidado
slacken: v. soltar, afrouxar
slander: n. difamação, calúnia. v. caluniar
slant: n. ladeira, inclinação.

v. inclinar
slap-dash: adj. impetuoso, sem cuidado
slate: n. ardósia. v. cobrir com telhas de ardósia
slaughter: n. matança. v. matar, derrotar
slaughter-house: n. matadouro
slavery: n. escravidão
slay: v. matar, assassinar
sledge-hammer: n. marreta, malho
sleep: n. sono. v. dormir
sleeper: n. pessoa que dorme, carro dormitório
sleepiness: n. sonolência
sleeping pill: n. sonífero
sleepless: adj. sem sono, com insônia
sleep-walker: n. sonâmbulo(a)
sleepy: adj. sonolento, quieto, sossegado
sleet: n. granizo
sleeve: n. manga, luva. v. colocar mangas
slice: n. fatia, parte. v. fatiar
slick: n. mancha de petróleo. adj. engenhoso, esperto
slide: n. escorregador. v. deslizar, escorregar
sliding door: n. porta de correr
sliding friction: n. fricção deslizante

slim: v. emagrecer. adj. delgado, fraco
slimy: adj. enlodado, viscoso, lodoso
sling: n. estilingue. v. arremessar
slip: n. escorregão. v. deslizar, soltar
slippery: adj. escorregadio, enganoso
slit: n. fenda, fresta. v. fender, rachar
sliver: n. lasca, fatia fina
slob: n. preguiçoso, porcalhão
slop: n. lavagem. v. derramar
slope: n. inclinação
sloppy: adj. mal-feito, babaca
slot: n. fenda, vaga. v. encaixar
slot machine: n. caça-níqueis
slovenly: adj. sujo, relaxado
slow: v. diminuir. adj. lento
slowly: adv. lentamente
slow-motion picture: n. filme em câmara lenta
slow-witted: adj. bronco, tapado
sluggish: adj. lento, preguiçoso
sluice: n. eclusa. v. fluir, lavar
slum: n. favela
slump: n. queda brusca. v.

cair
slur: n. pronúncia indistinta. v. desprezar
sly: adj. furtivo, astuto
smack: n. beijoca, palmada. v. bater
small change: n. trocado
small intestine: n. intestino delgado
small talk: n. conversa fiada
small: adj. pequeno, pouco
smallpox: n. varíola
small-time: n. negócios que operam em pequena escala
smart: adj. agudo, esperto, moderno
smash: n. quebra, sucesso. v. quebrar, destruir
smash hit: n. sucesso estrondoso
smashing: adj. excelente, estupendo
smash-up: n. colisão, choque, desastre
smell: n. olfato, cheiro. v. cheirar, feder
smell, sense of: n. olfato
smelly: adj. de mau cheiro
smirk: n. sorriso malicioso. v. sorrir de modo malicioso
smog: n. neblina e fumaça
smoke: n. fumaça. v. fumar, defumar
smoking habits: n. hábito de fumar
smooth: v. alisar, suavizar. adj. liso, fácil

smooth muscle: n. músculos lisos
smother: v. sufocar, extinguir
smug: adj. presunçoso, convencido
smuggler: n. contrabandista
snack: n. lanche, petisco
snag: n. obstáculo. v. prender ou rasgar algo
snail: n. lesma, caracol
snake: n. cobra, serpente. v. serpentear.
snap: n. estalo, estalido
snap shot: n. foto instantânea
snare: n. laço, armadilha. v. enganar
snatch: n. fragmento, seqüestro. v. agarrar, roubar
sneak: v. andar furtivamente, roubar
sneakers: n. calçado esportivo, tênis
sneeze: n. espirro. v. espirrar
sniff: n. fungada, respiração. v. farejar, cheirar
snip: n. corte, barganha. v. cortar
sniper: n. franco atirador
snitch: n. dedo-duro. v. dedurar
snob: n. esnobe
snobbish: adj. esnobe
snoop: v. bisbilhotar, espionar

snooze: n. soneca. v. cochilar
snore: n. ronco. v. roncar
snorkel: n. tubo de respiração
snout: n. focinho, tromba
snow: n. neve. v. nevar
snow-bound: adj. cercado de neve
snowfall: n. nevada
snowflake: n. floco de neve
snowplow: n. máquina para limpar as ruas de neve
Snow-White: n. Branca de Neve
snuggle: v. aconchegar-se
so: adv. assim, de tal modo, então
soak: v. encharcar, infiltrar
soaking: adj. que molha, encharcado
soap: n. sabão. v. ensaboar
soap-opera: n. novela
sob: n. soluço. v. soluçar
sober: v. ficar sóbrio. adj. sóbrio
so-called: adj. assim chamado
soccer: n. futebol
sociable: adj. sociável
social security: n. seguridade social
social work: n. assistência social
social worker: n. assistente social
social: adj. social
socialize: v. socializar

society: n. sociedade, associação
sociological: adj. sociológico
sociologist: n. sociólogo
sock: n. meia curta
soda: n. refrigerante
sofa-bed: n. sofá-cama
soft: adj. macio, mole, baixo
soft drink: n. refresco, suco
soft drugs: n. drogas leves
soften: v. amolecer, suavizar
soft-spoken: adj. falado em voz baixa, afável
software: n. software
soggy: adj. encharcado
soil conservation: n. preservação do solo
soil: n. solo. v. sujar, manchar
solace: n. consolo, conforto
solar eclipse: n. eclipse solar
solar energy: n. energia solar
solar nebula: n. nebulosa solar
solar system: n. sistema solar
solar wind: n. vento solar
sold: ps, pp of sell. adj. vendido
sole: adj. só, exclusivo
solemnity: n. solenidade, cerimônia
solenoid: n. solenóide
solicitor: n. advogado que lida com casos jurídicos

solid: n. corpo sólido. adj. sólido
solidify: v. solidificar
solitary: adj. solitário, abandonado
solitary confinement: n. prisão em solitária
solitude: n. solidão
soloist: n. solista
solstice: n. solstício
solubility: n. solubilidade
soluble: adj. solúvel
solution of an equation: n. solução de uma equação
solution: n. solução
solve: v. resolver, esclarecer
solve an equation: v. resolver uma equação
solvent: n. solvente
Somalia: n. Somália
somatic illnesses: n. doenças somáticas
somatic nervous system: n. sistema nervoso somático
some: adj. uns, alguns, um pouco
some day: adv. qualquer dia
somebody else: pron. alguma outra pessoa
somebody: pron. alguém, alguma pessoa
somehow: adv. de qualquer maneira
something: n. alguma coisa
something like: adv. espécie de
sometime: adv. algum dia,

em algum momento

sometime ago: adv. tempos atrás

sometimes: adv. às vezes, de vez em quando

somewhat: n. algo, um pouco, alguma coisa

somewhere: adv. em algum lugar

somewhere else: adv. em outro lugar, em outra parte

son: n. filho

sonar: n. sonar

song-bird: n. pássaro canoro

son-in-law: n. genro

sonnet: n. soneto

sonogram: n. sonograma

soon: adv. logo, brevemente

sooner: compar of soon

soothing: adj. calmante, suavizante

sophistication: n. sofisticação, refinamento

sophomore: n. estudante do segundo ano

soppy: adj. sentimental

sore: n. ferida, dor. adj. dolorido, furioso

sorely: adv. extremamente, muito

sorrow: n. tristeza, pesar

sorry: adj. arrependido, pedido de desculpas

sort: n. tipo. v. classificar, selecionar

sought-after: adj. em grande demanda

soul: n. alma, espírito

soul music: n. tipo de música dos negros americanos

soul-destroying: adj. deprimente, arrasador

soul mate: n. alma gêmea

sound: n. som. v. tocar. adj. são. adv. profundamente

source: n. fonte, origem

south: n, adj. sul. adv. para o sul

South Africa: n. África do Sul

South Korea: n. Coréia do Sul

South Pole: n. Pólo Sul

southeast: n. sudeste. adv. para o sudeste

southernmost: adj. que está mais para o sul

southward, southwards: adv. para o sul

southwest: n. adj. sudoeste. adv. em direção ao sudoeste

sovereignty: n. soberania

sow: n. porca. v. semear

soy: n. soja, feijão-soja

spa: n. fonte de água mineral, balneário

space: n. espaço, área. v. espaçar

space probe: n. sonda espacial

space shuttle: n. ônibus espacial

space station: n. estação espacial
spacecraft: n. nave espacial, espaçonave
spacious: adj. espaçoso, amplo
spade: n. pá. v. cavoucar com pá
spades: n. espadas
Spain: n. Espanha
Spanish: n, adj. espanhol
spank: v. bater
spare time: n. tempo livre, folga
spare: n. reserva. v. poupar. adj. extra
spark: n. faísca. v. reluzir, faiscar, entusiasmar
sparkling: adj. cintilante, brilhante
sparrow: n. pardal
sparse: adj. esparso, disperso
spartan: adj. espartano, disciplinado
spasm: n. espasmo
spasm muscle: n. câimbra muscular
spatial: adj. espacial, do espaço
spatter: n. respingo, mancha. v. respingar
speak: v. dizer, falar
speaker: n. locutor, orador
speaking: adj. falante, que fala
spearmint: n. hortelã

special effect: n. efeito especial
specialist: n. especialista
specialty: n. especialidade
specialize: v. especializar(-se)
specially: adv. especialmente
species: n. espécie
specific: adj. específico, particular
specification: n. especificação
specimen: n. espécime, amostra
speck: n. pinta, partícula. v. manchar
spectacles: n. óculos
spectator: n. espectador
spectrograph: n. espectrógrafo
spectroscope: n. espectroscópio
spectrum: n. espectro, gama
speculative: adj. especulativo
speculator: n. especulador, negociador
sped: ps, pp of speed
speech: n. fala, discurso
speech therapy: n. terapia de fala, fonoaudiologia
speechless: adj. sem fala
speed: n. velocidade
speedily: adv. rapidamente, velozmente

speed-limit: n. limite de velocidade
spell: n. feitiço, período de tempo. v. soletrar
spellbind: v. encantar, enfeitiçar
spellbound: adj. encantado, fascinado
spelling: n. ortografia
spend: v. gastar, passar tempo, esgotar
spending: n. gasto, despesa
spent: ps, pp of spend. adj. gasto, exausto
sperm: n. esperma
spermatozoid: n. espermatozóide
sphere: n. esfera
spice: n. tempero, sabor. v. temperar
spicy food: n. comida apimentada
spicy: adj. apimentado
spider-web: n. teia de aranha
spiky: adj. pontudo, pontiagudo
spill: v. derramar, espalhar
spin: n. rotação, giro
spine: n. espinha, lombada, crista
spinster: n. mulher solteira
spiral: n, adj. espiral. v. espiralar
spirit: n. espírito
spirited: adj. vivo, animado, espirituoso
spirits: n. bebida alcoólica

spirituality: n. espiritualidade
spit: n. cuspe. v. cuspir
spite: n. rancor. v. ofender
splash: n. mancha. v. espirrar, molhar
splendid: adj. esplêndido, brilhante
splint: n. tala para fratura
splinter: n. lasca. v. lascar
split: n. divisão, rasgo. v. partir. adj. dividido
spoil: n. pilhagem. v. arruinar, mimar
spoiled food: n. comida estragada
spoke: n. raio. ps of speak
spoken: pp of speak. adj. oral, falado
spokesperson: n. porta-voz, orador
sponge: n. esponja. v. esfregar
sponge-cake: n. pão- de-ló
spongy bone: n. osso esponjoso
sponsorship: n. patrocínio
spontaneity: n. espontaneidade
spooky: adj. fantasmagórico, misterioso
spoon-feed: v. dar na boca, facilitar a vida
spore: n. espora
sport: n. camarada. v. exibir, ostentar
sporting: adj. de esporte,

esportivo

sports: n. esporte. adj. de esporte

sportsman: n. esportista

sportsmanship: n. espírito esportivo

spot: n. marca, pinta. v. marcar, localizar

spotless: adj. limpo, impecável

spotlight: n. refletor, holofote

spotted: adj. manchado, pontilhado

spout: n. cano, tubo. v. jorrar, correr

sprain: n. deslocamento, distensão. v. torcer, distender

sprawl: v. espreguiçar-se, crescer muito

spray: n. spray, pulverizador

spread: n. expansão, coberta. v. espalhar

spring: n. mola, primavera, nascente. v. pular, nascer

spring: mola, primavera

spring-board: n. trampolim

springtime: n. primavera

sprinkle: n. pequena quantidade. v. salpicar

sprint: n. corrida de curta distância. v. correr a toda velocidade

sprout: n. broto. v. brotar, crescer

spur: n. espora, impulso,

estímulo. v. estimular

spurt: n. jato, arrancada. v. jorrar

spy: n. espião. v. espionar, investigar

squabble: n. briga. v. brigar, disputar

squad: n. esquadra, seleção

squalor: n. esqualidez, miséria

squander: v. desperdiçar, esbanjar

square: n. quadrado, praça. adj. conservador

square centimeter: n. centímetro quadrado

square root: raiz quadrada

squared: adj. elevado a dois

squash n. abóbora. v. esmagar

squat: v. agachar-se. adj. agachado

squeak: n. guincho, rangido. v. chiar, gritar

squeal: n. grito estridente. v. gritar

squeamish: adj. enjoadiço, sensível

squad: n. pelotão, esquadra

squeeze: n. aperto. v. apertar, espremer

squint: n. estrabismo. v. olhar com os olhos meio fechados

squirrel: n. esquilo

Sri Lanka: n. Sri Lanka

stab: n. facada. v. apunhalar,

perfurar
stability: n. estabilidade
stabilize: v. estabilizar
stable: n. estábulo,
estrebaria. v. estabular
stack: n. pilha, monte
staff: n. funcionários. v.
prover com pessoal
stage: n. palco, etapa. v.
encenar
staggering: adj.
surpreendente
stagnant: adj. estagnado
stag-party: n. despedida de
solteiro
stain: n. mancha. v.
manchar
stainless: adj. sem mancha
stairs: n. escadas
stairway: n. escadaria
stake: n. escada, aposta. v.
fixar, apostar
stalactite: n. estalactite
stalagmite: n. estalagmite
stalemate: n. impasse
stalk: n. haste. v. seguir,
observar
stalwart: n. pessoa fiel.
adj. forte, leal
stamen: n. estame
stamina: n. força,
resistência
stammer: n. gagueira. v.
gaguejar
stamp: n. selo, carimbo. v.
selar
stance: n. postura, atitude

stand: n. postura,
arquibancada. v. levantar
standard form: n. padrão
standard: n. padrão,
exemplar
standardize: v. padronizar
standing orders: n. débito
automático
standing: n. status,
duração. adj. em pé
standpoint: n. ponto de
vista
standstill: n. paralisação
staple: adj. importante. v.
grampear
stapler: n. grampeador
star: n. estrela. v. estrelar
starch: n. amido
stare: n. olhar fixo. v.
encarar
starlight: n. luz estrelar.
adj. estrelado
start: n. partida, começo. v.
começar
starter: n. iniciador,
entrada
startle: v. chocar,
surpreender
starvation: n. fome
starve: v. sofrer de fome
state: n. estado, condição. v.
declarar
stately: adj. grandioso,
majestoso
statement: n. declaração
statesman: n. político,
estadista

static discharge: n. descarga estática
static electricity: n. eletricidade estática
static friction: n. fricção estática
static: n. estática. adj. estático
station: n. posto, posição. v. postar
stationary: adj. fixo
stationery: n. artigos de papelaria
statistics: n. estatística
stature: n. estatura, altura
status: n. estado, posição social
statutory: adj. estatutário, estatucional
staunch: adj. fiel
stay: n. estada, temporada. v. ficar, permanecer
steady: v. firmar. adj. fixo, calmo
steak: n. bife
steal: n. roubo, furto. v. roubar, furtar
steam: n. vapor, fumaça. v. evaporar
steamer: n. navio a vapor, vapor
steam-roller: n. rolo compressor
steel mill: n. usina siderúrgica
steel: n. aço. v. cobrir com aço, endurecer

steep: adj. íngreme, abrupto
steer: v. guiar, dirigir
steering-wheel: n. volante
stem: n. haste, tala
stench: n. fedor, mau cheiro
step: n. passo, degrau. v. andar, pisar
stepbrother: n. meio-irmão
stepdaughter: n. enteada
stepfather: n. padrasto
step-ladder: n. escadinha
stepmother: n. madrasta
steppe: n. estepe
stepsister: n. meio-irmã
stepson: n. enteado
stereotype: n. estereótipo
sterility: n. esterilidade
sterilize: v. esterilizar
sterling: adj. de prata de lei, genuíno
stern: n. popa. adj. severo, duro
steroids: n. esteróide
stew: n. guisado, confusão
steward: n. comissário de bordo
stewardess: n. comissária de bordo
stick: n. vara, graveto. v. espetar, furar, colar
sticker: n. adesivo
stickler: n. pessoa persistente
sticky: adj. grudento, pegajoso

stiff neck: n. torcicolo
stiff: adj. duro, rígido
stiffness: n. rigidez
stifle: v. abafar, sufocar
stifling: adj. sufocante, abafadiço
still: n. silêncio. v. silenciar. adj. quieto. adv. ainda
stillborn: adj. natimorto
stillness: n. calma, silêncio
stilt: n. pernas de pau, estacas
stimulant: adj. estimulante
stimulating: adj. estimulante
stimulus: n. estímulo
sting: n. picada, ferroada. v. picar, arder
stingy: adj. mesquinho, miserável
stinking: adj. fedorento. adv. muito
stint: n. tarefa com prazo limitado
stipulate: v. estipular
stir: n. alvoroço, revolta. v. mover, mexer
stir-fry: v. fritar no óleo
stitch: n. ponto de costura, pontada. v. costurar
stock exchange: n. bolsa de valores
stock market: n. bolsa de valores
stock: n. estoque, reserva. gado. v. estocar, suprir

stockbroker: n. corretor de valores
stockholder: n. acionista
stocktaking: n. levantamento do estoque
stocky: adj. robusto
stodgy: adj. enfadonho, pesado
stoke: v. atiçar o fogo
stolid: adj. apático
stomach: n. estômago
stomp: v. bater o pé
stone age: n. idade da pedra
stone: n. pedra, rocha. v. revestir de pedras. adj. de pedra
stone-blind: adj. totalmente cego
stoned: adj. intoxicado com drogas
stone-dead: adj. completamente morto
stone-deaf: adj. completamente surdo
stool analysis: n. exame de fezes
stools: n. fezes
stop: n. parada, fim. v. parar, cessar
stopgap: n. substituto. adj. provisório
stoppage: n. interrupção, pausa
stopper: n. rolhar, tampa
stopwatch: n. cronômetro
storage: n. armazenagem

store window: n. vitrine
store: n. loja. v. armazenar
stork: n. cegonha
storm: n. tempestade
stormy: adj. tempestuoso, turbulento
story: n. história, andar, pavimento
storybook: n. livro de contos
story-telling: n. narração de histórias
stout: adj. robusto, forte
stowaway: n. passageiro clandestino
straddle: v. estar montado com as pernas abertas
straight: n. reta, linha. adj. reto, direto, liso
straighten: v. endireitar
strain: n. raça, linhagem, traço
strain: n. tensão, pressão. v. torcer, exceder-se
strainer: n. coador, peneira
strait jacket: n. camisa-de-força
straitened: adj. limitado, com dificuldades
stranded: adj. encalhado, abandonado
strange: adj. estranho, desconhecido
stranger: n. desconhecido
strangle: v. estrangular, sufocar
strap: n. tira, correia. v.

amarrar
stratagem: n. estratagema
strategy: n. estratégia
stratosphere: n. estratosfera
stratus: n. estrato
straw: n. palha, canudo. adj. de palha
strawberry: n. morango
stray: n. animal errante. v. errar. adj. perdido
streak: n. faixa, listra
stream: n. rio, córrego. v. fluir, correr
streamlined: adj. aerodinâmico, moderno
street: n. rua
strengthen: v. fortalecer
stress: n. estresse, tensão. v. estressar
stretch: n. extensão. v. esticar, estender
stretcher: n. maca
stricken: pp of strike. adj. afetado, atacado
strictly: adv. estritamente
strict: adj. rigoroso, exato
stridden: pp of stride
stride: n. passo largo. v. dar passos largos
strike: n. greve. v. bater, acender, impressionar
striker: n. grevista, artilheiro
striking: adj. notável, impressionante
string: n. cordão, corda, sequência. v. enfileirar

strip: n. tira, faixa. v. despir-se, tirar
striped: adj. listrado
stripper: pessoa que faz strip-tease
strive: v. lutar, batalhar
stroke: n. golpe, braçada, carícia. v. acariciar
stroll: n. passeio. v. passear
stroller: n. carrinho de bebê
strong: adj. forte
strong-box: n. caixa-forte
stronghold: n. fortaleza
struck: ps, pp of strike. adj. chocado
structure: n. estrutura. v. estruturar
struggle: n. esforço, luta. v. esforçar-se, lutar
strum: v. dedilhar um instrumento de cordas
stub: n. toco, canhoto
stubborn: adj. obstinado, teimoso
stubby: adj. curto e grosso
stuck: ps, pp of stick. adj. preso, empacado
stuck-up: adj. convencido
stud: n. garanhão
studied: adj. instruído, pensado
studio apartment: n. quitinete
study: n. estudo, sala de estudos. v. estudar
stuff: n. material, bens. v.

empurrar, empalhar
stuffed up nose: n. nariz entupido
stuffing: n. recheio
stumble: n. erro, deslize. v. tropeçar
stunning: adj. atordoante, impressionante
stunt man: n. dublê
stunt woman: n. dublê
stunt: n. atração, acrobacia. v. fazer acrobacias
stupendous: adj. estupendo
stupid: n, adj, estúpido
sturdy: adj. firme, sólido
stutter: n. gagueira. v. gaguejar
sty: n. chiqueiro. v. viver em chiqueiro
stylish: adj. elegante, moderno
stylist: n. estilista
suave: adj. suave, delicado
subconscious: adj. subconsciente
subcontractor: n. subempreiteiro
subdivision: n. subdivisão
subdue: v. dominar, persuadir
sub employment: n. subemprego
subjacent: adj. subjacente
subject: n. assunto, matéria. v. submeter. adj. sujeito a
subjective: adj. subjetivo

subject-matter: n. assunto, tema
subjugate: v. subjugar, dominar
sublet: v. sublocar
sublimation: n. sublimação
subliminal: adj. subliminal
submachine gun: n. submetralhadora
submerge: v. submergir
submersible: n. submarino
submissive: adj. submisso
submit: v. submeter
subordinate: v. subordinar. adj. subordinado
subscribe: v. assinar, concordar
subscription: n. assinatura, contribuição
subsequent: adj. seguinte
subside: v. baixar, ceder
subsidiary: n. auxílio, auxiliar
subsidize: v. subsidiar, assistir
subsidy: n. subsistir, auxílio
subsist: v. subsistir, existir
subsoil: n. subsolo
substance: n. substância
substantial: adj. substancial
substantive: adj. substantivo
substitute: n. substituto. v. substituir
substitution: n.

substituição
subterranean: adj. subterrâneo
subtitle: n. subtítulo, legenda
subtitled: adj. legendado
subtle: adj. sutil
subtlety: n. sutileza
subtract: v. subtrair, tirar
subtraction: n. subtração
subtropical: adj. subtropical
suburb: n. subúrbio
suburban: adj. suburbano
subversion: n. subversão
subversive: adj. subversivo
subway: n. metrô
succeed: v. ter êxito, suceder
success: n. sucesso, êxito
successful: adj. bem-sucedido
succession: n. sucessão
successive: adj. sucessivo
successor: n. sucessor
succinct: adj. sucinto
succulent: adj. suculento
succumb: v. sucumbir
such: adj. tal, igual, tanto, certo, esse
suck: n. chupada. v. chupar, mamar
sucker: n. chupeta, bobo
suckle: v. amamentar, alimentar
suction: n. sucção
Sudan: n. Sudão

sudden: adj. repentino, de repente
suddenly: adv. repentinamente
suds: n. espuma, bolhas de sabão
sue: v. processar, acionar
suede: n. camurça. adj. de camurça
suffer: v. sofrer
suffering: n. sofrimento
suffice: v. ser adequado
sufficient: adj. suficiente
suffix: n. sufixo
suffocate: v. sufocar
suffocating: adj. sufocante
suffocation: n. sufocação
suffrage: n. voto, direito de voto
sugar substitute: n. adoçante
sugar: n. açúcar
sugary: adj. doce, açucarado
suggest: v. sugerir, propor
suggestion: n. sugestão, proposta
suggestive: adj. sugestivo
suicidal: adj. suicida
suicide: n. suicídio, suicida. v. cometer suicídio
suit: n. terno, naipe, processo. v. acomodar
suitability: n. conveniência
suitable: adj. apropriado
suitcase: n. mala de viagem
suite: n. suíte

suited: adj. apropriado
sulk: n. mau humor. v. estar de mau humor
sullen: adj. calado, rabugento
sulphur: n. enxofre
sultry: adj. provocante, sensual
sum: n. soma, total. v. somar, resumir
summarize: v. resumir
summary: n. resumo. adj. resumido, simples
summer: n. verão
summertime: n. verão
summery: adj. de verão
summit: n. cume, reunião
summon: v. convocar
sumptuous: adj. suntuoso
sun: n. sol. v. tomar sol
sunbathe: v. tomar banho de sol
sunbeam: n. raio de sol
sunburn: n. queimadura de sol. v. ficar queimado pelo sol
sunburned: adj. bronzeado
sun burnt: adj. bronzeado
sundae: n. sorvete com cobertura
Sunday: n. domingo
sundial: n. relógio de sol
sundown: n. pôr-do-sol
sunflower: n. girassol
sunglasses: n. óculos escuros
sunlight: n. luz solar

sunlit: adj. iluminado pelo sol
sunny: adj. ensolarado, radiante
sunrise: n. nascer do sol
sunset: n. pôr-do-sol
sunshine: n. luz solar, claridade
sunspot: n. mancha de sol
sunstroke: n. insolação
suntan: n. bronzeamento
suntanned: adj. bronzeado
super: adj. excelente
superb: adj. magnífico
supercilious: adj. arrogante
superficial: adj. superficial
superfluous: adj. supérfluo
superhuman: adj. sobre-humano
superintendent: n. superintendente
superior: n, adj. superior
superiority: n. superioridade
superlative: n, adj. superlativo
supermarket: n. supermercado
supernatural: n, adj. sobrenatural
supernova: n. supernova
superpower: n. superpotência
supersonic: adj. supersônico
superstition: n. superstição
superstitious: adj.
supersticioso
supervise: v. supervisionar
supervision: n. supervisão
supervisor: n. supervisor
supper: n. jantar, ceia
supple: adj. flexível
supplement: n. suplemento. v. completar
supplementary angles: n. ângulo suplementares
supplementary: adj. suplementar
supplier: n. fornecedor
supplies: n. material, suprimento
supply and demand: n. oferta e procura
supply: n. estoque, oferta. v. abastecer, suprir
support: n. apoio, sustento. v. apoiar, sustentar
supporter: n. torcedor
supporting: adj. auxiliador
suppose: v. supor, presumir
supposed: adj. suposto, admitido
supposedly: adv. supostamente
supposing: conj se, caso
supposition: n. suposição
suppository: n. supositório
suppress: v. suprimir, oprimir
suppression: n. supressão
supremacy: n. supremacia
supreme: adj. supremo
sure: adj. certo, seguro.

adv. com certeza
surely: adv. certamente
surf: n. rebentação. v.
surfar
surface wave: n. onda
superficial
surface: n. superfície. v.
vir à tona. adj. superficial
surfer: n. surfista
surfing: n. surfe
surge: n. onda. v. mover-se
como as ondas
surgeon: n. cirurgião
surgery: n. cirurgia
surgical: adj. cirúrgico
surly: adj. de mau humor
surmise: v. imaginar, supor
surmount: v. superar,
vencer
surname: n. sobrenome
surpass: v. superar
surplus: n. excedente. adj.
excedente
surprise: n. surpresa. v.
surpreender
surprised: adj. surpreso
surprising: adj.
surpreendente
surrender: n. rendição. v.
render-se
surrogate: n, adj.
substituto. v. substituir
surround: v. rodear, cercar
surrounding: adj.
adjacente, vizinho
surroundings: n. arredores
survey: n. pesquisa. v.

inspecionar, pesquisar
surveyor: n. inspetor,
pesquisador
survival: n. sobrevivência
survive: v. sobreviver
survivor: n. sobrevivente
susceptibilities: n.
suscetibilidades
susceptibility: n.
suscetibilidade
susceptible: adj. suscetível,
sensível
suspect: n. suspeito. v.
suspeitar, desconfiar
suspend: v. suspender,
adiar
suspender: n. liga,
suspensórios
suspense: n. suspense
suspension bridge: n.
ponte pênsil
suspension points: n.
reticências
suspension: n. suspensão
suspicion: n. dúvida,
suspeita
suspicious: adj. suspeito,
duvidoso
suspiciously: adv. de modo
suspeito
sustain: v. sustentar,
manter
sustainable yield: n. renda
sustentável
swab: n. esfregão, cotonete
swagger: n. gabolice. v.
gabar-se, vangloriar-se

swallow: n. gole, andorinha. v. engolir
swamp: n. brejo, pântano. v. inundar
swampy: adj. pantanoso
swan: n. cisne
swap, swoop: n. troca. v. trocar
swarm: n. enxame, multidão. v. fervilhar
swat: n. golpe violento. v. esmagar, matar
swathe: n. bandagem. v. embrulhar
sway: n. balanço. v. balançar, influenciar
Swaziland: n. Suazilândia
swear: n. praga, palavrão. v. xingar, jurar
swearword: n. palavrão
sweat suit: n. agasalho
sweat: n. suor, sofrimento. v. suar
sweater: n. suéter
sweatshirt: n. blusão de moletom
sweaty: adj. suado
Sweden: n. Suécia
sweep: n. limpeza. v. varrer, vasculhar, devastar
sweeper: n. varredor, limpador
sweet potato: n. batata-doce
sweet: n. doces, bombom. adj. doce, amável
sweeten: v. adoçar

sweetener: n. adoçante
sweetheart: n. querido(a), namorado(a)
sweetly: adv. docemente
sweetness: n. doçura, suavidade
sweets: n. doces
swell: n. aumento. v. inchar. adj. formidável
swelling: n. inchaço
swelling: n. inchaço. adj. que incha
swelter: n. calor. v. sofrer de calor, suar
sweltering: adj. sufocante, abafado
swerve: n. desvio. v. desviar
swift: n. andorinhão, salamandra. adj. rápido, esperto
swiftness: n. rapidez, vivacidade
swig: n. gole grande. v. beber em goles grandes
swill: n. enxaguada. v. enxaguar
swimmer: n. nadador
swimming pool: n. piscina
swimming suit: n. traje de banho
swimming trunks: n. calção de banho
swimming: n. nado, natação. adj. que nada
swimsuit: n. traje de banho
swindle: n. engano. v.

enganar, fraudar
swindler: n. caloteiro
swine: n. porco, suíno
swing door: n. porta de
vaivém
swing: n. balanço. v.
balançar, virar
swinging door: n. porta de
vaivém
swipe: n. soco. v. bater,
golpear
swirl: n. redemoinho. v.
rodar, girar
swish: n. assobio, zunido.
v. assobiar
switch: n. interruptor,
mudança. v. mudar, trocar
switchboard: n. painel de
comando
Switzerland: n. Suíça
swivel: v. rodar, girar
swollen: pp of swell. adj.
inchado
swoon: n. desmaio. v.
desmaiar
swoop: n. descida rápida. v.
descer, mergulhar
sword: n. espada
sworn: pp of swear. adj.
jurado
syllabic: adj. silábico
syllable: n. sílaba
syllabus: n. lista, plano de
ensino
symbiosis: n. simbiose
symbol: n. símbolo
symbolic: adj. simbólico

symbolism: n. simbolismo
symbolize: v. simbolizar
symmetrical: adj.
simétrico
symmetry: n. simetria
sympathetic: adj.
compreensivo, solidário
sympathize: v. demonstrar
compaixão
sympathizer: n.
simpatizante
sympathy: n. compreensão,
solidariedade
symphony: n. sinfonia
symptom: n. sintoma
symptomatic: adj.
sintomático
synagogue: n. sinagoga
synapse: n. sinopse
synchronize: v. sincronizar
syndicate: n. sindicato
syndrome: n. síndrome
synonym: n. sinônimo
synonymous: adj. sinônimo
synopsis: n. sinopse,
resumo
syntax: n. sintaxe
synthesis: n. síntese
synthetic: n, adj. sintético
syphilis: n. sífilis
Syria: n. Síria
syringe: n. seringa. v.
injetar com seringa
syrup: n. xarope, melado
syrupy: adj. xaroposo,
meloso
system: n. sistema,

organismo

systematic: adj. sistemático

T, t

T cell: n. célula T
T, t: n. vigésima letra do alfabeto, consoante
T.B. test: n. teste de tuberculose
tab: n. tira, alça, etiqueta de roupa
tab key: n. tabulador
table manners: n. boas maneiras à mesa
table tennis: n. tênis de mesa
table: n. mesa, tabela. v. pôr na mesa, listar
tablecloth: n. toalha de mesa
tablespoon: n. colher de sopa
tablespoonful: n. colher de sopa cheia
tablet: n. placa, comprimido, tablete
tableware: n. louça, talheres
tabloid: n. tablóide
taboo: n. proibição. adj. tabu. v. declarar tabu
tabulate: v. arranjar em forma de tabela
tacit: adj. tácito, implícito
taciturn: adj. taciturno, calado
tack: n. tacha, preguinho
tackle: n. equipamento. v. manejar, lidar
tact: n. tato, discernimento

tactful: adj. diplomático, discreto
tactics: n. tática, métodos táticos
tactile sensation: n. sensibilidade tátil
tactile: adj. tátil
tactless: adj. indelicado, sem diplomacia
tactlessly: adv. indelicadamente
tadpole: n. girino
tag: n. etiqueta, identificação. v. marcar preço da mercadoria
tagliarini: n. talharim
tail end: n. parte final, fim
tail: n. cauda, coroa (moeda). v. seguir, perseguir
tailor-made: n. roupa feita sob medida
taint: n. mancha, nódoa. v. manchar, estragar
Taiwan: n. Taiwan
take: n. tomada. v. tomar, pegar, levar, tirar
takeoff: n. decolagem, partida
takeover: n. posse, tomada de posse
taker: n. comprador, aceitador
takings: n. arrecadação, receita, ganhos
talcum powder: n. talco
tale: n. narrativa, história
talent: n. talento

talented: adj. talentoso
talk: n. conversa, discurso. v. falar
talkative: adj. falador
tall: adj. alto, grande
tally: n. registro. v. marcar, contar
talon: n. garra
tambourine: n. pandeiro
tame: v. domesticar, submeter, adj. domesticado
tameless: adj. indomável
tamper: v. mexer, falsificar
tampons: n. tampão
tan: n, adj. bronzeado. v. bronzear
tandem: n. tandem
tang: n. cheiro penetrante, gosto forte
tangent: n. tangente
tangerine: n. tangerina. adj. cor da tangerina
tangible: adj. tangível, palpável
tangibly: adv. de modo tangível
tangle: n. entrelaçamento, confusão. v. complicar
tangled: adj. confuso, embaraçado
tank: n. tanque, reservatório
tanned: bronzeado
tannery: n. curtume
tantalizing: adj. atormentador, torturante
tantamount: adj. equivalente, igual

tantrum: n. acesso de raiva
Tanzania: n. Tanzânia
tap: n. torneira, tocar
tape deck: n. toca-fitas
tape measure: n. fita métrica
tape player / recorder: n. toca-fitas, gravador
tape: n. fita, trena. v. colocar fita, gravar em fita
taper: n. círio. v. afilar-se
tape script: n. transição completa de um texto gravado em fita
tapestry: n. tapeçaria
tapeworm: n. solitária
taproot: n. raiz mestra
tar: n. alcatrão
tarantula: n. tarântula
tardiness: n. indolência
tardy: adj. atrasado
target cell: n. célula alvo
target: n. alvo, objetivo v. atingir
tariff: n. tarifa
tarmac: n. pista, asfalto
tarnish: n. mancha. v. deslustrar, sujar
taro: n. tarô
tarpaulin: n. encerado
tarsus: n. tarso
tart: n. torta. adj. azedo
tartan: n. tecido de lã com desenho xadrez
task: n. tarefa
tassel: n. borla. v. ornar com borla

taste sensations: n. sensação de sabor
taste: n. gosto, paladar
tasteful: adj. saboroso, com bom gosto
tasteless: adj. insípido
tasting: n. ação de provar
tasty: adj. gostoso, saboroso
tatter: n. farrapo. v. rasgar, esfarrapar
tattered: adj. esfarrapado, maltrapilho
tattoo: n. tatuagem. v. tatuar
tatty: adj. esfarrapado, surrado
taunt: n. insulto. v. insultar
taut: adj. esticado
tavern: n. taberna
tax collector: n. coletor de impostos
tax evasion: n. sonegação de impostos
tax: n. imposto, taxa
taxable income: n. renda tributável
taxation: n. taxação
tax-free: adj. isento de imposto
taxi rank: n. ponto de táxis
taxi stand: n. ponto de táxis
taxi: n. táxi
taxing: adj. exigente, oneroso, desgastante
taxonomy: n. taxonomia
taxpayer: n. contribuinte
TB (tuberculosis): n. tuberculose

tea bad: n. saquinho de chá
tea towel: n. pano de prato
tea: n. chá
teach: v. ensinar
teacher: n. professor
teaching: n. ensino
teacup: n. xícara de chá
teak: n. teca
teakettle: n. chaleira para chá
team: n. equipe, time
teammate: n. companheiro de equipe
teamwork: n. trabalho de equipe
teapot: n. bule para chá
tear gas: n. gás lacrimogêneo
tear open: v. rasgar, abrir
tear: n. rasgo. v. rasgar
teardrop: n. lágrima
tearful: adj. lacrimoso
tearing: ação de rasgar, chorar
tears: n. lágrimas
tease: n. aborrecimento, provocação. v. provocar
teasing: n. ação de arreliar
teaspoon: n. colher de chá
teat: n. teta, bico do seio
teatime: n. hora do chá
technical: adj. técnico
technical assistance: n. assistência técnica
technical school: n. escola técnica
technical: adj. técnico

technicalities: n. detalhes técnicos
technicality: n. termo técnico, qualidade técnica
technician: n. técnico, perito
technique: n. técnica
technology: n. tecnologia
teddy bear: n. ursinho de pelúcia
tedious: adj. tedioso, monótono
tee shirt: n. camiseta
teem: v. abundar, chover muito
teen: n, adj. adolescente
teenage: adj. adolescente
teenager: n. adolescente
teens: n. anos de idade entre 13 e 19
teeth: n. dentes
teething: n. dentição
teetotal: n. abstêmio. adj. abstinente
teetotaler: n. abstêmio
telecommunication: n. telecomunicação
teleconference: n. teleconferência
telecourse: n. telecurso
telegram: n. telegrama
telegraph: n. telégrafo. v. telegrafar
telegraphic: adj. telegráfico
telegraphy: n. telegrafia
telepathy: n. telepatia
telephone booth: n. cabine telefônica

telephone call: n. telefonema
telephone directory: n. lista telefônica
telephone exchange: n. central telefônica
telephone number: n. número de telefone
telephone operator: n. telefonista
telephone: n. telefone
telephonist: n. telefonista
telephony: n. telefonia
telephoto: n. telefoto. adj. telefotográfico
telephoto lens: n. teleobjetiva
telephotography: n. telefotografia
teleprocessing: n. teleprocessamento
telescope: n. telescópio. v. encaixar(-se)
teletype: n. teletipo
televise: v. televisionar
television: n. televisão
telex: n. telex. v. enviar mensagem por telex
tell: v. dizer, distinguir
tell a joke: v. contar piada
tell a lie: v. contar mentira
tell stories: v. contar uma história
teller: n. caixa de banco
telling: adj. significativo, importante
telling off: n. reprimenda,

bronca
telltale: adj. revelador
telly: n. televisão
temper: n. calma,
temperamento v. moderar
temperament: n.
temperamento
temperamental: adj.
temperamental
temperate: adj. brando,
temperado
temperate zones: n. zonas
temperadas
temperature: n. temperatura, febre
tempest: n. tempestade
tempestuous: adj. tempestuoso
tempestuously: adv.
tempestuosamente
temple: n. têmpora, templo
tempo: n. tempo, ritmo
temporal: adj. temporal
temporarily: adv. temporariamente
temporary: adj. temporário
temporary magnet: n. ímã
provisório
tempt: v. tentar
temptation: n. tentação
tempting: adj. atraente
ten: n. dez
tenacious: adj. tenaz
tenaciously: adv.
tenazmente
tenant: n. inquilino
tend: v. tender, cuidar

tendency: n. tendência
tender: adj. tenro, macio,
gentil
tender: n. proposta, prova.
v. oferecer
tenderness: n. ternura
tendon: n. tendão
tenement: n. imóvel
tennis: n. tênis
tennis shoes: n. tênis
(calçado)
tennist: n. tenista, jogador
de tênis
tenor: n. tenor
tense: n. tempo de verbo
tense: v. enrijecer, ficar
nervoso. adj. tenso, nervoso
tension: n. tensão
tent: n. barraca, tenda
tentacle: n. tentáculo
tentative: adj. experimental
tenth grade: n. décima série
tenth: adj. décima
tenuous: adj. tênue
tenure: n. posse, mandato
tepee: n. tenda indígena
tepid: adj. tépido, morno
term: n. termo, prazo. v.
denominar
terminal velocity: n.
velocidade terminal
terminal: n. terminal
terminate: v. terminar,
despedir
termination: n. término
terminology: n.
terminologia

terminus: n. estação final, fim
termite: n. cupim
terms: n. termos
terrace: n. terraço, varanda. v. construir terraços
terrestrial planets: n. planetas terrestres
terrible: adj. terrível, horrível
terribly: adv. terrivelmente
terrific: adj. impressionante, excelente
terrify: v. apavorar, amedrontar
terrifying: adj. horripilante, apavorante
territorial: adj. territorial
territory: n. território
terror: n. terror
terrorism: n. terrorismo
terrorist: n. terrorista
terrorize: v. aterrorizar, assustar
terror-stricken: adj. aterrorizado, apavorado
test: n. prova, teste. v. examinar
test instructions: n. instrução para provas
test tube baby: n. bebê de proveta
test tube: n. tubo de ensaio, proveta
test tube: n. proveta
Testament: n. Testamento
testicle: n. testículo

testify: v. testificar, afirmar
testimony: n. testemunho
testing: n. prova, ensaio. adj. de prova
testis: n. testículo
testosterone: n. testosterona
tetanus: n. tétano
tether: n. corda, limite. v. amarrar
text: n. texto
textbooks: n. livro de texto
textile: n. tecido, pano, fibra têxtil
texture: n. textura
Thailand: n. Tailândia
thalamus: n. tálamo
than: conj que, do que
thank: n. agradecimento, gratidão. v. agradecer
thank you: Interj. obrigado
thankful: adj. grato, agradecido
thankless: adj. ingrato, mal-agradecido
thanksgiving: n. ação de graças
thatch: n. sapé, palha. v. cobrir com palha
thatched: adj. de palha, sapé
thaw: n. descongelamento, v. descongelar
the: art. o, a, os, as
theater, theatre: n. teatro, cinema
theatrical: adj. cênico, teatral
theft: n. roubo

their: possessive pron. seu(s), sua(s), deles, delas
theirs: possessive pron. o(s) seu(s), os dele(a)s, as dele(a)s
them: pron. os, as, lhes, a elas, a eles
theme: n. tema, assunto
themselves: pron. a si mesmos, a si mesmas, se, eles mesmos, elas mesmas
then: adv. então, depois, outra vez
thence: adv. daquele lugar, por esta razão
theocracy: n. teocracia
theologian: n. teólogo
theological: adj. teológico
theology: n. teologia
theorem: n. teorema
theoretical: adj. teorético, teórico
theoretical probability: n. probabilidade teórica
theorize: v. teorizar
theory: n. teoria
therapeutic: adj. terapêutico
therapist: n. terapeuta
therapy: n. terapia
there to be: v. haver, existir
there: adv. lá, alí
thereabout ,thereabouts: adv. por aí
thereafter: adv. depois disso
thereby: adv. por meio disso
therefore: adv. por essa razão, portanto

there's: contr. of there is (há, existe)
thereupon: adv. logo após, por isso
thermal: adj. termal, térmico
thermal energy: n. energia termal
thermal: adj. térmico
thermometer: n. termômetro
thermos: n. garrafa térmica
thermosphere: n. termosfera
thermostat: n. termostato
these: pron. estes
they: pron. eles, elas
they'd: contr. of they had, they would
they'll: contr. of they will
they're: contr. of they are (eles são, elas são)
they've: contr. of they have
thick: adj. gordo, grosso, cheio, denso
thicken: v. engrossar
thicket: n. moita, mato trançado
thickness: n. espessura, densidade
thick-skinned: adj. insensível
thief: n. ladrão, ladra
thigh: n. coxa, quarto traseiro
thimble: n. dedal
thin: v. afinar, diluir. adj.

fino, magro
thine: possessive pron. eu, tua, teus, tuas
thing: n. coisa, negócio
thingamabob: n. coisa, troço
think: v. pensar
thinker: n. pensador
thinking: n. pensamento. adj. pensativo, refletido
thinness: n. magreza, finura
thin-skinned: adj. sensível
third: n, adj, pron. terceiro. adv. em terceiro lugar
third party: n. a terceira pessoa
third world: n. terceiro mundo
third world countries: n. países de terceiro mundo
thirdly: adv. em terceiro lugar
thirst: n. sede, ânsia. v. ter sede, desejar
thirsty: adj. com sede, seco
thirteen: n. treze
thirteenth: adj. décimo terceiro
thirtieth: adj. trigésimo
thirty: n. trinta
this: demonstrative pron. este, esta, isto
thorax: n. tórax
thorn: n. espinho
thorny: adj. espinhoso
thorough: adj. completo

thoroughfare: n. rua, passagem, via pública
thoroughly: adv. completamente
those: demonstrative pron. (pl of that) esses, essas, aqueles, aquelas
thou: pron. tu
though: conj ainda que, embora
thought: n. pensamento, idéia
thoughtful: adj. pensativo, cuidadoso
thoughtfully: adv. refletidamente, atenciosamente
thoughtless: adj. irrefletido, descuidado
thoughtlessly: adv. irrefletidamente, desatenciosamente
thousand: n. mil, milhar. adj. mil
thousandth: n. milésimo
thrash: v. espancar, agitar-se, vencer
thrashing: n. surra
thread: n. linha de costura. v. passar com dificuldade
threadbare: adj. puído, gasto, surrado
threat: n. ameaça
threaten: v. ameaçar
threatened species: n. espécie ameaçadas
threatening: adj. ameaçador
three: n. três, trindade. adj,

pron. três
three-dimensional: adj. tridimensional
three-quarter: adj. três-quartos
thresh: v. debulhar (grãos)
threshold: n. limiar, princípio
thrift: n. economia
thrifty: adj. econômico, florescente
thrill: n. vibração, emoção. v. emocionar
thriller: n. história, filme de suspense
thrilling: adj. emocionante
thrive: v. prosperar, ter sucesso
thriving: adj. próspero
throat: n. garganta, pescoço
throb: n. pulsação, palpitação. v. pulsar
thrombosis: n. trombose
throne: n. trono, poder, autoridade real
throng: n. multidão. v. aglomerar
throttle: n. afogador. v. sufocar, suprimir
through: adj. direto, completo. adv. completamente
throughout: adv. completamente, por toda parte
throw: n. lance, arremesso. v. atirar, arremessar
throwaway: n. circular, folheto. adj. descartável

throwback: n. regresso, retorno, revés
thrust: n. impulso, propulsão. v. pedir carona
thud: n. golpe, batida. v. estrondear
thug: n. matador, assassino
thumb: n. polegar
thumbnail: n. unha do polegar. adj. breve
thumbs-down: n. desaprovação
thumbs-up: n. sinal de aprovação
thump: n. pancada. v. golpear, bater
thunder: n. trovão, estrondo. v. trovejar
thunderbolt: n. raio junto com trovão
thundering: adj. fulminante, enorme
thunderous: adj. ensurdecedor
thunderstorm: n. temporal com relâmpago e trovão
Thursday: n. quinta-feira
thus: adv. deste modo, assim, portanto
thwart: v. contrariar, frustrar
thy: possessive pron. teu(s), tua(s)
thyme: n. tomilho
thyroid: n. tireóide
thyself: pron. tu mesmo, a ti mesmo

tiara: n. tiara
tibia: n. tíbia
tick: n. momento, instante.
v. morrer de rir
ticket: n. bilhete, multa
tickle: v. divertir
ticklish: adj. coceguento,
sensível, melindroso
tick-tack-toe: n. jogo-da-
velha
tidal: adj. relativo à maré
tidal wave: n. onda de maré,
movimento
tide: n. maré
tidings: n. novidades, informações
tidy: v. limpar, arrumar. adj.
limpo, arrumado
tie: n. gravata, empate. v.
amarrar, empatar
tie down: v. amarrar
tier: n. fila
tiger: n. tigre
tight: adj. apertado, firme.
adv. firmemente
tighten: v. apertar
tightfisted: n. pão-duro
tightly: adv. justamente,
firmemente
tightness: n. tensão, rigor
tightrope: n. corda bamba
tights: n. malha de ginástica,
meia-calça
tightwad: n, adj. pão-duro
tigress: n. tigre fêmea
tile: n. telha

tiled: adj. ladrilhado,
azulejado
till (until): prep. até. v. arar
till: n. gaveta de caixa
registradora
tilt: n. inclinação. v. inclinar
timber: n. madeira de lei,
viga, floresta
time: n. tempo, prazo. v.
cronometrar
time zone: n. fuso horário
time-consuming: adj.
demorado, moroso
timed: adj. com tempo
determinado
timeless: adj. eterno, infinito
timeline: n. linha do tempo
timely: adj. oportuno
time-out: n. intervalo, interrupção
timer: n. cronômetro
timetable: n. horário
timid: adj. tímido, medroso
timidity: n. timidez
timidly: adv. timidamente
timing: n. cronometragem
tin: n. estanho, latão. lata. v.
enlatar
tin can: n. lata
tinge: n. toque
tingle: n. formigamento. v.
formigar
tingling sensation: n.
formigamento
tingling: n. formigamento
tinker: v. remendar,
consertar

tinkle: n. tinido. v. tilintar
tinny: adj. de estanho
tin-opener: n. abridor de lata
tinsel: n. lantejoula, bugiganga
tint: n. matiz, tintura. v. tingir
tiny: adj. minúsculo, muito pequeno
tip: n. gorjeta, dica. v. dar gorjeta, palpite.
tip: n. ponta, extremidade, cume
tip-off: n. aviso, palpite, dica
tipsy: adj. levemente embriagado
tiptoe: n. ponta do pé. v. andar nas pontas dos pés
tire: n. pneu. v. cansar(-se)
tired: adj. cansado, esgotado
tiredness: n. fadiga, enfado
tiresome: adj. cansativo
tiring: adj. cansativo
'tis: contr. of it is
tissue: n. tecido, lenço de papel
tissue paper: n. papel de seda
tidbit: n. petisco, fuxico
title: n. título, título, grau
title role: n. papel principal
titled: adj. nobre, titulado
titter: n. riso nervoso. v. rir nervosamente
titty: n. mama, mamilo
titular: n, adj. titular
to: adv. em direção a, para.

prep. à, até, em, de
to keep one's temper: expr. manter a calma
toad: n. sapo
toadstool: n. cogumelo
to-and-fro: n. vaivém. adv. de um lugar para o outro
toast: n. torrada, brinde. v. torrar, brindar
toaster: n. torradeira, tostadeira
tobacco: n. fumo, tabaco
tobacconist: n. vendedor de fumo
tobacconist's (shop): n. tabacaria
to-be: n, adj. futuro
toboggan: n. tobogã. v. escorregar num tobogã
today: n. hoje. adv. hoje, neste dia
toddle: v. andar com passo incerto, andar como criança
toddler: n. criança entre um e três anos de idade
to-do: n. tumulto, confusão
toe: n. dedo do pé
toenail: n. unha de dedo do pé
toffee: n. bala de leite
together: adv. junto
togetherness: n. união
toil: n. trabalho pesado v. avançar lentamente
toilet: n. banheiro, vaso sanitário
toilet paper: n. papel

higiênico
toilet roll: n. rolo de papel higiênico
toilet soap: n. sabonete
token: n. símbolo, sinal, pedágio, pagar taxas
tolerable: adj. tolerável
tolerance: n. tolerância
tolerant: adj. tolerante
tolerate: v. tolerar
toleration: n. tolerância
toll: n. soar do sino, pedágio. v. soar sino, cobrar pedágio
toll-bar / toll-gate: barreira de pedágio
tollbooth: n. cabine de pedágio
toll-free: adj. grátis, livre de taxa
tomato: n. tomate, tomateiro
tomb: n. túmulo
tomboy: n. menina que se interessa por atividades masculinas
tombstone: n. lápide
tomcat: n. gato macho
tomography: n. tomografia
tomorrow: n, adv. amanhã
ton: n. tonelada
tone: n. tom. v. harmonizar, afinar
tongs: n. tenaz, pinça
tongue: n. língua, idioma
tonic: n. tônico, água tônica
tonight: n. esta noite. adv. hoje à noite

tonnage: n. tonelagem
tonsil: n. amígdala, tonsila
tonsillitis: n. amigdalite, tonsilite
too bad: expr. que ruim, que mau
too much: adv. muitíssimo
too: adv. demasiado
tool shed: n. depósito de ferramentas
tool: n. ferramenta, v. dirigir
toot: n. toque. v. tocar instrumento, buzinar
tooth: n. dente
toothache: n. dor de dentes
toothbrush: n. escova de dentes
toothless: adj. sem dentes, desdentado
toothpaste: n. pasta de dentes
toothpick: n. palito de dente
top: n. topo. v. Tampar, estar no alto. adj. superior
top hat: n. cartola. adj. grã-fino
top secret: n. segredo importante. adj. extremamente secreto
topic: n. assunto, tópico
topical: adj. atual, do momento
topless: adj. sem topo
topographic map: n. mapa topográfico
topography: n. topografia
topped: adj. coberto de

topping: n. cobertura, glacê
topple: v. tombar
topsoil: n. solo arável
torch: n. tocha
torchlight: n. lanterna
torment: n. tormento. v. atormentar
tormentor: n. atormentador
tornado: n. tufão, furacão
torpedo: n. torpedo. v. tor-pedear
torrent: n. torrente, temporal
torrential: adj. torrencial
torso: n. tronco, torso
tortoise: n. tartaruga
torture: n. tortura. v. torturar
torturer: n. torturador
toss: n. lance, arremesso. v. lançar
toss-up: n. lance, probabilidade igual
tot: n. criancinha. v. somar, totalizar
total: n, adj. total. v. totalizar
totalitarian: adj. totalitário
totalitarianism: n. totalitarismo
totality: n. totalidade, soma
totally: adv. totalmente
totter: n. cambaleio, bamboleio. v. cambalear
touch: n. toque, retoque. v. tocar
touchdown: n. aterrissagem

touched: adj. emocionado, comovido
touching: adj. comovente. prep. sobre
touchline: n. linha lateral
touchy: adj. sensível, delicado
tough: n. valentão, adjuro, forte
toughen: v. endurecer
toupee: n. topete, peruca
tour: n. viagem, excursão. v. viajar, passear
tourism: n. turismo
tourism package: n. pacote de turismo
tourist: n. turista, excursionista
tourist agency: n. agência de turismo
tournament: n. torneio, competição
tout: n. cambista. v. procurar fregueses
tow: n. reboque. v. rebocar
toward: expr. em relação a, para
towards: prep. para, em direção a
towel: n. toalha
toweling: n. pano para toalhas
tower block: n. prédio alto
tower: n. torre, defesa. v. elevar-se
towering: adj. muito alto, muito violento

town: n. cidade. adj. relativo a cidade
town council: n. câmara municipal
town hall: n. prefeitura
township: n. município
toxic: adj. tóxico
toxic waste: n. lixo tóxico
toxin: n. toxina
toy: n. brinquedo. v. brincar. adj. de brinquedo
trace: n. rasto, trilha, traço. v. traçar, rastrear
tracer: n. investigador
trachea: n. traquéia
tracing: n. traçado, rastreio
tracing paper: n. papel para copiar
track and field: n. série de eventos esportivos
track record: n. histórico de uma pessoa ou empresa
track: n. pegada, caminho. v. rastrear
tracksuit: n. agasalho para prática esportiva
tract: n. área, região, trato
tractor: n. trator
trade: n. comércio, negócio. v. comerciar, negociar
trade union: n. sindicato trabalhista
trademark: n. marca registrada
trade-off: n. negócio. v. negociar
trader: n. comerciante,

negociante
tradesman: n. negociante, comerciante
tradition: n. tradição
traditional: adj. tradicional
traditional economy: n. economia tradicional
traditionally: adv. tradicionalmente
traffic: n. tráfico, tráfego. v. comerciar, traficar
traffic jam: n. congestionamento de trânsito
traffic light: n. semáforo
traffic ticket: n. multa
traffic warden: n. guarda de trânsito
trafficker: n. traficante, comerciante
tragedy: n. drama, tragédia
tragic: adj. trágico
trail: n. faro, v. arrastar alguém
trailer: n. trailer, trechos de filmes
train: n. trem, fileira, cauda. v. criar, educar
trainee: n. estagiário
trainer: n. treinador, instrutor
trainers: n. tênis de corrida
training: n. treinamento, instrução
trait: n. traço, feição
traitor: n. traidor
trajectory: n. trajetória
tram: n. bonde

tramp: n. vagabundo. v. caminhar, vaguear
trample: v. pisotear, maltratar
trampoline: n. cama elástica
trance: n. transe, negociar
tranquil: adj. tranqüilo
tranquility: n. tranquilidade
tranquilize: v. tranquilizar
tranquilizer: n. tranqüilizante
transact: v. negociar
transaction: n. transação
transatlantic: adj. transatlântico
transcend: v. transcender
transcendentalism: n. transcendentalismo
transcribe: v. transcrever
transcript: n. reprodução, transcrito
transfer: n. transferência, baldeação. v. transferir
transferable: adj. transferível
transference: n. transferência
transform: v. transformar
transformation: n. transformação
transformer: n. transformador
transfusion: n. transfusão
transfusion blood: n. transfusão de sangue
transgenic: adj. transgênico

transistor: n. transistor
transit: n. trânsito
transition: n. transição
transition metal: n. metal de transição
transition period: n. período transição
transitional: adj. transicional
transitive: n. verbo transitivo. adj. transitivo
transitory: adj. transitório, passageiro
translate: v. traduzir
translation: n. tradução
translator: n. tradutor
translucent: adj. translúcido
translucent material: n. material translúcido
transmission: n. transmissão
transmit: v. transmitir
transmitter: n. transmissor
transparency: n. transparência, posição
transparent material: n. material transparente
transparent: adj. transparente
transpiration: n. transpiração
transplant: n. transplante
transport: n. transporte
transportation: n. transporte
transsexual: adj. transexual
transversal: adj. transversal

transverse wave: n. onda transversal
transvestite: n. travesti
trap: n. armadilha. v. pegar em armadilha
trapdoor: n. alçapão
trapeze: n. trapézio
trapezoid: n. trapezóide
trappings: n. decoração, ornamento
trash: n. lixo
trash compactor: n. compactador de lixo
trashcan: n. lata de lixo
trashy: adj. sem valor, inútil
trauma: n. trauma
traumatic: adj. traumático
travel: n. viagem. v. viajar
travel agency: n. agência de viagens
travel agent: n. agente de viagens
traveler: n. viajante
traveler's check: n. cheque de viagem
tray: n. bandeja
treacherous: adj. traiçoeiro
treachery: n. traição
tread: n. passo, andar. v. andar, pisar
treason: n. traição
treasure: n. tesouro. v. estimar
treasurer: n. tesoureiro
treasury: n. tesouraria, caixa
treat: v. tratar, pagar
treatise: n. tratado, obra

treatment: n. tratamento
treaty: n. tratado, pacto
Treaty of Versailles: n. Pacto de Versalhes
treble: n. triplo, três. v. triplicar(-se)
tree: n. árvore
trek: n. viagem longa e difícil
tremble: n. tremor. v. tremer
trembling: adj. tremido
tremendous: adj. enorme, extraordinário
tremor: n. tremor
tremulous: adj. trêmulo
trench: n. trincheira
trend: n. direção, tendência
trendy: n. pessoa na moda. adj. na moda
trespass: n. transgressão, violação. v. violar os direitos de propriedade
trespasser: n. transgressor, intruso
tress: n. cacho
trial: n. julgamento, prova, sofrimento
trials run: n. ensaio
triangle: n. triângulo
triangular: adj. triangular
triangular prism: n. prisma triangular
tribal: adj. tribal
tribe: n. tribo
tribesman: n. membro de uma tribo
tribulation: n. tribulação

tribunal: n. tribunal
tributary: adj. tributário
tribute: n. tributo
trick: n. truque. v. enganar.
adj. mágico
trickery: n. malandragem,
trapaça
trickle: n. gota, pingo. v.
gotejar
tricky: adj. difícil,
complicado
tricycle: n. triciclo
tried: ps, pp of try. adj.
experimentado
trifle: n. ninharia, tipo de
doce
trifling: adj. insignificante
trigger: n. gatilho. v.
desencadear
trigonometric ratio: n.
proporção trigonométrica
trigonometry: n.
trigonometria
trilogy: n. trilogia
trim: n. aparada. v. podar,
aparar. adj. bem cuidado
trimester: n. trimestre
trimming: n. enfeite, poda
trinket: n. balangandã,
bugiganga
trio: n. trio
trip: n. viagem, passeio. v.
tropeçar, escorregar
triple: n. triplo. v. triplicar.
adj. triplo
triplet: n. trigêmeo
triplicate: v. triplicar

tripod: n. tripé
trite: adj. muito usado,
banal, repetitivo
triumph: n. triunfo. v.
triunfar
triumphant: adj. triunfante
triumphantly: adv.
triunfantemente
trivia: n. trivialidades
trivial: adj. trivial,
insignificante
triviality: n. trivialidade
trivialize: v. trivializar
trodden: pp of tread. adj.
pisado
trolley: n. bonde, carrinho
trolley bus: n. ônibus
elétrico
trombone: n. trombone
trombonist: n. trombonista
troop: n. grupo, tropa. v.
agrupar-se
trophy: n. troféu
tropic: n, adj. trópico
tropical (air mass): n.
massa de ar tropical
tropical: adj. tropical
tropical zone: n. zona
tropical
tropism: n. tropismo
troposphere: n. troposfera
trot: n. trote. v. trotar
trouble: n. problema,
incômodo
troubled: adj. perturbado,
inquieto

troublemaker: n. encrenqueiro
troubles: n. problemas da vida. v. importunar, incomodar
troubleshooting: n. solução de problemas
troublesome: adj. incômodo
trough: n. calha
troupe: n. companhia de artistas
trousers: n. calças compridas
trout: n. truta
trowel: n. trolha
truancy: n. ociosidade, vadiagem
truant: n. estudante cabulador, vadio. adj. cabulador
truce: n. trégua
truck: n. caminhão, vagão plataforma
truculent: adj. truculento
trudge: n. caminhada longa. v. arrastar-se
true: adj. verdadeiro, real
true or false: expr. verdadeiro ou falso
truffle: n. trufa, túbera
truly: adv. verdadeiramente, sinceramente
trump: n. trunfo. v. trunfar
trumpet: n. trombeta, trompete. v. tocar trombeta ou corneta
truncated: adj. truncado

truncheon: n. cassetete
trundle: v. rodar lentamente, rolar
trunk: n. tronco de árvore, baú
trust: n. confiança
trustee: n. curador
trustworthy: adj. digno de confiança
trusty: n. pessoa de confiança. adj. fiel
truth: n. verdade
truthful: adj. verídico, sincero
truthfully: adv. de fato, honestamente
try: n. tentativa, experiência. v. tentar, experimentar
trying: adj. difícil, cansativo
tsetse fly: n. tsé-tsé (mosca africana)
t-shirt: n. camiseta
tsunami: n. tsunami
tub: n. banheira, banho de banheira
tuba: n. tuba
tubby: adj. rechonchudo
tube: n. tubo, cano, cilindro
tubeless tire: n. pneu sem câmara de ar
tuberculosis: n. tuberculose
tuberosity: n. tuberosidade
tubing: n. tubulação, encanamento
tuck: v. dobrar
Tuesday: n. terça-feira

tuft: n. topete, tufo
tug: n. puxão, esforço. v. arrastar
tugboat: n. rebocador
tuition: n. instrução, ensino, custo da instrução
tulip: n. tulipa
tumble: n. queda, tombo. v. cair, tombar
tumble drier: n. secadora de roupas elétrica
tumble-dry: v. secar roupas em secadora
tumbler: n. copo sem haste, joão-teimoso
tummy: n. barriga
tumor: n. tumor
tumult: n. tumulto
tumultuous: adj. tumultuoso
tuna: n. atum
tuna-fish: n. atum
tundra: n. tundra
tune: n. melodia. v. cantar, afinar, sintonizar
tuneful: adj. melodioso, harmônico
tunic: n. túnica
tunnel: n. túnel. v. escavar um túnel
turban: n. turbante
turbine: n. turbina
turbulence: n. turbulência
turbulence: n. turbulência
turbulent: adj. turbulento
turf: n. gramado, relvado
Turkey: n. peru, Turquia

turmoil: n. tumulto, desordem
turn: n. volta, vez. v. virar, tornar-se
turned off: adj. desligado, indiferente
turned out: adj. apresentado, arrumado
turning point: n. momento decisivo
turning: n. curva, esquina
turnip: n. nabo
turnover: n. rotação de estoque ou empregados
turnstile: n. catraca
turntable: n. plataforma giratória
turn-up: n. barra de calça italiana
turpentine: n. aguarrás, terebintina
turquoise: n. turquesa. adj. azul celeste
turret: n. torre pequena
turtle: n. tartaruga marítima
turtledove: n. pombinhos
tusk: n. presa, dente comprido
tussle: n. luta, briga. v. lutar, brigar
tutor: n. professor particular. v. ensinar
tutoring: n. ação de ensinar
TV: n. televisão
twang: n. som metálico. v. produzir som agudo, vibrar
'twas: abr. (it was) estava,

esteve, era, foi
tweed: n. tweed
tweezers: n. pinça
twelve: n. doze
twenties: n. casa dos vinte
twentieth: adj. vigésimo
twenty: n. vinte
twice: adv. duas vezes
twiddle: v. virar, brincar
com os dedos
twig: n. galho, ramo
twilight: n. crepúsculo, luz
fraca
twin: n. gêmeo
twine: n. barbante, corda. v.
entrelaçar(-se)
twinge: n. pontada
twinkle: n. brilho, piscar dos
olhos. v. brilhar
twirl: n. rodopio. v. rodopiar, enrolar
twist: n. giro, volta,
torcedura. v. torcer
twisted: adj. pervertido,
torcido, intoxicado
twit: n. pateta, besta
twitch: n. repelão, puxão. v.
contrair-se
twitter: v. cantar, rir em sur-
dina
two: n. dois, dupla. adj. dois,
duas
two-faced: adj. falso,
hipócrita
two-way street: n. rua de
duas mãos de direção
two-way: adj. de duas vias

tycoon: n. magnata
type: n. tipo, classe,
categoria
typewrite: v. datilografar
typewriter: n. máquina de
escrever
typewritten: adj.
datilografado ou digitado
typhoid fever: n. febre
tifóide
typhoid: n. febre tifóide
typhoon: n. tufão, furacão
typical: adj. típico,
característico
typify: v. simbolizar,
exemplificar
typing: n. datilografia,
digitação
typist: n. datilógrafa
tyranny: n. tirania, opressão
tyrant: n. tirano, déspota
tire: n. aro, pneu

U, u

U: n. vigésima primeira letra do alfabeto, vogal
ubiquitous: adj. ubíquo, onipresente
udder: n. úbere
UFO: n. OVNI, disco voador
Uganda: n. Uganda
ugh: interj. puf! ui!
ugliness: n. feiúra
ugly: adj. feio
Ukraine: n. Ucrânia
ulcer: n. úlcera
ulna: n. ulna
ulterior: adj. oculto, além
ultimate: adj. último, final
ultimately: adv. enfim, basicamente
ultra violet: adj. ultravioleta
ultrasound: n. ultrasom
ultraviolet radiation: n. radiação ultravioleta
ultraviolet rays: n. raios ultravioletas
umbilical cord: n. cordão umbilical
umbilicus: n. umbigo
umbra: n. umbra
umbrella: n. guarda-chuva
unable: adj. incapaz
unacceptable: adj. inaceitável, intolerável
unaccomplished: adj. inacabado, incompleto

unaccustomed: adj. desacostumado, estranho
unadapted: adj. mal-adaptado
unaffected: adj. não afetado
unaided: adj. sem ajuda ou auxílio
unambiguous: adj. claro, sem ambigüidade
unanimity: n. unanimidade
unanimous: adj. unânime
unanswered: adj. que não tem resposta
unanticipated: adj. imprevisto
unapproachable: adj. inacessível, inalcançável
unarmed: adj. desarmado, indefeso
unashamed: adj. sem-vergonha, franco
unashamedly: adv. descaradamente
unasked: adj. voluntário
unassisted: adj. sem auxílio ou ajuda
unattractive: adj. sem atrativos
unavoidable: adj. inevitável
unaware: adj. inconsciente
unawares: adv. sem querer, sem pensar
unbalanced force: n. força desequilibrada
unbalanced: adj. desequilibrado

unbearable: adj. insuportável

unbecoming: adj. impróprio

unbelievable: adj. incrível, extraordinário

unbending: adj. inflexível, firme

unbiased: adj. imparcial

unborn: adj. por nascer

unbreakable: adj. inquebrável

unbroken: adj. inteiro, contínuo

unbutton: v. desabotoar

unbuttoned: adj. desabotoado

uncanny: adj. esquisito, misterioso

unceasing: adj. incessante, contínuo

uncertain: adj. incerto, duvidoso

uncertain: adj. incerto

uncertainty: n. incerteza, dúvida

unchain: v. desacorrentar, soltar

unchallenged: adj. indisputado, incontestado

unchecked: adj. incontrolado, inverificado

uncivilized: adj. incivilizado, bárbaro

uncle: n. tio

unclear: adj. obscuro, incerto

uncomfortable: adj. incômodo

uncommon: adj. raro

uncommunicative: adj. pouco comunicativo

unconcerned: adj. despreocupado, indiferente

unconditional: adj. incondicional, absoluto

unconditionally: adv. incondicionalmente

unconnected: adj. desligado, distinto

unconscious: n. inconsciente

unconstitutional: adj. inconstitucional

uncontested: adj. incontestado

uncontrollable: adj. incontrolável, indomável

unconventional: adj. não convencional, natural

unconvincing: adj. não convincente, incerto

uncountable noun: n. substantivo incontável

uncountable: adj. incontável, inúmero

uncouth: adj. áspero, rude, bruto

uncover: v. descobrir

unction: n. unção

undaunted: adj. destemido, audaz

undecided: adj. indeciso

undeniable: adj. inegável, claro

under: adj. inferior. adv. sob, embaixo

under-age: adj. menor de idade

underclothes: n. roupa de baixo

undercover: adj. encoberto, secreto

underdeveloped: adj. subdesenvolvido

underestimate: n. subestima. v. subestimar

undergo: v. submeter-se a

underground: adj. subterrâneo. adv. secretamente

undergrowth: n. vegetação rasteira

underline: n. sublinhado. v. sublinhar, grifar

underlying: adj. subjacente, básico

undermine: v. escavar, enfraquecer

underneath: adv. debaixo de

underpay: v. pagar insuficientemente

underrate: v. depreciar, subestimar

undershirt: n. camisa de baixo

undersigned: n. signatário, adj. subscrito

undersized: adj. menor que o normal

underskirt: n. anágua

understand: v. compreender

understandable: adj. compreensível

understandably: adv. compreensivelmente

understanding: n. compreensão

understate: v. indicar de forma diminuída

understatement: n. indicação incompleta

understood: adj. compreendido, entendido

understudy: n. substituto de ator

undertake: v. encarregar-se de

undertaker: n. empresário, empreendedor

undertaking: n. empresa, tarefa

undervalue: v. subestimar, menosprezar

underwear: n. roupa de baixo

underworld: n. submundo

underwrite: v. assumir as despesas de

underwriter: n. seguradora

undeserved: adj. injusto, imerecido

undesirable: adj. indesejado

undiscovered: adj. encoberto, escondido

undisguised: adj. indisfarçado, aberto

undistinguished: adj. indistinto
undisturbed: adj. imperturbado, sereno
undo: v. desfazer
undocumented worker: n. trabalhador indocumentado
undoing: n. estrago, perda
undone: adj. anulado
undoubted: adj. indubitado, óbvio
undoubtedly: adv. indubitavelmente, certamente
undress: v. despir
undressed: adj. despido
undue: adj. excessivo
unduly: adv. indevidamente, sem razão
unearth: v. desenterrar, descobrir
unearthly: adj. sobrenatural, sinistro
uneasily: adv. preocupadamente
uneasiness: n. preocupação, mal-estar
uneasy: adj. preocupado, inquieto
uneatable: adj. intragável, não comestível
unemployed: adj. desempregado
unemployment rate: n. taxa de desemprego
unemployment: n. desemprego

unending: adj. interminável, eterno
unequal: adj. desigual
unequivocal: adj. inequívoco, evidente
unethical: adj. antiético
uneven: adj. desigual
unexciting: adj. sem atritos, calmo
unexpected: adj. inesperado
unexpectedly: adv. inesperadamente
inexpensive: adj. barato
inexperienced: adj. inexperiente
unexplained: adj. inexplicado
unfailing: adj. infalível, fiel
unfair: adj. incorreto, injusto
unfairly: adv. incorretamente, desonestamente
unfaithful: adj. desleal, infiel
unfamiliar: adj. pouco conhecido, estranho
unfashionable: adj. antiquado, fora de moda
unfasten: v. desatar, desamarrar
unfavorable: adj. desfavorável, prejudicial
unfertile: adj. estéril
unfinished: adj. incompleto
unfit: adj. inadequado, impróprio

unfold: v. abrir, desdobrar
unforeseen: adj. imprevisto, inesperado
unforgettable: adj. inesquecível
unforgivable: adj. imperdoável
unfortunate: adj. infeliz
unfortunately: adv. infelizmente
unfounded: adj. infundado, vão
unfriendly: adj. descortês, hostil
unfurnished: adj. desmobiliado
ungifted: adj. sem talento
ungraceful: adj. desajeitado
ungrateful: adj. ingrato
unguarded: adj. sem proteção, imprudente
unguided: adj. desorientado, sem guia
unhappily: adv. infelizmente
unhappiness: n. infelicidade, miséria
unhappy: adj. infeliz
unharmed: adj. ileso
unhealthily: adv. de modo doentio
unhealthy: adj. adoentado, doentio
unheard: adj. não ouvido, desconhecido
unheard-of: adj. sem precedente, incomum

unhelped: adj. desamparado, sem auxílio
unhurried: adj. sem presa, devagar
unicellular: n. unicelular
unicorn: n. unicórnio
unidentified: adj. não identificado
unification: n. unificação
uniform: n, adj. uniforme
unify: v. unificar
unilateral: adj. unilateral
unimaginable: adj. inimaginável
unimaginative: adj. sem imaginação
uninhabitable: adj. inabitável
uninhabited: adj. desabitado
uninhibited: adj. desinibido
uninjured: adj. ileso
uninspired: adj. sem inspiração
uninspiring: adj. monótono, desinteressante
unintelligible: adj. incompreensível
unintentional: adj. não propositado
uninterested: adj. desinteressado
uninteresting: adj. desinteressante
uninterrupted: adj. contínuo, incessante
uninvited: adj. não convidado

uninviting: adj. pouco convidativo
union: n. união
unique: adj. original
unisex: adj. unissex
unison: n. concordância, harmonia
unit of measure: n. unidade de medida
unit: n. unidade
unitary system: n. sistema unitário
unitary: adj. unitário
unite: v. unir-se
United Nations (UN): n. Nações Unidas
United States of America: n. Estados Unidos da América
united: adj. unido
uniterm: n. unitermo
unity: n. unidade
universal: adj. universal
universe: n. universo
university: n. universidade
unjustified: adj. injustificado
unkempt: adj. desleixado, relaxado
unkind: adj. indelicado
unkindly: adv. indelicadamente
unkindness: n. indelicadeza
unknown: adj. desconhecido
unlawful: adj. ilegal
unless: conj. a menos que
unlike: adj. desigual

unlikely: adj. improvável
unlimited: adj. ilimitado
unlit: adj. apagado, não aceso
unload: v. descarregar
unlock: v. destrancar
unluckily: adv. infelizmente
unmade: adj. não arrumado
unmanageable: adj. dificultoso
unmanly: adj. fraco, covarde
unmanned: adj. não tripulado
unmarried: adj. solteiro
unmentionable: adj. não mencionável
unmistakable: adj. inconfundível
unmotivated: adj. desmotivado
unnamed: adj. sem nome
unnatural: adj. desnatural, artificial
unnaturally: adv. artificialmente
unnecessarily: adv. desnecessariamente
unnecessary: adj. desnecessário, inútil
unnerve: v. enervar, aborrecer
unnerving: adj. preocupante
unoccupied: adj. desocupado, vago
unnoticed: adj. despercebido

unofficial: adj. não oficial
unpack: v. desempacotar, tirar da mala
unpaid: adj. não pago, gratuito
unpaved: adj. não pavimentado, não asfaltado
unpleasant: adj. desagradável
unpleasantly: adv. desagradavelmente
unplug: v. desconectar
unplugged: adj. desligado
unpopular: adj. impopular
unprecedented: adj. sem precedente
unpredictable: adj. imprevisível
unprepared: adj. despreparado
unproductive: adj. improdutivo
unprofessional: adj. não profissional
unprofitable: adj. não proveitoso, não lucrativo
unprotected: adj. desprotegido
unpublished: adj. inédito, não publicado
unpunished: adj. impune
unqualified: adj. não qualificado
unquestionable: adj. inquestionável, certo
unreadable: adj. ilegível

unreal: adj. irreal, imaginário
unreasonable: adj. irracional
unrecognizable: adj. irreconhecível
unreliable: adj. que não é de confiança, incerto
unremitting: adj. incessante, constante
unresponsive: adj. que não responde
unrest: n. desassossego
unrestful: adj. inquieto, agitado
unrestricted: adj. ilimitado
unrewarding: adj. pouco compensador
unripe: adj. não maduro, imaturo
unrivalled: adj. sem rival, sem par
unruly: adj. teimoso
unsafe: adj. inseguro, perigoso
unsaid: adj. não dito, não mencionado
unsalted: adj. sem sal
unsatisfactory: adj. insatisfatório
unsatisfied: adj. insatisfeito, descontente
unscheduled: adj. não programado, imprevisto
unscrew: v. desparafusar
unscrupulous: adj. inescrupuloso

unseemly: adj. impróprio, inconveniente
unseen: adj. não visto, despercebido
unselfish: adj. desinteressado, generoso
unsettled: adj. inseguro, incerto, indeciso
unsettling: adj. perturbador
unshaved: adj. não barbeado
unsheltered: adj. desprotegido, exposto
unsightly: adj. disforme
unskilled worker: n. trabalhador inábil
unsociable: adj. insociável, reservado
unsolicited: adj. não solicitado
unsolved: adj. não solucionado, sem solução
unsophisticated: adj. puro, simples, natural
unsound: adj. não sadio, doente, enfermo
unspeakable: adj. indizível, terrível
unspoiled: adj. não estragado
unspoken: adj. não dito, não mencionado
unstable: adj. inseguro, sem firmeza
unsteadily: adv. inseguramente
unsteady: adj. oscilante, inseguro

unsuccessfully: adv. sem vão, sem êxito
unsuitable: adj. impróprio, inadequado
unsure: adj. inseguro, incerto
unsuspecting: adj. que não desconfia, que não suspeita
untamed: adj. indomado, bravo
untangle: v. desembaraçar, esclarecer
untested: adj. não atestado, não experimentado
unthinkable: adj. inimaginável
unthinking: adj. irrefletido, sem pensar
unthought-of: adj. não imaginado ou pensado
untidiness: n. desordem, desleixo
untidy: adj. desordenado, em desordem
untie: v. desatar
until: conj. até que
untold: adj. incalculável, não relatado
untouched: adj. não tocado, ileso
untrained: adj. não instruído ou ensinado
untroubled: adj. imperturbado, calmo
untrue: adj. falso
untrustworthy: adj. indigno de confiança

untruth: n. mentira, falsidade
untruthful: adj. mentiroso, falso
unusable: adj. inútil
unused: adj. inutilizável
unusual: adj. incomum
unwanted: adj. indesejável
unwarranted: adj. injustificado, sem motivo
unwelcome: adj. mal recebido, indesejável
unwieldy: adj. de difícil manejo, pesado
unwilling: adj. sem vontade, teimoso
unwillingly: adv. de má vontade
unwillingness: n. má vontade
unwind: v. soltar, desatar, descansar
unwise: adj. insensato, imprudente
unwished: adj. indesejado
unwonted: adj. não usual, desusado
unworthy: adj. indigno, desonroso
unwound: adj. desenrolado
unwrap: v. desempacotar
unwritten: adj. não escrito, em branco
up: adj. adiantado, alto. adv. em cima
upbringing: n. educação, formação

update: v. pôr em dia, atualizar
upgrade: n. elevação, melhoria de situação
upheaval: n. motim, revolta
uphill: adj. ascendente, elevado, penoso
uphold: v. segurar, sustentar
upholstered: adj. estofado, almofadado
upkeep: n. manutenção
uplifted: adj. levantado, elevado
uplifting: adj. edificante
upper class: n. classe alta
upper lip: n. lábio superior
upper: n. parte superior
uppermost: adj. superior, mais alto
upright: adj. ereto, de pé
uprising: n. revolta
uproar: n. distúrbio
uproot: v. arrancar, exterminar
upset stomach: n. estômago embrulhado
upset: n, adj. perturbado, triste
upshot: n. fim, final
upside down: expr. de cabeça para baixo
upstairs: adv. em cima,
upstanding: adj. honrado, honesto
upstart: n. pessoa convencida
upstream: adj. rio acima

uptime: n. tempo produtivo
up-to-date: adj. moderno
uptown: n. bairro residencial
de uma cidade
upturn: v. elevar, levantar
upturned: adj. virado para
cima. v. elevar
upward: adj. ascendente.
adv. para cima
uranium: n. urânio
Uranus: n. Urânio
urban development: n.
desenvolvimento urbano
urban renewal: n.
renovação urbana
urban: adj. urbano
urbanization: n.
urbanização
urea: n. uréia
ureter: n. ureter
urethra: n. uretra
urethritis: n. uretrite
urge: n. impulso
urgent: adj. urgente
urgently: adv. urgentemente
urinal: n. urinol
urinalysis: n. exame de
urina
urinary bladder: n. bexiga
urinária
urinary tract: n. sistema
urinário
urinate: v. urinar
urine analysis: n. análise de
urina
urine sample: n. amostra de
urina

urine test: n. exame de urina
urine: n. urina
urn: n. urna, vaso
urogenital: adj. urogenital
urologist: n. Urologista
Uruguay: n. Uruguai
US Virgin Islands: n. Ilhas
Virgens Americanas
us: pron. nós
usable: adj. usável
usage: n. uso, hábito
use: n. uso, v. usar
used: adj. usual, acostumado
used: adj. usado
useful: adj. útil
usefully: adv.
proveitosamente
usefulness: n. utilidade
useless: adj. inútil
user: n. usuário, consumidor
usher: n. porteiro,
lanterninha
usherette: n. porteira,
lanterninha
usual: adj. usual
usually: adv. geralmente
usurer: n. agiota
utensil: n. utensílio
uterus: n. útero
utilitarian: adj. utilitário
utility company: n. empresa
de serviço público
utility: n. utilidade
utilize: v. utilizar
utmost: n. o máximo, o
extremo

utopian communities: n. comunidades utopistas

utopian reform: n. reforma utopista

utopian: adj. utópico, visionário

utter: adj. total, completo

utter: v. expressar

utterance: n. modo de falar, declaração

utterly: adv. totalmente

uvula: n. úvula

V, v

V, v: n. vigésima segunda letra do alfabeto, consoante
vacancy: n. vaga, vazio
vacant: adj. desocupado, desabitado
vacate: v. deixar vago, sair
vacation: n. férias, folga
vaccinate: v. vacinar, inocular
vaccination: n. vacinação
vaccine: n. vacina
vacillate: v. vacilar
vacillation: n. oscilação
vacuole: n. vacúolo
vacuum cleaner: n. aspirador de pó
vacuum: n. vácuo, aspirador de pó. v. aspirar
vacuum-packed: adj. embalado a vácuo
vagabond: n, adj. vagabundo
vagina: n. vagina
vaginal bleeding: n. sangramento vaginal
vaginal cream: n. creme vaginal
vaginal foam: n. espuma vaginal
vaginal secretion: n. secreção vaginal
vaginal suppository: n. supositório vaginal
vagrant: n. vagabundo

vague: adj. vago, indefinido
vain: adj. vaidoso, vão
Valentine's Day: n. dia dos namorados
valiant: adj. valente
valid: adj. válido, verídico
validity: n. validez, validade
valley: n. vale, baixada
valor: n. valor, bravura
valuable: adj. valioso, precioso
value: n. valor, preço. v. estimar, orçar
valve: n. válvula valva
vampire: n. vampiro, morcego
van: n. furgão
vandal: n. vândalo, bárbaro
vandalism: n. vandalismo
vanguard: n. vanguarda, dianteira
vanilla: n. baunilha
vanish: v. desaparecer
vanity: n. vaidade, ostentação, futilidade
vanquish: v. vencer
vantage point: n. posição vantajosa, ponto de vista
vapor: n. vapor, neblina
vaporization: vaporização
variable expression: n. expressão variável
variable: n, adj. variável
variance: n. diferença, divergência

variant: n. variante, variação. adj. variante, variável
variation: n. variação, modificação
varied: ps, pp of vary. adj. variado, diverso
variety: n. variedade, variação
various: adj. vário, diversos, variado
varnish: n. verniz, esmalte. v. envernizar, polir
vary inversely: v variar inversamente
vary: v. variar, alterar
vascular tissue: n. tecido vascular
vase: n. vaso
vasectomy: n. vasectomia
vast: adj. vasto
vat: n. tonel (quantidade)
Vatican City: n. Cidade do Vaticano
vault: n. abóbada, cofre
vault: n. salto com vara. v. saltar, pular
VCR: n. vídeo-cassete
veal: n. carne de vitela
vector: n. vetor
veer: n. mudança, virada. v. virar, mudar
vegetable: n. verdura, vegetal. adj. vegetal, vegetável
vegetables: n. legumes, hortaliças

vegetarian: n, adj. vegetariano
vegetate: v. vegetar
vegetation: n. vegetação, vida miserável
vehement: adj. veemente, impetuoso, ardente
vehicle: n. veículo
veil: n. véu, cortina
veiled: adj. velado, coberto, dissimulado
vein: n. veia, filão, tendência
velocity: n. velocidade, rapidez
velvet: n. veludo. adj. aveludado, de veludo
vend: v. vender
vending machine: n. máquina de vender
vendor: n. vendedor
veneer: n. embutido, compensado, verniz
venerate: v. venerar
venereal disease: n. doença venérea
venetian blind: n. veneziana (janela)
Venezuela: n. Venezuela
vengeance: n. vingança, desforra
vengeful: adj. vingativo
venom: n. veneno, malevolência
vent: n. abertura, respiradouro. v. desabafar
ventilated: adj. ventilado

ventilator: n. ventilador, exaustor
ventricle: n. ventrículo
venture: n. aventura, acaso. v aventurar(-se)
venue: n. local de um evento
Venus: n. Vênus
verb: n. verbo
verbal model: n. modelo verbal
verbal: adj. verbal, oral
verbatim: adv. literalmente
verdict: n. veredicto
verge: n. beira, limite. v. estar à margem de
verification: n. verificação
verify: v. verificar
veritable: adj. verdadeiro, autêntico
vermin: n. bichos
Versailles Treaty: n. Tratado de Versalhes
versatile: adj. versátil, variável
verse: n. poesia, poema, versículo. v. versificar
versed: adj. versado, experimentado
version: n. versão
vertebra: n. vértebra
vertebral column: n. coluna vertebral
vertebrate: n, adj. vertebrado
vertebrate: n. vertebrado
vertex of a polygon: n. vértice de um polígono

vertex of an angle: n. vértice de um ângulo
vertex: n. vértice
vertical: adj. vertical, do vértice
vertigo: n. vertigem
very: adj. completo. adv. muito, bastante
vessel: n. navio, embarcação, artéria
vest: n. colete, camiseta
vested rights: n. direitos adquiridos
vestige: n. vestígio
vet: n, adj. veterano
veteran: n, adj. veterano
veterinary: adj. veterinário
veto: n. veto, v. vetar
via: prep. via, por via de
viable: adj. viável
vial: n. frasco
vibrate: v. vibrar, tremer
vibration: n. vibração, tremor
vibrator: n. vibrador
vicar: n. vigário, pároco
Vice President: n. Vice Presidente
vice versa: adv. vice-versa, reciprocamente
vice: n. vício, mau hábito
vice-: pref. vice
vicinity: n. vizinhança, adjacência
vicious: adj. viciado, malvado
vigor: n. vigor, vitalidade

victim: n. vítima
victimize: v. vitimar, sacrificar
victor: n. vencedor, conquistador
victorian: n, adj. vitoriano
victorious: adj. vitorioso, triunfante
victory: n. vitória, conquista, triunfo
video game: n. vídeo game
video: n. vídeo, programa gravado
videocassette recorder: n. aparelho de videocassete
videotape recorder: n. videocâmera
videotape: n. fita de vídeo
Vietnam: n. Vietnã
view: n. vista, opinião. v. ver
viewer: n. espectador, observador
viewing: n. exame, observação
viewpoint: n. ponto de vista
vigil: n. vigília, insônia
vigilant: adj. vigilante, cuidadoso
vigor: n. vigor, vitalidade
vigorous: adj. vigoroso, forte, enérgico
vile: adj. baixo, desprezível
village: n. aldeia, vila
villain: n. bandido
villainous: adj. desprezível
vindicate: v. vindicar, justificar

vine: n. videira, trepadeira
vinegar: n. vinagre
vineyard: n. vinhedo, vinha
vintage: n. data de origem. adj. clássico
vinyl: n. vinil
violate: v. violar, violentar
violation: n. violação
violence: n. violência, força
violent: adj. violento, ardente
violet: n. violeta, cor violeta adj. violeta
violin: n. violino
VIP: abr. (Very Important Person) pessoa muito importante
Virgin Mary: n. Virgem Maria
virgin: n, adj. virgem, donzela
virile: adj. viril, vigoroso
virtual image: n. imagem virtual
virtual reality: n. realidade virtual
virtual: adj. virtual
virtually: adv. virtualmente, praticamente
virtue: n. virtude, pureza
virtuous: adj. virtuoso, íntegro
virulent: adj. virulento, mortal
virus: n. vírus
visa: n. visto. v. visar
viscosity: n. viscosidade

visible light: n. luz visível
visible: adj. visível,
evidente. adv. visivelmente
visibly: adv. visivelmente
vision test: n. exame de vista
vision: n. visão
visit: n. visita, consulta. v.
visitar, consultar
visitor: n. visitante
vista: n. vista, perspectiva
visual aid: n. material de
apoio visual
visual: n. recursos visuais.
adj. visual
vital: adj. vital, essencial
vitality: n. vitalidade
vitamin: n. vitamina
vivacious: adj. vivaz,
animado
vivid: adj. vívido, animado,
brilhante
vixen: n. raposa fêmea,
megera
v-neck: n. decote em V
vocabulary: n.
vocabulário
vocal cord: n. corda vocais
vocal: n. som vocal. adj. oral
vocalist: n. vocalista, cantor
vocals: n. pl voz, vocais
vocation: n. vocação,
inclinação
vocational: adj. vocacional
vogue: n. voga,
popularidade, moda
voice mail: n. correio de voz

voice: n. voz. v. exprimir,
opinar
void: n. vácuo, vazio. v.
cancelar. adj. vazio, livre
volatile: adj. volátil, frívolo
volcano: n. vulcão
volleyball: n. voleibol
volt: n. volt
voltage: n. voltagem
voltmeter: n. voltômetro
voluble: adj. volúvel
volume: n. volume
voluminous: adj. volumoso,
grande
voluntarily: adv.
voluntariamente
voluntary muscles: n.
músculos voluntários
volunteer: n. voluntário
voluptuous: adj. voluptuoso
vomit: n. vômito. v. vomitar
vomiting: n. vômito
voodoo: n. vodu
voracious: adj. voraz,
faminto
vortex: n. vórtice, furacão
vote: n. voto, eleição. v.
votar
voter: n. eleitor, votante
vouch: n. atestação, garantia.
v. atestar, garantir
voucher: n. recibo,
certificado, vale
vow: n. voto, juramento. v.
jurar
vowel: n. vogal
voyage: n. viagem

voyager: n. viajante
vulgar: adj. vulgar
vulgarity: n. vulgaridade
vulnerable: adj. vulnerável,
sensível
vulture: n. urubu, pessoa
voraz

W, w

W, w: n. vigésima terceira letra do alfabeto, semivogal
wad: n. chumaço. v. bem-estar, dinheiro
wade: n. vadeação. v. vadear
wafer: n. wafer, hóstia
wag: n. sacudidela, abano. v. sacudir, abanar
wage: n. salário. v. promover, manter
wager: n. aposta
wagon: n. carroção, caminhão, vagão
wagon: n. carroça, carrinho de criança
wail: n. lamento, pranto. v. lamentar(-se)
waist: n. cintura
waistcoat: n. colete
wait: n. espera,demora. v. esperar, servir
waiter: n. garçom
waiting list: n. lista de espera
waiting: n. espera, serviço. adj. que espera
waitress: n. garçonete, copeira
waive: v. desistir, ceder, renunciar
wake: n. esteira, sulco. v. acordar
walk: n. passeio, caminhada. v. passear, caminhar

walker: n. passeador, andador
walking stick: n. bengala, bastão
walking: n. passeio, calçada
walkout: n. retirada em protesto, greve
walkway: n. passagem de pedestres
wall painting: n. afresco, mural
wall: n. muro, parede. v. emparedar, murar
wallet: n. carteira, pasta de couro
wallow: v. sentir-se infeliz
wallpaper: n. papel de parede. v. revestir paredes
walnut: n. noz. adj. cor da nogueira
walrus: n. morsa, bigode de pontas caídas
waltz: n. valsa. v. dançar uma valsa
wand: n. varinha, vara, batuta
wander: v. vaguear, perambular
wanderer: n. viajante, viajor
wane: n. diminuição, quarto minguante. v. minguar
waning moon: n. quarto minguante
want: n. falta, carência, necessidade
war against poverty: n. guerra contra a pobreza

war on drugs: n. guerra contra drogas
war on terror: n. guerra contra terrorismo
war: n. guerra, conflito. v. guerrear, lutar
ward: n. custódia, ala. v. guardar, proteger
warden: n. diretor, guarda, sentinela
warder: n. guarda, sentinela
wardress: n. carcereira
wardrobe: n. guarda-roupa
ware: n. artigo, mercadoria, louça
warehouse: n. armazém
warfare: n. guerra, luta, combate
warlike: adj. beligerante, militar
warm: adj. aquecido, v. aquecer
warm-hearted: adj. amável, cordial, simpático
warmth: n. quentura, calor, simpatia, afeto
warm-up: n. aquecimento
warn: v. advertir, prevenir
warning: n. advertência. adj. preventivo
warp: n. urdidura, aberração. v. empenar, entortar
warrant: n. autorização, ordem. v. autorizar, garantir
warranty: n. garantia

warrior: n. guerreiro, soldado
warship: n. navio de guerra
wart: n. verruga, defeito, imperfeição
wartime: n. tempo de guerra
wary: adj. cuidadoso
was: ps of to be
wash and iron: v. lavar e passar
wash: n. roupa para lavar. v. lavar, banhar(-se)
washbasin: n. pia, lavatório
washcloth: n. pano para lavar o rosto
washing machine: n. máquina de lavar roupa
washing powder: n. sabão em pó
washing: n. lavagem, roupa suja, roupa lavada
washing-up: n. lavagem da louça
washroom: n. banheiro
wasp: n. vespa
waste pipe: n. cano de esgoto
waste product: n. refugo industrial
waste: n. desperdício, lixo. v. desperdiçar, esbanjar
wastebasket: n. cesto de lixo
waste bin: n. lata de lixo
wasted: adj. desnecessário, desperdiçado

wasteful: adj. desperdiçador, esbanjador
wasteland: n. terra devastada ou devoluta
watch for: v. tomar cuidado
watch out: v. tomar cuidado
watch: n. cuidado, relógio de pulso. v. prestar atenção
watchdog: n. cão de guarda, órgão de defesa
watchful: adj. vigilante, alerta, cauteloso
watchman: n. guarda
water closet: n. banheiro (WC)
water cycle: n. ciclo de água
water pollution: n. poluição de água
water purifier: n. purificador de água
water quality: n. qualidade da água
water sports: n. esportes aquáticos
water table: n. lençol de água
water vapor: n. vapor de água
water way: n. canal de água
water: n. água
watercolor: n. aquarela
watercress: n. agrião
waterfall: n. cachoeira, cascata
waterfront: n. lugar de frente para rio, lago ou porto
watering can: n. regado

watering: n. irrigação, umidade. adj. que tem água
watermelon: n. melancia, melancieira
waterproof: n. impermeável. v. impermeabilizar adj. impermeável
watershed: n. bacia hidrográfica
waterside: n. margem de rio. adj. à beira d'água
water-ski: n. esqui aquático
watertight: adj. à prova d água, de confiança, explícito
waterway: n. canal
watery: adj. ensopado, aguado, pálido
watt: n. unidade de medida de potência
wave band: n. radio faixa de onda
wave height: n. altura de onda
wave: n. onda
wavelength: n. comprimento de onda
waver: n. oscilação, hesitação. v. oscilar
wavy: adj. ondulante, ondulado
wax: n. cera. v. encerar
way: n. modo, estilo, costume
way-out: adj. fora do comum, extravagante

wayward: adj. genioso, teimoso, instável
WC: abr. (water closet) banheiro
we: pron. nós
we'd: contr. of we had, we would, we should
we've: contr. of we have
weak: adj. fraco
weaken: v. enfraquecer, reduzir
weakness muscle: n. fraqueza muscular
weakness: n. fraqueza
wealth: n. riqueza
wealthy: adj. rico
wean: v. alienar
weaning: n. desmama
weapon: n. arma
wear down: v. gastar
wear: n. uso, desgaste. v. vestir
wearable: adj. usável, gastável
weariness: n. cansaço
weary: v. cansar, esgotar. adj. cansado
weather forecast: n. previsão do tempo
weather: n. tempo. v. expor às intempéries
weathering: adj. desgastante
weatherman: n. meteorologista
weave: n. tecedura. v. tecer
weaver: n. tecelão
web sites: n. web site

web: n. teia, rede
wed: v. casar-se, unir
wedding ring: n. aliança de casamento
wedding: n. casamento
wedge: n. cunha, calço. v. cunhar, calçar
Wednesday: n. quarta-feira
weed: n. erva daninha. v. capinar
week: n. semana
weekday: n. dia de semana
weekend: n. fim de semana
weekly: n. semanário. adj. semanal. adv. semanalmente
weep: n. choro. v. chorar
weigh: n. peso. v. pesar
weightless: adj. leve, sem importância
weighty: adj. importante, grave, significativo
weird: adj. estranho, esquisito
welcome: n. boas-vindas. v. receber com alegria. adj. bem-vindo
weld: n. solda, soldadura. v. soldar, unir, consolidar
welding: n. solda
welfare: n. bem-estar, Previdência Social
well built: adj. bem construído
we'll: contr of we shall, we will
well: n. poço, nascente. v jorrar. adj. bom. adv. bem

well-behaved: adj. bem-comportado
well-being: n. bem-estar, conforto
well-bred: adj. bem-educado, de boa raça
well-done: adj. bem-feito, bem passado
wellington: n. galocha
well-intentioned: adj. bem intencionado
well-kept: adj. bem cuidado
well-known: adj. bem conhecido
well-mannered: adj. educado, de boas maneiras
well-timed: adj. oportuno, em tempo apropriado
well-to-do: adj. próspero, abastado
welt: n. vira, debrum, orla
we're: contr. of we are
were: ps. do indicativo e do subjuntivo de to be
weren't: contr. of were not
werewolf: n. lobisomem
west: n. oeste, ocidente
westbound: adj. em direção ao oeste
Western Europe: n. Europa Ocidental
Western Hemisphere: n. hemisfério ocidental
western: n. filme de faroeste. adj. ocidental

westward: n. direção ocidental. adj. ocidental. adv. para o oeste
wet paint: n. tinta fresca
wet: n. água ou líquido, umidade. v. molhar, umedecer
wetland: n. pantanal
whack: n. pancada forte, golpe
whacked: adj. cansado, exausto
whale: n. baleia, algo muito grande
wharf: n. cais, molhe
what a pity!: expr. que pena!
what: adj. que, qual, quais
whatever: adj. qualquer, de qualquer jeito
whatsoever: adj, pron. forma enfática de whatever
wheat flour: n. farinha de trigo
wheat: n. trigo
wheedle: v. persuadir com jeito
wheel and axle: n. roda e eixo
wheel: n. roda, volante, rotação. v. rodar, volver
wheelbarrow: n. carrinho de mão
wheelchair: n. cadeira de rodas
wheeze: n. respiração ofegante. v. ofegar

when: pron, adv, conj quando

whence: adv. por aí

whenever: adv. sempre que

where: pron, adv, conj. onde

whereabouts: n. paradeiro. adv. onde

whereas: conj. enquanto, ao passo que

wherein: pron. em que. adv. em quê? no qual

whereupon: adv. a respeito de quê? conj do que

wherever: adv. onde quer que, seja onde for

whet: n. afiação, aguçadura. v afiar, aguçar

whether: conj se, quer, ou

whetstone: n. pedra de amolar

which one: pron. qual dos, quais dos

which: adj, pron. qual, quais, que

whichever: adj. qualquer, seja qual for

whiff: n. brisa, bafejo

while ago: expr. há pouco

while: expr. embora, enquanto

whim: n. capricho, fantasia

whimper: n. choradeira, queixa. v. choramingar

whine: n. lamento. v. lamentar(-se)

whip: n. chicote. v. chicotear, bater

whipped cream: n. creme chantilly

whipping: n. surra, derrota

whirl: n. giro, remoinho. v. girar, rodopiar

whirlpool: n. redemoinho de água

whirlwind: n. redemoinho de vento

whisk: n. vassourinha, batedor. v bater

whiskey, whisky: n. uísque

whisper: n. cochicho, sussurro. v. sussurrar

whistle: n. apito, assobio. v. apitar, assobiar

white meat: n. carne branca

white: n. branco, brancura. adj. alvo, claro

white-collar workers: n. funcionários administrativos

white-haired: adj. de cabelos brancos

whiten: v. branquear, alvejar

whiteness: n. brancura, palidez

whitewash: n. encobrimento de erros. v. encobrir defeitos

whitish: adj. esbranquiçado, claro

who: pron. quem, que, o(a) qual

whoever: pron, quem, seja quem for

whole bread: n. pão integral

whole number: n. número inteiro

whole: n. inteiro
whole-hearted: adj. sincero, sério
wholeness: n. inteireza, totalidade
wholesale: adj. por atacado. adv. por atacado
wholesaler: n. atacadista
wholesome: adj. saudável, benéfico
who'll: contr. of who will, who shall
wholly: adv. inteiramente, completamente
whom: pron. quem, que, o(a) qual, o(a)s quais
whooping cough: n. coqueluche
whore: n. prostituta
whorehouse: n. bordel, prostíbulo
whose: pron. de quem, cujo(s), cuja(s)
why: pron. por que, pelo(a) qual, pelo(a)s quais
wick: n. pavio
wicked: adj. mau, ruim
wickedness: n. maldade, perversidade
wide ranging: adj. extenso, variado
wide: adj. largo, grande. adv. extensamente
widely: adv. largamente
widen: v. alargar-se
widespread: adj. muito espalhado, comum

widow: n. viúva
widowed: adj. viúvo, solitário
widower: n. viúvo
width: n. largura, extensão
wield: v. manejar
wife: n. esposa, mulher casada
wig: n. peruca. v. guarnecer com peruca
wiggle: n. linha ondulada. v. sacudir, abanar
weights and measures: n. pesos e medidas
wild: n. selva. adj. selvagem
wilderness: n. selva, sertão, lugar despovoado
wildlife: n. vida selvagem
willful, willful: adj. teimoso, intencional
will power: n. força de vontade
will: n. vontade, v. querer
willing: adj. disposto, pronto
willingly: adv. de modo disposto, de boa vontade
willingness: n. boa vontade
willy-nilly: adv. por bem ou por mal
willow: n. salgueiro, madeira do salgueiro
win: n. vitória, sucesso. v. vencer, ganhar
wince: n. estremecimento. v. estremecer, tremer
wind instrument: n. instrumento de sopro

wind: n. vento, brisa, fôlego. v. arejar
winding: adj. enrolado
windmill: n. moinho de vento
window dressing: n. decoração de vitrina
window frame: n. quadro ou caixilho de janela
window: n. janela, vitrine
windowpane: n. vidraça, vidro de janela
windshield wiper: n. limpador de pára-brisa
windshield: n. pára-brisa
windsurfing: n. surfe à vela
windward: adj. de barlavento
windy: adj. ventoso, tempestuoso, exposto ao vento
wine: n. vinho, cor do vinho
wing: n. asa
wink: n. piscadela, instante. v. piscar
winner: n. vencedor, indivíduo vitorioso
winning: n. ação de vencer. adj. vitorioso, vencedor
winnow: v. cirandar
winter: n. inverno
wintertime: n. tempo de inverno, estação invernal
wipe: v. limpar, enxugar, passar
wire: n. arame, fio, telegrama. v. amarrar

wireless: n. telegrafia sem fios
wisdom: n. sabedoria, saber
wise: n. modo. adj. sábio, culto
wish: n. desejo, pedido. v. desejar
wistful: adj. saudoso, melancólico
wit: n. juízo, razão
witch: n. bruxa, feiticeira. v. enfeitiçar
witchcraft: n. bruxaria, magia
with: prep. com, por, em relação a
withdraw: v. retirar, remover
withdrawal: n. retirada, afastamento
withdrawn: adj. reservado, retraído
wither: v. secar
withhold: v. reter
within: adv. dentro, interiormente, ao alcance de
without: prep. sem, falta de
withstand: v. resistir, agüentar
witness: n. testemunha, evidência. v. depor
witty: adj. engenhoso. v. cambalear, tremer
wives: n. pl of wife
wizard: n. mágico, feiticeiro
wobble: n. oscilação. v. cambalear

woe: n. aflição, angústia
wolf: n. lobo. v. devorar, tragar
wolves: n. pl of wolf
woman: n. mulher, sexo feminino
womanlike: adj. feminino
womanly: adj . feminino
womb: n. útero, ventre
women: n. mulheres
wonder: n. maravilha. v. admirar-se, estar curioso
wonderful: adj. maravilhoso
wondrous: adj. maravilhoso, magnífico
won't: contr of will not
wood: n. madeira, lenha, floresta
wooden floor: n. piso de madeira
wooden: adj. de madeira, desajeitado
woodland: n. região florestal, floresta
woodpecker: n. pica-pau
woods: n. floresta
woodwind: n. instrumento de sopro de madeira
woodwork: n. madeiramento, artigo de madeira
wool: n. lã. fio de lã.
woolens: n. roupas de lã
woolly: n. artigo de lã, carneiro. adj. de lã
word processor: n. processador de textos

word: n. palavra, fala. v. exprimir
wording: n. fraseado
wordplay: n. trocadilho
work force: n. mão-de-obra
work hard: v. trabalhar pesado
work independently: v. trabalhar independentemente
work: n. trabalho, emprego. v. trabalhar
workable: adj. aproveitável
workbook: n. livro de exercícios
workday: n. dia de trabalho, dia útil
worker bee: n. abelha operária
worker: n. trabalhador
working capacity: n. capacidade produtiva
working class: n. classe trabalhadora
working: n. operação. adj. trabalhador, útil
workman: n. trabalhador, operário, artífice
workmanship: n. artesanato, habilidade
workmate: n. colega de trabalho
workshop: n. oficina, curso intensivo
World Bank: n. Banco Mundial
world history: n. história mundial

World War I: n. Primeira Guerra Mundial
World War II: n. Segunda Guerra Mundial
world war: n. guerra mundial
World Wide Web: n. World Wide Web
world: n. mundo, globo terrestre
world-wide: adj. pelo mundo inteiro
worm: n. verme, minhoca. v. rastejar
worn: pp. of wear. adj. usado, cansado, abatido
worn-out: adj. usado, gasto, fatigado
worried: adj. preocupado, aborrecido
worry: n. preocupação. v. preocupar(-se)
worse: adj. (compar of bad, evil, ill) pior, inferior
worsen: v. piorar
worship: n. adoração, culto. v adorar
worshipper of idols: n. idólatra
worshipper: n. adorador, venerador
worst: n. o pior
worth: n. valor, preço, importância. adj. merecedor
worthless object: n. objeto sem valor
worthless: adj. sem valor

worthwhile: adj. que vale a pena
worthy: n. pessoa ilustre, adj. merecedor, digno
would've: contr. of would have
would-be: adj. que pretende ser, suposto, imaginário
wouldn't: contr. of would not
wound: n. ferida. v. ferir, golpear, machucar
wove: ps. of weave
woven: pp. of weave
wrangle: n. disputa, briga. v. disputar
wrap: n. agasalho. v. enrolar, embrulhar
wrapper: n. empacotador, embalador
wrapping: n. empacotamento, embalagem
wrath: n. ira
wreath: n. grinalda, guirlanda
wreathe: v. entrançar, engrinaldar
wreck: n. destruição, ruína. v. destruir
wreckage: n. naufrágio, destroços, escombros
wrench: n. chave-inglesa, arranco, distensão
wrestle: n. luta romana, luta livre. v. lutar
wrestler: n. lutador
wretch: n. vilão, canalha

wretched: adj. baixo
wriggle: n. ziguezague. v.
mover-se em ziguezague
wring: n. torção, aperto. v.
torcer, espremer
wrinkle: n. prega, ruga. v.
dobrar, enrugar
wrinkled: adj. enrugado,
franzido
wrist watch: n. relógio de
pulso
wrist: n. pulso, munheca
write: v. escrever, ser
escritor
write-off: n. algo
irrecuperável, baixa contábil
writer: n. escritor, autor
write-up: n. crítica literária
writhe: n. convulsão,
contração. v. torcer
writing: n. escrita,
documento, letra
written: pp. of write. adj.
escrito
wrong side: n. lado errado
wrong: n. injustiça, erro
wrongdoer: n. malfeitor,
pecador
wrongdoing: n. dano, crime
wrongful: adj. injusto,
prejudicial
wry: adj. torto, torcido

X, x

X, x: n. vigésima quarta letra do alfabeto, consoante
xenophobe: adj. xenófobo
xenophobia: n. xenofobia
xylograph: n. xilogravura
xylographer: n. xilógrafo
xylography: n. xilografia
X-mas: abr. (Christmas) Natal
X-ray: n. raio X. v. radiografar. adj. relativo aos raios X
xylem: n. xilema
xylophone: n. xilofone

Y, y

y, y: n. vigésima quinta letra do alfabeto, semivogal
yacht: n. iate. v. navegar em iate
yachting: n. iatismo
yam: n. inhame, cará, batata-doce
yank: n. puxão, empurrão. v. empurrar, arrancar
yankee: n. ianque
yap: n. pessoa rabugenta, latido. v. latir, tagarelar
yard: n. jarda, pátio, quintal
yardstick: n. medida de uma jarda
yarn: n. fio de lã, narração. v. conversar
yawn: n. bocejo, chateação. v. bocejar
yeah: adv. sim
year: n. ano
yearly: adj. anual. adv. anualmente
yearn: v. ansiar, aspirar, ter saudade
yearning: n. anseio, desejo. adj. ansioso
years: idade, muito tempo
yeast: n. espuma, fermento, levedura
yell: n. berro, grito. v. berrar, gritar
yellow fever: n. febre amarela

yellow journalism: n. imprensa sensacionalista
yellow press: n. imprensa sensacionalista
yellow vegetables: n. vegetais amarelos
yellow: n. amarelo, covardia. adj. covarde
yellowish: adj. amarelado, amarelento
yelp: n. latido, uivo. v. latir, uivar
Yemen: n. Iêmen
yen: n. iene
yes: n. sim. v. dizer sim. adv. sim
yesterday: n. ontem, passado. adv. recentemente
yet: adv. ainda, além. conj contudo, mas
yield: n. rendimento, lucro. v. consentir, permitir
yoga: n. ioga
yoghurt, yogurt: n. iogurte
yoke: n. jugo, escravidão, submissão
yolk: n. gema de ovo
you'd: contr. of you had, you would
you'll: contr. of you will, you shall
young: n. jovem. adj. jovem, juvenil
younger: n. mais moço. adj. mais moço
youngster: n. criança, menino(a), jovem

your: adj. possessive seu(s),
sua(s), do(s) senhor(es),
da(s) senhora(s), teu(s),
tua(s)
you're: contr of you are
yours: pron. possessive sg,
pl teu(s), tua(s), seu(s),
sua(s), do(s) senhor(es),
da(s) senhora (s)
yourself: pron. reflexive tu,
você, te, ti, tu mesmo, você
mesmo, se, si mesmo
yourselves: pron. reflexive
pl vós, vocês, vos, vós
mesmos(as), vocês
mesmos(as)
youth: n. mocidade,
juventude
youthful: adj. juvenil, moço,
jovem
you've: contr. of you have
yo-yo: n. ioiô
yuppie: n. abr. (young urban
professional) jovem
profissional urbano

Z, z

Z, z: n. vigésima sexta e última letra do alfabeto, consoante
Zambia: n. Zâmbia
zap: v. matar, liquidar, mudar
zeal: n. zelo, fervor, ardor
zealot: n. fanático, pessoa zelosa
zealous: adj. zeloso, entusiasta
zebra crossing: n. faixa de pedestre
zebra: n. zebra
zenith: n. zênite, cume, auge
zero tolerance: n. tolerância zero
zero: n. adj. zero
zest: n. gosto, sabor, deleite
zigzag: n. ziguezague. v. ziguezaguear. adj. em ziguezague
zinc: n. zinco. v. zincar
zip code: n. código de endereçamento postal (CEP)
zip fastener: n. zíper
zip: n. arquivo compactado, energia. v. fechar com zíper
zipper: n. zíper
zodiac: n. zodíaco, diagrama do zodíaco
zombie: n. zumbi, pessoa de aspecto doentio
zonal: adj. zonal
zone: n. zona, distrito. v. formar zonas, cercar
zoning: n. zoneamento
zoo: n. jardim zoológico
zoology: n. zoologia
zoom in: v. aproximar imagem
zoom lens: n. lente de zoom, lente varifocal
zoom out: v. afastar imagem
zoom: n. zoom
zucchini: n. abobrinha italiana
zygote: n. zigoto

SECTION TWO

PORTUGUESE ENGLISH

WORD TO WORD DICTIONARY

EDUCA VISION

A, a

`a vontade: n. at ease, ease
a: pron. her, prep. to, at, on, art. the
abacaxi: n. pineapple
abadia: n. abbey
abaixar: v. to lower
abaixo: adv. over, down
abaixo-assinado: n. the undersigned, petition
abajur: n. lampshade
abanar: v. to shake
abandonar: v. to leave, abandon, desert, leave behind
abastado: adj. well-to-do, well-off
abastecimento: n. supply
abatido: adj. down, discouraged
abelha: n. bee
aberto: adj. open
abertura: n. overture, opening
abismo: n. abyss
abóbada: n. vault, arch
abolir: v. to abolish
aborrecer: v. to annoy
aborrecido: adj. boring, unpleasant
aborrecimento: n. annoyance
aborto: n. abortion, miscarriage
abotoar: v. to button
abraçar: v. to hug, embrace
abraço: n. embrace, hug, grip
abrandar: v. to slow down
abre-garrafas: n. bottle opener
abre-latas: n. tin opener, can opener
abreviatura: n. abbreviation
abridor: n. opener

abrigar: v. to shelter
abrigo: n. cover, shelter
abril: n. April
abrir: v. to open, unlock, turn on
abscesso: n. abscess
absolutamente: adv. absolutely
absoluto: adj. sheer, total
absolvição: n. acquittal
abstêmio: n. teetotaler
abster-se de: v. to abstain from
abstrato: adj. abstract
absurdo: adj. absurd, foolish
abundância: n. plenty, abundance
abundante: adj. plentiful, abundant
abuso: n. abuse, misuse
abutre: n. vulture
acabado: adj. over, finished, - de, just
acabar: v. to finish, stop, end
academia: n. academy, - das belas-artes, art school
acalmar: v. to calm down
acampamento: n. camp, camping
acampar: v. to camp
ação: n. action, deed, share
acaso: n. chance, ao -, at random, por -, by chance
aceder: v. to grant, consent
aceitar: v. to accept
acelerador: n. accelerator
acelerar: v. to accelerate
acenar: v. to wave
acender: v. to light, turn on
acento: n. accent
acentuar: v. to stress, emphasize
acepipe: n. delicacy
acerca: adv. about, near, - de, as regards, concerning

acertar: v. to hit, adjust
acessível: adj. accessible, attainable
acesso: n. access, entrance, approach, outburst
acessório: adj. additional, acessórios, accessories
achar: v. to consider, find, achados e perdidos, lost and found
acidentado: adj. hilly, bumpy
acidental: adj. accidental
acidente: n. accident
ácido: n. acid
acima: adv. up, above
aclamar: v. to cheer
aclarar: v. to clarify
acne: n. acne
aço: n. steel, - inoxidável, stainless steel
acolher: v. to welcome, lodge
acolhimento: n. welcome, reception
acomodação: n. accommodation
acomodar: v. to accommodate
acompanhar: v. to accompany, conduct, escort
aconchegado: adj. cozy
aconselhar: v. to advise, recommend
acontecer: v. to happen, occur
acontecimento: n. event, happening
acordado: adj. awake
acordar: v. to awake, wake, wake up
acordo: n. agreement, settlement, - de acordo! okay!
acostumado: adj. accustomed, customary
acostumar: v. to accustom

acreditar: v. to believe
acrescentar: v. to add, increase
açúcar: n. sugar
acusação: n. charge
acusado: n. accused
acusar: v. to accuse, charge, blame
adaptador: n. adaptor
adaptar: v. to adapt, - a, suit
adega: n. wine cellar
adepto: n. supporter
adequado: adj. appropriate
aderir a: v. to join, adhere to
adesivo: n. adhesive tape
adestrar: v. to train, drill
adeus: n. farewell, adeus! goodbye! so long!
adiamento: n. delay, postponement
adiantadamente: adv. n. advance
adiantado: adj. advanced
adiantamento: n. advance
adiantar: v. to advance
adiante: adv. before, onward, forward, - de, ahead of
adiar: v. to postpone, adjourn, delay, put off
adição: n. addition
adicional: adj. additional
adicionar: v. to add
adivinha: n. riddle
adivinhar: v. to guess
adjetivo: n. adjective
administração: n. administration, direction
administrar: v. to manage, administer
administrativo: adj. administrative
admiração: n. admiration, wonder

admirador: n. fan
admirar: v. to admire
admissão: n. admission
admitir: v. to admit,
acknowledge
adoçar: v. to sweeten
adolescente: n. teenager
adorar: v. to worship,
venerate
adorável: adj. adorable, lovely
adormecer: v. to put to sleep, fall
asleep
adormecido: adj. asleep
adotar: v. to adopt
adquirir: v. to acquire, buy
adulto: adj. adult, grown-up, n.
adult, grown-up
advérbio: n. adverb
adversário: n. opponent
adverso: adj. averse
advertir: v. to caution, warn
advogado: n. solicitor, barrister,
attorney, lawyer
advogar: v. to plead, support
aéreo: adj. airy, correio - ,
airmail
aeroporto: n. airport
afastado: adj. out of the way
afável: adj. friendly
afeição: n. affection
afetado: adj. affected
afetar: v. to affect
afetuoso: adj. affectionate
afiado: adj. sharp
afiar: v. to sharpen
afinal: adv. finally, at last
afirmar: v. to affirm, confirm,
declare
afirmativo: adj. affirmative
aflição: n. grief
afligir-se: v. to worry

afluente: n. tributary, affluent
afogador: n. choke
afogar: v. to drown
África: n. Africa, África do Sul,
South Africa
africano: adj. African, n.
African
afrouxar: v. to loosen, relax,
slow down
afugentar: v. to chase
afundar-se: v. to sink
agarrar: v. to seize, grip, grasp,
catch, take
agenda: n. diary, notebook,
agenda
agente: n. agent, - de viagens,
travel agent
agitação: n. unrest
agora: adv. now, até so far, de -
em diante, from now on
agosto: n. August
agradar: v. to please
agradável: adj. agreeable, nice,
pleasant, enjoyable, pleasing
agradecer: v. to thank
agradecido: adj. thankful
agrário: adj. agrarian
agredir: v. to attack, assault
agressivo: adj. aggressive
agrião: n. watercress
agrícola: adj. agrarian
agricultura: n. agriculture
agrupar: v. to arrange, group
água: n. water
aguaceiro: n. downpour,
shower
água-forte: n. etching
agudo: adj. acute, pointed
aguentar: v. to hold up, put up
with

águia: n. eagle
agulha: n. needle, spire
aí: adv. there
ainda: adv. yet, still, agora, just now, a moment
aipo: n. celery
ajoelhar: v. to kneel
ajuda: n. assistance, aid
ajudante: n. helper
ajudar: v. to help, aid
ajustar: v. to adjust
ajuste: n. settlement
alabote: n. halibut
alargar: v. to widen
alarido: n. racket
alarmar: v. to alarm
alarme: n. alarm, - de incêndio, fire alarm
alavanca: n. lever, - das mudanças, gear lever
albergue: n. hostel, - de juventude, youth hostel
álbum: n. album
alcachofra: n. artichoke
alcançar: v. to reach, achieve
alcance: n. reach, range
alçapão: n. hatch
alcatrão: n. tar
alce: n. moose
álcool: n. alcohol, - lamparina de, spirit stove
alcoólico: adj. alcoholic, n. alcoholic
alcunha: n. nickname
aldeia: n. village
aldeola: n. hamlet
alegrar: v. to cheer up
alegre: adj. joyful, merry, gay, cheerful
alegria: n. joy, gladness
aleijado: adj. crippled

além: adv. beyond, - de besides, disso
Alemanha: n. Germany
alemão: adj. German, n. German
alergia: n. allergy
alfabeto: n. alphabet
alface: n. lettuce
alfaiate: n. tailor
alfandega: n. Customs
alfinete: n. pin, - de segurança, safety pin
alforreca: n. jellyfish
algarismo: n. figure, number, digit
álgebra: n. algebra
algemas: n. handcuffs
algo: adv. somewhat, a little, pron. something, anything
algodão: n. cotton, cotton wool, de-, cotton
alguém: pron. someone, somebody
algum: pron some, any
alguns: adj. some
alho: n. garlic
ali: adv. over there, para -, there
aliado: n. associate
aliança: n. alliance, wedding ring
alicate: n. pliers
alicerce: n. base, foundation
alimentação: n. fare, food
alimentar: v. to feed, adj. alimentary
alimentício: adj. nourishing
alimento: n. food
aliviar: v. to relieve
alívio: n. relief
alma: n. soul
almoçar: v. to lunch
almoço: n. dinner
almofada: n. pillow
almofada: n. pillow, cushion, - elétrica, heating pad

almofadinha: n. pad
alocução: n. speech
alojamento: n. accommodation, lodgings
alojar: v. to accommodate
alongar: v. to lengthen
alpinismo: n. mountaineering
altar: n. altar
alteração: n. alteration
alterar: v. to alter
altercar: v. to dispute
alternado: adj. alternate
alternativa: n. alternative
altitude: n. altitude
altivo: adj. haughty
alto: adj. tall, high, loud, n. lump, alto! stop!
alto-falante: n. loudspeaker
altura: n. height
alugar: v. to lease, rent, hire, let, para -, for hire
aluguel: n. letting, - de carros, car hire
aluno: n. pupil, scholar
alvará: n. patent
alvo: n. target, mark
âmago: n. heart
amaldiçoar: v. to curse
amamentar: v. to nurse
amanhã: adv. tomorrow
amanhecer: n. daybreak
amante: n. lover, n. mistress
amar: v. to love
amarelo: adj. yellow
amargo: adj. bitter
amarrotar: v. to crease
ama-seca: n. nurse
amável: adj. amiable, kind, friendly
ambicionar: v. to wish, strive for
ambicioso: adj. ambitious
ambiente: n. atmosphere, environment
ambíguo: adj. ambiguous
ambos: pron. either, both
ambulância: n. ambulance
ameaça: n. threat
ameaçador: adj. threatening
ameaçar: v. to threaten
ameixa: n. plum, - passada, prune
amêndoa: n. almond
amendoim: n. peanut
América: n. America
americano: adj. American
ametista: n. amethyst
amianto: n. asbestos
amiga: n. friend
amígdalas: n. tonsils
amigdalite: n. tonsillitis
amigo: n. friend
amistoso: adj. friendly
amizade: n. friendship
amoníaco: n. ammonia
amontoar: v. to pile
amor: n. love, darling, meu -, sweetheart
amortecedor: n. shock absorber
amostra: n. sample, specimen, preview
ampliação: n. extension, enlargement
ampliar: v. to enlarge, extend
amplo: adj. extensive, broad
amuleto: n. charm
analfabeto: n. illiterate
analgésico: n. painkiller
analisar: v. to analyze, break down
análise: n. analysis
analista: n. analyst
análogo: adj. similar
anão: n. dwarf

anarquia: n. anarchy
anatomia: n. anatomy
anca: n. hip
anchova: n. anchovy
ancinho: n. rake
âncora: n. anchor
andaime: n. scaffolding
andar: v. to go, walk, step, n. pace, floor, story
andorinha: n. swallow
anedota: n. joke
anel: n. ring, - de noivado, engagement ring
anemia: n. anemia
anestesia: n. anesthesia
anestésico: n. anesthetic
anexar: v. to annex
anexo: n. enclosure, annex
ângulo: n. angle
animado: adj. crowded, lively
animal: n. animal, beast, - de estimação, pet
animar: v. to cheer up
anistia: n. amnesty
aniversário: n. anniversary, birthday
anjo: n. angel
ano: n. year, - bissexto, leap year, Ano Novo, New Year
anoitecer: n. dusk
anônimo: adj. anonymous
anormal: adj. irregular, exceptional
anotar: v. to note, write down
ansiedade: n. anxiety
ansioso: adj. anxious
antecedente: adj. former
antecipadamente: adv. in advance
ante-guerra: adj. pre-war

antena: n. antenna
anteontem: adv. the day before yesterday
antepassado: n. ancestor
anterior: adj. previous, prior
anteriormente: adv. formerly
antes: adv. before, rather, sooner, - de, before
antibiótico: n. antibiotic
anticongelante: n. antifreeze
antigamente: adv. formerly
antigo: adj. former, antique, ancient
antiguidade: n. antiquity, antique
antipatia: n. dislike, antipathy
antipático: adj. unfriendly, nasty
antipático: adj. unfriendly, nasty
antiquado: adj. quaint, old-fashioned, ancient
antiquário: n. antique dealer
anual: adj. annual,
anualmente: adv. per annum
anuário: n. annual
anular: v. to cancel
anunciar: v. to announce, advertise
anúncio: n. announcement, advertisement
anzol: n. fishing hook
apagado: adj. dull
apagar: v. to extinguish, put out
apaixonado: adj. n. love, passionate
apalpar: v. to feel
apanhar: v. to catch, pick up

aparafusar: v. to screw
aparar: v. to trim
aparecer: v. to appear
aparelho: n. apparatus, appliance
aparência: n. appearance, look, semblance
aparentado: adj. related
aparente: adj. apparent
aparentemente: adv. apparently
aparição: n. ghost
apartamento: n. flat, suite, apartment
apear-se: v. to get off
apelido: n. surname, family name, nickname
apelo: n. appeal
apêndice: n. appendix
apendicite: n. appendicitis
aperceber: v. to perceive
aperitivo: m appetizer
apertado: adj. narrow, tight
apertar: v. to tighten, apertar-se, tighten
aperto: n. clutch, grasp, -de mão, handshake
apesar de: prep. despite, n. spite of
apetecer: v. to feel like
apetite: n. appetite
apetitoso: adj. appetizing
apinhado: adj. crowded
apito: n. whistle
aplaudir: v. to clap, cheer, applaud
aplausos: nip! applause
aplicação: n. application, diligence
aplicado: adj. diligent
aplicar: v. to apply, aplicar-se a, apply to

apogeu: n. peak, height, zenith
apoiar-se: v. to lean
apólice: n. policy
apontador: n. pencil sharpener
apontamento: n. note
apontar: v. to point,
aposentado: n. retired
aposentar: v. to retire
aposta: n. bet
apostar: v. to bet
apreciação: n. appreciation
apreciar: v. to appreciate
apreender: v. to apprehend
aprender: v. to learn
apresentação: n. introduction
apresentar: v. to present, introduce
apressadamente: adv. in a hurry
apressado: adj. hasty
apressar-se: v. to rush, hurry, hasten
apropriado: adj. suitable, convenient, proper, appropriate
aprovação: n. approval
aprovar: v. to approve, consent
aproveitar-se: v. to profit, take advantage of
aproximadamente: adv. approximately, about
aproximado: adj. approximate
aproximar-se: v. to approach
aptidão: n. faculty
aquarela: n. watercolor
aquecedor: n. heater
aquecer: v. to warm, heat
aquecimento: n. heating, - central, central heating
aquele: adj. that, pron. that, that one, aqueles, those
aqui: adv. here, - está, here you are

aquilo: pron. that
aquisição: n. acquisition
ar: n. sky, air, ao – livre, outdoors,
-condicionado, air conditioning
árabe: adj. Arab, n. Arab
Arábia Saudita: Saudi Arabia
arado: n. plough
arame: n. wire – farpado, barbed
wire
aranha: n. spider, teia de -,
spider's web
arbitrário: adj. arbitrary
árbitro: n. umpire, referee
arborizado: adj. wooded
arbusto: n. shrub, bush
arca: n. chest
arcada: n. arcade
arcebispo: n. archbishop
archote: n. torch
arco: n. arch, bow
arco-íris: n. rainbow
arder: v. to burn
ardil: n. ruse
ardósia: n. slate
área: n. area, código de -, area
code
areia: n. sand
arejamento: n. ventilation
arejar: v. to air, ventilate
arenoso: adj. sandy
arenque: n. herring
Argélia: n. Algeria
argelino: adj. Algerian, n.
Algerian
Argentina: n. Argentina
argentino: adj. Argentinean, n.
Argentinean
argila: n. clay, argil
argumentar: v. to argue
argumento: n. argument

árido: adj. dry, unfruitful,
uninteresting
aritmética: n. arithmetic
arma: n. arm, weapon
armação: n. frame
armadilha: n. trap
armado: adj. armed
armador: n. ship-owner
armadura: n. armor
armar: v. to arm
armarinho: n. notion store
armário: n. closet, cupboard
armazém: n. warehouse, store
house, department store
armazenagem: n. storage
armazenar: v. to store
armazenista: n. wholesale dealer
arnica: n. haddock
aroma: n. aroma
arqueado: adj. arched
arquejar: v. to pant
arqueologia: n. archaeology
arqueólogo: n. archaeologist
arquiteto: n. architect
arquitetura: n. architecture
arquivo: n. archives, file
arrancar: v. to extract
arranha-céus: n. skyscraper
arranhão: n. graze, scratch
arranhar: v. to scratch
arranjar: v. to arrange
arranjar-se com: v. to make do
with
arrastar: v. to drag, haul
arrebentar: v. to burst, crack
arrecadação: n. shed
arredondado: adj. rounded
arredores: n. surroundings,
environment, outskirts
arreliar: v. to tease, annoy
arremessar: v. to toss

arrendamento: n. lease
arrendar: v. to rent, lease
arrependimento: n.
repentance, regret
arrepio: n. shiver
arriscado: adj. risky
arriscar: v. to risk
arrogante: adj. arrogant
arrojado: adj. bold
arroz: n. rice
arruinar: v. to ruin
arrumador: n. usher
arrumadora: n. usherette
arrumar: v. to tidy up
arte: n. art, arts and crafts
artéria: n. artery
artesanato: n. handicraft
articulação: n. joint
artificial: adj. artificial
artifício: n. craft, skill
artigo: n. article, item
artista: n. artist
artístico: adj. artistic
árvore: n. tree
asa: n. wing
ascendência: n. origin
ascender: v. to ascend
ascensão: n. ascent
ascensor: n. lift
asfalto: n. asphalt
Ásia: n. Asia
asiático: adj. Asian, n. Asian
asilo: n. asylum
asma: n. asthma
asneira: n. rubbish, blunder,
mistake
aspargo: n. asparagus
aspas: n. quotation
aspecto: n. aspect, look
áspero: adj. rough, harsh
aspirador: n. vacuum cleaner

aspirar: v. to aim at, aspire -,
a aim at
aspirina: n. aspirin
assaltar: v. to burgle
assalto: n. assault, attack
assar: v. to roast, bake
assassinar: v. to murder
assassínio: n. assassination
assassino: n. murderer
assaz: adv. enough,
sufficiently, rather
asseado: adj. neat, tidy
assegurar: v. to assure
assembléia: n. assembly, meeting
assemelhar-se: v. to resemble
assento: n. seat, chair
assim: adv. so, thus, - como, as
well as, - por diante, and so
assinalar: v. to indicate
assinante: n. subscriber
assinar: v. to sign,
subscribe
assinatura: n. signature,
subscription
assistência: n. attendance,
assistance, relief
assistente: n. assistant
assistir: v. to assist, watch, a
assist at, attend
assobiar: v. to whistle
associação: n. association, club,
society
associar: v. to associate
associar-se a: v. to join
assoprar: v. to blow
assunto: n. matter, theme,
concern, affair, subject,
assustado: adj. frightened, afraid
assustador: adj. scary, creepy
assustar: v. to frighten, scare,
assustar-se, be frightened

astronauta: n. astronaut
astronomia: n. astronomy
astuto: adj. clever, sly
ata: n. minute, official report
atacador: n. shoelace, lace
atacar: v. to attack, assault, strike
atalho: n. trail
ataque: n. attack, fit, stroke
atar: v. to tie, bundle, bind, attach, fasten
atarefado: adj. busy
até: prep. till, until, to, - agora, so far, - que, until
atencioso: adj. considerate, thoughtful
atender: v. to attend on
atento: adj. attentive
aterrador: adj. terrifying
aterrar: v. to land
aterrorizar: v. to terrify
atestado: adj. full up, n. certificate
atestar: v. to attest, certify
ateu: n. atheist
atingir: v. to attain, hit
atirar: v. to throw, cast
atitude: n. attitude, position
atividade: n. activity
ativo: adj. active
Atlântico: n. Atlantic
atleta: n. athlete
atletismo: n. athletics
atmosfera: n. atmosphere
ato: n. act
atômico: adj. atomic
átomo: n. atom
ator: n. actor
atordoado: adj. dizzy, giddy
atormentar: v. to torment
atração: n. attraction
atracar: v. to moor
atraente: adj. attractive

atrair: v. to attract
atrás: adv. behind, back, - de, behind
atrasado: adj. late, overdue
atrasar: v. to delay
atraso: n. delay
atrativo: n. attraction
através: tidy across, through, - de, through
atravessar: v. to cross, pass through, go through
atrevido: adj. bold, daring, cheeky
atribuir: v. to attribute
átrio: n. lobby
atriz: n. actress
atroz: adj. horrible
atuação: n. appearance, performance
atual: adj. topical, present
atualmente: adv. now, at present
atuar: v. to operate
atum: n. tuna
audácia: n. nerve
audiência: n. audience
auditório: n. auditorium
audível: adj. audible
aula: n. lesson, class
aumentar: v. to increase, raise
aumento: n. increase, rise, raise, - de salário, raise
aurora: n. dawn
ausência: n. absence
ausente: adj. absent, away
Austrália: n. Australia
australiano: adj. Australian, n. Australian
Áustria: n. Austria
austríaco: n. Austrian, adj. Austrian

autêntico: adj. authentic, original
auto-carro: n. coach, bus
auto-estrada: n. motorway, highway
automático: adj. automatic
automatização: n. automation
automobilismo: n. motoring
automobilista: n. motorist
automóvel: n. automobile, motorcar
autonomia: n. self-government
autônomo: adj. independent, autonomous
autópsia: n. autopsy
autor: n. author
autoridade: n. authority
autoritário: adj. authoritarian
autorizar: v. to license, authorize, - a, allow to
auto-serviço: n. self-service
auxiliar: v. to assist, aid, help
avalanche: n. avalanche
avaliação: n. appreciation
avaliar: v. to value, appreciate, evaluate
avançar: v. to get on, advance, go ahead, go on
avanço: n. lead, advance
avante: adv. forward
avaria: n. breakdown
avariado: adj. out of order, broken
avariar-se: v. to break down
ave: n. bird, - marinha, seabird, aves de criação, poultry, fowl
aveia: n. oats
avelã: n. hazelnut
avenida: n. avenue
avental: n. apron, smock

aventura: n. adventure, affair
aventurar: v. to venture
aversão: n. dislike, aversion
avestruz: n. ostrich
avião: n. aircraft, plane, airplane
avisar: v. to caution, warn, notify
aviso: n. warning, notice
avistar: v. to see
avô: n. grandfather, granddad
avó: n. grandmother
avós: n. grandparents
azáfama: n. bustle
azar: n. bad luck, chance
azedo: adj. sour
azeite: n. olive oil
azeitona: n. olive
azia: n. heartburn
azinhaga: n. lane
azul: adj. blue
azulejo: n. tile

B, b

bacalhau: n. cod
bacia: n. basin
bacon: n. bacon
bactéria: n. bacterium
bagageira: n. luggage rack
bagagem: n. baggage, luggage
baia: n. bay
bailado: n. ballet
baile: n. ball, dance
bainha: n. hem
bairro: n. district, quarter, - pobre, slum
baixa-mar: n. low tide
baixar: v. to lower
baixo: adj. short, low, n. bass, em -, below
bala: n. bullet
balança: n. scales, weighing machine
balançar: v. to swing, balançar-se, swing
balanço: n. balance, swing, seesaw
balão: n. balloon
balas: n. sweets, candy
balaustrada: n. rail
balbuciar: v. to falter
balcão: n. counter, balcony
balconista: n. shop assistant
balde: n. bucket, pail
balé: n. ballet
baleia: n. whale
baliza: n. goal
balofo: adj. flaccid
bambu: n. bamboo
banana: n. banana
banco: n. bench, bank
banda: n. band

bandeira: n. flag
bandido: n. bandit
banhar-se: v. to bathe
banheira: n. bathtub
banheiro: n. bathroom
banho: n. bath
banquete: n. banquet
bar: n. saloon, bar, public house, pub
baralhar: v. to shuffle
barato: adj. cheap, inexpensive
barba: n. beard, fazer a -, shave
barbaridade: n. barbarity
barbear-se: v. to shave
barbeiro: n. barber
barco: n. boat, - a motor, launch, motorboat
barítono: n. baritone
barômetro: n. barometer
barquinho: n. dinghy
barra: n. bar, rail
barraca: n. shed
barragem: n. dam
barreira: n. barrier, - de proteção, crash barrier
barrete: n. cap
barrica: n. keg
barriga: n. stomach
barril: n. cask, barrel
barro: n. clay, argil
barroco: adj. baroque
barulho: n. noise
base: n. basis, base
basear: v. to base
basebol: n. baseball
basílica: n. basilica
bastante: adj. sufficient, enough, adv. quite, rather, pretty, fairly

bastar: v. to do, suffice
bastardo: n. bastard
bata: n. smock
batalha: n. battle
batata: n. potato, batatas fritas, chips, French fries
batedeira: n. mixer
bater: v. to beat, whip, bump, knock, tap, smack, strike, slap, hit
bateria: n. battery
batismo: n. christening, baptism
batizar: v. to christen, baptize
batom: n. lipstick
baú: n. trunk
baunilha: n. vanilla
bêbado: adj. drunk
bebé: n. baby, alcofa de -, carrycot, carrinho de -, pram, baby carriage
beber: v. to drink
beberete: n. cocktail
bebida: n. beverage, drink
beco: n. alley, - sem saída
bege: adj. beige
beijar: v. to kiss
beijo: n. kiss
beira: n. bank, a – de, on the edge of
beira-mar: n. seashore, shore
beira-rio: n. riverside
belas-artes: n. fine arts
belbutina: n. velveteen
beleza: n. beauty
belga: adj. Belgian, n. Belgian
Bélgica: n. Belgium
beliche: n. bunk, berth
beliscar: v. to pinch
belo: adj. fine, beautiful, handsome
bem: adv. well, bem! well! está bem! all right!

bem-estar: n. comfort, welfare
bem-vindo: adj. welcome
bênção: n. blessing
bendizer: v. to bless
beneficiar: v. to benefit
beneficiário: n. payee
benefício: n. benefit, profit
bengala: n. cane, walking stick
bengaleiro: n. hat rack
bens: n. possessions, goods belongings
berço: n. cradle
berinjela: n. eggplant
berlinda: n. marble
berma: n. roadside
berrar: v. to yell
berro: n. yell
beterraba: n. beet, beetroot
bétula: n. birch
bexiga: n. bladder
bíblia: n. bible
biblioteca: n. library
bicha: n. queue, colloquial gay
bicho: n. worm, animal
bicicleta: n. cycle, bike, bicycle, - a motor, moped, motorbike
bico: n. point, nozzle, beak
bicudo: adj. pointed
biela: n. piston rod
bife: n. steak
bifurcação: n. road fork, fork
bifurcar: v. to fork
bigode: n. moustache
bilha: n. pitcher
bilhar: n. billiards
bilhete: n. ticket, - gratuito, free ticket
bilheteria: n. box office, - automática, ticket machine
bilião: n. billion

biliar: vesícula - , n. gall bladder
bilíngüe: adj. bilingual
bílis: n. bile, gall
binóculo: n. binoculars, field glasses
biologia: n. biology
biombo: n. screen
biscoito: n. biscuit, cookie
bispo: n. bishop
bloquear: v. to block
blusa: n. blouse
boate: n. nightclub
bobagem: n. rubbish
bobina: n. spool, - de ignição, ignition coil
boca: n. mouth
bocadinho: n. hit
bocado: n. bite, fragment, morsel, part, lump
bocejar: v. to yawn
bode: n. goat, - expiatório, scapegoat
bofetada: n. slap
boi: n. ox
bóia: n. buoy
boina: n. beret
bola: n. ball, - de futebol, football
bolacha: n. waffle, - de baunilha, wafer
bolbo: n. bulb
boletim: n. bulletin, - meteorológico, weather forecast
bolha: n. bubble, blister
boliche: n. bowling
Bolívia: n. Bolivia
boliviano: adj. Bolivian, n. Bolivian
bolo: n. cake
bolor: n. mildew
bolorento: adj. moldy

bolota: n. acorn
bolseiro: n. scholar
bolso: n. pocket
bombardear: v. to bomb
bombazina: n. corduroy
bombear: v. to pump
bombeiros: n. fire brigade
bombom: n. chocolate
bombordo: n. port
bonde: n. train, streetcar
bondoso: adj. good-natured, kind
boné: n. cap
boneca: n. doll
bonito: adj. pretty, nice, fair, good-looking
boquilha: n. cigarette holder
borboleta: n. butterfly
borbulha: n. pimple
borda: n. verge, edge, brim, border, rim
bordado: n. embroidery
bordar: v. to embroider
bordel: n. brothel
bordo: a -, aboard
borracha: n. rubber, eraser
borrão: n. blot
borrego: n. lamb
bosque: n. wood
bota: n. boot, - de esqui, ski boots
botânica: n. botany
botão: n. button, push button, bud
boutique: n. boutique
braço: n. arm, de – dado, arm-in-arm
brado: n. cry
braguilha: n. fly
bramir: v. to roar
branco: adj. white, em - , blank

brando: adj. tender, soft, smooth
Brasil: n. Brazil
brasileiro: adj. Brazilian, n. Brazilian
brecha: n. breach, gap
breve: adj. brief, em - , shortly, soon
brevemente: adv. shortly, soon
briga: n. quarrel, dispute
brilhante: adj. brilliant, n. diamond
brilhar: v. to shine, glow
brilho: n. glare, glow
brincar: v. to play
brinco: n. earring
brinde: n. toast
brinquedo: n. toy
brioche: n. bun
brisa: n. breeze
britânico: adj. British, n. Briton
broca: n. drill
brocar: v. to bore, drill
broche: n. brooch
brochura: n. brochure
bronquite: n. bronchitis
bronze: n. bronze, de bronze
bronzeado: adj. tanned
bruços: n. breaststroke, de -, face downwards
bruma: n. haze
brutal: adj. brutal
bruto: adj. gross, n. brute
bruxa: n. witch
bufete: n. buffet
bule: n. teapot
Bulgária: n. Bulgaria
búlgaro: adj. Bulgarian, n. Bulgarian
buraco: n. hole
burguês: adj. middle-class,

bourgeois
burla: n. swindle
burlão: n. swindler
burlar: v. to swindle
burocracia: n. bureaucracy
burro: n. ass, donkey
busca: n. search, quest
buscar: v. to look for, ir - , fetch, collect
bússola: n. compass
busto: n. bust
buzina: n. horn, hooter
buzinar: v. to honk
búzio: n. winkle

C, c

cá: adv. here
cabana: n. cabin, hut
cabeça: n. head, - do motor, cylinder head
cabeçalho: n. headline
cabeçudo: adj. head-strong, stubborn
cabeleireiro: n. hairdresser
cabelo: n. hair, - postiço, hair piece
cabeludo: adj. hairy
caber: v.. be contained in, fit in
cabide: n. hanger, coat hanger
cabine: n. booth, cabin, - telefônica, telephone booth
cabo: n. handle, cape, cable
cabra: n. goat
caça: n. chase, hunt, game
caçador: n. hunter
caçar: v. to hunt, - furtivamente, poach
caçarola: n. saucepan
cacete: n. club
cachimbo: n. pipe
cachorro: n. dog
cada: adj. each, every, - um, everyone
cadáver: n. corpse, cadaver
cadeado: n. padlock
cadeia: n. chain
cadeira: n. chair, - de braços, armchair, - de rodas, wheelchair
cadela: n. bitch
café: n. coffee, café
cafeína: n. caffeine
cafeteira: n. coffee-pot
cafeteria: n. cafeteria, coffee shop
cagar: v. to crap, shit
cãibra: n. cramp

cair: v. to fall, deixar - , drop
cais: n. wharf, quay, dock
cal: n. lime, whitewash
calado: adj. silent, estar - , be silent
calafrio: n. chill
calamidade: n. calamity
calão: n. slang
calar: v. to silence, calar-se
calçada: n. pavement, side walk
calçado: n. footwear
calcanhar: n. heel
calcar: v. to stamp
calças: n. slacks, trousers, pants
calcinhas: n. panties
cálcio: n. calcium
calções: n. shorts, briefs
calculadora: n. calculator
calcular: v. to calculate, reckon
cálculo: n. calculation, - biliar, gallstone
calendário: n. calendar
calmante: n. tranquillizer
calmo: adj. calm, quiet
calo: n. corn
calor: n. warmth, heat
caloria: n. calorie
calúnia: n. slander
calvinismo: n. Calvinism
cama: n. bed, - de acampamento, camp bed, cot
camada: n. layer
camafeu: n. cameo
câmara municipal: town hall
camarada: n. comrade
câmara-de-ar: n. inner tube
camarão: n. shrimp, - grande, prawn
cambiante: n. nuance
câmbio: n. exchange rate
camelo: n. camel

caminhão: n. truck
caminhar: v. to step, walk
caminho: n. way, a – de, bound for,
a meio -, halfway
caminho-de-ferro: n. railway,
railroad
camisa: n. shirt, vest
camiseta: n. undershirt
camisola: n. sweater, jumper,
nightdress
campainha: n. bell, - da porta,
doorbell
campanário: n. steeple
campanha: n. campaign
campeão: n. champion
campismo: n. camping, parque de
- , camping site
campo: n. field, country,
countryside
camponês: n. peasant
camurça: n. suede
cana: n. cane, reed
Canadá: n. Canada
canadense: adj. Canadian
canal: n. channel, canal, Canal da
Mancha, English Channel
canalizador: n. plumber
canário: n. canary
canção: n. song, - popular, folk
song
cancela: n. barrier, gate
cancelamento: n. cancellation
cancelar: v. to cancel
candeeiro: n. lamp, - de mesa,
reading lamp
candelabro: n. chandelier, hanging
lamp
candidato: n. candidate
candidatura: n. application
caneca: n. mug
canela: n. cinnamon, shinbone

caneta: n. pen, - de tinta
permanente, fountain pen
canga: n. yoke
canguru: n. kangaroo
cânhamo: n. hemp, canvas
canhão: n. gun
canhoto: adj. left-handed
canil: n. kennel
canivete: n. pocketknife,
penknife
cano: n. pipe, tube
canoa: n. canoe
cansaço: n. tiredness
cansado: adj. weary, tired
cansar: v. to tire
cantar: v. to sing
canteiro: n. flowerbed
cantina: n. canteen
canto: n. singing, corner
cantor: n. singer
cantora: n. singer
cão: n. dog, - de cego, guide dog,
casa do - , kennel
caos: n. chaos
caótico: adj. chaotic
capa: n. cape, cover, jacket, sleeve,
- de chuva, raincoat
capacete: n. helmet
capacidade: n. capacity, ability,
faculty
capataz: n. foreman
capaz: adj. able, capable, ser –
de, be able to
capela: n. chapel
capelão: n. chaplain
capital: adj. capital, n. capital
capitalismo: n. capitalism
capitão: n. captain
capitulação: n. capitulation
capricho: n. fancy, whim
cápsula: n. capsule

captura: n. capture
capturar: v. to capture
capuz: n. hood
caqui: n. khaki
cara: n. face
caracol: n. snail, curl
característica: n. characteristic, quality
característico: adj. characteristic, typical
caramelo: n. caramel, toffee
caranguejo: n. crab
caráter: n. character
caravana: n. caravan, trailer
carburador: n. carburetor
carcaça: n. wreck
carcereiro: n. warden, prison guard
cardápio: n. menu
cardeal: n. cardinal, adj. cardinal
cardo: n. thistle
careca: adj. bald
carecer de: v. to lack
carência: n. shortage, lack, wants
careta: n. grin
carga: n. cargo, freight, charge
cargo: n. office, duty, function
caridade: n. charity
carimbo: n. stamp
Carnaval: n. carnival
carne: n. flesh, meat
carneiro: n. sheep ram
caro: adj. dear, expensive, precious
caroço: n. pip, stone
carpa: n. carp
carpinteiro: n. carpenter
carrasco: n. executioner, hangman

carregador: n. porter
carregamento: n. cargo, charge, load
carregar: v. to charge, load, press
carreira: n. career
carreira: n. path
carril: n. curry
carrilhão: n. chimes
carro: n. car
carroça: n. cart
carroçeria: n. body-work
carro-esporte: n. sports car
carrossel: n. merry-go-round
carruagem: n. coach, carriage
carruagem-cama: n. sleeping car, Pullman
carruagem-restaurante: n. dining car
cartaz: n. placard, poster
carteira: n. wallet, pocketbook, bag, desk
carteiro: n. postman
cartilagem: n. cartilage
cartucho: n. cartridge
carvalho: n. oak
carvão: n. coal, - de lenha, charcoal
casa: n. house
casacão: n. coat, cloak
casaco: n. coat, jacket, - de malha, cardigan, - de peles, fur coat
casado: adj. married
casa-forte: n. vault
casal: n. farmhouse, married couple
casamento: n. marriage, wedding
casar-se: v. to marry
casca: n. bark, peel, skin, shell, - de noz, nutshell

cascalho: n. gravel
casco: n. hoof
caseiro: adj. home-made
casino: n. casino
caso: in case, instance, event, - que, in case, em algum - , by no means
caspa: n. dandruff
casquilho: n. socket
cassete: n. cassette
cassino: n. casino
castanha: n. chestnut
castanho: adj. brown
castigar: v. to punish
castigo: n. penalty, punishment
casto: adj. chaste
castor: n. beaver
casual: adj. casual
catacumba: n. catacomb
catálogo: n. catalogue
catástrofe: n. calamity, disaster, catastrophe
catedral: n. cathedral
categoria: n. category, sort
categórico: adj. explicit, downright
católico: adj. catholic, Roman Catholic
cauda: n. tail
causa: n. reason, cause, case, judicial lawsuit, por de, because of
causar: v. to cause
cautela: n. caution
cavaco: n. chat
cavala: n. mackerel
cavaleiro: n. horseman, rider, knight
cavalheiro: n. gentleman
cavalo: n. horse, - de corrida, racehorse

cavalo-vapor: n. horsepower
cavar: v. to dig
cave: n. basement, cellar
caverna: n. cavern, cave
caviar: n. caviar
cavilha: n. bolt
caxemira: n. cashmere
CD: n. CD. CD-ROM
cebola: n. onion, bulb
cebolinha: n. chives
ceder: v. to indulge, give
cedo: adv. early
cegar: v. to blind
cego: adj. blind
cegonha: n. stork
ceia: n. supper
ceifa: n. harvest
ceifar: v. to harvest
celebração: n. celebration
celebrar: v. to celebrate
celebridade: n. celebrity
celeiro: n. barn
celibatário: n. bachelor, unmarried, single
célula: n. cell
cem: num. hundred
cemitério: n. cemetery, churchyard, graveyard
cena: n. scene
cenário: n. setting
cenoura: n. carrot
censura: n. censorship, reproach, blame
censurar: v. to reproach, blame, censor
centavo: n. cent, penny
centena: n. some hundred
centímetro: n. centimeter
centralizar: v. to centralize
cera: n. wax
cerâmica: n. pottery, ceramics

cerca: n. fence, - de, about
cercar: v. to surround, encircle
cerco: n. siege
cereal: n. grain, corn, cereal
cérebro: n. brain
cereja: n. cherry
cerimônia: n. ceremony,
sem - , informal
certamente: adv. surely,
naturally, certainly
certeza: n. certainty, com - ,
of course
certidão: n. certificate
certificado: n. certificate
certificar: v. to certify, certificar-
se de, ascertain
certo: adj. sure, certain,
correct
cerveja: n. ale, beer
cervejaria: n. pub
cessar: v. to quit, stop,
discontinue, cease
cessar-fogo: n. ceasefire
cesta: n. hamper
cesto: n. basket, - dos papéis,
wastepaper basket
cetim: n. satin
céu: n. heaven, sky
cevada: n. barley
chá: n. tea, salão de - , tea-shop
chalé: n. chalet
chaleira: n. kettle
chama: n. flame
chamada: n. call, catchword, -
interurbana, long-distance
chamar: v. to cry, call, name,
recall, chamar-se, be called
chaminé: n. chimney
champanhe: n. champagne
chantagem: n. blackmail, fazer -
, blackmail

chão: n. floor, ground, soil
chapa: n. sheet, plate, - da
matricula, registration plate
chapéu: n. hat
charco: n. puddle
charlatão: n. quack
charuto: n. cigar
chassi: n. chassis
chatear: v. to annoy, bother
chave: n. key, - de fendas,
screwdriver, - de porcas, spanner
chave-inglesa: n. wrench
chávena: n. cup, - de chá, teacup
checo: adj. Czech, n. Czech
chefe: n. chief, boss, leader,
manager, chieftain
chegada: n. arrival, coming
chegado: adj. near
chegar: v. to arrive
cheio: adj. full
cheirar: v. to smell, - mal,
stink, smell
cheiro: n. smell, mal
cheiroso, smelly
cheque: n. check, livro de
cheques, checkbook
chicote: n. whip
chifre: n. horn
Chile: n. Chile
chileno: adj. Chilean, n. Chilean
China: n. China
chinês: adj. Chinese, n. Chinese
chocante: adj. revolting,
shocking
chocar: v. to shock, bump,
collide, se – com, knock against
chocolate: n. chocolate
choque: n. shock, crash,
collision
chorar: v. to weep, cry
chover: v. to rain

chumbo: n. lead
chupar: v. to suck
churrasco: n. barbecue
chuva: n. rain, - miudinha, drizzle
chuvada: n. cloudburst
chuvoso: adj. rainy
cicatriz: n. scar
ciclista: n. cyclist
ciclo: n. cycle
cidadania: n. citizenship
cidadão: n. citizen
cidade: n. town, city
ciência: n. science
ciente: adj. aware
científico: adj. scientific
cientista: n. scientist
cigarreira: n. cigarette case
cigarro: n. cigarette
cilindro: n. cylinder
cimento: n. cement
cinco: num. five
cinema: n. pictures, cinema
cinquenta: num. fifty
cinta: n. girdle
cintilante: adj. sparkling
cinto: n. belt, - de segurança, seat belt
cintura: n. waist
cinza: n. ash
cinzeiro: n. ashtray
cinzel: n. chisel
cinzento: adj. grey
circo: n. circus
circuito turístico: n. tour
circulação: n. circulation
círculo: n. ring, circle, club, - eleitoral, constituency
circundar: v. to circle
circunstância: n. circumstance, condition

cirurgião: n. surgeon
cisne: n. swan
cistite: n. cystitis
citação: n. quotation
citar: v. to quote
ciúme: n. jealousy
ciumento: adj. envious, jealous
cívico: adj. civic
civil: adj. civil, civilian, n. civilian
civilização: n. civilization
civilizado: adj. civilized
clareira: n. clearing
claro: adj. bright, light, clear, plain
classe: n. class, form, - média, middle class
clássico: adj. classical
classificar: v. to classify, sort, grade, assort
cláusula: n. clause
clavícula: n. collarbone
clemência: n. mercy
clérigo: n. clergyman
clicar: v. to click
cliente: n. customer, client
clima: n. climate
clínica: n. clinic
clique: n. click
cloro: n. chlorine
clube: n. club, automóvel - , automobile club, - náutico, yacht
coador: n. strainer
coagular: v. to curdle
cobertor: n. blanket
cobiçar: v. to desire
cobrador: n. conductor
cobre: n. copper
cobrir: v. to cover
coçado: adj. threadbare
cocaína: n. cocaine
cócegas: fazer - , v. to tickle

coche: n. coach, carriage
coco: n. coconut
côdea: n. crust
código: n. code, - de area, area code, - postal, zip code
codorniz: n. quail
coelho: n. rabbit
coerência: n. coherence
cofre-forte: n. safe
cogumelo: n. mushroom, toadstool
coincidência: n. concurrence, coincidence
coincidir: v. to coincide
coisa: n. thing, alguma - , something
cola: n. glue, gum
colaborador: adj. co-operative, n. collaborator
colaborar: v. to collaborate
colar: v. to paste, stick, n. beads, necklace
colarinho: n. collar
colcha: n. quilt
colchão: n. mattress
coleção: n. collection, - de obras de arte, art collection
colecionador: n. collector
colecionar: v. to gather, collect
colega: n. colleague, - de classe, classmate
colégio: n. college, school, - interno, boarding school
coleira: n. collar
cólera: n. anger, cholera
colete: n. waistcoat, vest, salva-vidas, life jacket
coletivo: adj. collective
coletor: n. collector
colheita: n. crop, harvest
colher: n. spoon, - de chá , teaspoon, - de sopa, tablespoon

colher: v. to pick, gather
colherada: n. spoonful
colidir: v. to collide, crash
colina: n. hill
colisão: n. collision
collant: n. tights
colmeia: n. beehive
colocar: v. to put, lay, place
Colômbia: n. Colombia
colombiano: adj. Colombian, n. Colombian
colônia: n. colony, - de férias, holiday camp
colorido: adj. colorful
colorir: v. to color, paint
coluna: n. pillar, column, - de direção, steering column
com: prep. with
coma: n. coma
comandante: n. commander, captain
comandar: v. to command
comando: n. order
combate: n. battle, struggle, combat
combater: v. to combat, fight, battle
combinação: n. combination, petticoat
combinar: v. to combine
combustível: n. fuel
começar: v. to begin, commence, start
começo: n. start
comédia: n. comedy
comediante: n. comedian
comemoração: n. commemoration
comentar: v. to comment
comentário: n. comment
comer: v. to eat
comercial: adj. commercial

comerciante: n. merchant, tradesman, trader
comércio: n. commerce, business, trade
comestível: adj. edible
cometer: v. to commit
comichão: n. itch, ter - , itch
cômico: adj. comic, n. comedian
comida: n. food, fare, - congelada, frozen food
comigo: pron. with me
comissão: n. commission, committee, percentage
comissário: n. commissioner, - de bordo, steward
comitê: n. committee
como: conj. as, like, adv. how, - se, as if
comoção cerebral: n. concussion
cômoda: n. chest of drawers, bureau
comodidade: n. comfort
cômodo: adj. convenient, easy
comover: v. to move, n. grillroom
compartimento: n. compartment
compatriota: n. countryman, compatriot
compensação: n. indemnity, compensation
compensar: v.to compensate, pay, comprise
competência: n. capacity, competence
competente: adj. qualified, expert, competent
competição: n. competition
competir: v. to compete
compilar: v. to compile
completamente: adv. completely,

quite, wholly
completar: v. to complete, conclude
completo: adj. complete, utter, total, whole, full
comporta: n. sluice, lock
comportamento: n. behavior
comportar-se: v. to act
composição: n. composition, essay
compositor: composer
compra: n. purchase, fazer compras, shop
comprador: m, buyer, purchaser
comprar: v. to buy, purchase
compreender: v. to understand, take, conceive
compromisso: n. compromise, engagement
comum: adj. common, plain
comuna: n. commune
comunicação: n. information, communication
comunicar: v. to inform, communicate
comunidade: n. community, congregation
comunismo: n. communism
comunista: n. communist
conceber: v. to conceive
conceder: v. to extend, grant
conceito: n. idea
concentração: n. concentration
concentrar: v. to concentrate
concepção: n. conception
concerto: n. concert
concessão: n. concession
concha: n. seashell, shell
conciso: adj. concise
conclusão: n. conclusion, end, issue

concordar: v. to agree, - com, approve of
concorrência: n. rivalry, competition
concorrente: n. competitor
concreto: adj. concrete, n. concrete
concurso: n. contest, quiz
condenado: n. convict
condenar: v. to sentence, condemn, disapprove
condição: n. condition, term, a - , on approval
condicionador: n. conditioner
condicional: adj. conditional
condimentado: adj. spiced
condizer: v. to fit, com match
condoer-se de: v. to pity
conduta: n. conduct
condutor: n. driver
conduzir: v. to carry, conduct, drive
confederação: n. union
confeitaria: n. sweatshop
confeiteiro: n. confectioner
conferência: n. conference, lecture
conferir: v. to check, award
confessar: v. to confess
confessar-se: v. to confess
confiança: n. confidence, trust, faith, de - , reliable
confiante: adj. confident
confiar: v. to commit, entrust, - em, trust
confidencial: adj. confidential
confirmação: n. confirmation
confirmar: v. to confirm
confiscar: v. to confiscate
confissão: n. confession
conflito: n. conflict

conforme: tidy according to, adj. conform
confortar: v. to comfort
confortável: adj. comfortable
conforto: n. comfort
confundir: v. to confuse, mistake
confusão: n. confusion, muddle
confuso: adj. confused, obscure
congelador: n. freezer
congelar: v. to freeze
congratular: v. to congratulate
congregação: n. congregation
congresso: n. congress
conhaque: n. cognac
conhecedor: n. connoisseur
conhecer: v. to know, recognize
conhecido: adj. well-known, n. acquaintance
conjuntamente: adv. jointly
conjunto: adj. joint, n. a whole
conjura: n. plot
conosco: pron. with us
conquista: n. conquest
conquistador: n. conqueror
conquistar: v. to conquer
consciência: n. consciousness, conscience
consciente: adj. conscious
conseguir: v. to obtain, manage, succeed in
conselheiro: n. counselor, councilor
conselho: n. advice, council, counsel, board
consentimento: n. consent
consentir: v. to agree, consent, allow

consequência: n. consequence, issue, result, em – de, as a result of

consequentemente: adv. consequently

consertar: v. to repair, mend

conserto: n. repair

conserva: pôr em - , v. to preserve

conservador: adj. conservative

conservar: v. to preserve, maintain

conservas: n. tinned food, - em vinagre, pickles

consideração: n. consideration

considerar: v. to regard, consider, count, reckon

considerável: adj. considerable

consigo: pron. with you

consistir em: v. to consist of

consolação: n. comfort

consolar: v. to comfort

conspiração: n. plot

conspirar: v. to conspire

constante: adj. constant, even, steadfast

constatar: v. to ascertain, note, diagnose

constipação: n. cold

constipar-se: v. to catch a cold

constituição: n. constitution

construção: n. construction

construir: v. to build, construct

cônsul: n. consul

consulado: n. consulate

consulta: n. consultation, appointment

consultar: v. to consult

consultório: n. surgery

consumidor: n. consumer

consumir: v. to use up, consume

conta: n. account, bill, bead, check

contacto: n. contact, touch

contador: n. meter, counter, accountant

contagioso: adj. contagious

contanto que: conj. provided that

contar: v. to count, relate, tell, - com, rely on

contatar: v. to contact

contemporâneo: adj. contemporary

contente: adj. happy, glad, joyful

conter: v. to contain, comprise, restrain

contestar: v. to dispute

conteúdo: n. contents

contigo: pron. with you

contíguo: adj. neighboring

continental: v. to engage

continente: n. continent

continuação: n. sequel, continuation, follow-up

continuamente: adv. continually, all the time

continuar: v. to carry on, continue, keep on, go on, go ahead

continuo: adj. continuous, continual

conto: n. tale

contornar: v. to by-pass

contorno: n. contour, outline

contra: prep. versus, against

contrabandear: v. to smuggle

contraceptivo: n contraceptive

contraditório: adj. contradictory

contradizer: v. to contradict

contrair: v. to contract

contralto: n. alto

contrário: adj. opposite, contrary, n. reverse, contrary
contraste: n. contrast
contratar: v. to engage, hire
contrato: n. agreement, contract
contribuição: n. contribution
controlar: v. to control
controle: n. control
controverso: adj. controversial
contudo: conj. however, yet
contusão: n. bruise
convencer: v. to convince, persuade
conveniente: adj. convenient
convento: n. cloister, convent, nunnery
conversa: n. talk, discussion, conversation, chat
conversar: v. to talk, chat
converter: v. to convert
convés: n. deck, camarote de - , deck cabin, - principal, main deck
convicção: n. conviction, persuasion
convidado: n. guest
convidar: v. to invite, ask
convir: v. to suit
convite: n. invitation
convocação: n. convocation, assembly
convulsão: n. convulsion
cooperação: n. cooperation
cooperador: adj. co-operative, collaborator
cooperativa: n. co-operative
coordenação: n. coordination
coordenar: v. to coordinate
cópia: n. c o p y
copiar: v. to copy

copo: n. glass, tumbler
coquetel: n. cocktail
cor: n. color, de - , colored, by heart
coração: n. heart, core, ataque de - , heart attack
corajoso: adj. brave, courageous
coral: n. coral
corante: n. pigment
corar: v. to blush
corda: n. rope, cord, dar - , wind
cordão: n. string, cord
cordeiro: n. lamb
cordel: n. string
cor-de-laranja: adj. orange
cor-de-rosa: adj. pink
cordial: adj. cordial, amiable
cordilheira: n. mountain range
coro: n. choir
coroa: n. crown
coroar: v. to crown
coronel: n. colonel
corpete: n. corset
corpo: n. body
corpulento: adj. corpulent, stout
correção: n. correction
corredor: n. corridor, n. runner
correia: n. strap, - de relógio, watchstrap
correio: n. post, mail, caixa do - , letterbox, mailbox
corrente: adj. current, regular, n. stream, current
correr: v. to run, stream, flow
correspondência: n. correspondence, connection
correspondente: n.

correspondent
correto: adj. correct, right
corretor: n. broker, - de apostas, bookmaker
corrida: n. race, - de cavalos, horserace
corrigir: v. to correct
corrimão: n. banisters
corromper: v. to corrupt
corrupção: n. corruption
corrupto: adj. corrupt
corta-papel: n. paper knife
cortar: v. to cut, cut off, chip
corte: n. cut, - de cabelo, haircut
corte: n. court
cortejo: n. procession
cortês: adj. courteous
cortina: n. curtain
corvo: n. raven
coser: v. to sew
cosméticos: n. cosmetics
costa: n. coast, costas, back
costela: n. rib
costeleta: n. cutlet, chop
costume: n. custom, como de - , as asual
costura: n. needlework, seam, sem - , seamless
cotovelo: n. elbow
cotovia: n. lark
couro: n. leather
couve: n. cabbage, couve-de-bruxelas, sprouts, couve-flor, cauliflower
cova: n. pit, hole
covarde: adj. cowardly, n. coward
coxa: n. thigh
coxear: v. to limp
coxo: adj. lame
cozer: v. to cook, boil, bake

cozinha: n. kitchen, livro de - , cookery book
cozinhar: v. to cook, - no forno, bake
cozinheiro: n. cook
cozinheiro-chefe: n. chef
crânio: n. skull
cratera: n. crater
cravo: n. harpsichord, carnation
creche: n. nursery
creditar: v. to credit
crédito: n. credit
credor: n. creditor
crédulo: adj. credulous
creme: n. cream, adj. cream, - de base, foundation cream, - de beleza, face cream
cremoso: adj. creamy
crença: n. belief, faith
crepúsculo: n. twilight
crer: v. to believe
crescer: v. to grow, increase
crescimento: n. growth
criada: n. maid
criado: n. servant, - de café, waiter, - de quarto, valet
criança: n. child, kid, - de peito, infant, - pequena, tot, toddler
criar: v. to create, bring up, rear, raise, breed
criativo: adj. creative
criatura: n. creature
crime: n. crime
criminal: adj. criminal
criminalidade: n. criminality
criminoso: adj. criminal, n. criminal
criquete: n. cricket
crise: n. crisis
cristal: n. crystal

cristão: adj. Christian, n. Christian
Cristo: n. Christ
critica: n. criticism, review
criticar: v. to criticize
crítico: adj. critical, n. critic
cromo: n. chromium
crônico: adj. chronic
cronológico: adj. chronological
cru: adj. raw
crucificação: n. crucifixion
crucificar: v. to crucify
crucifixo: n. crucifix
cruel: adj. harsh, cruel
cruz: n. cross
cruzada: n. crusade
cruzamento: n. crossroads, junction
cruzar: v. to cross
cruzeiro: n. cruise
Cuba: n. Cuba
cubano: adj. Cuban, n. Cuban
cubo: n. cube
cuco: n. cuckoo
cuecas: n. pants, drawers, briefs, shorts
cuidado: n. care, ter - , beware, look out
cuidadoso: adj. careful
cuidar: v. to tend, de take care of, look after
culpa: n. fault, blame, guilt
culpado: adj. guilty
cultivar: v. to raise, cultivate, grow
culto: adj. cultured, n. worship
cultura: n. culture
cume: n. top
cumeada: n. ridge
cúmplice: n. accomplice

cumprimentar: v. to greet, compliment
cumprir: v. to perform
cunha: n. wedge.
cunhada: n. sister-in-law
cunhado: n. brother-in-law
cupão: n. coupon
cupidez: n. greed
cúpula: n. dome
cura: n. cure, recovery
curandeiro: n. healer, medicine man, quack
curar: v. to cure, heal
curar-se: v. to recover
curiosidade: n. curiosity
curioso: adj. curious, inquisitive, nosy
curso: n. course, - intensive, intensive course
curto: adj. short
curto-circuito: n. short circuit
curva: n. turn, bend, turning, curve
curvado: adj. curved
curvar: v. to bend, curvar-se, bend down
curvatura: n. bend
curvo: adj. curved, bent
cuspir: v. to spit
cuspo: n. spit
custar: v. to cost
custo: n. cost
custódia: n. custody

D, d

datilografar: v. to type
dado: n. data, dice
daltônico: adj. color-blind
damasco: n. apricot
dança: n. dance, -
folclórica, folk dance
dançar: v. to dance
danificar: v. to damage
dano: n. damage, mischief, harm
dar: v. to give, donate
data: n. date
de: prep. from, of, out of, with, off
debaixo: adv. below, underneath,
beneath, - de, below, under
debate: n. debate, discussion
debater: v. to discuss
débito: n. debit
debruçar-se: v. to lean out, bend
down
decência: n. decency
decente: adj. decent
decepcionar: v. to be
disappointed
decerto: adv. certainly
decidido: adj. resolute
decidir: v. to decide
décimo: num. tenth, - nono,
nineteenth, - oitavo, cighteenth
decisão: n. decision
declaração: n. declaration,
statement
declarar: v. to declare, state, -
culpado, convict
declive: n. incline
decolagem: n. take-off
decoração: n. decoration
decorar: v. to memorize,
decorate

decorativo: adj. decorative
dedal: n. thimble
dedicado a: attached to, devoted
to
dedicar: v. to devote, dedicate
dedo: n. finger, - do pé, toe, -
mínimo, little finger
deduzir: v. to subtract, deduct,
infer, deduce
defeito: n. fault
defeituoso: adj. defective,
faulty
defender: v. to defend
defensor: n. advocate, champion
defesa: n. defense, plea
défice: n. deficit
deficiência: n. deficiency,
handicap
definição: n. definition
definido: adj. definite
definir: v. to define,
determine
deformado: adj. deformed
defraudar: v. to cheat
defronte de: adv. facing
degelar: v. to thaw, defrost
degelo: n. thaw
degrau: n. step
deitar: v. to throw, pour, lie
down, go to bed
deixar: v. to leave, let
delapidado: adj. dilapidated
delegação: n. delegation
delegado: n. delegate
deleite: n. delight
deles: their, of them
delgado: adj. slim
deliberação: n. deliberation
deliberado: adj. deliberate
deliberar: v. to deliberate

delicado: adj. tender, delicate, gentle, sheer, polite
delicia: n. delight
deliciar: v. to delight
delicioso: adj. delicious, delightful, wonderful, lovely
delinquente: n. criminal
demais: adv. besides, moreover, - a mais, moreover
demasiado: adv. too, too much
demência: n. madness
demente: adj. mad
demissão: n. resignation
demitir-se: v. to resign
democracia: n. democracy
democrático: adj. democratic
demolição: n. demolition
demolir: v. to demolish
demonstração: n. demonstration, show, demo
demonstrar: v. to prove, demonstrate, show
demora: n. delay
demorar-se: v. to be late, be long, linger
denegar: v. to deny
denso: adj. dense
dentadura: n. denture, false teeth
dente: n. tooth
dente-de-leão: n. dandelion
dentista: n. dentist
dentro: adv. inside, in, de into, in, por - , inside, within
deparar com: v. to run into
departamento: n. department
depenar: v. to pluck
dependente: adj. dependant
depender de: v. to depend on
depois: adv. afterwards, then, - de, after, - que, after

depositar: v. to deposit, bank
depósito: n. deposit,
depressa: adv. fast, quickly
depressão: n. depression
deprimente: adj. depressing
deprimido: adj. blue, low, depressed
deprimir: v. to depress
deputado: n. deputy, Member of Parliament
derramar: v. to shed, spill
derrapar: v. to skid
derreter: v. to melt
derrota: n. defeat
derrotar: v. to defeat
derrubar: v. to knock down
desabitado: adj. uninhabited
desabotoar: v. to unbutton
desabrochar: v. to blossom
desacostumado: adj. unaccustomed
desafiar: v. to dare, challenge
desafio: n. challenge, match
desagradar: v. to displease
desagradável: adj. disagreeable
desajeitado: adj. clumsy
desalinhado: adj. untidy
desanimar: v. to discourage
desaparafusar: v. to unscrew
desaparecer: v. to disappear, vanish
desaparecido: adj. lost, n. missing person
desapertar: v. to loosen
desapontar: v. to disappoint
desaprender: v. to unlearn
desaprovar: v. to disapprove
desarrazoado: adj. unreasonable
desarrolhar: v. to uncork

desassossego: n. unrest
desastrado: adj. awkward
desastre: n. disaster, accident, - de aviação, plane crash
desastroso: adj. disastrous
desatar: v. to untie
desavergonhado: adj. impudent
desbotar: v. to fade
descafeinado: adj. decaffeinated
descansar: v. to rest
descanso: n. rest
descarado: adj.
descarregar: v. to discharge, unload
descascar: v. to peel
descendente: n. descendant
descer: v. to descend, get off, go down, step down
descida: n. descent
descoberta: n. discovery
descoberto: adj. bare
descobrir: v. to discover, detect
descolar: v. to take off
descolorir: v. to discolor, bleach
desconcertar: v. to overwhelm
desconfiado: adj. suspicious
desconfiança: n. suspicion
desconfiar: v. to mistrust, suspect
desconfortável: adj. uncomfortable
desconhecido: adj. unknown, unfamiliar
descontar: v. to cash, discount, deduct
descontente: adj. discontented
desconto: n. discount, rebate, reduction
descontração: n. relaxation
descontraído: adj. easy-going

descontrair-se: v. to relax
descrever: v. to describe
descrição: n. description
descuidado: adj. careless, slovenly
descuidar: v. to neglect
desculpa: n. excuse, apology, pedir - , apologize
desculpar: v. to excuse, desculpar-se, apologize
desde: prep. since, as from, - então, since
desdém: n. contempt
desdobrar: v. to unfold
desejar: v. to desire, wish, want, long for
desejável: adj. desirable
desejo: n. desire, wish, longing
desejoso: adj. eager
desembarcar: v. to land, disembark
desembrulhar: v. to unwrap
desempacotar: v. to unpack
desempenhar: v. to perform, execute
desempregado: adj. unemployed, jobless
desencaminhar: v. to mislay
desenhar: v. to draw, sketch, design
desenho: n. sketch,
desenvolver: v. to develop, expand
desenvolvimento: n. development
desertar: v. to desert
deserto: adj. desert, n. desert
desesperado: adj. hopeless, desperate
desesperar: v. to despair
desespero: n. despair
desfalecido: adj. faint

desfavorável: adj. unfavorable
desfazer: v. to undo, desfazer-se de, discard
desfiar: v. to fray
desfiladeiro: n. mountain pass
desfile: n. parade
desfrutar: v. to enjoy
desgostar: v. to displease
desgosto: n. grief, sorrow, ter desgosto, grieve
desgostoso: adj. sad
desgraça: n. disaster
desgraçado: adj. unfortunate
designação: n. denomination
designar: v. to designate, appoint
desigual: adj. uneven, unequal
desiludir: v. to let down, disappoint
desilusão: n. disappointment
desinfetante: n. disinfectant
desinfetar: v. to disinfect
desinteressado: adj. unselfish
desistir: v. to give up
desligar: v. to disconnect, switch off
deslizar: v. to slide, slip
deslize: n. slide
deslocado: adj. dislocated
deslocar: v. to move, transfer
deslumbrante: adj. glaring
desmaiar: v. to faint
desmantelado: adj. ramshackle
desmoronar-se: v. to collapse
desnecessário: adj. unnecessary
desocupado: adj. unoccupied
desodorante: n. deodorant
desolado: adj. sorry, desolate
desonesto: adj. dishonest, crooked

desordem: n. disorder, mess, riot
desossar: v. to bone
despachar: v. to dispatch
despedida: n. parting, departure, farewell
despedir: v. to dismiss, fire
despedir-se: v. to say good-bye, take leave
despenhar-se: v. to crash
despensa: n. larder
desperdiçar: v. to waste
desperdício: n. waste
despertador: n. alarm-clock
despertar: v. to wake up, awake
despesa: n. expense, expenditure
despido: adj. bare, naked
despir-se: v. to undress
desportista: n. sportsman, sportswoman
desposar: v. to marry
desprender: v. to loosen, unfasten
despreocupado: adj. carefree
desprezar: v. to despise, scorn
desprezo: n. contempt, scorn
despropositado: adj. misplaced
desprotegido: adj. unprotected
destapar: v. to uncover
destinar: v. to destine
destinatário: n. addressee
destino: n. fate, destiny, lot, destination
destro: adj. skillful
destruição: n. destruction
destruir: v. to destroy, wreck
desusado: adj. unusual
desvalorização: n. devaluation
desvalorizar: v. to devalue
desvanecer: v. to fade
desvantagem: n. disadvantage
desviar: v. to avert, hijack,

desviar-se, deviate
desvio: n. detour, diversion
detalhado: adj. detailed
detalhe: n. detail
detective: n. detective
detenção: n. custody
detergente: n. detergent, - em pó, washing powder
determinado: adj. definite
determinar: v. to determine, define
detestar: v. to hate, dislike, detest
detido: n. prisoner
deus: n. god
deusa: n. goddess
dever: v. to have to (must), owe, n. duty, homework
devido: adj. due, proper, - a, owing to
devolver: v. to bring back, send back, give back
dez: num. ten
dezembro: n. December
dezena: n. ten, about ten
dezenove: num. nineteen
dezesseis: num. sixteen
dezessete: num. seventeen
dezoito: num. eighteen
dia: n. day, bom - , hello! good morning! de - , by day
diabetes: n. diabetes
diabético: n. diabetic
diabo: n. devil
diabrura: n. mischief
diagnosticar: v. to diagnose
diagnóstico: n. diagnosis
diagonal: adj. diagonal, n. diagonal
diagrama: n. diagram
dialeto: n. dialect
diamante: n. diamond
diante de: adv. in front of,
before
diário: adj. daily, n. diary, daily
diarréia: n. diarrhea
dicionário: n. dictionary
dieta: n. diet
diferença: n. difference, contrast, distinction
diferente: adj. different, unlike
diferir: v. to vary, differ
difícil: adj. difficult, hard
dificuldade: n. difficulty, pains
digerir: v. to digest
digestão: n. digestion
digestivo: adj. digestible
digital: adj. digital
dignidade: n. dignity
digno de: adj. worthy of
diluir: v. to dissolve, dilute
dimensão: n. extent, size
diminuição: n. decrease, subtraction
diminuir: v. to reduce, decrease, lessen
Dinamarca: n. Denmark
dinamarquês: adj. Danish
dínamo: n. dynamo
dinheiro: n. money, cash
diploma: n. certificate, diploma
diplomar-se: v. to graduate
diplomata: n. diplomat
direção: n. leadership, management, lead
direita: right side, a - on the right
direito: adj. straight, right, upright, right-hand
diretamente: adv. straight, straight away
diretiva: n. directive
direto: adj. direct
diretor: n. executive, manager, director, principal

diretor: n. headmaster
dirigente: n. leader
dirigir: v. to direct, conduct, head, lead
discar: v. to dial
disciplina: n. discipline
disco: n. disc, record, dial
discordar: v. to disagree
discreto: adj. inconspicuous
discurso: n. speech
discussão: n. discussion, argument
discutir: v. to quarrel, discuss, argue, deliberate
disfarçar-se: v. to disguise
disfarce: n. disguise
disforme: adj. deformed
disparar: v. to fire, shoot
disparatado: adj. silly
disparate: n. nonsense, dizer disparates, talk rubbish
dispensar: v. to exempt, spare, - de, discharge of
dispersar: v. to scatter
disponível: adj. available
dispor de: v. to have at one's disposal
disposição: n. disposal, mood
dispositivo: n. apparatus
disposto: adj. willing, inclined
disputa: n. dispute, argument
disputar: v. to quarrel
dissolver: v. to dissolve
dissuadir: v. to dissuade from
distância: n. way, space, distance
distante: adj. distant, remote, far-away
distensão: n. sprain
distinção: n. distinction, difference
distinguir: v. to distinguish
distinto: adj. distinct, separate, dignified
distração: n. amusement
distribuidor: n. distributor
distribuir: v. to deal, distribute, issue
distrito: n. district
distúrbio: n. disturbance
ditado: n. dictation
ditador: n. dictator
ditafone: n. dictaphone
ditar: v. to dictate
divã: n. couch
diversão: n. diversion, entertainment
diversos: adj. various
divertido: adj. amusing, entertaining
divertimento: n. entertainment, amusement, fun, pleasure
divertir: v. to amuse, entertain
divida: n. debt
dividir: v. to divide, - ao meio, halve
divino: adj. divine
divisa: n. motto, emblem, divisas estrangeiras, foreign currency
divisão: n. division, section, room
divorciar-se: v. to divorce
divórcio: n. divorce
dizer: v. to say, tell, querer dizer, mean
doação: n. donation
doador: n. donor
dobra: n. fold, crease
dobradiça: n. hinge
dobrar: v. to fold, bend
dobro: n. double
doca: n. dock

doce: adj. sweet, n. sweet, - de laranja, marmalade, água - , fresh water
documento: n. document
doença: n. illness, sickness, disease, - venereal, venereal disease
doente: adj. ill, sick, n. patient
doentio: adj. unhealthy, unsound
doer: v. to ache
doido: adj. crazy
dois: num. two
dólar: n. dollar
doloroso: adj. painful, sore
dom: n. gift
domesticado: adj. tame
domesticar: v. to tame
doméstico: adj. domestic
domicilio: n. domicile, home, residence
dominação: n. domination
dominante: adj. leading
dominar: v. to master, command
domingo: n. Sunday
domínio: n. field, rule, dominion
donativo: n. donation
dono: n. master, owner
dor: n. ache, pain, sore, grief, sorrow, - de barriga, stomach ache
dormir: v. to sleep, - demais, oversleep
dormitório: n. dormitory
dose: n. dose
dotado: adj. talented, gifted
dourado: adj. gilt
doutor: n. doctor
doze: num. twelve
dragão: n. dragon
drama: n. drama

dramático: adj. dramatic
dramaturgo: n. dramatist, playwright
drenar: v. to drain
drogaria: n. pharmacy, drugstore
ducha: n. shower
duna: n. dune
duplo: adj. double
duque: n. duke
duquesa: n. duchess
duração: n. duration
duradouro: adj. lasting, permanent
durante: prep. for, during
durar: v. to last, continue
duro: adj. hard, tough
dúvida: n. doubt, pôr em - , query, sem - , no doubt
duvidar: v. to doubt
duvidoso: adj. doubtful
dúzia: n. dozen

E, e

e: Conj. and
ébano: n. ebony
eclipse: n. eclipse
eco: n. echo
economia: n. economy, economias, savings
econômico: adj. economic, thrifty, economical, cheap
economizar: v. to economize
eczema: n. eczema
edição: n. edition, issue
edificar: v. to erect, construct, build up
edifício: n. construction, building
editar: v. to edit
editor: n. publisher, editor
educação: n. education
educado: adj. polite, civil, bem - , well brought-up, polite
educar: v. to educate, raise, bring up
efeito: n. effect, com - , in fact, in effect
efervescência: n. fizz
efetuar: v. to effect, execute
eficaz: adj. effective
eficiente: adj. efficient
egípcio: adj. Egyptian, n. Egyptian
Egito: n. Egypt
egocêntrico: adj. self-centered
egoísmo: n. selfishness
egoísta: adj. egoistic, selfish
égua: n. mare
eixo: n. axle
ela: pron. she, - mesma, herself
elaborar: v. to elaborate
elas: pron. they, - mesmas, themselves
elasticidade: n. elasticity
elástico: adj. elastic, n. rubber band, elastic band
ele: pron. he, - mesmo, himself
elefante: n. elephant
elegância: n. elegance
elegante: adj. smart, elegant
eleger: v. to elect
eleição: n. election
eleitor: n. voter
elementar: adj. primary, elementary
elemento: n. element
eles: pron. they, - mesmos, themselves
eletricidade: n. electricity
eletricista: n. electrician
elétrico: adj. electric, n. tram, streetcar
eletrônico: adj.
elevação: n. rise
elevador: n. lift, elevator
eliminar: v. to eliminate
elo: n. link
elogio: n. praise
elucidar: v. to elucidate
em redor: surrounding
em seguida: afterwards, then
em torno de: round
em: prep at, in, inside
emagrecer: v. to slim
e-mail: n. e-mail
emancipação: n. emancipation
embaixada: n. embassy
embaixador: n. ambassador
embalagem: n. packing
embalar: v. to pack up, pack
embaraçado: adj. embarrassed
embaraçoso: adj. awkward,

embarrassing
embarcação: n. embarkation, vessel, boat, craft
embarcar: v. to embark
embargo: n. embargo
embeber: v. to soak
emblema: n. emblem
embora: conj. although, though, adv. off
emboscada: n. ambush
embotado: adj. dull
embriagado: adj. intoxicated
embrulhar: v. to wrap up, pack up, confuse
embrulho: n. parcel
emergência: n. emergency
emigração: n. emigration
emigrante: n. emigrant
emigrar: v. to emigrate
eminente: adj. outstanding
emissão: n. issue, broadcast
emissário: n. envoy
emissor: n. transmitter, sender
emitir: v. to utter, broadcast
emoção: n. emotion
emocionante: adj. exciting
empatar: v. to hinder, disturb, tie, be drawn
empenhar: v. to pawn
empilhar: v. to pile
empole: n. blister
empreender: v. to undertake
empregada: n. maid, employee, - doméstica, housemaid
empregado: n. employee, - de balcão, shop assistant
empregador: n. employer
empregar: v. to employ, engage, spend, use
emprego: n. employment, job

empreiteiro: n. contractor
empresa: n. undertaking, enterprise, business, company
emprestar: v. to lend
empréstimo: n. loan
empurrão: n. push
empurrar: v. to push
encadernação: n. binding
encantado: adj. delighted
encantador: adj. enchanting, sweet, lovely, charming, delightful
encantamento: n. spell
encantar: v. to bewitch, delight
encanto: n. charm, glamour
encaracolado: adj. curly
encaracolar: v. to curl
encarceramento: n. imprisonment
encarregar: v. to charge, encarregado de, in charge of
encenador: n. stage director
encenar: v. to direct, stage
encerrado: adj. closed, shut
encerrar: v. to lock up
enchente: n. flood
encher: v. to fill, fill out, - de ar, inflate
enciclopédia: n. encyclopedia
encoberto: adj. cloudy
encolher: v. to shrink, que não encolhe, shrink proof
encomenda: n. parcel, order, feito por - , made to order
encomendar: v. to order
encontrão: n. bump
encontrar: v. to find, come across, encounter
encontro: n. encounter, date
encorajar: v. to encourage
encosta: n. hillside
encruzilhada: n . crossing
encurtar: v. to shorten

endereçar: v. to address
endereço: n. a d d r e s s
endireitar: v. to straighten
endossar: v. to endorse
energia: n. energy, power, - nuclear, nuclear energy
enérgico: adj. energetic
enfadonho: adj. dull
ênfase: n. stress, emphasis
enfeitiçar: v. to bewitch
enfermaria: n. ward, sickroom
enfermeiro: n. nurse
enfiar: v. to thread, pierce
enforcar: v. to hang
enfrentar: v. to face
enfurecer: v. to rage
enganar: v. to deceive, cheat, fool, enganar-se, be mistaken
engano: n. deceit, mistake
engarrafamento: n. bottling, obstruction
engenheiro: n. e n g i n e e r
engenhoca: n. gadget
engolir: v. to swallow
engordar: v. to fatten, grow fat
engraçado: adj. humorous, funny
engrossar: v. to thicken
enguia: n. eel
enigma: n. enigma, mystery, puzzle
enjoado: adj. sick, seasick
enjôo: n. sickness, airsickness, seasickness
enorme: adj. enormous, huge, immense
enquanto: conj. whilst, while
enredo: n. plot
enrolar: v. to wind, roll up
enrugar: v. to crease
ensaiar: v. to rehearse

ensaio: n. rehearsal, essay
enseada: n. inlet, creek
ensinamentos: n. teachings
ensinar: v. to teach
ensopar: v. to soak
entalhar: v. to carve
então: adv. then, de - , contemporary
enteada: n. stepdaughter
enteado: n. stepson, stepchild
entender: v. to understand
enterrar: v. to bury
enterro: n. burial
entornar: v. to spill
entorpecido: adj. numb
entrada: n. entry, way in, entrance, admittance, foyer
entranhas: n. insides
entrar: v. to enter, go n.
entravar: v. to impede
entre: prep. between, amid, among
entrega: n. d e l i v e r y
entregar: v. to deliver, hand, give, commit
entretanto: adv. meanwhile, n. the meantime
entreter: v. to entertain
entrevista: n. i n t e r v i e w , a p p o i n t m e n t
entusiasmo: n. enthusiasm
entusiasta: adj. keen
entusiástico: adj. enthusiastic
envelhecido: adj. old, aged
envenenar: v. to poison
envergonhado: adj. embarrassed, ashamed
enviar: v. to send, dispatch
envolver: v. to wrap, envelope
envolvido: adj. concerned, involved

enxaguadela: n. rinse
enxaguar: v. to rinse
enxaqueca: n. migraine
enxugar: v. to dry
épico: adj. epic
epidemia: n. epidemic
epilepsia: n. epilepsy
epílogo: n. epilogue
episódio: n. episode, occurrence
época: n. period, age, fora da - ,
off season
epopéia: n. epic poem, epopee
Equador: n. Ecuador
equador: n. equator
equatoriano: n. Ecuadorian
equilíbrio: n. balance
equipamento: n. equipment, outfit,
kit, gear
equipar: v. to equip
equipe: n. team
equitação: n. riding, escola de - ,
riding school
equitativo: adj. right, just, fair
equivalente: adj. equivalent
equívoco: n. mistake, adj.
ambiguous
ereto: adj. erect
erguer: v. to lift, erguer-se, rise,
get up
erigir: v. to erect
errado: adj. wrong, false,
mistaken, estar - , be wrong
errar: v. to err, wander, miss
erro: n. mistake, error
erudito: adj. learned, n.
scholar
erupção: n. rash
erva: n. herb, grass, - daninha,
weed
ervilha: n. pea
esbelto: adj. slender, slim
esboçar: v. to sketch

esboço: n. sketch
escada: n. ladder, stairs, staircase,
- de incêndio, fire escape
escala: n. scale
escalar: v. to ascend
escama: n. scale
escândalo: n. scandal
Escandinávia: n. Scandinavia
escandinavo: adj.
Scandinavian, n. Scandinavian
escangalhado: adj. broken
escangalhar: v. to break, spoil
escapar: v. to slip, escape
escape: n. exhaust, tubo de - ,
exhaust
escaravelho: n. beetle, bug
escarlate: adj. scarlet
escárnio: n. scorn
escarpado: adj. steep
escassez: n. scarcity, shortage,
lack
escasso: adj. scarce
escavação: n. excavation,
digging
escavar: v. to dig
esclarecer: v. to clarify
esclarecimento: n. explanation
escocês: adj. Scottish, Scotch, n.
Scot
Escócia: n. Scotland
escola: n. school, - secundária,
secondary school
escolar: n. schoolboy, schoolgirl,
adj. relative to school
escolha: n. choice, selection,
pick
escolher: v. to choose, pick,
select, elect
escolta: n. escort
escoltar: v. to escort
esconder: v. to hide, conceal
escorregadela: n. slip

escorregadiço: adj. slippery
escorregadouro: n. slide
escorregar: v. to glide, slip
escoteira: n. girl guide
escoteiro: n. boy scout, scout
escova: n. brush, - de cabelo, hairbrush
escovar: v. to brush
escravo: n. slave
escrever: v. to write, - a máquina, type
escrita: n. handwriting
escrito: adj. written, n. writing
escritor: n. writer
escritório: n. office, study, artigos de - , stationery
escrivão: n. clerk
escultor: n. sculptor
escultura: n. sculpture
escuridão: n. darkness, gloom
escuro: adj. dark, obscure
escutar: v. to listen
esfera: n. sphere
esfomeado: adj. hungry, famished
esforçar-se: v. to try
esforço: n. strain, effort
esfregar: v. to rub, scrub
esgotado: adj. sold out
esgoto: n. drain, sewer
esgrimir: v. to fence
esguicho: n. squirt
esmagar: v. to crush, smash
esmaltado: adj. enameled
esmaltar: v. to enamel
esmalte: n. enamel
esmeralda: n. emerald
espaçar: v. to space
espacial: adj. space, n. nave - , space shuttle
espaço: n. room, space
espaçoso: adj. spacious, large, roomy
espada: n. sword
espalhafato: n. fuss
espalhar: v. to spread, shed
Espanha: n. Spain
espanhol: adj. Spanish, n. Spaniard
espantar: v. to amaze, astonish
espanto: n. astonishment, amazement
espantoso: adj. astonishing, dreadful
esparadrapo: n. adhesive tape, adhesive bandage
especial: adj. special, particular, peculiar
especialidade: n. specialty
especialista: n. specialist, expert
especializado: adj. skilled
especializar-se: v. to specialize
especialmente: adv. especially
especiaria: n. spice
e s p é c i e : n. species, breed, toda a – de, all sorts of
especifico: adj. specific
espectador: n. spectator
especular: v. to speculate
espelho: n. looking-glass, mirror
espera: n. waiting
esperado: adj. due
esperança: n. hope
esperançado: adj. hopeful
esperar: v. to expect, wait, hope
esperto: adj. bright, smart, clever
espesso: adj. thick
espetáculo: n. sight, show, spectacle
espeto: n. spit
espião: n. spy

espinafres: n. spinach
espingarda: n. rifle, gun
espinha: n. bone, - de peixe,
fishbone, dorsal backbone, spine
espinho: n. thorn
espírito: n. spirit, soul, ghost
espiritual: adj. spiritual
espirituoso: adj. humorous,
witty
espirrar: v. to sneeze
esplanada: n. esplanade
esplêndido: adj. splendid,
glorious, enchanting,
magnificent
esplendor: n. splendor, glare
esponja: n. sponge
esporte: n. sport
esporte: n. sport, esportes de
inverno, winter sports
esposa: n. wife
esposo: n. husband
espreitar: v. to peep, watch
for
espuma: n. froth, foam, lather, -
de borracha, foam rubber
espumante: adj. sparkling
espumar: v. to foam
esquadrilha: n. squadron
esquecer: v. to forget
esquecido: adj. forgetful
esqueleto: n. skeleton
esquema: n. scheme, diagram
esquerdo: adj. left, left-hand
esqui: n. ski, skiing, - aquático,
water ski
esquiador: n. skier
esquiar: v. to ski
esquilo: n. squirrel
esquina: n. corner
esquisito: adj. queer
esquivo: adj. shy

esse: adj. that, esses, those
essência: n. essence
essencial: adj. essential
essencialmente: adv. essentially
estabelecer: v. to establish, found
estábulo: n. stable
estacionamento: n. parking
estacionar: v. to park
estacionário: adj. stationary
estadia: n. stay
estádio: n. stadium
estadista: n. statesman
estado: n. state, condition,
do - , national
Estados Unidos: n. United States,
the States
estagiário: n. trainee, intern
estalado: n. crack
estalagem: n. inn, roadhouse
estalar: v. to crack
estaleiro: n. shipyard
estampa: n. engraving
estandarte: n. banner
estanho: n. pewter, tin
estar: v. to be, bem-estar,
welfare
estatística: n. statistics
estátua: n. statue
estatura: n. figure
estável: adj. stable,
permanent
este: adj. this, prone this,
estes, these
este: n. east
estenografia: n. shorthand
estenógrafo: n. stenographer
esterco: n. manure
estéril: adj. sterile
esterilizar: v. to sterilize
estibordo: n. starboard
esticão: n. tug

esticar: v. to stretch
estilo: n. style
estima: n. respect, esteem
estimar: v. to esteem, estimate
estimativa: n. estimate, fazer a - , estimate
estimular: v. to stimulate
estimulo: n. impulse
estipulação: n. stipulation
estipular: v. to stipulate
estivador: n. docker
estofar: v. to upholster
estojo: n. case, - de toalete, toilet case
estola: n. stole
estômago: n. stomach
estorninho: n. starling
estrábico: adj. cross-eyed
estragar: v. to spoil, mess up
estrangeiro: n. alien, stranger, foreigner, adj. alien, foreign
estrangular: v. to choke, strangle
estranho: adj. funny, foreign, strange, queer, odd, quaint
estreitar: v. to tighten
estreito: adj. narrow, tight
estrela: n. star
estremecimento: n. shudder
estrofe: n. stanza
estrume: n. manure
estrumeira: n. d u n g h i l l
estrutura: n. structure, fabric
estuário: n. estuary
estudante: n. student
estudar: v. to study
estudioso: n. scholar
estudo: n. study
estufa: n. greenhouse
estupefaciente: n. drug, dope

estupendo: adj. wonderful
estúpido: adj. dumb, stupid
estuque: n. plaster
esvaziar: v. to empty
etapa: n. stage
eternidade: n. eternity
eterno: adj. eternal
etíope: adj. Ethiopian, n. Ethiopian
Etiópia: n. Ethiopia
etiqueta: n. tag, label
etiquetar: v. to label
eu: pron. I, - mesmo, myself
Euro: n. Euro
Europa: n. Europe
europeu: adj. European, n. European
evacuar: v. to evacuate
evadir: v. to escape
evangelho: n. gospel
evaporar: v. to evaporate
evasão: n. escape
eventual: adj. possible
evidente: adj. evident
evitar: v. to avoid, prevent
evolução: n. evolution
exagerado: adj. extravagant, excessive
exagerar: v. to exaggerate, overdo
exalar: v. to exhale
exame: n. examination, - médico, checkup
examinar: v. to examine
exatamente: adv. exactly
exatidão: n. correctness, precision
exato: adj. precise, exact, accurate
exausto: adj. over-tired
exceção: n. exception
excedente: n. remnant, surplus

exceder: v. to exceed
excelente: adj. excellent, fine, first-rate
excêntrico: adj. eccentric
excepcional: adj. exceptional
excessivo: adj. excessive
excesso: n. excess, - de peso, overweight
exceto: prep. except
excitação: n. excitement
excitar: v. to excite
exclamação: n. exclamation
exclamar: v. to exclaim
excluir: v. to exclude
exclusivamente: adv. exclusively, solely
excursão: n. excursion, day trip
execução: n. execution
executar: v. to execute, perform, carry out
executivo: adj. executive
exemplar: n. specimen, copy
exemplo: n. example, instance, por - , for example
exercer: v. to exercise
exercício: n. exercise
exercitar: v. to exercise, exercitar-se, practice
exército: n. army
exibição: n. exhibition
exibir: v. to exhibit, display, show
exigência: n. demand, claim
exigente: adj. particular, demanding
exigir: v. to demand, require
exilado: n. exile
exílio: n. exile
existência: n. existence

existir: v. to exist
êxito: n. success
exótico: adj. exotic, foreign
expandir: v. to expand
expansão: n. expansion
expectativa: n. expectation
expedição: n. expedition
expedir: v. to dispatch, ship, send off
experiência: n. experiment, trial, experience
experiente: adj. experienced
experimental: v. to try, experiment, test, experience
expiração: n. expiry, breathing out
expirar: v. to expire, breathe out
explicação: n. explanation
explicar: v. to explain
explícito: adj. express, explicit
explodir: v. to explode, blow up
explorar: v. to explore, exploit
explosão: n. blast, explosion, outbreak, outburst
explosivo: adj. explosive, n. explosive
expor: v. to exhibit, show, display
exportação: n. export, exportation
exportar: v. to export
expressão: n. expression, - idiomática, idiom
expressar: v. to express
expresso: adj. express
exprimir: v. to express
expulsar: v. to chase, expel
êxtase: n. ecstasy
extensão: n. extension
extensivo: adj. comprehensive
extenso: adj. extensive

extenuar: v. to exhaust
exterior: n. exterior, outside, adj.
exterior, external
externo: adj. outward
extinguir: v. to extinguish
extintor: n. fire extinguisher
extorquir: v. to extort
extorsão: n. extortion
extraditar: v. to extradite
extrair: v. to extract
extraordinário: adj.
extraordinary, exceptional
extravagante: adj. extravagant
extraviar: v. to mislay
extremidade: n. end, border
extremo: adj. extreme, very, n.
extreme
exuberante: adj. exuberant

F, f

fã: n. fan
fábrica: n. factory, works pl,
plant, mill
fabricante: n. manufacturer
fabricar: v. to
manufacture
fábula: n. fable
faca: n. knife
face: n. cheek
fachada: n. facade
fácil: adj. easy
facilidade: f ease
faculdade: n. faculty
facultativo: adj. optional
fada: n. fairy
faina: n. work
faisão: n. pheasant
faisca: n. spark
faixa: n. strip, - de rodagem,
carriageway
fala: n. speech
falador: adj. talkative
falar: v. to speak, talk
falcão: n. hawk
falecer: v. to depart, die
falésia: n. cliff
falha: n. fault
falhar: v. to fail
falido: adj. bankrupt
falsificação: n. fake
falsificar: v. to counterfeit,
forge
falso: adj. false, untrue,
hypocritical
falta: n. want, lack, error, offense,
offence
faltar: v. to fail

fama: n. fame
família: n. family
familiar: adj. familiar
famoso: adj. famous
fanático: adj. fanatical
fanfarra: n. brass band
fantasia: n. fantasy
fantasma: n. spook, phantom,
ghost
fantástico: adj. fantastic, terrific
fardo: n. burden, load
farinha: n. flour
farmacêutico: n. chemist
farmácia: n. pharmacy, drugstore
farmacologia: n. pharmacology
farol: n. lighthouse, headlight,
headlamp
farpa: n. splinter
farto de: adj. tired of, fed up with,
sick of
fartura: n. plenty
fascinante: adj. glamorous
fascinar: v. to fascinate
fascismo: n. fascism
fascista: n. fascist
fase: n. phase, stage
fastidioso: adj. tedious
fatal: adj. fatal, mortal
fatia: n. slice
fatigado: adj. tired
fatigante: adj. tiring
fato: n. fact, de - , as a matter
of fact, indeed
fator: n. factor
fatura: n. invoice
faturar: v. to bill
favor: n. favor, a – de, on behalf
of, por - , please, se faz - , please
favorável: adj. favorable
favorecer: v. to favor
favorito: adj. pet, n. favorite

fax: n. fax, mandar um - , send a fax
fazenda: n. farm, fabric
fazendeiro: n. farmer
fazer: v. to do, make, fazer-se, get, go, grow
fé: n. faith
febre: n. fever, temperature, - dos fenos, hay fever
febril: adj. feverish
fechado: adj. closed, shut
fechadura: n. lock, buraco da - , keyhole
fechar: v. to shut, close, lock up, shut in, fasten, turn off, - a chave
fecho: n. fastener, - éclair zip, zipper
federação: n. federation
federal: adj. federal
feijão: n. bean
feio: adj. ugly
feira: n. fair, market
feito: n. feat
felicidade: n. happiness
felicitação: n. congratulation
felicitar: v. to compliment, congratulate
feliz: adj. happy
feltro: n. felt
feminino: adj. feminine, female
fenda: n. crack, cleft, chasm, slot
fender: v. to split
feno: n. hay
feriado: n. holiday
férias: n. vacation, holiday
ferida: n. wound, injury
ferido: adj. injured
ferir: v. to wound, hurt, injure
fermentar: v. to ferment

feroz: adj. fierce, wild
ferradura: n. horseshoe
ferragens: n. hardware
ferramenta: n. utensil, implement, tool
ferreiro: n. blacksmith, smith
ferro: n. iron, de - , iron, - de engomar, iron, - de frisar, curling-iron
ferrolho: n. bolt
ferrugem: n. rust
ferrugento: adj. rusty
fértil: adj. fertile
ferver: v. to boil
festa: n. feast, party
festival: n. festival
festivo: adj. festive
feudal: adj. feudal
fevereiro: n. February
fiador: n. guarantor
fiança: n. bail, deposit, caution
fiar: v. to spin
fiasco: n. failure
fibra: n. fiber
ficar: v. to stay, remain, - bem, suit, become
ficção: n. fiction
ficha: n. token, chip, plug, file
fiel: adj. faithful, loyal
fígado: n. liver
figo: n. fig
figura: n. figure
fila: n. file, row, rank, line, queue
filha: n. daughter
filho: n. son
filiação: n. membership
filiado: adj. affiliated
Filipinas: n. Philippines
filipino: adj. Philippine
filmar: v. to film

filme: n. film, movie
filosofia: n. philosophy
filósofo: n. philosopher
filtrar: v. to strain
filtro: n. filter, - de ar, air-filter, - de óleo, oil filter
fim: n. ending, finish, end, issue, aim
fim-de-semana: n. weekend
final: adj. final, eventual
finalmente: adv. at last
finanças: n. finances
financeiro: adj. financial
financiar: v. to finance
fingir: v. to pretend
finlandês: adj. Finnish, n. Finn
Finlândia: n. Finland
fino: adj. fine, sheer, thin
fio: n. thread, yarn, wire, cord
fiorde: n. fjord
firma: n. firm, company
firme: adj. firm, steady
fiscalizar: v. to control
física: n. physics
físico: adj. physical, n. physicist
fisiologia: n. physiology
fita: n. ribbon, tape, - adesiva, adhesive tape
fitar: v. to gaze, stare
fivela: n. buckle
fixador de cabelos: n. hair gel
fixar: v. to fix, attach, fixar-se, settle down
fixo: adj. permanent, fixed
flanela: n. flannel
flauta: n. flute
flexível: adj. flexible, supple, elastic
flor: n. flower, blossom
floresta: n. forest, - tropical, rainforest

florista: n. florist
fluente: adj. fluent
fluido: adj. fluid
flutuar: v. to float
foca: n. seal
focinho: n. snout, mouth
foco: in focus
fogão: n. stove, cooker, - a gás, gas stove, gas cooker
fogo: n. fire, a prova de - , fireproof
foguete: n. rocket
folclore: n. folklore
folha: n. leaf
folha: n. leaf, sheet, - de ouro, gold leaf
folhetim: n. serial
fome: n. hunger
fonético: adj. phonetic
fonte: n. fountain, source, temple
fora: adv. out, prep. apart from, de - , outside, de - , out of, para - , outside
forasteiro: n. stranger, foreigner
força: n. force, strength, energy, - armada, military force
forca: n. gallows
forçar: v. to force, strain
forçosamente: adv. by force
forjar: v. to forge, form, counterfeit
forma: n. form, shape
formal: adj. formal
formalidade: n. formality
formar: v. to shape, form, educate, train
formato: n. size
formidável: adj. swell, tremendous, huge
formiga: n. ant
fórmula: n. formula
formular: v. to formulate

formulário: n. form, - de inscrição, registration form
fornecer: v. to supply, furnish, provide
fornecimento: n supply
forno: n. oven, furnace, cozer no - , bake, de ir ao - , fireproof
forrar: v. to upholster
forro: n. lining
fortaleza: n. fortress
forte: adj. powerful, strong, loud
fortemente: adv. strongly, firmly
fortuna: n. fortune
fosco: adj. hazy
fósforo: n. match
fosso: n. moat, ditch
fotocópia: n. photocopy
fotografar: v. to photograph
fotografia: n. photography, photo, photograph
fotômetro: n. exposure meter
foz: n. mouth
fração: n. fraction
fracassar: v. to fail
fracasso: n. failure
fraco: adj. feeble, weak, faint, poor
frágil: adj. fragile
fragmento: n. fragment, piece
fralda: n. nappy, diaper
framboesa: n. raspberry
França: n. France
francês: adj. French, n. Frenchman
franco: adj. open, honest
franco-atirador: n. sniper
frango: n. chicken
franja: n. fringe
franquear: v. to stamp
franquia: n. postage

fraqueza: n. weakness
frasco: n. flask
frase: n. sentence, phrase
fraternidade: n. fraternity
fratura: n. fracture, break
fraturar: v. to fracture
fraude: n. fraud
frear: v. to slow down, brake
freguês: n. customer
freira: n. nun
frente: n. front, em forward, ahead
frequência: n. frequency
frequentar: v. to mix with
frequente: adj. frequent
frequentemente: adv. often, frequently
fresco: adj. fresh, chilly, cool
fricção: n. friction
frieira: n. chilblain, eczema between the toes
frigideira: n. frying pan
frigorífico: n. fridge, refrigerator
frio: adj. cold, n. cold
frisar: v. to emphasize
fritar: v. to fry
fronha: n. pillowcase
fronteira: n. frontier, border, boundary
frota: n. fleet
frouxo: adj. limp, slack, loose
fruta: n. fruit
fruto: n. fruit
fuga: n. leak, escape
fugir: v. to escape
fugitivo: n. runaway
fumante: n. smoker
fumar: v. to smoke
fumo: n. smoke, tobacco
função: n. function

funcionamento: n. operation, working
funcionar: v. to operate, work
fundação: n. foundation
fundamentado: adj. well-founded
fundamental: adj. fundamental, basic
fundamento: n. basis
fundar: v. to found
fundição: n. ironworks
fundo: n. bottom, ground, background, fund, adj. deep
funeral: n. funeral
funil: n. funnel
funileiro: n. plumber
furacão: n. hurricane
furado: adj. punctured
furar: v. to pierce, drill
furgão: n. van, luggage van, delivery van
fúria: n. fury, rage
furioso: adj. furious
furo: n. puncture, blowout
furor: n. anger, rage
furúnculo: n boil
fusível: n. fuse
futebol: n. soccer, football, jogo de - , football match
fútil: adj. petty, insignificant, idle
futuro: adj. future, n. future

G, g

gabardina: n. mackintosh, raincoat
gabar-se: v. to boast
gabinete: n. office, cabinet, - de provas, fitting room
gado: n. cattle
gafanhoto: n. grasshopper
gaiato: n. boy, adj. playful
gaivota: n. gull, seagull
galeria: n. gallery, - de arte, art gallery
galgo: n. greyhound
galinha: n. hen, chicken, pele de - , goose flesh
galo: n. cock
galope: n. gallop
gamba: n. prawn
ganancioso: adj. greedy
gancho: n. hook, peg, - de cabelo, hairpin, bobby pin
gangorra: n. seesaw
ganhar: v. to gain, win, earn, make
ganhos: n. earnings
ganso: n. goose
garagem: n. garage, por na - , garage
garagista: garage man, garage woman
garantir: v. to assure, guarantee
garça: n. heron
garçom: n. waiter
garçonete: n. waitress
garfo: n. fork
gargalhada: n. burst of laughter
garganta: n. throat, gorge
gargarejar: v. to gargle
garoto: n. kid
garra: n. claw

garrafa: n. bottle, termos, vacuum flask
gás: n. gas, gases de escape, exhaust gases
gasolina: n. petrol, gas, gasoline
gastador: adj. wasteful
gastar: v. to spend, wear out
gasto: adj. worn, worn-out
gástrico: adj. gastric
gastrônomo: n. gourmet
gatilho: n. trigger
gato: n. cat
gaveta: n. drawer
gavião: n. hawk
geada: n. frost
geladeira: n. fridge, refrigerator
gelado: adj. freezing, n. ice cream
gelar: v. to freeze
geléia: n. jam, jelly
gelo: n. ice
gema: n. yolk
gêmeos: n. twins
gemer: v. to moan, groan
general: n. general
gênero: n. gender, sort, kind
generosidade: n. generosity
generoso: adj. generous, liberal
gengibre: n. ginger
gengiva: n. gum
gênio: n. genius
genital: adj. genital
genro: n. son-in-law
gente: n. people, a - , we, toda a - , everybody, everyone
gentil: adj. kind
genuíno: adj. genuine, authentic
geografia: n. geography
geologia: n. geology
geometria: n. geometry

geração: n. generation
gerador: n. generator
geral: adj. universal, general, public
geralmente: adv. as a rule
germe: n. germ
gesso: n. plaster
gestão: n. administration, management
gesticular: v. to gesticulate
gesto: n. sign
gigante: giant
gigantesco: adj. gigantic, enormous
gilete: n. razor blade
ginásio: n. gymnasium
ginasta: gymnast
ginástica: n. gymnastics
ginecologista: gynecologist
girar: v. to turn around
gíria: n. slang
giz: n. chalk
glacier: n. glacier
glândula: n. gland
global: adj. broad, overall, global
globo: n. globe
glória: n. glory
gola: n. collar
goleiro: n. goalkeeper
golfe: n. golf, campo de - , golf course, golf links, clube de - , golf club
golfo: n. gulf
golo: n. goal
golpe: n. cut, blow
goma: n. gum, - de mascar, chewing gum
gôndola: n. gondola
gordo: adj. fat, stout
gordura: n. fat, grease
gordurento: adj. greasy
gorduroso: adj. fatty

gorjeta: n. tip, gratuity
gostar de: like, be fond of, fancy, care for
gosto: in taste, zest, com muito - , gladly
gota: n. drop, gout
governador: n. governor
governanta: n. housekeeper, governess
governante: n. ruler
governar: v. to govern, rule
governo: n. government, rule, - de casa, housekeeping, household
gozar: v. to enjoy, - com, kid
gozo: n. enjoyment
Grã-Bretanha: n. Great Britain
graça: n. grace, joke
gracioso: adj. graceful
grade: n. crate
gradeamento: n. railing
gradual: adj. gradual
gradualmente: adv. gradually
gráfico: adj. graphic, n. diagram, graph, chart
gralha: n. crow
grama: n. gram
gramática: n. grammar
gramatical: adj. grammatical
grampo: n. clamp, staple
grande: adj. big, great, large, major
grandioso: adj. magnificent, superb, grand
granito: n. granite
granizo: n. hail
grão: n. corn, grain
grato: adj. grateful
gratuito: adj. free of charge, grátis
grau: n. grade, degree
gravação: n. engraving, recording

gravador: n. tape recorder, engraver, recorder
gravar: v. to engrave, record
gravata: n. tie, necktie
grave: adj. grave, bad, severe, serious
grávida: adj. pregnant
gravidade: n. gravity
gravura: n. picture, print, carving
graxa: n. shoe polish
Grécia: n. Greece
grego: adj. Greek, n. Greek
grelha: n. grate
grelhador: n. grill
grelhar: v. to grill, to roast
greta: n. cleft, crack, fissure
greve: n. strike, fazer - , strike
gripe: n. influenza, flu
gritar: v. to cry, shriek, scream, shout
grito: n. cricket
grito: n. cry, shout, scream
groom: n. bellboy
groselha: n. currant, - negra, blackberry
grossa: n. gross
grosseiro: adj. gross, coarse, impolite
grosso: adj. big, thick
grossura: n. thickness
grotesco: adj. ludicrous
grua: n. crane
grumo: n. lump
grumoso: adj. lumpy
grupo: n. group, bunch, party, set
gruta: n. cave, grotto
guarda-chuva: n. umbrella
guarda-costas: n. bodyguard
guarda-florestal: n. forester
guarda-lama: n. mudguard, fender

guardanapo: n. napkin
guardar: v. to guard, keep, hold, put away
guarda-redes: n. goalkeeper
guarda-roupa: n. cloakroom, wardrobe
guelra: n. gill
guerra: n. war
guia: n. guide, guidebook
guiar: v. to guide, drive
guincho: n. shriek
guloseimas: n. candy
guloso: adj. greedy

H, h

há: ago, - pouco tempo, recently
hábil: adj. skilled, skilful
habilidade: n. art, skill, ability
habilidoso: adj. skilful
habilitação: n. qualification
habitação: n. house
habitante: n. inhabitant
habitar: v. to inhabit
habitável: adj. habitable, inhabitable
habito: n. habit, custom
habituado: adj. accustomed
habitual: adj. habitual, common, customary
habitualmente: adv. usually
harmonia: n. harmony
harpa: n. harp
haste: n. stem
haver: v. to have, exist, be
hebreu: n. Hebrew
hélice: n. propeller
helicóptero: n. helicopter
hemorragia: n. hemorrhage, bleeding
hemorróidas: n. piles, hemorrhoids
hera: n. ivy
herança: n. inheritance
herdar: v. to inherit
herdeiro: n. heir
hereditário: adj. hereditary
hermético: adj. airtight
hérnia: n. hernia, - discal, slipped disc
herói: n. hero
hesitar: v. to hesitate
heterossexual: Adj. heterosexual
hidrogênio: n. hydrogen

hierarquia: n. hierarchy
hífen: n. hyphen
higiene: n. hygiene
higiênico: adj. hygienic, papel - , toilet paper
hino: n. hymn, - nacional, national anthem
hipocrisia: n. hypocrisy
hipócrita: adj. hypocritical, n. hypocrite
hipódromo: n. racecourse
hipoteca: n. mortgage
histérico: adj. hysterical
história: n. history, story, - de amor, love story, - de fadas, fairytale
historiador: n. historian
histórico: adj. historic, historical
hoje: adv. today, - em dia, nowadays
Holanda: n. Holland
holandês: adj. Dutch, n. Dutchman
holofote: n. searchlight
homem: n. man, - de negócios, businessman
homenagem: n. homage, tribute
homicídio: n. murder
homossexual: Adj. homosexual
honestidade: n. honesty
honesto: adj. honest
honorário: n. fee
honra: n. honor, glory
honrado: adj. honorable
honrar: v. to honor
honroso: adj. honorable
hóquei: n. hockey
hora: n. hour, time of day
horário: n. timetable, schedule
horizontal: adj. horizontal
horizonte: n. horizon
horripilante: adj. creepy, horrible

horrível: adj. awful, horrible
horror: n. horror
horroroso: adj. horrible, hideous
horta: n. kitchen garden
hortelã: n. mint
hortelã-pimenta: n. peppermint
horticultura: n. horticulture
hospedar: v. to lodge, hospedar-se, stay
hospede: n. guest, lodger
hospedeiro: n. host, steward, stewardess
hospital: n. hospital
hospitaleiro: adj. hospitable, friendly
hospitalidade: n. hospitality
hostil: adj. hostile
hotel: n. hotel
humanidade: n. humanity, mankind
humano: adj. human
humilde: adj. humble
humor: n. humor, mood, spirit
húngaro: adj. Hungarian, n. Hungarian
Hungria: n. Hungary

I, i

iate: n. yacht
içar: v. to hoist, lift
ícone: n. icon
icterícia: n. jaundice
idade: n. age, de elderly, Idade
Média, Middle Ages
ideal: adj. ideal, n. ideal
ideia: n. idea,
idêntico: adj. identical
identidade: n. identity
identificação: n. identification
identificar: v. to identify
idiomático: adj. idiomatic
idiota: n. idiot, fool, adj. idiotic, silly
ídolo: n. idol
idoso: adj. senior, old, n. senior
citizen
ignição: n. ignition
ignorante: adj. ignorant
ignorar: v. to ignore
igreja: n. church
igual: adj. equal
igualar: v. to equalize, equal
igualdade: n. equality
igualmente: adv. equally, likewise,
also, alike
ilegal: adj. illegal, unlawful
ilegível: adj. illegible
ileso: adj. unhurt
ilha: n. island
ilícito: adj. unauthorized
ilimitado: adj. unlimited
iluminação: n. lighting,
illumination
iluminar: v. to illuminate
ilusão: n. illusion
ilustração: n. picture, illustration

ilustrar: v. to illustrate
ilustre: adj. noted, illustrious
imaculado: adj. stainless,
immaculate
imagem: n. image, picture, -
refletida, reflection
imaginação: n. fancy, imagination
imaginar: v. to imagine, fancy,
conceive
imaginário: adj. imaginary
imediatamente: adv. immediately,
instantly
imediato: adj. immediate, prompt
imenso: adj. immense, vast
imerecido: adj. unearned
imigração: n. immigration
imigrante: n. immigrant
imigrar: v. to immigrate
imitação: n. imitation
imitar: v. to imitate, copy
imodesto: adj. immodest
impaciente: adj. impatient, eager
ímpar: adj. odd
imparcial: adj. impartial
impecável: adj. faultless
impedimento: n. impediment
impedir: v. to prevent, impede
imperador: n. emperor
imperatriz: n. empress
imperfeição: n. fault, imperfection
imperfeito: adj. imperfect, faulty
imperial: adj. imperial
império: n. empire
impermeável: adj. waterproof,
rainproof, n. raincoat
impertinência: n. impertinence
impertinente: adj. impertinent
impessoal: adj. impersonal
ímpeto: n. impetuosity
impetuoso: adj. violent

implicado: adj. involved
implicar: v. to imply
imponente: adj. imposing
impopular: adj. unpopular
importação: n. import
importador: n. importer
importância: n. importance, ter - , matter
importante: adj. important, considerable, capital, big
importar: v. to import, - em, amount to
impossível: adj. impossible
imposto: n. tax, isento de - , tax-free
impotência: n. impotence
impotente: adj. impotent, powerless
impraticável: adj. impassable
imprensa: n. press
impressão: n. impression, - digital, fingerprint
impressionante: adj. striking, impressive
impressionar: v. to impress, strike
impresso: n. printed matter
impressora: n. printer
imprevisto: adj. unexpected
imprimir: v. to print
impróprio: adj. improper, wrong
improvável: adj. unlikely, improbable
improvisar: v. to improvise
imprudente: adj. unwise
impulsionar: v. to propel
impulsivo: adj. impulsive
impulso: n. urge, impulse
imundo: adj. filthy, dirty
imunidade: n. immunity
imunizar: v. to immunize
inabitável: adj. uninhabitable
inaceitável: adj. unacceptable

inacessível: adj. inaccessible
inadequado: adj. inadequate, unfit, unsuitable
inadvertência: n. oversight
inalar: v. to inhale
incapacitado: adj. disabled
incapaz: adj. unable, incapable
incêndio: n. fire
incenso: n. incense
incerto: adj. doubtful, uncertain
inchaço: n. swelling
inchar: v. to swell, inflate
incidental: adj. incidental
incidente: n. incident
incineração: n. cremation
incinerar: v. to cremate
incitar: v. to urge, incite
inclinação: n. tendency, inclination, - de cabeça, nod
inclinado: adj. slanting, sloping
inclinar: v. to bow, inclinar-se, slant
incluir: v. to include, enclose, count, tudo incluído, n. all-inclusive
inclusive: adv. including
inclusivo: adj. inclusive
incluso: adj. included
incomestível: adj. inedible
incomodar: v. to disturb, bother, trouble
incômodo: n. nuisance, inconvenience, trouble
incompetente: adj. unqualified, incompetent
incompleto: adj. incomplete
incompreensível: adj. puzzling, unintelligible
inconcebível: adj. inconceivable
incondicional: adj. unconditional
inconsciente: adj. unconscious

inconveniência: n. inconvenience
inconveniente: adj. inconvenient
incorreto: adj. incorrect, inaccurate
incrível: adj. incredible, amazing
inculto: adj. waste, uncultivated, uneducated
incurável: adj. incurable
incursão: n. raid
indagar: v. to ask, inquire, enquire, query
indecente: adj. indecent
indefinido: adj. indefinite
indenização: n. indemnity, compensation
independência: n. independence
independente: adj. independent, self-employed
indesejável: adj. undesirable
Índia: n. India
indiano: adj. Indian, n. Indian
indicação: n. indication, sign, hint
indicado: adj. proper
indicador: n. index finger, indicator
indicar: v. to point out, indicate
indicativo: n. indicative, area code
índice: n. index, table of contents
indiferente: adj. indifferent
indígena: n. native
indigestão: n. indigestion
indignação: n. indignation
índio: adj. Indian, n. Indian
indireto: adj. indirect
indispensável: adj. essential
indisposto: adj. unwell
individual: adj. individual
indivíduo: n. individual
Indonésia: n. Indonesia
indonésio: adj. Indonesian, n. Indonesian
indulto: n. pardon, respite

indústria: n. industry
industrial: adj. industrial
ineficiente: adj. inefficient
inesperado: adj. unexpected
inestimável: adj. priceless
inevitável: adj. inevitable, unavoidable
inexato: adj. incorrect
inexplicável: adj. unaccountable, strange
infame: adj. foul
infantaria: n. infantry
infecção: n. infection
infeccioso: adj. infectious
infectar: v. to infect, become septic
infelicidade: n. misery, misfortune
infeliz: adj. unhappy
infelizmente: adv. unfortunately
inferior: adj. bottom, inferior
inferno: n. hell
infiel: adj. unfaithful
infinitivo: n. infinitive
infinito: adj. endless, infinite
inflação: n. inflation
inflamação: n. inflammation
inflamável: adj. inflammable
influencia: n. influence
influenciar: v. to influence
influente: adj. influential
informação: n. information, enquiry
informar: v. to inform, informar-se, inquire
infortunado: adj. unlucky
infortúnio: n. misfortune
infravermelho: adj. infra-red
infringir: v. to trespass
ingênuo: adj. naive, simple
Inglaterra: n. England, Britain

inglês: adj. English, n. Briton, Englishman
ingrato: adj. ungrateful
ingrediente: n. ingredient
íngreme: adj. steep
inicial: adj. initial, n. initial
iniciar: v. to begin, iniciate
iniciativa: n. initiative
inicio: n. beginning
inimigo: n. enemy
ininterrupto: adj. continuous
injeção: n. shot, injection
injetar: v. to inject
injustiça: n. injustice
injusto: adj. unjust, unfair
inocência: n. innocence
inocente: adj. innocent
inocular: v. to inoculate
inofensivo: adj. harmless
inoportuno: adj. misplaced
inquebrável: adj. unbreakable
inquérito: n. enquiry, inquiry
inquieto: adj. anxious, restless
inquilino: n. tenant
inquirir: v. to inquire
insatisfatório: adj. unsatisfactory
insatisfeito: adj. dissatisfied, discontented
inscrever: v. to enter, list, book, subscribe
inscrição: n. inscription
inseguro: adj. unsafe
insensato: adj. mad
insensível: adj. insensitive, heartless
inserir: v. to insert, put in
inseticida: n. insecticide
inseto: n. insect, bug
insignificante: adj. petty, insignificant
insípido: adj. tasteless, dull

insistir: v. to insist
insolação: n. sunstroke
insolência: n. insolence
insolente: adj. impertinent, insolent
insólito: adj. uncommon, strange
insônia: n. insomnia
inspeção: n. inspection
inspecionar: v. to inspect
inspetor: n. inspector
inspirar: v. to inspire
instalação: n. installation, facilities
instalar: v. to install
instantaneamente: adv. instantly
instantâneo: n. snapshot
instante: n. instant, second, moment
instável: adj. unsteady, unstable
instinto: n. instinct
instituição: n. institution, institute
instituir: v. to institute, found
instituto: n. institute
instrução: n. tuition, instruction, direction
instruir: v. to instruct
instrumento: n. instrument, tool
instrutivo: adj. instructive
instrutor: n. instructor
insuficiente: adj. insufficient
insultante: adj. offensive
insultar: v. to insult
insulto: n. insult
insuperável: adj. unsurpassed
insuportável: adj. unbearable
insurreição: n.. rising
intacto: adj. intact, whole
integrar: v. to integrate
inteiramente: adv. entirely, altogether, completely
inteiro: adj. entire, unbroken, whole
intelecto: n. intellect
intelectual: adj. intellectual

inteligência: n. intelligence, wit
inteligente: adj. intelligent, clever, bright, smart
intenção: n. intention, purpose
intencional: adj. intentional
intensificar: v. to intensify
intenso: adj. intense
intento: n. purpose
interdição: n. prohibition, ban
interessado: adj. interested
interessante: adj. interesting
interessar: v. to interest
interesse: n. interest
interferência: n. interference
interferir: v. to interfere
ínterim: n. interim
interior: adj. inner, inside, n. interior, inside, countryside
interlúdio: n. interlude
intermediário: n. mediator, intermediary
internacional: adj. international
Internet: n. internet
interno: adj. internal, indoor, domestic, resident
interpretar: v. to interpret
intérprete: n. interpreter
interrogar: v. to interrogate
interrogativo: adj. interrogative
interrogatório: n. examination, interrogation
interromper: v. to interrupt, cut off
interrupção: n. interruption
interruptor: n. switch
interseção: n. intersection
intervalo: n. space, interval, intermission, break
intervir: v. to intervene
intestino: n. intestine, gut
intestinos: n. bowels

intimidade: n. privacy
íntimo: adj. intimate, cozy
intolerável: adj. intolerable
intriga: n. intrigue
introdução: introduction
introduzir: v. to introduce
intrometer-se em: interfere with
intruso: n. trespasser
inundação: n. flood
inútil: adj. useless
inutilmente: adv. in vain
inverno: n. winter
inverso: adj. reverse
inverter: v. to invert, turn over
investigação: n. enquiry, research, investigation
investigar: v. to enquire, investigate
investimento: n. investment
investir: v. to invest
invisível: adj. invisible
involuntário: adj. unintentional
invulgar: adj. odd, rare, unusual
iodo: n. iodine
ir: v. to go, - buscar, fetch, get, pick up, ir-se, depart, go
ira: n. anger
iraniano: adj. Iranian, n. Iranian
irrelevante: adj. insignificant
irreparável: adj. irreparable
irrevogável: adj. irrevocable
irritado: adj. cross
irritante: adj. annoying
irritar: v. to irritate, annoy
irritável: adj. irritable
isca: n. bait
isenção: n. exemption
isentar: v. to exempt
isento: adj. exempt
islandês: adj. Icelandic, in, - sea, n. Icelander

Islândia: n. Iceland
isolado: adj. isolated
isolador: n. insulator
isolamento: n. isolation, insulation
isolar: v. to isolate, insulate
isqueiro: n. cigarette lighter, lighter
Israel: n. Israel
israelense: adj. Israeli, n. Israeli
isso: pron. that
Itália: n. Italy
italiano: adj. Italian, n. Italian
itálico: n. italics
itinerário: n. itinerary, route

J, j

já: adv. at once, immediately, already, - não, any more
jade: n. jade
jamais: adv. ever
janeiro: January
janela: n. window, - de madeira, shutter
jantar: n. dinner, v. to dine
jante: n. rim
Japão: n. Japan
japonês: adj. Japanese, n. Japanese
jardim infantil: n. kindergarten
jardim publico: n. public garden, - zoológico, zoological gardens
jardim: n. garden
jardineiro: n. gardener
jarra: n. jar
jarro: in. jug
jato: n. jet
jaula: n. cage
jeitoso: adj. handy
jérsei: n. jersey
joalharia: n. jewelry
joalheiro: n. jeweler
joelho: n. knee
jogada: n. move, turn
jogador: n. player
jogar: v. to play
jogo: n. game, play, set, campo de jogos, recreation ground
jóia: n. jewel, gem, jóias, jewelry
jóquei: n. jockey
Jordânia: n. Jordan
jordaniano: adj. Jordanian, n. Jordanian
jornal: n. paper, newspaper, journal
jornalismo: n. journalism

jornalista: n. journalist
jorro: n. spout
jovem: adj. young
jovial: adj. jolly, cheerful
jubileu: n. jubilee
judaico: adj. Jewish
judeu: n. Jew
judicioso: adj. judicious
juiz: n. judge
juízo: n. sense, judgment
julgamento: n. judgment, trial
julgar: v. to judge
julho: n. July
junção: n. junction
junco: n. rush
junho: n. June
júnior: adj. junior
junquilho: n. daffodil
juntar: v. to join, attach, enclose, add
junto: adj. joined, joint
juntos: adv. together
juramento: n. oath, vow
jurar: v. to swear, vow
júri: n. jury
jurídico: adj. legal
jurisdição: n. jurisdiction
jurista: n. lawyer
juro: n. interest
justamente: adv. just, rightly, exactly
justiça: n. justice
justificar: v. to justify, prove
justo: adj. righteous, just, right, proper, fair, appropriate
juvenil: adj. juvenile, youthful
juventude: n. youth

L, l

lá: adv. there
lã: n. wool, de woolen
lábio: n. lip
labirinto: n. labyrinth, maze
laboratório: n. laboratory
labutar: v. to labor, work
lado: n. side, way, ao lado, next-door, ao – de, beside
ladrão: n. thief, burglar, robber
ladrar: v. to bark, bay
lagarto: n. lizard
lago: n. lake
lagoa: n. small lake
lagosta: n. lobster
lágrima: n. tear
laguna: n. lagoon
lama: n. mud
lamacento: adj. muddy
lamber: v. to lick
lamentar: v. to regret
lamentável: adj. lamentable
lâmina: n. blade, - de barbear, razor blade
lâmpada: n. light bulb, de flash, flash bulb
lança: n. spear
lançamento: n. launching, throw, entry, start-up
lançar: v. to cast, throw, toss, launch
lance: n. cast
lanche: n. tea, snack
lanterna: n. lantern, flashlight
lapa: n. link, bow tie
lapela: n. lapel
lápide: n. gravestone

lápis: n. pencil, - para os olhos, eyeliner
laquê para o cabelo: n. hair spray
lar: n. home
laranja: n. orange
lareira: n. fireplace, hearth
largo: adj. broad, wide
largura: n. breadth, width
laringite: n. laryngitis
lasca: n. chip
lascar: v. to chip
lastimar: v. to deplore
lata: n. tin, can, canister
latão: n. brass
lavabo: n. washroom
lava-louça: n. sink
lavanderia: n. laundry, - automática, launderette
lavar: v. to wash, - a louça, wash up
lavatório: n. washbasin
lavável: adj. washable
lavrador: n. farmer
lavrar: v. to plough
laxante: n. laxative
leal: adj. loyal, true, faithful
lebre: n. hare
legação: n. legation
legado: n. legacy
legal: adj. legal, lawful
legalização: n. legalization
legenda: n. subtitle
legitimo: adj. legitimate, legal
legume: n. vegetable
lei: n. law
leigo: n. layman
leilão: n. auction
leitão: n. piglet
leitaria: n. dairy
leite: n. milk
leiteiro: n. milkman

leitor: n. reader
leitoso: adj. milky
leitura: n. reading, lecture
lema: n. slogan
lembrança: n. reminder, souvenir
lembrar: v. to remind
lembrar-se: v. remember
leme: n. rudder, helm
lenço: n. handkerchief, - da cabeça, scarf
lençol: n. sheet
lente: n. lens, lentes de contato, contact lenses
lento: adj. slow, slack
lepra: n. leprosy
leque: n. fan
ler: v. to read
lesão: n. injury
lesar: v. to wrong, hurt, wound
letra: n. letter, draft, - maiúscula, capital letter
levantar: v. to raise, lift, bring up, cash, draw, pick up
levantar-se: v. rise, get up
levar: v. to take, bear, take away, - a mal, resent
leve: adj. light
levedura: n. yeast
libanês: adj. Lebanese, n. Lebanese
Líbano: n. Lebanon
liberal: adj. liberal
liberdade: n. freedom, liberty
Libéria: n. Liberia
liberiano: adj. Liberian, n. Liberian
libertação: n. liberation, delivery
libra: n. pound
lição: n. lesson
licença: n. license permit, permission, leave
licor: n. liqueur

lido: n. work
liga: n. league, union
ligação: n. connection, affair, link
ligadura: n. bandage, band
ligar: v. to bind, connect, switch on, plug in, turn on, link
ligeiro: adj. slight, gentle, swift, light, hurried
lilás: adj. mauve
lima: n. file, lime, - de unhas, nail file
lima: n. lime, lime tree
limbo: n. lemon
limiar: n. threshold
limitar: v. to limit
limite: n. limit, bound, boundary
limonada: n. lemonade
limpa-cachimbos: n. pipe cleaner
limpa-chaminés: n. chimneysweep
limpar: v. to clean, wipe
limpeza: n. cleaning
limpo: adj. clean
lindo: adj. lovely, pretty, beautiful
língua: n. tongue, language
linguagem: n. speech
linha: n. line, thread, principal main line
linho: n. linen
liquidação: n. clearance sale
liquidar: v. to pay off, destroy
liquido: adj. liquid, net, n. fluid, - dentifrício, mouthwash
lírio: n. lily
liso: adj. smooth, level, even
lista: n. list, directory
literário: adj. literary
literatura: n. literature
litígio: n. dispute, quarrel
litoral: n. seashore
litro: n. liter

livrar: v. to deliver
livraria: n. bookstore, bookshop
livre: adj. free
livreiro: n. bookseller
livro: n. book
lixa: n. sandpaper
lixo: n. garbage, trash, refuse, litter, rubbish
lobo: n. wolf
local: adj. local, n. premises, site, spot
localidade: n. locality
localização: n. location
localizar: v. to locate
loção: n. lotion
locomotiva: n. engine, locomotive
lógica: n. logic
lógico: adj. logical
logo: adv. immediately, soon, - que, when
loira: n. blonde
loiro: adj. fair, blond
loja: n. store, shop
lojista: n. shopkeeper
lona: n. canvas
longe: adv. far, de - , by far
longínquo: adj. far-off
longitude: n. longitude
longitudinalmente: adv. lengthways
longo: adj. long
lote: n. batch
loteria: n. lottery
louça: n. crockery, pottery
louco: adj. crazy, insane, lunatic
loucura: n. lunacy
louro: adj. blond
louvar: v. to praise
louvor: n. glory
lua: n. moon

lua-de-mel: n. honeymoon
luar: n. moonlight
lubrificação: n. lubrication
lubrificar: v. to lubricate, grease
lucrativo: adj. profitable
lucro: n. profit, gain, benefit, lucros, winnings
lugar: n. place, room, seat
lumbago: n. lumbago
luminoso: adj. luminous
lupa: n. magnifying glass
lúpulo: n. hop
lustro: n. gloss
lustroso: adj. glossy
luta: n. combat, fight, contest, battle, struggle
lutar: v. to fight, struggle
luto: n. mourning
luva: n. glove, luvas sem dedos, mittens
luxo: n. luxury
luxuoso: adj. luxurious
luz: n. light

M, m

maçã: n. apple, - do rosto, cheekbone
maca: n. stretcher
macacão: n. overalls
macacão: n. overalls
macaco: n. monkey, jack
maçaneta: n. handle, knob
maçar: v. to bore, bother
machado: n. axe
macho: n. mule, male animal
maciço: adj. massive, solid
macio: adj. mellow, soft
maço: n. mallet
madeira: n. wood, de wooden, - de construção, timber
madrasta: n. stepmother
madre-pérola: n. mother of pearl
madrugada: n. dawn
maduro: adj. ripe, mature
mãe: n. mother
maestro: n. conductor
magia: n. magic
mágico: adj. magic
magistrado: n. magistrate
magnânimo: adj. generous, noble
magnético: adj. magnetic
magneto: n. magneto
magnífico: adj. magnificent, gorgeous, splendid
magoar: v. to hurt, bruise
magro: adj. lean, thin, low-fat
maio: n. May
maioria: n. majority
mais: adj. more, most, adv. plus, - de, over, não - , no longer
maiúscula: n. capital letter

major: n. major. adj. major, superior, main, bulk
mala: n. bag, case, suitcase, trunk, - de mão, handbag
malaio: adj. Malaysian, n. Malay
malandro: n. rascal
malária: n. malaria
Malásia: n. Malaysia
malcriado: adj. impertinent, impolite
maldade: n. mischief
maldizer: v. to curse
maleável: adj. supple, flexible
mal-entendido: n. misunderstanding
malévolo: adj. spiteful
malícia: n. mischief
malicioso: adj. malicious
maligno: adj. malignant, ill
maluco: adj. foolish, crazy, mad
mamífero: n. mammal
mamute: n. mammoth
manada: n. herd
mancha: n. stain, spot, speck, blot, sem - , spotless
manchar: v. to stain
mandar: v. to order, command, send, have, - vir, send for
mandato: n. mandate
maneira: n. way, manner, fashion, de qualquer - , anyway
manejar: v. to handle
manejável: adj. manageable
manequim: n. model, mannequin
manga: n. sleeve
manhã: n. morning, esta - , this morning
manha: n. trick
manhoso: adj. cunning
mania: n. craze

manicura: n. manicure
manifestação: n. demonstration
manifestar: v. to demonstrate, express
manipular: v. to manipulate
manjedoura: n. manger
manso: adj. tame
manteiga: n. butter
manter: v. to maintain, keep
manual: adj. manual, n. handbook
manuscrito: n. manuscript
manutenção: n. maintenance, upkeep
mão: n. hand, feito a - , hand-made
mapa: n. map, - de estradas, road map
maquilagem: n. make-up
máquina: n. machine, engine
maquinaria: n. machinery
mar: n. sea
maravilha: n. marvel
maravilhar-se: v. to marvel
maravilhoso: adj. marvelous, fine, wonderful
marca: n. mark, sign, tick, brand, - de fábrica, trademark
marcar: v. to mark, tick off, score, dial
marceneiro: n. joiner
marcha: n. march, fazer atrás, reverse
marchar: v. to march
março: n. March
marco: n. landmark, - miliário, milestone
maré: n. tide, - baixa, low tide, - cheia, high tide
marfim: n. ivory
margarina: n. margarine

margem: n. margin, river bank, shore
marido: n. husband
marinha: n. navy
marinheiro: n. sailor, seaman
mariposa: n. butterfly stroke
marisco: n. shellfish, seafood
marítimo: adj. maritime
mármore: n. marble
maroto: adj. naughty, mischievous
Marrocos: n. Morocco
marroquino: adj. Moroccan, n. Moroccan
martelar: v. to thump
martelo: n. hammer
mártir: n. martyr
mas: conj. but, only, yet
máscara: n. mask, - facial, face pack
masculino: adj. masculine, male
massa: n. dough, batter, mass
massagem: n. massage, - facial, face massage
massagista: n. masseur
massajear: v. to massage
mastigar: v. to chew
mastro: n. mast
mata: n. grove
mata-borrão: n. blotting paper
matador: adj. boring, annoying, unpleasant, n. bore
matar: v. to kill
mate: adj. dim, mat
matemática: n. mathematics
matemático: adj. mathematical, n. mathematician
matéria: n. matter
material: adj. substantial, material, n. material
matéria-prima: n. raw material

mato: n. brush
matrimônio: n. matrimony
maturidade: n. maturity
mau: n. evil, wrong, harm, adv.
barely, hardly
mausoléu: n. mausoleum
maxilar: n. jaw
máximo: adj. utmost, no - , at most
me: pron. me, myself
mealheiro: n. savings, piggy bank
mecânico: adj. mechanical, n.
mechanic
mecanismo: n. mechanism,
machinery
medalha: n. medal
média: n. average, mean, em - , on
average
media: n. media
mediano: adj. medium
medicamento: n. drug, medicine
medicina: n. medicine
médico: adj. medical, n. physician,
doctor
medida: n. measure, gauge, size,
feito a - , tailor-made
medidor: n. meter
medieval: adj. mediaeval
médio: adj. average, medium,
middle
medíocre: adj. mediocre, second-
rate
medir: v. to measure
meditar: v. to meditate
Mediterrâneo: n. Mediterranean
medo: n. fear, fright, com - , afraid,
meter - , frighten, ter - , be afraid
medonho: adj. frightful, terrible
medula: n. marrow
medusa: n. jellyfish
meia: n. stocking

meia-calça: n. panty hose
meia-noite: n. midnight
meio: adj. half, n. midst, middle,
means, adv. half, no – de, amid
meio-dia: n. noon, midday
meio-fio: n. curb
mel: n. honey
melancia: n. watermelon
melancolia: n. melancholy
melancólico: adj. sad
melão: n. melon
melhor: adj. better, superior, o - ,
best, the best
melhoramento: n. improvement
melhorar: v. to improve
melindrar-se por: v. to resent
melodia: n. melody, tune
melodioso: adj. tuneful
melodrama: n. melodrama
melro: n. blackbird
membrana: n. diaphragm
membro: n. limb, associate,
member
memorando: n. memo
memorável: adj. memorable
memória: n. memory
memorial: n. memorial
menção: n. mention
mencionar: v. to mention
mendigar: v. to beg
mendigo: n. beggar
menina: n. girl, miss
menino: n. boy
menor: adj. less, minor,
inferior, under age, in. minor
menos: adj. less, fewer, adv.
less, prep. but, pelo - , at least
menosprezar: v. to underestimate
mensageiro: n. messenger
mensagem: n. message
mensal: adj. monthly
menstruação: n. menstruation

mental: adj. mental
mente: n. mind
mentir: v. to lie
mentira: n. lie
mentiroso: n. adj. liar
mercado: n. market
mercadoria: n. merchandise, goods
mercearia: n. grocery store
merceeiro: n. grocer
mercúrio: n. mercury
merda: n. colloquial crap, shit
merecer: v. to deserve, merit
mergulhar: v. to dive
meridional: adj. southerly
mérito: n. merit
mês: n. month
mesa: n. table
mesmo: adj. same, adv. even
mesquinho: adj. stingy, mean
mesquita: n. mosque
mestre: n. master, teacher
meta: n. finish, goal
metade: n. half
metal: adj. metal
metálico: adj. metallic
meter: v. to put, introduce
meticuloso: adj. precise
método: n. method
métrico: adj. metric
metro: n. meter
metropolitano: n. underground, subway
meu: adj. my, mine
mexer: v. to stir, touch, mexer-se, move
mexericar: v. to gossip
mexerico: n. gossip
mexicano: adj. Mexican, n. Mexican

México: n. Mexico
mexilhão: n. mussel
micróbio: n. germ
microfone: n. microphone
migalha: n. crumb
mil: num. thousand
milagre: n. wonder, miracle
milagroso: adj. miraculous
milho: n. maize
milionário: n. millionaire
militar: adj. military
mim: pron. me
mimar: v. to spoil, fondle
mina: n. mine, pit
mineiro: n. miner
mineral: n. mineral, água - , mineral water
minério: n. ore
minha: n. mine
miniature: n. miniature
mínimo: adj. least, n. minimum
ministério: n. ministry
ministro: n. minister, primeiro - , premier
minoria: n. minority
minucioso: adj. thorough
minúsculo: adj. minute, tiny
minuto: n. minute
míope: n. short-sighted
miserável: adj. miserable
miséria: n. misery
misericórdia: n. mercy
misericordioso: adj. merciful
missa: n. Mass
mistério: n. mystery
misterioso: adj. mysterious
mistura: n. mixture
misturado: adj. mixed, miscellaneous
misturar: v. to mix

mito: n. myth
mobilhar: v. to furnish
mobília: n. furniture
mochila: n. rucksack, knapsack
mocho: n. owl
moço: n. boy
moda: n. fashion, fora de - , out of date, na - , fashionable, trendy
modelo: n. model
modem: n. modem
moderado: adj. moderate
moderno: adj. modern
modéstia: n. modesty
modesto: adj. modest
modificação: n. change
modificar: v. to modify, change
modista: n. dressmaker
modo: n. way, manner, de nenhum - , by no means, de – que, so that
moeda: n. coin, currency, - estrangeira, foreign currency
moer: v. to grind
mohair: n. mohair
moinho: n. mill, - de vento, windmill
moita: n. scrub
mola: n. spring
molar: n. molar
moldar: v. to model
moldura: n. frame
mole: adj. soft
moleiro: n. miller
molhado: adj. wet, damp, moist
molhar: v. to soak
molhe: n. pier, jetty
molho: n. bundle
molho: n. gravy, sauce, por de - , soak
momentâneo: adj. momentary

momento: n. moment, while, - decisivo, turning point
monarca: n. ruler, monarch
monarquia: n. monarchy
monetário: adj. monetary
monge: n. monk
monólogo: n. monologue
monopólio: n. monopoly
monótono: adj. monotonous
montanha: n. mountain
montanhoso: adj. mountainous
montão: n. heap
montar: v. to assemble, - a cavalo, ride
monte: n. mount, heap, cume do - , hilltop
montículo: n. mound
montra: n. shop-window
monumento: n. monument
morada: n. home
morador: n. occupant, inhabitant
moral: adj. moral, n. moral, n. spirits
moralidade: n. morality
morango: n. strawberry
morar: v. to live
mordedura: n. bite
mordedura: v. to model
morder: v. to bite
morena: n. brunette
moreno: adj. dark
morfina: n. morphine
morno: adj. lukewarm
morrer: v. to die
mortal: adj. mortal, fatal
morte: n. death
morto: adj. dead
mosaico: n. mosaic
mosca: n. fly
mosqueteiro: n. mosquito net

mosquito: n. mosquito
mossa: n. dent
mostarda: n. mustard
mosteiro: n. monastery
mostrar: v. to show, display
motel: n. motel
motim: n. mutiny
motivar: v. to motivate
motivo: n. motive, occasion, cause
motocicleta: n. motorcycle
motor: n. motor, engine
motorista: n. chauffeur, driver
móvel: adj. mobile, movable
mover: v. to move
movimentado: adj. busy
movimento: n. motion, movement
mudança: n. variation, change, move
mudar: v. to vary, change, transform
mudo: adj. mute, dumb, speechless
muito: adv. very, quite, much, adj. much, muitos, many
mulato: n. mulatto
muleta: n. crutch
mulher: n. woman, wife
mulo: n. mule
multa: n. fine, ticket
multidão: n.. crowd
multiplicação: n. multiplication
multiplicar: v. to multiply
mundial: adj. global, world-wide
mundo: n. world
municipal: adj. municipal
municipalidade: n. municipality
murmurar: v. to whisper
muro: n. wall
músculo: n. muscle
musculoso: adj. muscular
museu: n. museum

musgo: n. moss
musica: n. music
musical: adj. musical
músico: n. musician
mutuo: adj. mutual

N, n

nacional: adj. national
nacionalidade: n. nationality
nacionalizar: v. to nationalize
nada: pron. nothing
nadador: n. swimmer
nadar: v. to swim
nádega: n. buttock
não: adv. no, not, - obstante, nevertheless
narcose: n. narcosis
narcótico: n. narcotic
narina: n. nostril
nariz: n. nose
narrativa: n. tale, story
nascente: n. spring
nascer: v. to be born
nascido: adj. born
nascimento: n. birth
nata: n. cream
natação: n. swimming
Natal: n. Christmas
nativo: n. native
nato: adj. natural
natural: adj. natural
naturalmente: adv. naturally, of course
natureza: n. nature, essence
náusea: n. nausea, sea-sickness
naval: adj. naval
navegação: n. navigation
navegar: v. to sail, navigate
navegável: adj. navigable
navio: n. ship, vessel, boat
navio-cisterna: n. tanker
neblina: n. mist, fog
necessário: adj. necessary, requisite
necessidade: n. necessity, requirement, want, need

necessitar: v. to need
negar: v. to deny
negativo: adj. negative, n. negative
negligência: n. neglect
negligente: adj. neglectful, careless
negociação: n. negotiation
negociante: n. dealer
negociar: v. to negotiate, trade
negócio: n. business, deal
nem ... nem: neither ... nor
nem um nem outro: neither
nenhum: adj. no, prom none
néon: n. neon
nervo: n. nerve
nervosa: adj. nervous
neta: n. granddaughter, grandchild
neto: n. grandson
neuralgia: n. neuralgia
neurose: n. neurosis
neutra: adj. neutral
neutro: adj. neuter, neutral
nevado: adj. snowy
nevar: v. to snow
neve: n. snow, tempestade de - , blizzard, snowstorm
névoa: n. haze, fog
nevoado: adj. misty, hazy, foggy
nevoeiro: n. mist, fog
nicotina: n. nicotine
Nigéria: n. Nigeria
nigeriano: adj. Nigerian, n. Nigerian
ninguém: pron. no one, nobody
ninhada: n. litter
ninho: n. nest
níquel: n. nickel
nitrogênio: n. nitrogen

nível: n. level, - de vida, standard of living
nivelar: v. to level
nó: n. knot, lump, dar um - , tie, fazer um - , knot, - corrediço, loop
nobre: adj. noble
nobreza: n. nobility
noção: n. notion, idea
nocivo: adj. harmful
nódoa: n. spot, stain, - negra, bruise
nogado: n. nougat
noite: n. night, evening, durante a - , overnight, esta - , tonight
noiva: n. fiancée, bride
noivado: n. engagement
noivo: adj. engaged, n. fiancé, bridegroom
nojento: adj. revolting, disgusting
nome: n. name, denomination, em – de, on behalf of
nomeação: n. nomination, appointment
nomear: v. to name, mention, nominate, appoint
nominal: adj. nominal
nono: num. ninth
nora: n. daughter-in-law
nordeste: n. north-east
nórdico: adj. northern
norma: n. standard, rule
normal: adj. regular, normal, standard
noroeste: n. north-west
norte: n. north, do northerly
Noruega: n. Norway
norueguês: adj. Norwegian, n. Norwegian
nos: pron. us, to us, ourselves
nós: pron. we, us, - próprios, ourselves

nosso: adj. our
nostalgia: n. homesickness, nostalgy
nota: n. note, - de banco, banknote
notar: v. to notice, register
notário: n. notary
notável: adj. remarkable, striking, noticeable, considerable
noticia: n. news, notice
noticiário: n. news
notificar: v. to notify
notório: adj. notorious
noturno: adj. nightly
Nova Zelândia: n. New Zealand
nove: num. nine
novembro: n. November
noventa: num. ninety
novo: adj. new, de - , again
noz: n. nut, walnut, - moscada, nutmeg
nu: adj. nude, naked, bare, n. nude
nuança: n. nuance
nublado: adj. cloudy, overcast
nuca: n. nape of the neck
nuclear: adj. nuclear
núcleo: n. core, nucleus
nulo: adj. void
numeral: n. numeral
numero: n. number, quantity, act
numeroso: adj. numerous
nunca: adv. never
nutritivo: adj. nutritious
nuvem: n. cloud
nylon®: n. nylon®

O, o

o: art. the
o: pron. it, him, que what, - quê, what
oásis: n. oasis
obedecer: v. to obey
obediência: n. obedience
obediente: adj. obedient
obesidade: n. fatness
obeso: adj. corpulent, fat
objeção: n. objection, fazer - a , mind
objetar: v. to object
objetivo:: adj. objective, n. design, objective, target
objeto: n. object
oblíquo: adj. slanting
oblongo: adj. oblong
obra: n. work, - de arte, work of art
obra-prima: n. masterpiece
obrigação: n. bond
obrigado: adj. obliged, obrigado! thank you!
obrigar: v. to oblige,
obrigatório: adj. compulsory, obligatory
obsceno: adj. obscene
obscuro: adj. dim, obscure
observação: n. observation, remark
observar: v. to observe, view, note, watch, remark
observatório: n. observatory
obsessão: n. obsession
obstáculo: n. obstacle
obstinado: adj. dogged, obstinate
obstruir: v. to block
obter: v. to obtain, get
obturação: n. filling, obstruction

obtuso: adj. dumb
óbvio: adj. obvious, apparent
ocasião: n. occasion, chance
ocasionalmente: adv. occasionally
Oceano Pacífico: n. Pacific Ocean
oceano: n. ocean
ocidental: adj. western, westerly
ocidente: n. west
ocioso: adj. idle, lazy
oco: adj. hollow
ocorrência: n. occurrence
oculista: n. optician, oculist
óculos: n. glasses, spectacles, - escuros, sunglasses
ocultar: v. to conceal, hide
ocupação: n. business, occupation
ocupado: adj. occupied, engaged, busy
ocupar: v. to occupy, take up, ocupar-se de, attend to, look after
odiar: v. to hate
ódio: n. hatred, hate
odor: n. odor, smell
oeste: n. west
ofender: v. to offend, wound, injure, hurt
ofensa: n. offense
ofensiva: n. offensive
ofensivo: adj. offensive
oferecer: v. to present, offer, bid
oferta: n. offer, supply, gift, bid
oficial: adj. official, n. officer
oficina: n. workshop
ofício: n. trade
oficioso: adj. unofficial
oitavo: num. eighth
oitenta: num. eighty
oito: num. eight
olá!: hello!
olaria: n. pottery

olear: v. to lubricate, oil
óleo: n. oil, - combustível, fuel oil
oleoduto: n. pipeline
oleoso: adj. oily, greasy
olhadela: n. look
olhar: v. to look, n. look, - para, look at
olho: n. eye
olmeiro: n. elm
ombro: n. shoulder
omeletes: n. omelet
omitir: v. to omit, leave out, fail
omnipotente: adj. omnipotent
onda: n. wave
onde: adv. where, - quer que, wherever
ondear: v. to wave
ondulação: n. wave
ondulado: adj. wavy
ondulante: adj. undulating
ônibus: n. coach, bus
ônix: n. onyx
ontem: adv. yesterday
onze: num. eleven
opala: n. opal
ópera: n. opera, opera house
operação: n. operation, surgery
operar: v. to operate
operário: n. worker, workman, workwoman
opereta: n. operetta
opinião: n. opinion, view
opor: v. to object, opor-se, oppose, opor-se a, object to
oportunidade: n. opportunity, chance
oportuno: adj. convenient
oposição: n. opposition
oposto: adj. opposite
oprimir: v. to oppress, press
optimismo: n. optimism

optimista: adj. optimistic, n. optimist
oração: n. prayer
oral: adj. oral
órbita: n. orbit
orçamento: n. budget
ordem: n. order, method, command, congregation
ordenado: n. salary, pay
ordenar: v. to sort, arrange, order
ordinário: adj. vulgar, simple, common
orelha: n. ear
órfão: n. orphan
orgânico: adj. organic
organização: n. organization
organizar: v. to arrange, organize
órgão: n. organ, agency
orgulho: n. pride
orgulhoso: adj. proud
oriental: adj. easterly, oriental, eastern
orientar-se: v. to orientate
oriente: n. Orient
origem: n. origin, rise
original: adj. original
originalmente: adj. originally
orla: n. edge
ornamental: adj. ornamental
ornamento: n. ornament
orquestra: n. orchestra
ortodoxo: adj. orthodox
ortografia: n. spelling
orvalho: n. dew
os: pron. them
osso: n. bone
ostra: n. oyster
ótimo: adj. excellent
ou: conj. or, ou ... ou, either ... or

ouriço: n. hedgehog
ouriço-do-mar: n. sea urchin
ouro: n. gold, de - , golden, mina de - , goldmine
ousar: v. to dare
outeiro: n. hillock
outono: n. autumn, fall
outro: adj. different, other, another
outubro: October
ouvido: n. hearing
ouvinte: n. listener, auditor
ouvir: v. to hear
ova: n. roe
oval: adj. oval
ovelha: n. sheep
ovo: n. egg, gema de - , egg yolk
oxigênio: n. oxygen
ozone: n. ozone

P, p

pá: n. spade, shovel
paciência: n. patience
paciente: adj. patient
pacífico: adj. pacific, peaceful
pacifismo: n. pacifism
pacifista: n. pacifist
pacote: n. packet, parcel
pacto: n. pact
padaria: n. bakery
padeiro: n. baker
padrão: n. pattern, standard
padrasto: n. stepfather
padre: n. priest
padrinho: n. godfather, protector
pagamento: n. payment
pagão: adj. pagan, heathen, n.
pagan, heathen
pagar: v. to pay, porte pago,
prepaid
página: n. page
pai: n. father, dad
painel: n. panel
país: n. country, land, - natal,
native country
pais: n. parents
paisagem: n. landscape,
scenery
Países Baixos: n. the
Netherlands
paixão: n. passion
paizinho: n. daddy
palacete: n. mansion
palácio: n. palace
paladar: n. taste
palavra: n. word
palco: n. stage
palerma: adj. silly

palestra: n. lecture
paletó: n. jacket
palha: n. straw
palhaço: n. clown
pálido: adj. pale
palito: n. toothpick
palmada: n. smack
palmeira: n. palm
palpável: adj. palpable
pálpebra: n. eyelid
palpitação: n. palpitation
pancada: n. knock, bump, blow
pancadinha: n. tap
panela: n. pot, pan, - de pressão,
pressure cooker
pânico: n. panic
pano: n. cloth, curtain, - de louça,
kitchen cloth
panqueca: n. pancake
pântano: n. marsh, swamp, bog
pantufa: n. slipper
pão: n. bread, loaf, - integral,
whole meal bread
pãozinho: n. roll
papa: n. pope, gruel
papagaio: n. parrot
papal: n. daddy
papal: n. role
papeira: n. mumps
papel': n. paper
papelão: n. cardboard
papelaria: n. stationer's
papoula: n. poppy
paquete: n. liner, pageboy
paquistanês: adj. Pakistani, n.
Pakistani
Paquistão: n. Pakistan
par: adj. even, n. couple, pair
para: prep. for, to, at, - com,
towards, - que, so
parabéns: n. congratulations

pára-brisas: n. windscreen, windshield
pára-choques: n. bumper
parada: n. parade, stop
parafuso: n. screw
paragem: n. stop, - de táxis, taxi stand
paragrafo: n. paragraph
parágrafo: n. paragraph
paraíso: n. paradise
paralelo: adj. parallel, n. parallel
paralisar: v. to paralyze
paralisia infantil: n. polio
paralítico: adj. lame
parar: v. to stop
pára-sol: n. sunshade
parceiro: n. partner
parcela: n. part, piece
parcial: adj. partial
parcialmente: adv. partially, partly
parcômetro: n. parking meter
pardal: n. sparrow
parecer: v. to appear, look, seem, n. opinion, view
paredão: n. embankment
parede: n. wall
parente: n. relative
parentesco: n. relationship
parlamentar: adj. parliamentary, n. deputy
parlamento: n. parliament
paróquia: n. parish
parque: n. park
parte: n. part, share, separately, em - , partly, em qualquer - , anywhere
parteira: n. midwife
participação: n. announcement, participation
participante: n. participant

participar: v. to notify, report, participate
particular: adj. private, individual, special, particular
particularidade: n. detail, peculiarity
partida: n. departure, ponto de - , starting point
partido: adj. broken, n. party, side
partilhar: v. to share
partir: v. to break, crack, leave, depart, check out, a - de, from
parto: n. childbirth, delivery
parvo: adj. foolish
Páscoa: n. Easter
passa: n. raisin, - de Corinto, currant
passado: adj. past, n. past
passageiro: n. passenger
passajar: v. to darn
passante: n. walker
passaporte: n. passport
passar: v. to pass, spend, deixar - , overlook
pássaro: n. bird
passatempo: n. hobby, pastime
passear: v. to walk
passeio: n. walk, sightseeing, trip, pavement, sidewalk
passivo: adj. passive
passo: n. pace, move, step, gait
pasta: n. paste, briefcase, folder, portfolio
pastar: v. to graze
pastelaria: n. pastry shop, pastry
pastilha: n. tablet
pasto: n. pasture
pastor: n. shepherd, n. parson, minister, rector, clergyman
pata: n. paw

patente: n. patent, rank
patife: n. villain, bastard, rascal
patim: n. skate
patinagem: n. roller-skating, skating
patinar: v. to skate
patinhar: v. to wade
pátio: n. yard
pato: n. duck
patrão: n. boss, employer
pátria: n. fatherland, native country
patriota: n. patriot
patroa: n. boss, employer, hostess, wife
patrulha: n. patrol
patrulhar: v. to patrol
pau: n. stick
pausa: n. pause
pavão: n. peacock
pavilhão: n. pavilion
pavimentar: v. to pave
pavimento: n. pavement
pavor: n. horror
paz: n. peace
pé: n. foot, a - , on foot, em - , upright, estar de - , stand
peão: n. pedestrian, pawn
p e ç a : n. piece, - de teatro, play
pecado: n. sin
pechincha: n. bargain
peculiar: adj. peculiar
pedaço: n. scrap, bit, - grosso, chunk
pedal: n. pedal
pé-de-cabra: n. crowbar
pedestre: n. pedestrian
pedido: n. request, application, - de socorro, distress
pedir: v. to ask, beg, - carona, hitchhike, - emprestado, borrow

pedra: n. stone, de - , stone, - preciosa, gem, stone
pedra-pomes: n. pumice stone
pedregulho: n. boulder
pedreira: n. quarry
pedreiro: n. bricklayer, mason
pegajoso: adj. sticky
pegar: v. to stick, hold, catch, take
pegas: n. handle
peito: n. chest, breast, bosom
peitoril: n. windowsill
peixaria: n. fish shop
peixe: n. fish
pele: n. skin, hide, fur, furs, de - , leather
peleiro: n. furrier
peliça: n. kid
pelicano: n. pelican
película: n. film
pelo: n. hair
pélvis: n. pelvis
pena: n. regret, feather, que pena! what a pity! ter – de, pity
penalidade: n. penalty, - máxima, penalty kick
pendurar: v. to hang up
peneira: n. sieve
peneirar: v. to sieve, sift
penetrar: v. to penetrate
penhorista: n. pawnbroker
penicilina: n. penicillin
península: n. peninsula
pensador: n. thinker
pensamento: n. thought, idea
pensão: n. pension, boardinghouse
pensar: v. to think, guess, ponder, - em, think of
pensativo: adj. thoughtful
pensionista: n. boarder

pente: n. comb, - de bolso, pocket-comb
penteado: n. hairdressing
pentear: v. to comb
Pentecostes: n. Pentecost, Whitsun
penugem: n. down
pepino: n. cucumber
pequeno: adj. little, small, petty, minor
pêra: n. pear
perca: n. perch
perceber: v. to understand, take, sense, realize
percentagem: n. percentage
percepção: n. perception
perda: adj. Persian, n. Persian
perdão: n. pardon, grace, perdão! sorry!
perdedor: n. loser
perder: v. to lose, miss
perdido: adj. lost, missing
perdiz: n. partridge
perdoar: v. to forgive
perecer: v. to perish
peregrinação: n. pilgrimage
peregrino: n. pilgrim
perfeição: n. perfection
perfeito: adj. perfect, faultless
perfume: n. perfume, scent
perfurar: v. to pierce
pergunta: n. question, inquiry, query
perguntar: v. to ask, enquire, - a si próprio, wonder
perícia: n. skill
perigo: n. peril, danger, risk, distress
perigoso: adj. perilous, dangerous, risky
periódico: adj. periodical, n. periodical

período: n. period, term
periquito: n. parakeet
perito: adj. skilled, n. expert
perjúrio: n. perjury
permanecer: v. to stay
permanente: adj. permanent, n. permanent wave
permitir: v. to permit, allow, permitir-se, afford
perna: n. leg, de pernas para o ar, upside down
pérola: n. pearl
perpendicular: adj. perpendicular
perseguir: v. to chase, hunt, follow, harass
perseverar: v. to keep up, persist
Pérsia: n. Persia
persiana: n. blind, shutter
persistir: v. to insist
personalidade: n. personality
perspectiva: n. prospect, perspective
perspicaz: adj. keen, sagacious
perspiração: n. perspiration
persuadir: v. to persuade
pertencer: v. to belong, a belong to
perto: adv. near, - de, near, by
perturbação: n. disturbance
perturbar: v. to disturb
peru: n. turkey
peruca: n. wig
pesadelo: n. nightmare
pesado: adj. heavy
pesar: v. to weigh
pesca: n. fishing, fishing industry
pescada: n. whiting

pescador: n. fisherman,
fisherwoman
pescar: v. to fish, - a linha, angle
pescoço: n. neck
peso: n. weight
pesquisar: v. to search, investigate
pêssego: n. peach
pessimismo: n. pessimism
pessimista: adj. pessimistic, n.
pessimist
pessoa: n. person,
pessoal: n. personnel, staff
pessoal: adj. personal, private
pessoas: n. people, por - , per
person, qualquer - , anyone,
anybody
pestana: n. eyelash
pétala: n. petal
petição: n. petition
petróleo: n. petroleum, paraffin, oil,
poço de - , oil well
pianista: n. pianist
piano: n. piano, - de cauda, grand
piano
picada: n. sting, bite
picante: adj. spicy, savory
picar: v. to prick, sting, chop, mince
piedade: n. pity
pijama: n. pajamas
pilar: n. pillar, column
pilha: n. stack, pile, - elétrica,
battery
piloto: n. pilot
pílula: n. pill
pimenta: n. pepper
pincel: n. brush, paintbrush, - da
barba, shaving brush
pingente: n. pendant
pinguim: n. penguin
pinheiro: n. pine

pinta: n. tweezers
pintar: v. to paint, portray
pintarroxo: m. robin
pintor: n. painter
pintura: n. painting, - a óleo, oil
painting
pio: adj. pious
piões: n. drawing pin, thumbtack
piolho: n. louse
pioneiro: n. pioneer
pior: adj. worse, adv. worse, worst,
o - , worst, the worst
pipa: n. barrel
piquenique: n. picnic
pirata: nr pirate
pires: n. saucer
piscadela: n. sting
pisca-pisca: n. indicator
piscina: n. swimming pool
piso: n. floor
pista: n. trail, ring, track, - de
decolagem, runway
pistão: n. piston, segmento do - ,
piston ring
pistola: n. pistol
pitoresco: adj. picturesque, scenic
planador: n. glider
planalto: n. plateau
planar: v. to level
planear: v. to plan, devise
planeta: n. planet
planetário: n. planetarium
planície: n. plain
plano: adj. flat, even, plane,
smooth, level, n. plan, scheme,
project
planta: n. plant, map
plantação: n. plantation
plantar: v. to plant
plástico: n. plastic, de - , plastic

plataforma: n. platform
platéia: n. audience,
orchestra seat
platina: n. platinum
plural: n. plural
pneu: n. tire, - furado, flat tire, -
sobressalente, spare tire
pneumonia: n. pneumonia
pó: n. powder, dust, - de talco, talc
powder
pobre: adj. poor
pobre: adj. rotten
pobreza: n. poverty
poço: n. well, natural spring, - de
petróleo, oil well
pó-de-arroz: m. face-powder
poder: n. power, might, authority,
- executive, executive
poder: v. to may, might, be able
to, can
poderoso: adj. mighty,
powerful
poeira: n. dust
poeirento: adj. dusty
poema: n. poem
poesia: n. poetry
poeta: poet
pois: conj. because
polaco: adj. Polish, n. Pole
polegada: n. inch
polegar: n. thumb
policia: n. police policeman,
delegacia de - , police station
polir: v. to polish
politica: n. politics policy
politico: adj. political, n.
politician
polivalente: adj. all-round
pólo norte: n. North Pole
pólo sul: n. South Pole
Polônia: n. Poland
poltrona: n. armchair, easy chair

poluição: n. pollution
poluir: v. to pollute
polvo: n. octopus
pólvora: n. gunpowder
pomar: n. orchard
pombo: n. pigeon
ponderado: adj. sober
ponderar: v. to consider,
think over
pônei: n. pony
ponta: n. tip, extremity, edge
pontada: n. stitch
pontapé: n. kick, dar um - , kick
ponte: n. bridge, - levadiça,
drawbridge
pontiagudo: adj. pointed
ponto: n. stitch, point, period
pontual: adj. punctual
população: n. population
popular: adj. popular, vulgar
populoso: adj. populous
por que: adv. why
por: prep. by, for, past
por: v. to put, set, lay
porão: n. hold, basement, cellar
porca: n. nut, sow
porção: n. portion, helping,
appetizer
porcaria: n. muck, mess, dirt
porcelana: n. porcelain, china
porcento: n. percent
porco: n. pig, adj. foul, dirty, pele
de - , pigskin
porco-espinho: n. porcupine
porque: conj. because, as
porquinho-da-índia: n. guinea pig
porta: n. door, gate, corrediça
sliding door, - giratória, revolving
door
portador: n. bearer
portagem: n. toll

porta-moedas: n. purse
portanto: conj. so, therefore
portão: n. gate
portar-se: v. to behave, - mal, misbehave
portátil: adj. portable
porte pago: n. prepaid
porteiro: n. doorman, porter, doorkeeper, concierge
porto: n. harbor, port, - marítimo, seaport
Portugal: n. Portugal
português: adj. Portuguese, n. Portuguese
posição: n. position
positivo: adj. positive, n. positive
possante: adj. strong
posse: n. possession
possesso: adj. possessed
possibilidade: n. possibility
possibilitar: v. to enable
possível: adj. possible
possuir: v. to possess, own
postal: n. postcard
poste: n. pole, post, - de iluminação, lamppost, - indicador, milepost
posto: n. post, station, - de socorros, first aid post
potável: adj. for drinking
potência: n. power, capacity
pouco: adj. little, daqui a- , shortly, dentro em - , shortly, poucos, few
poupado: adj. spared, economical
poupar: v. to save
pousada: n. inn
pousar: v. to lay, place, set, put
povo: n. people, nation, folk
praça: n. square, - de táxis, taxi rank, - do mercado, marketplace

praça-forte: n. stronghold
prado: n. meadow
praga: n. curse, plague
praguejar: v. to curse
praia: n. beach, - para nudistas, nudist beach
prancha: n. plank, - de surf, surfboard
prata: n. silver, de - , silver, pratas, silverware
prateleira: n. shelf
prática: n. practice
praticamente: adv. practically
praticar: v. to practice, perform
prático: adj. practical
prato: n. plate, dish, course, - de sopa, soup plate
prazer: n. pleasure, joy, fun
precário: adj. precarious, critical
precaução: n. precaution
precaver-se: v. to beware
precedente: adj. last, previous, preceding
preceder: v. to precede
preceptor: n. tutor
precioso: adj. precious
precipício: n . precipice
precipitação: n. precipitation
precipitado: adj. precipitated, rash
precipitar-se: v. to precipitate, hurry, dash
precisão: n. need, precision
precisar: v. to need
preciso: adj. precise, exact, necessary, needed
preço: n. price, cost, charge, rate
preconceito: n. prejudice
predecessor: n. predecessor
prédio: n. building, house, - de andares, apartment building

predizer: v. to predict
preencher: v. to fill in, fill out
prefeito: n. mayor
preferência: n. preference

preferido: adj. favorite
preferir: v. to prefer
preferível: adj. preferable
prefixo: n. prefix
prega: n. crease, pleat
pregar: v. to preach, to nail
prego: n. nail
preguiçoso: adj. lazy
prejudicar: v. to harm
prejudicial: adj. hurtful, harmful
prejuízo: n. harm
preliminar: adj. preliminary
prematuro: adj. premature
prêmio: n. prize, award
prender: v. to hang
prender: v. to attach, fasten,
imprison, arrest
preocupação: n. trouble, concern,
worry, care
preocupado: adj. worried,
concerned
preocupar-se com: v. to care about
preparação: n. preparation,
background
preparado: adj. prepared, ready
preparar: v. to prepare, cook
preposição: n. preposition
presbitério: n. parsonage, vicarage
prescrever: v. to prescribe
presença: n. presence
presente: adj. present, n. present,
gift
preservativo: n. preservative,
condom
presidente: n. chairman, president

pressa: n. haste, hurry, speed, com -
, n. haste
pressão: n. pressure
prestação: installment, pagar a
prestações, pay on account
prestar: v. to render, - contas de,
account for
prestígio: n. prestige
presumível: adj. presumable
presunçoso: adj. presumptuous
presunto: n. ham
pretender: v. to pursue, intend,
attempt
pretensão: n. claim, aim
pretensioso: adj. conceited
pretenso: adj. so-called
pretexto: n. pretext, pretence
preto: adj. black
prevenir: v. to anticipate, warn
preventivo: adj. preventive
prever: v. to anticipate, forecast
prévio: adj. previous
previsão: n. outlook, forecast
prima: n. cousin
primário: adj. primary
primavera: n. spring, springtime
primeiro: num. first, adj. primary,
foremost, adv. at first, before
primeiro-ministro: n. Prime
Minister, premier
primo: n. cousin
primordial: adj. primary
princesa: n. princess
principal: adj. principal, chief,
leading, main
principalmente: adv. especially,
mainly, mostly
príncipe: n. prince
principiante: n. beginner, learner
principiar: v. to commence, begin

princípio: n. beginning, principle
prioridade: n. priority, right of way
prisão: n. arrest, jail, prison, -de-
ventre, constipation
prisioneiro: n. prisoner
privada: n. water-closet, toilet
privado: adj. private
privar de: deprive of
privilégio: n. privilege
problema: n. problem, question
proceder: v. to proceed
procedimento: n. proceeding,
behavior, process
processo: n. process, lawsuit,
procedure
procissão: n. procession
proclamar: v. to proclaim
procura: n. demand, search
procurar: v. to look for, search,
seek, look up
pródigo: adj. prodigal, lavish
produção: n. production, output
produto: n. product, produce, - de
limpeza, cleaning fluid
produtor: n. producer
produtos alimentícios: n.
foodstuffs
produzir: v. to produce, generate
professor: n. teacher, schoolmaster,
master, professor
profeta: n. prophet
profissão: n. profession
profissional: adj. professional
profundidade: n. depth
profundo: adj. deep, profound
programa: n. program
progredir: v. to get on, make
progress
progressista: adj. progressive
progressivo: adj. progressive

progresso: n. progress
proibido: adj. prohibited, -
entrar, no entry
proibir: v. to forbid, prohibit
proibitivo: adj. prohibitive
projeto: n. project, design
projetor: n. projector, spotlight
prolongamento: n. extension
prolongar: v. to extend, renew
promessa: n. promise
prometer: v. to promise
promoção: n. promotion
promontório: n. headland
promover: v. to promote
pronome: n. pronoun
pronome: n. pronoun
pronto: adj. prompt, ready
pronuncia: n. pronunciation
pronunciar: v. to pronounce
propaganda: n. propaganda
propenso: adj. inclined
propor: v. to propose
proporção: n. proportion
proporcional: adj. proportional
propositado: adj. on purpose
propósito: n. purpose, a - , by
the way, de - , on purpose
proposta: n. proposal, proposition
propriedade: n. property, estate
proprietário: n. owner, proprietor,
landlord
próprio: adj. own
propulsionar: v. to propel
prospecto: n. prospectus
prosperidade: n. prosperity
próspero: adj. prosperous
prosseguir: v. to carry on,
continue, pursue, proceed
prostituta: n. whore, prostitute
proteção: n. protection
proteger: v. to protect
proteína: n. protein

protelação: n. respite, delay
protestante: adj. Protestant
protestar: v. to protest
protesto: n. protest
prova: n. proof, token, evidence, experiment, test
provar: v. to prove, try on
provável: adj. probable, likely
provavelmente: adv. probably
proveniência: n. origin
prover de: v. to provide with, supply with
provérbio: n. proverb
província: n. province
provincial: adj. provincial
provisão: n. supply, provision
provisório: adj. provisional, temporary
provocar: v. to cause, insult
proximidades: n. vicinity, neighborhood
próximo: adj. nearby, close, next, oncoming
prudente: adj. cautious, wary
psicanalista: n. psychoanalyst, analyst
psicologia: n. psychology
psicológico: adj. psychological
psicólogo: n. psychologist
psiquiatra: n. psychiatrist
psíquico: adj. psychic
publicação: n. publication
publicar: v. to publish
publicidade: n. advertising, publicity
público: adj. public, n. public
pulmão: n. lung
pulo: n. hop, jump
pulôver: n. pullover
púlpito: n. pulpit
pulseira: n. bracelet, bangle

pulso: n. wrist, pulse
pulverizador: n. atomizer
punhado: n. handful
punho: n. fist, cuff
puro: adj. pure, sheer, neat, clean
purulento: adj. purulent
pus: n. pus
puxar: v. to draw, pull

Q, q

quadrado: adj. square, n. square, check
quadriculado: adj. plaid
quadrilha: n. gang
quadro: n. picture, board
qual: prep. which
qualidade: n. quality, de primeira - , first-class
qualificado: adj. qualified
qualificar-se: v. to qualify
qualquer: adj. any, whichever
quando: adv. when, conj. when, - muito, at most
quantia: n. amount
quantidade: n. number, quantity, lot, amount
quanto: adv. how much, - a , as regards
quarenta: num. forty
quarentena: n. quarantine
quarta-feira: n. Wednesday
quartel: n. barracks
quartel-general: n. headquarters
quarto: num. fourth, n. quarter, chamber, room, bedroom
quase: adv. almost, nearly
quatorze: num. fourteen
quatro: num. four
que: pron. that, which, who, adv. how, conj. that, as, than
quebra-cabeça: n. puzzle
quebra-cabeças: n. jigsaw puzzle
quebradiço: adj. fragile
quebra-nozes: n. nutcrackers
quebrar: v. to crack, fracture, break
queda: n. fall, - de água, waterfall

queijo: n. cheese
queimadura: n. burn, - do sol, sunburn
queimar: v. to burn
queixa: n. complaint
queixar-se: v. to complain
queixo: n. chin
quem: pron. who, a - , whom, - quer que, whoever
Quênia: n. Kenya
quente: adj. warm, hot
quer ... quer: whether ... or
querer: v. to want
querido: adj. beloved, dear, n. darling, sweetheart
querosene: n. kerosene
questão: n. question, matter, issue
quiçá: adv. perhaps
quieto: adj. quiet
quilate: n. carat, excellence
quilha: n. keel
quilo: n. kilogram
quilograma: n. kilogram
quilometragem: n. distance in kilometers
quilômetro: n. kilometer
química: n. chemistry
químico: adj. chemical
quinta: n. farm
quinta-feira: n. Thursday
quinto: num. fifth
quinze: num. fifteen
quinzena: n. fortnight
quiosque: n. kiosk, - de jornais, newsstand
quota: n. quota
quotidiano: adj. everyday, daily

R, r

rã: n. frog
rabanete: n. radish
rábano: n. turnip, - silvestre, horseradish
rabo: n. bottom, tail
raça: n. race, breed
ração: n. ration
racial: adj. racial
raciocinar: v. to reason
radiador: n. radiator
radical: adj. radical
rádio: n. radio
radiografar: v. to X-ray
radiografia: n. X-ray
rainha: n. queen
raio: n. ray, beam, radius, spoke
raiva: n. rabies, rage
raivoso: adj. mad
raiz: n. root
rajada: n. blow, gust
ralador: n. grater
ralhar: v. to scold
raminho: n. twig
ramo: n. branch, bunch, bouquet
rampa: n. ramp
rançoso: adj. rancid
ranger: v. to creak
rapariga: n. girl
rapaz: n. boy, lad
rapidamente: adv. soon, rapidly
rapidez: n. speed, haste
rápido: adj. rapid, quick, fast, swift
rápidos: n. rapids
rapina: n. ravine
raposa: n. fox
raptor: n. hijacker, kidnapper

raqueta: n. bat
raramente: adv. rarely, scarcely, seldom
raro: adj. rare, infrequent, uncommon
rasgão: n. tear
rasgar: v. to rip, tear
raso: adj. flat
raspar: v. to grate, scrape
rastejar: v. to crawl, creep
rasto: n. trace, seguir o – de, trace
ratazana: n. rat
rato: n. mouse
razão: n. reason, wits, sense
razoável: adj. reasonable
razoavelmente: adv. fairly
reabilitação: n. rehabilitation
reação: n. reaction
reagir: v. to react
real: adj. true, factual, actual, substantial, royal
realidade: n. reality, na - , really
realista: adj. matter-of-fact
realização: n. achievement, direction
realizado: n. director
realizar: v. to realize, accomplish, carry out, achieve
realizável: adj. feasible, realizable
realmente: adv. really, actually
rebanho: n. flock
rebelião: n. revolt, rebellion
rebocador: n. tug
rebocar: v. to tow, tug
reboque: n. trailer
rebuscar: v. to search
recado: n. message, errand
recarga: n. refill
recear: v. to fear
receber: v. to receive, entertain
receio: n. fear

receita: n. revenue, recipe,
prescription
receitar: v. to prescribe
recente: adj. recent
recentemente: adv. lately, recently
receoso: adj. frightened
recepção: n. reception, receipt,
reception office
recepcionista: n. receptionist
recessão: n. recession
recheado: adj. stuffed
recheio: n. filling, stuffing
recibo: n. receipt
reciclar: v. to recycle
reciclável: adj. recyclable
recipiente: n. container
recíproco: adj. mutual
recolha: n. collection, gathering
recomeçar: v. to recommence,
resume
recomendação: n. recommendation
recomendar: v. to recommend
recompensar: v. to reward
recompense: n. prize, reward
reconciliação: n. reconciliation
reconhecer: v. to recognize,
acknowledge, confess, admit
reconhecido: adj. grateful
reconhecimento: n. recognition,
gratitude
recordação: memory,
remembrance, souvenir
recordar: v. to remind
recorde: n. record
recreação: n. recreation
recreio: n. playground
recruta: n. conscript, recruit
recuar: v. to back, reverse
recuperação: n. recuperation,
recovery

recuperar: v. to recover
recusa: n. refusal
recusar: v. to refuse, reject,
deny
redator: n. editor
rede: n. net, network, hammock
redigir: v. to write
redimir: v. to redeem
redondo: adj. round
redução: n. reduction, discount,
rebate
reduzir: v. to reduce, cut
reembolsar: v. to reimburse,
refund, repay
reembolso: n. refund, repayment
refeição: n. meal, - ligeira, snack
refém: n. hostage
referência: n. reference, ponto
de – , landmark
referir-se a: v. to refer to
refinaria: n. refinery, - de
petróleo, oil refinery
refletir: v. to reflect, think
refletor: n. reflector
reflexão: n. reflection
reformado: adj. retired
reforme: n. reformation,
improvement
refrear: v. to curb
refrescar: v. to refresh
refresco: n. refreshment
refugiado: n. refugee
refúgio: n. shelter, cover
regata: n. regatta
regatear: v. to bargain
região: n. region, zone, country,
district, area
regime: n. regime, rule, government
regional: adj. regional
registar: v. to register, book,
record, registar-se, check in

registro: n. record, registration
regra: n. rule, em - , as a rule
regressar: v. to get back, go back
regresso: n. return, viagem de - , return journey
régua: n. ruler
regulamentação: n. regulation
regulamento: n. regulation, arrangement
regular: v. to regulate, adj. regular
regularizar: v. to settle
rei: n. king
reinado: n. reign
reinar: v. to reign
reino: n. kingdom
reitor: n. headmaster, headmistress, principal, rector
reitoria: n. headmaster's office
reivindicação: n. claim
reivindicar: v. to claim
rejeitar: v. to turn down, reject
relação: n. report, relation, connection, reference
relações: n. relationships, relations
relâmpago: n. lightning, flash
relance: n. glance
relancear: v. to glance
relatar: v. to report
relativamente: adv. quite, - a , regarding
relativo: adj. relative, comparative, - a, with reference to
relato: n. account
relatório: n. report
relevante: adj. important
relevo: n. relief, importance
religião: n. religion
religioso: adj. religious
relíquia: n. relic

relógio: n. watch, clock, - de pulso, wristwatch
relojoeiro: n. watchmaker
reluzente: adj. bright
reluzir: v. to shine
relva: n. lawn
relvado: n. lawn
remanescente: n. remnant, remainder
remar: v. to row
remédio: n. remedy
remendar: v. to mend, patch
remessa: n. consignment, remittance
remetente: n. sender
remeter: v. to remit, send, post, mail
remo: n. oar, paddle
remoção: n. removal
remoto: adj. remote
remover: v. to remove
remuneração: n. remuneration, salary
remunerar: v. to remunerate, pay
rena: n. reindeer
renda: n. lace, rent, fazer - , crochet
render: v. to yield, render- se, surrender
rendição: n. surrender
rendimento: n. income, revenue
renome: n.. reputation
renovar: v. to renew
rentável: adj. paying
renunciar: v. to give up
reparação: n. reparation
reparar: v. to repair, mend, fix, - em, notice
repartição: n. agency
repartir: v. to divide

repelente: adj. repellent, repulsive
repente: adv. de - , suddenly
repentinamente: adv. suddenly
repentino: adj. sudden
repertório: n. repertory
repetição: n. repetition
repetidamente: adv. again and again
repetir: v. to repeat
repleto: adj. full up, chock-full
repórter: n. reporter
repousar: v. to rest
repreender: v. to scold, reprimand
representação: n. representation, performance, show
representante: n. representative, delegate
representar: v. to represent, act
representativo: adj. representative
reprimir: v. to suppress, curb
reprodução: n. reproduction
reproduzir: v. to reproduce
reprovar: v. to reject, fail
réptil: n. reptile
república: n. republic
republicano: adj. republican
repugnância: n. dislike, disgust
repugnante: adj. repellent, disgusting
reputação: n. reputation, fame
requerer: v. to request, demand
requintado: adj. exquisite, delicious
rés-do-chão: n. ground floor
reserva: n. store, reserve, booking, reservation
reservar: v. to reserve
reservatório: n. reservoir
resgate: n. ransom, rescue
residência: n. residence, home

residente: n. resident, adj. resident
residir: v. to reside, live in
resina: n. resin
resistência: n. resistance, strength
resistir: v. to resist
resmungar: v. to grumble
resoluto: adj. resolute, determined
resolver: v. to solve, settle, decide
respectivo: adj. respective
respeitar: v. to respect
respeitável: adj. respectable
respeitoso: adj. respectful
respiração: n. respiration, breath, breathing
respirar: v. to breathe
responder: v. to answer, reply, - a, answer
responsabilidade: n. responsibility, liability, duty
responsável: adj. responsible, liable
resposta: n. answer, reply, em - , in reply, sem - , unanswered
ressaca: n. undercurrent, hangover
ressonar: v. to snore
restabelecer-se: v. to recover
restabelecimento: n. recovery
restante: adj. remaining, n. remainder
restaurante: n. restaurant
resto: n. rest, remainder
restrição: n. limitation, restriction
resultado: n. result, effect, outcome, issue, score
resultar: v. to result, appear
resumo: n. summary, resume, survey
retaguarda: n. rear
retalhista: n. retailer
retangular: adj. rectangular
retângulo: n. oblong, rectangle

reter: v. to restrain
retificação: n. correction
retina: n. retina
retirar: v. to withdraw, move back, recall
reto: adj. right, straight, n. rectum
retrato: n. portrait
retretes: n. toilet
reumatismo: n. rheumatism
reunião: n. meeting, assembly, rally
reunir: v. to reunite, unite, join, gather, assemble
revelação: n. revelation
revelar: v. to reveal, develop, revelar-se, prove, turn out
revendedor: n. retailer
rever: v. to overhaul, revise
reverso: n. reverse
revés: n. reverse, de askew
reviravolta: n. reverse, rotation
revisor: n. ticket collector, censor, proofreader
revista: n. review, magazine, revue
revistar: v. to search, inspect
revogar: v. to cancel
revolta: n. revolt, rebellion
revoltante: adj. revolting
revoltar-se: v. to revolt
revolução: n. revolution
revolucionário: adj. revolutionary
revólver: n. gun, revolver
rezar: v. to pray
riacho: n. brook
ribeiro: n. stream
rico: adj. rich, wealthy
ridicularizar: v. to ridicule
ridículo: adj. ludicrous, ridiculous

rigoroso: adj. severe, strict, bleak
rim: n. kidney
rima: n. rhyme
rímel: n. mascara
rinoceronte: n. rhinoceros
rio: n. river, - abaixo, downstream
riqueza: n. wealth
rir: v. to laugh
risada: n. laughter
risca: n. stripe, parting
riscar: v. to scratch
risco: n. line, scratch, risk, hazard, chance
riso: n. laugh
ritmo: n. rhythm, pace
rival: n. rival
rivalidade: n. rivalry
rivalizar: v. to rival
robusto: adj. solid, robust
rocha: n. rock
rochoso: adj. rocky
roda: n. wheel
rodar: v. to turn
rodear: v. to circle, encircle, surround
rola: n. turtle dove
rolar: v. to roll
roleta: n. roulette
rolha: n. cork, stopper
roliço: adj. plump
rolo: n. roll, curler
romance: n. romance, novel
romancista: n. novelist
romântico: adj. romantic
rombo: adj. blunt
Romênia: n. Rumania
romeno: adj. Rumanian, n. Rumanian
romper: v. to break, tear

rosa: n. rose
rosado: adj. rose
rosário: n. rosary, beads
rosnar: v. to growl
rosto: n. face, feição do - , feature
rota: n. route, course
rotação: n. revolution
rotina: n. routine
rótula: n. kneecap
rotunda: n. roundabout, rotunda
roubar: v. to steal, rob
roubo: n. theft, robbery
rouco: adj. hoarse
rouge: n. rouge
roupão: n. dressing gown, - de banho, bathrobe
roupeiro: n. wardrobe, closet
rouxinol: n. nightingale
rua: n. road, street, - principal, main street
rubi: n. ruby
rubrica: n. column
rubricar: v. to initial
rude: adj. rude
ruga: n. wrinkle
rugido: n. roar
rugir: v. to roar
rugoso: adj. uneven
ruibarbo: n. rhubarb
ruído: n. noise
ruidoso: adj. noisy
ruína: n. destruction, ruin, ruins
rumor: n. rumor, roar
rural: adj. rural
Rússia: n. Russia
russo: adj. Russian, n. Russian
rústico: adj. rustic

S, s

sábado: n. Saturday
sabão: n. soap
sabe: n. hedge
sabedoria: n. wisdom, knowledge
saber: v. to know, be able to, a saber, namely
sabonete: n. toilet soap
sabor: n. flavor, taste
saborear: v. to appreciate, enjoy
saboroso: adj. savory, tasty, enjoyable
saca: n. sack
sacar: v. to draw
saco-de-dormir: n. sleeping bag
sacrificar: v. to sacrifice
sacrifício: n. sacrifice
sacrilégio: n. sacrilege
sacristão: n. church clerk
sacudir: v. to shake
safira: n. sapphire
sagrado: adj. holy, sacred
saia: n. skirt, - de baixo, slip, petticoat
saibro: n. grit
saída: n. exit, way out
sair: v. to go out, check out
sal: n. salt, sais de banho, bath salts
salada: n. salad
salário: n. salary, wages, pay
saldo: n. balance, saldos, sales
saleiro: n. salt cellar, salt shaker
salgado: adj. salty
saliva: n. spit
salpicar: v. to splash
salsa: n. parsley

salsicha: n. sausage
salter: v. to jump, leap, skip
saltitar: v. to hop, skip
salto: n. jump, leap, heel, - de esqui, ski jump
salvação: n. rescue
salvador: n. savior
salvar: v. to rescue, save
sanatório: n. sanatorium
sandália: n. sandal
sanduíche: n. sandwich
sangrar: v. to bleed
sangrento: adj. bloody
sangue: n. blood
sanitário: adj. sanitary, n. lavatory
santo: n. saint
santuário: n. shrine
são: adj. healthy
sapataria: n. shoe shop
sapateiro: n. shoemaker
sapato: n. shoe
sapo: n. toad
sarampo: n. measles
sarapintado: adj. spotted
sarar: v. to heal
sardinha: n. sardine
satélite: n. satellite
satisfação: n. satisfaction
satisfazer: v. to satisfy
satisfeito: adj. satisfied, pleased, content
saudação: n. greeting
saudar: v. to salute
saudável: adj. wholesome, healthy
saúde: n. health
saudita: adj. Saudi Arabian
sauna: n. sauna
se: pron. himself, herself, itself, yourself, themselves, conj. if, whether, - bem, though

seara: n. cornfield
seca: n. drought, drying
secador: n. dryer, - de cabelo, hairdryer
seção: n. section, division
secar: v. to dry, drain
seco: adj. dry
secretaria: n. bureau, desk
secretária: n. secretary, clerk
secreto: adj. secret
século: n. century
secundário: adj. secondary, subordinate
seda: n. silk, - artificial rayon
sedativo: n. sedative
sede: n. thirst
sedento: adj. thirsty
sedimento: n. sediment, settlings
sedoso: adj. silky
seduzir: v. to seduce
segredo: n. secret
seguinte: adj. next, following
seguir: v. to follow, a seguir presently, fazer seguir forward
segunda-feira: n. Monday
segundo: n. second, prep. according to
segurança: n. security
segurar: v. to hold, grasp, insure
seio: n. bosom
seis: num. six
seja ... seja: either ... or
seleção: n. choice, selection
selecionado: adj. select
selecionar: v. to select
seleto: adj. select
selo: n. seal, stamp, - postal, postage stamp
selva: n. jungle
selvagem: adj. wild, savage

sem: prep. without
semáforo: n. traffic light
semana: n. week
semanal: adj. weekly
semear: v. to sow
semelhança: n. resemblance, similarity
semelhante: adj. like, alike, similar
semente: n. seed
semicírculo: n. semicircle
sempre: adv. always, ever, - que, whenever
senado: n. senate
senador: n. senator
senão: conj. otherwise
senha: n. password
senhor: mister, sir, o - , you, os senhores, you
senhora: n. madam, a - , you
senhoria: n. landlady
senhorio: n. landlord
senil: adj. senile
sensação: n. feeling, sensation
sensacional: adj. sensational
sensato: adj. sensible, down-to-earth
sensível: adj. sensitive
senso: n. reason
sentar-se: v. to sit down, estar sentado, sit
sentença: n. sentence, verdict
sentido: n. sense, sem - , meaningless, senseless
sentimental: adj. sentimental
sentir: v. to feel, sense
separação: n. division, separation
separadamente: adv. apart, separately

separado: adj. separate
separar: v. to separate, divide, part, detach
septicemia: n. blood poisoning
séptico: adj. septic
sepultura: n. grave
sequência: n. sequence
ser: n. being, creature, - humano, human being
sereno: adj. serene
série: n. series, sequence
seriedade: n. seriousness, gravity
seringa: n. syringe
sério: adj. serious
sermão: n. sermon
serpente: n. snake
serpentear: v. to in
serração: n. sawmill
serradura: n. sawdust
serre: n. saw, mountain range
servir: v. to serve, wait on, the of use
sessão: n. session
sessenta: num. sixty
seta: n. saddle
sete: num. Seven
setembro: September
setenta: num. seventy
setentrional: adj. northern
sétimo: num. seventh
seu: pron. his, her, your
severo: adj. strict, harsh, grim
sexo: n. sex
sexta-feira: n. Friday
sexto: num. sixth
sexual: adj. sexual
sexualidade: n. sex, sexuality
siamês: adj. Siamese
significado: n. meaning

significar: v. to mean
significativo: adj. significant
sílaba: n. syllable
silêncio: n. silence, quiet
silencioso: adj. silent, n. silencer
sim: yes
símbolo: n. symbol
simpatia: n. sympathy
simpático: adj. nice, friendly, pleasant
simples: adj. plain, simple
simplesmente: adv. simply
simular: v. to simulate
simultaneamente: adv. simultaneously
sinagoga: n. synagogue
sinal: n. signal, token, sign, - de trânsito, road sign
sincero: adj. honest, sincere
sindicato: n. trade union
sinfonia: n. symphony
singular: adj. singular, n. singular
sinistro: adj. ominous, sinister, n. accident
sino: n. bell
sinônimo: n. synonym
sintético: adj. synthetic
sintoma: n. symptom
sintonizar: v. to tune in
sinuoso: adj. winding
sirene: n. siren
Síria: n. Syria
sírio: adj. Syrian, n. Syrian
sistema: n. system, decimal - , decimal system
sistemático: adj. systematic
sitio: n. site, seat, place, spot
situação: n. situation, position
situado: adj. situated
smoking: n. dinner jacket, tuxedo

só: adv. only, alone, adj. single, only
soar: v. to sound
sob: prep. under
soberano: n. sovereign
soberbo: adj. superb
sobrancelha: n. eyebrow
sobrar: v. to remain, be left over
sobre: prep. on, upon, over, above
sobre-excitado: adj. over strung
sobremesa: n. dessert
sobrenome: n. surname
sobrescrito: n. envelope
sobressair: v. to excel, attract attention
sobresselente: adj. spare
sobretaxa: n. surcharge
sobretudo: adv. most of all, n. overcoat
sobrevivência: n. survival
sobreviver: v. to survive
sobrinha: n. niece
sobrinho: n. nephew
sóbrio: adj. sober
socar: v. to punch
social: adj. social
socialismo: n. socialism
socialista: adj, n. socialist
sociedade: n. society, community, company
sócio: n. associate, partner
soco: n. punch
socorrer: v. to help
socorro: n. help, rescue, aid
soda: n. soda water
sofá: n. sofa
sofrer: v. to suffer
sofrimento: n. suffering
software: n. software
sogra: n. mother-in-law

sogro: n. father-in-law
sogros: n. parents-in-law
sol: n. sun, sunshine, nascer do - , sunrise
sola: n. sole
solar: n. manor house, adj. solar
soldado: n. soldier
soldadura: n. joint
soldar: v. to weld
solene: adj. solemn
soletrar: v. to spell
solicito: adj. obliging
sólido: adj. firm, solid, n. solid
solitário: adj. lonely
solo: n. ground, earth, soil
solteirão: n. elderly bachelor
solteiro: adj. single
solteirona: n. spinster
solto: adj. loose
solução: n. solution
soluço: n. hiccup
solúvel: adj. soluble
som: n. sound, a prova de - , soundproof
soma: n. amount, sum, - global, lump sum
somar: v. to add up
sombra: n. shadow, shade, - para os olhos, eye shadow
sombrio: adj. somber, gloomy, shady
somente: adv. only, merely
sonar: v. to unfasten
soneca: n. nap
sonhar: v. to dream
sonho: n. dream
sono: n. sleep
sonolento: adj. sleepy
sopa: n. soup
soprar: v. to blow

sopro: n. breath
soro: n. serum
sorrir: v. to smile, sorrir-se, grin
sorriso: n. smile
sorte: n. lot, destiny, fortune, chance, luck
sorteio: n. draw
sortido: n. assortment
sortimento: n. assortment
sorvete: n. ice cream, sorbet
sorvo: n. sip
sossegado: adj. restful, quiet
sossego: n. leisure, quiet, peace
sótão: n. attic
sotaque: n. accent
soutien: n. bra
sozinho: adj. alone
suado: adj. sweaty
suaili: n. Swahili
suar: v. to sweat, perspire
suave: adj. mild, gentle, smooth, soft
suavizar: v. to soften
subida: n. ascent, rise, climb
subir: v. to ascend, mount, rise
sublinhar: v. to underline, stress
submarino: adj. underwater, n. submarine
submergir: v. to overwhelm, submerge
submeter: v. to subject
subordinado: adj. subordinate
subornar: v. to bribe
suborno: n. bribery
subseqüente: adj. subsequent
subsídio: n. subsidy, grant, allowance
subsistência: n. livelihood
substância: n. substance
substancial: adj. substantial

substantivo: n. noun
substituir: v. to replace, substitute
substituto: n. substitute, deputy
subterrâneo: adj. underground
subtil: adj. subtle
subtrair: v. to deduct, subtract
suburbano: adj. suburban
subúrbio: n. suburb
subvenção: n. grant
sucata: n. scrap-iron, junk
suceder: v. to succeed, happen, occur
sucesso: n. success, hit
sucumbir: v. to collapse, succumb
sucursal: n. branch
sudeste: n. southeast
sudoeste: n. southwest
Suécia: n. Sweden
sueco: adj. Swedish, n. Swede
suéter: n. sweater
suficiente: adj. sufficient, enough, adequate
sufocante: adj. stuffy
sufocar: v. to choke
sufrágio: n. suffrage
sugerir: v. to suggest
sugestão: n. suggestion, hint
Suíça: n. Switzerland
suíças: n. whiskers, sideburns
suicídio: n. suicide
suíço: adj. Swiss, n. Swiss
sujar: v. to dirty
sujeito: adj. subordinate, liable, n. individual
sujidade: n. dirt
sujo: adj. soiled, dirty, unclean
sul: n. south, do - , southern
sul-americano: adj. South American

sulco: n. groove
sumarento: adj. juicy
sumo: n. juice, squash
suor: n. perspiration, sweat
superar: v. to exceed, outdo
superficial: adj. superficial
superfície: n. surface
supérfluo: adj. redundant, superfluous
superintendente: n. supervisor
superior: adj. superior, upper, top
superlativo: adj. superlative, n. superlative
supermercado: n. supermarket
superstição: n. superstition
supervisão: n. supervision
supervisor: n. supervisor
suplementar: adj. extra, additional
suplemento: n. supplement
suplicar: v. to beg
supor: v. to assume, suppose, guess
suportar: v. to support, endure, sustain, bear, suffer
suporte: n. support
supositório: n. suppository
surdo: adj. deaf
surgir: v. to arise
surpreender: v. to surprise, amaze, catch
surpresa: n. surprise
suspeita: n. suspicion
suspeitar: v. to suspect
suspeito: adj. suspect, n. suspect
suspender: v. to discontinue, suspend
suspensão: n. suspension
suspensórios: n. braces , suspenders
sussurrar: v. to whisper

sussurro: n. whisper
suster: v. to hold up
susto: n. scare, fright
sutura: n. stitch

T, t

tabacaria: n. cigar shop, tobacconist's
tabaco: n. tobacco, - para cachimbo, pipe tobacco
tabela: n. table, chart, - de conversão, conversion chart
taberna: n. tavern, pub
tabique: n. partition
tabu: n. taboo
tábua: n. board
tabuleiro: n. tray, - de xadrez, checkerboard
taça: n. cup
tacto: n. touch
tagarela: n. chatterbox
tailandês: adj. Thai, n. Thai
Tailândia: n. Thailand
tal: adj. such, - como, such as
tala: n. splint
talão: n. stub, counterfoil, coupon, heel
talento: n. talent, wit
talha: n. carving
talher: n. cutlery, preço do - , cover charge
talho: n. butcher
talismã: n. lucky charm
talvez: adv. maybe, perhaps
tamanco: n. wooden shoe
tamanho: n. size, - extra-grande, outsize
também: adv. as well, also, too, - não, neither
tampa: n. top, lid, cover
tampão: n. tampon
tangerina: n. mandarin, tangerine
tangível: adj. tangible

tanque: n. pond, tank
tanto: adv. as much as, tanto como, both and, um - , rather
tão: adv. such, so, as
tapar: v. to cover
tapete: n. mat, rug, carpet
tarde: n. afternoon, adv. late, esta - , this afternoon
tardio: adj. late
tarefa: n. duty, task
tarifa: n. tariff, rate
tartaruga: n. turtle
tática: n. tactics
taxa: n. Customs duty, charge
táxi: n. taxi, cab, ponto-de- , taxi stand
taxímetro: n. taximeter
teatro: n. theater, theatre, drama
tecelão: n. weaver
tecer: v. to weave
tecido: n. textile, material, tissue, fabric
teclado: n. keyboard
técnica: n. technique
técnico: adj. technical, n. technician
tecnologia: n. technology
tecnológico: adj. technological
teimoso: adj. stubborn, obstinate, pig-headed
tela: n. screen
telefonar: v. to ring up, phone, call, call up
telefone: n. phone, telephone
telefonema: n. telephone call
telefonia: n. radio
telefonista: n. telephonist, telephone operator
telegrafar: v. to cable, telegraph
telegrama: n. cable, telegram

teleobjectiva: n. telephoto lens
telepatia: n. telepathy
telesqui: n. ski lift
televisão: n. television
telha: n. tile
telhado: n. roof
tema: n. theme
temer: v. to dread
temerário: adj. daring
temor: n. dread
temperar: v. to flavor
temperatura: n. temperature
tempestade: n. storm, tempest
tempestuoso: adj. stormy
templo: n. temple
tempo: n. time, weather, a - , n. time
temporal: n. gale
temporário: adj. temporary
temporário: adj. temporary
tenaz: n. tongs, pincers
tencionar: v. to intend
tenda: n. tent, stall
tendão: n.. tendon, sinew
tendência: n. tendency, ter - , tend
tender: v. to be inclined to, - para, tend to
tênis: n. tennis, campo de - , tennis court, - de mesa, table tennis
tensão: n. tension, pressure, strain, stress
tenso: adj. tense
tentação: n. temptation
tentar: v. to try, tempt, attempt
tentativa: n. try, attempt
tentilhão: n. finch
teologia: n. theology
teoria: n. theory
teórico: adj. theoretical
tépido: adj. tepid

ter: v. to have, de have to, must, bound to
terapia: n. therapy
terça-feira: n. Tuesday
terceiro: num. third
terebentina: n. turpentine
termas: n. spa
terminal: n. terminal
terminar: v. to finish, end, expire, accomplish
termo: n. term, thermos flask
termômetro: n. thermometer
termostato: n. thermostat
terno: adj. tender, gentle, suit
terra: n. earth, soil, land, a ashore, em - , ashore, - firme, mainland
terraço: n. terrace
terreno: n. terrain, grounds
território: n. territory
terrível: adj. terrible, awful, frightful, dreadful
terror: n. terror
terrorismo: n. terrorism
terrorista: n. terrorist
tese: n. thesis
teso: adj. stiff, broke
tesoura: n. scissors
tesoureiro: n. treasurer
tesouro: n. treasure, treasury
testa: n. forehead
testamento: n. will
teste: n. test
testemunha: n. witness, - ocular, eyewitness
testemunhar: v. to testify
teto: n. ceiling
teu: adj. your, teus, your
têxteis: n. drapery
texto: n. text
textura: n. texture

tez: n. complexion
tia: n. aunt
tifo: n. typhoid
tigela: n. basin, bowl
tigre: n. tiger
tijolo: n. brick
timbre: n. tone
timidez: n. timidity, shyness
tímido: adj. timid, shy
timoneiro: n. steersman, helmsman
tímpano: n. eardrum
tingir: v. to dye
tinta: n. ink, dye, paint, - de água, watercolor
tinturaria: n. dry cleaner's
tio: n. uncle
típico: adj. characteristic, typical
tipo: n. type, fellow, guy, chap
tiragem: n. issue
tirano: n. tyrant
tira-nódoas: n. stain remover
tirar: v. to take out, take away
tiritar: v. to tremble, shiver
tiro: n. shot
titulo: n. title, degree, heading
toalha: n. towel, - de banho, bath towel
toca: n. den
toca-discos: n. record player
tocante: adj. touching
tocar: v. to touch, play, ring
todavia: conj. but, however, still
todo: adj. entire, all, n. whole, de - , at all
toldo: n. awning
tolerável: adj. tolerable
tolo: adj. foolish, n. fool
tom: n. tone, shade

tomar: v. to catch, take, - conta de, take over
tomate: n. tomato
tomilho: n. thyme
tonelada: n. ton
tônico: n. tonic, - capilar, hair tonic
tontura: n. giddiness
tópico: n. topic
topo: n. height
toque: n. touch
torcedor: n. supporter
torcedura: n. wrench
torcer: v. to twist, sprain, wrench
torcido: adj. crooked
tordo: n. thrush
tormento: n. torment
tornar-se: v. to get, become
torneio: n. tournament
torneira: n. tap, faucet
tornozelo: n. ankle
toro: n. log
torrada: n. toast
torre: n. tower
torso: n. twist
torto: adj. crooked
tortura: n. torture
torturar: v. to torture
tosse: n. cough
tossir: v. to cough
total: adj. total, utter, n. total
totalitário: adj. totalitarian
totalmente: adv. completely, altogether
toucador: n. dressing table
tourada: n. bullfight
touro: n. bull
tóxico: adj. toxic
trabalhador: adj. industrious, n. worker

trabalhar: v. to work, demais overwork
trabalho: n. work, labor, job, manual handwork
traço: n. dash, trait
tradição: n. tradition
tradicional: adj. traditional
tradução: n. translation
tradutor: n. translator
traduzir: v. to translate, interpret
tragédia: n. tragedy, drama
trágico: adj. tragic
traição: n. treason
traidor: n. traitor
trair: v. to betray
traje: n. dress, - a rigor, evening dress
tralha: n. junk
tranquilidade: n. quiet
tranquilizar: v. to reassure
tranquilo: adj. tranquil, calm, peaceful, still, quiet
transação: n. transaction
transatlântico: adj. transatlantic
transferir: v. to transfer, postpone
transformador: n. transformer
transformar: v. to transform, - em, turn into
transgredir: v. to offend, violate
transição: n. transition
trânsito: n. traffic
translúcido: adj. sheer, translucent
transmissão: n. transmission
transmissor: n. transmitter
transmitir: v. to transmit
transparente: adj. transparent
transpiração: n. perspiration
transpirar: v. to perspire
transportar: v. to transport, carry

transporte: n. transportation, transport
transtornado: adj. upset
transtornar: v. to upset
transversal: n. side street
trapaceiro: n. cheat
trapalhada: n. mess, muddle, fazer - , muddle
trapas: n. moth
trapo: n. rag, cloth
traseiro: n. bottom
tratado: n. essay, treaty, pact
tratamento: n. treatment, - de beleza, beauty treatment
tratar: v. to treat, handle, deal with, take care of
trator: n. tractor
trautear: v. to hum
travão: n. brake, tambor do - , brake drum
travar: v. to slow down, break
travessa: n. dish
travessão: n. hairgrip
travessia: n. crossing, passage
travesso: adj. naughty
trazer: v. to bring
trecho: n. stretch, extract, excerpt, passage
treinador: n. coach, trainer
treinar: v. to train
treino: n. training
trela: n. lead, leash
trem: n. train
tremendo: adj. terrible
tremer: v. to shiver, tremble
trêmulo: adj. tremulous
trenó: n. sleigh, sledge
trepar: v. to climb
três: num. three, - quartos, three-quarter
trevas: n. dark

trevo: n. clover, shamrock
treze: num. thirteen
triangular: adj. triangular
triângulo: n. triangle
tribo: n. tribe
tribuna: n. stand, pulpit
tribunal: n. law court, court
tributar: v. to raise
tricotar: v. to knit
trigésimo: num. thirtieth
trigo: n. wheat, corn
trimestral: adj. quarterly
trimestre: n. quarter
trinchar: v. to carve
trinta: num. thirty
tripulação: n. crew
triste: adj. sad
tristeza: n. sorrow, sadness
triturar: v. to grind
triunfante: adj. triumphant
triunfar: v. to triumph
triunfo: n. triumph
troar: v. to thunder
troca: n. exchange
troça: n. mockery
trocadilho: n. pun
trocar: v. to change, exchange,
switch, swap
troçar: v. to mock, ridicule
troco: n. change
trombeta: n. trumpet
trompa: n. horn
tronco: n. trunk
trono: n. throne
tropas: n. troops
tropeçar: v. to stumble
tropical: adj. tropical
trópicos: n. tropics
trotineta: n. scooter
trovão: n. thunder
trovoada: n. thunderstorm

truque: n. trick
truta: n. trout
tu: pron. you, - mesmo, yourself
tubarão: n. shark
tuberculose: n. tuberculosis
tubo: n. tube, - respirador, snorkel
tudo: pron. everything, - o que,
whatever
tulipa: n. tulip
tumor: n. growth, tumor
túmulo: n. tomb
túnel: n. tunnel
túnica: n. tunic
Tunísia: n. Tunisia
tunisiano: adj. Tunisian, n.
Tunisian
turba: n. crowd
turbina: n. turbine
turbulento: adj. rowdy
turismo: n. tourism
turista: n. tourist
turno: adj. Turkish, n. Turk
turno: n. gang, shift
Turquia: n. Turkey
tutela: n. custody
tutor: n. tutor, guardian
tweed: n. tweed

U, u

úlcera: n. ulcer, sore, - gástrica, gastric ulcer
ultimamente: adv. lately
último: adj. ultimate, last
ultraje: n. outrage, offense, offence
ultramarino: adj. overseas, ultramarine
ultrapassar: v. to pass, overtake
ultravioleta: adj. ultraviolet
um: num. one, mais - , another, n. - ou outro, either
umbigo: n. navel
umedecer: v. to moisten, damp
umidade: n. moisture, humidity, damp
úmido: adj. wet, humid, moist, damp
unânime: adj. unanimous, like-minded
unguento: n. ointment, salve
unha: n. nail, fazer as unhas, manicure
união: adj. sole, unique
união: n. union
unicamente: adv. exclusively
unidade: n. unit, unity, - monetária, monetary unit
unido: adj. joint
uniforme: adj. uniform, n. uniform
unilateral: adj. one-sided
unir: v. to unite, join, connect
universal: adj. universal
universidade: n. university
universo: n. universe
uns: pron. some
untar: v. to lubricate
Ural: n. moorland

urbano: adj. urban
urgência: n. urgency
urgente: adj. urgent, pressing
urina: n. urine
urso: n. bear
Uruguai: n. Uruguay
uruguaio: adj. Uruguayan, n. Uruguayan
urze: n. heather
usar: v. to use, employ, wear
uso: n. use, usage
usual: adj. usual, customary, ordinary
usuário: n. user
utensílio: n. utensil
útero: n. womb
útil: adj. useful, helpful
utilidade: n. utility, use
utilizador: n. user
utilizar: v. to utilize, employ
utilizável: adj. usable
uva: n. grape

V, v

vaca: n. cow
vacilante: adj. unsteady, shaky
vacilar: v. to falter, vacillate, hesitate
vacinação: n. vaccination
vacinar: v. to vaccinate
vácuo: n. vacuum
vadiagem: n. vagrancy
vadiar: v. to tramp, wander
vadio: n. tramp
vaga: n. vacancy
vagabundear: v. to roam
vagabundo: n. tramp
vagão: n. wagon, carriage
vagar: v. to vacate, n. leisure
vago: adj. vacant, faint, vague, obscure, dim
vaguear: v. to wander
vaidoso: adj. vain, proud
vale: n. valley, voucher, - postal, postal order
valente: adj. brave
valentia: n. courage
valer: v. to be worth, - a pena, be worth-while
valeta: n. gutter
valete: n. knave
valido: adj. valid
valioso: adj. valuable
valor: n. value, worth, de - , valuable, sem - , worthless, valores
valsa: n. waltz
válvula: n. valve
vantagem: n. profit, advantage, benefit
vantajoso: adj. advantageous
vão: adj. vain, n. empty space

vapor: n. vapor, steam
vaporizador: n. vaporizer, steamer
vara: n. rod
varanda: n. veranda, balcony
varão: n: rod, male
varejista: n. retailer
variação: n. variation
variado: adj. varied
variar: v. to vary
variável: adj. variable
varicela: n. chickenpox, varicella
variedade: n. variety
varíola: n. smallpox
vários: adj. several
varizes: n. varicose vein
varrer: v. to sweep
vasilha: n. vessel
vaso: n. vase, pot, - sanguíneo, blood vessel
vassoura: n. broom
vasto: adj. vast, extensive, wide, broad
vau: n. ford
vazar: v. to shed, leak, empty
vazio: adj. empty
veado: deer
vegetariano: n. vegetarian
veículo: n. vehicle
vela: n. sail, candle, - de ignição, sparking plug
vela: n. vein
veleidade: n. whim
velhice: n. old age
velhíssimo: adj. ancient
velho: adj. old, aged, ancient, stale, mais - , elder, o mais - , eldest
velocidade: n. speed, rate, gear, - máxima, speed limit
velocípede: n. bicycle
veloz: adj. rapid

veludo: n. velvet
vencedor: adj. winning, n. winner
vencer: v. to win, overcome
vencido: adj. due, defeated, expired
vencimento: n. expiration, salary
venda: n. sale, a - , for sale, - no atacado, wholesale
vendedor: n. seller, salesperson
vender: v. to sell, - a prazo, on account
veneno: n. poison
venenoso: adj. poisonous
veneração: n. veneration, reverence
venerável: adj. venerable
Venezuela: n. Venezuela
venezuelano: adj. Venezuelan, n. Venezuelan
ventilação: n. ventilation
ventilador: n. fan, ventilator
ventilar: v. to ventilate
vento: n. wind
ventoso: adj. gusty, windy
ventre: n. belly, prisão-de- , constipation
ver: v. to see, notice
verão: n. summer
verbal: adj. verbal
verbo: n. verb
verdade: n. truth
verdadeiramente: adv. really
verdadeiro: adj. true, very, real, actual
verde: adj. green
vereador: n. councilor
veredicto: n. verdict
vergonha: n. shame, que vergonha! what a shame!
verídico: adj. truthful
verificar: v. to verify, check

verme: n. worm
vermelho: adj. red
verniz: n. varnish, lacquer
verossímil: adj. credible
versão: n. version
verso: n. verse, poetry
vertente: n. slope
verter: v. to pour out, leak
vertical: adj. vertical
vertigem: n. vertigo, dizziness
vespa: n. wasp
veste: n. clothes
vestiário: n. cloakroom, checkroom
vestíbulo: n. hall, lobby
vestido: n. dress, gown, frock
vestir: v. to dress, put on, vestir-se, dress
vestuário: n. clothes, - de esporte, sportswear
veterinário: n. veterinary surgeon
véu: n. veil
via: prep. via, n. track, lane
viaduto: n. viaduct
viagem: n. voyage, trip, journey, passage
viajante: n. traveler
viajar: v. to travel, - de automóvel, drive
vibração: n. vibration
vibrar: v. to vibrate, tremble
vicioso: adj. vicious
vida: n. life, lifetime, cheio de - , lively
videira: n. vine
videocâmera: n. video camera
videocassete: n. video cassette, video recorder

vidraça: n. windowpane
vidro: n. glass, pane, de - , glass, - colorido, stained glass
viela: n. lane
vigésimo: num. twentieth
vigiar: v. to patrol, watch
vigilante: adj. vigilant
vila: n. borough, villa
vinagre: n. vinegar
vindima: n. vintage
vingança: n. revenge
vinha: n. vineyard
vinho: n. wine
vinte: num. twenty
viola: n. guitar
violação: n. violation
violar: v. to assault, rape
violência: n. violence
violento: adj. violent, fierce, severe
violeta: n. violet
violino: n. violin
vir: v. to come, - a ser, become
viragem: n. turn
virar: v. to turn, virar-se, turn round
virgem: n. virgin
vírgula: n. comma
virilha: n. groin
virtude: n. virtue
visão: n. vision
visar: v. to aim at
visibilidade: n. visibility
visita: n. visit, call, fazer uma - a , make a call
visitante: n. visitor
visitar: v. to visit, call upon
visível: adj. visible
vislumbrar: v. to glimpse
vislumbre: n. glimpse
visor: n. view finder
visto: n. visa, - que, since, as

vital: adj. vital
vitamina: n. vitamin
vitela: n. veal
vitelo: n. calf
vítima: n. victim
vitória: n. victory
vitrina: n. showcase
viúva: n. widow
viúvo: n. widower
vizinhança: n. neighborhood, vicinity
vizinho: adj. near, neighboring, n. neighbor
voar: v. to fly
vocabulário: n. vocabulary
vocal: adj. vocal
vocalista: n. vocalist
vocês: pron. you, - mesmos, yourselves
vogal: n. vowel
volante: n. steering wheel
volt: n. volt
voltagem: n. voltage
voltar: v. to return, turn round, - atrás, turn back
volume: n. volume
volumoso: adj. bulky, big
voluntário: adj. voluntary, n. volunteer
volúpia: n. lust
vomitar: v. to vomit
vôo: n. flight, - charter, charter flight
vosso: adj. your
votação: n. vote
votar: v. to vote
voto: n. vote, vow
vovô: n. grandfather
vovó: n. grandmother
voz: n. voice, em – alta, aloud
vulcão: n. volcano

vulgar: adj. vulgar,
ordinary
vulnerável: adj. vulnerable

X, x

xadrez: n. chess, em - , checkered
xale: n. shawl

Z, z

zangado: adj. angry, cross
zebra: n. zebra
zelo: n. zeal, diligence
zeloso: adj. zealous, diligent
zênite: n. zenith
zero: n. naught, zero
zinco: n. zinc
zodíaco: n. zodiac
zona: n. area, zone, - de
estacionamento, parking zone
zoologia: n. zoology